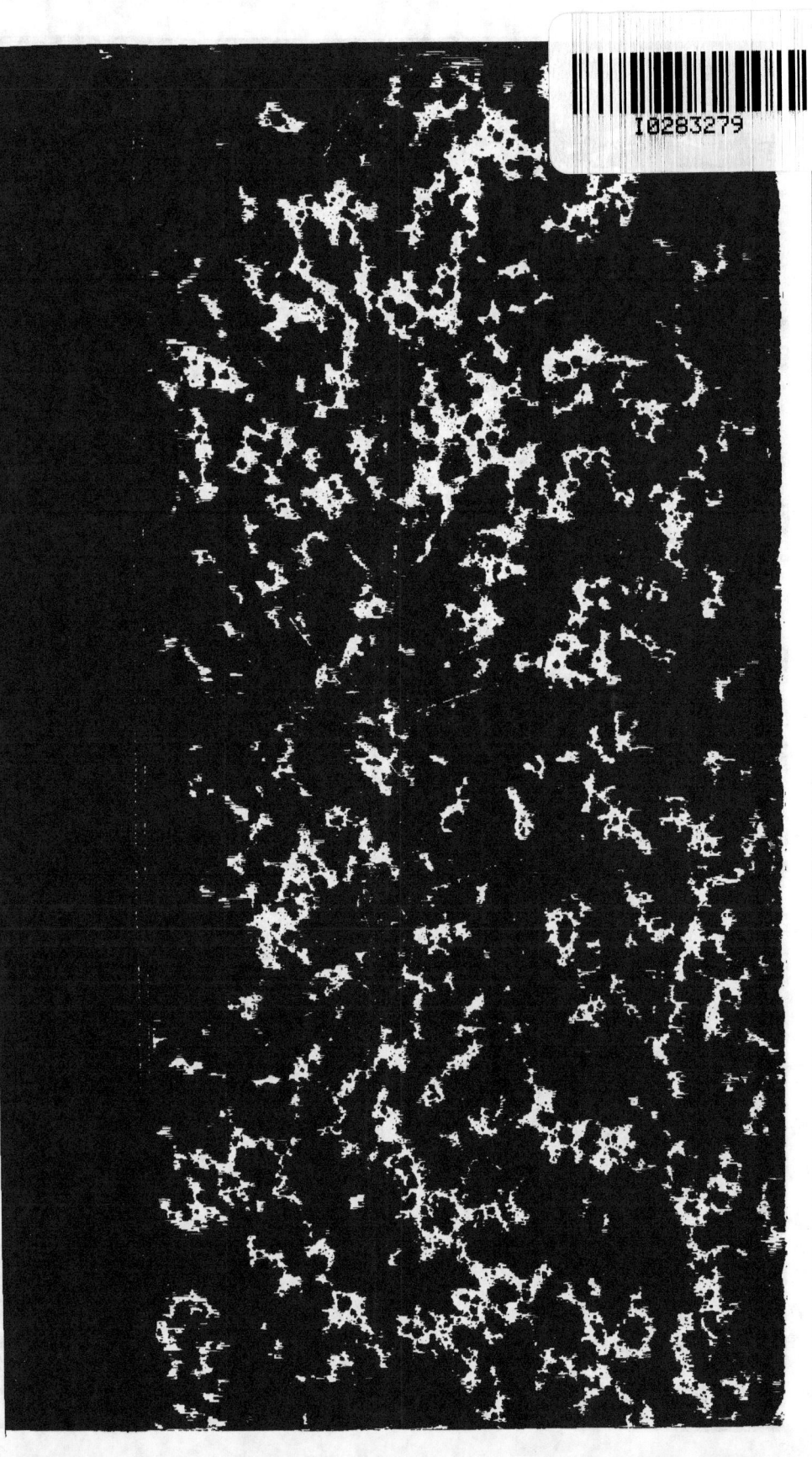

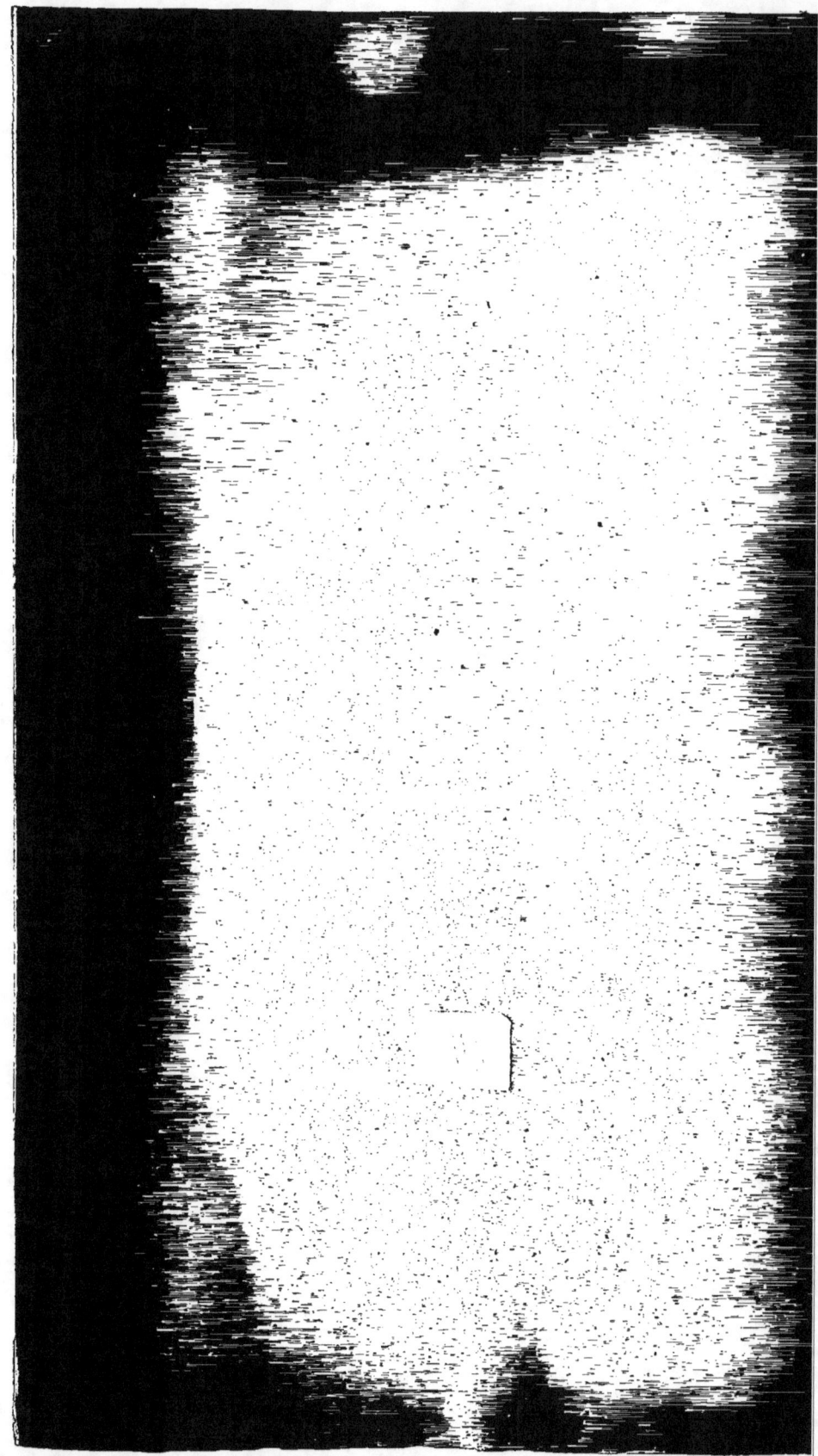

LA Guerre
DE
1870-71

ÉTUDE

SUR LA

CAMPAGNE DU GÉNÉRAL BOURBAKI

DANS L'EST

III

Arcey. — Héricourt.

PARIS
LIBRAIRIE MILITAIRE R. CHAPELOT ET Cie
IMPRIMEURS-ÉDITEURS
30, Rue et Passage Dauphine, 30

—

1910

Tous droits réservés.

LA

GUERRE DE 1870-71

ÉTUDE

SUR LA

CAMPAGNE DU GÉNÉRAL BOURBAKI

DANS L'EST

PARIS. — IMPRIMERIE R. CHAPELOT ET Cⁱᵉ, 2, RUE CHRISTINE.

LA Guerre
DE
1870-71

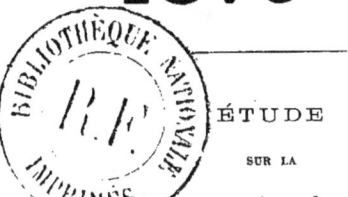

ÉTUDE

SUR LA

CAMPAGNE DU GÉNÉRAL BOURBAKI

DANS L'EST

III
Arcey. — Héricourt.

PARIS
LIBRAIRIE MILITAIRE R. CHAPELOT ET Cie
IMPRIMEURS-ÉDITEURS
30, Rue et Passage Dauphine, 30

1910
Tous droits réservés.

Journée du 10 janvier.

La journée du 10 janvier devait avoir une importance décisive.

On se souvient que tous les mouvements exécutés depuis le 5 avaient eu pour résultat d'interposer l'armée de l'Est entre les forces de Werder et celles qui assiégeaient Belfort. Quel but s'était proposé le général Bourbaki par cette marche oblique? A dire vrai nous ne le savons pas de façon certaine. Sans doute il avait bien été question (1) de « faire tomber Vesoul sans combat ». Mais cela ne saurait suffire, car il est évident, et pour trop de raisons, qu'un tel résultat n'avait pas de valeur par lui-même. Plus vraisemblable est l'espoir, conçu par le général en chef et par M. de Serres, que Werder serait obligé de livrer une bataille pour reconquérir ses communications avec Belfort. Or, quelque faux que fût ce calcul, quelques fautes qui eussent été commises du côté français en essayant de le réaliser, contre toute attente, le plan avait parfaitement réussi. De gaieté du cœur Werder était venu se heurter à l'armée française, avait interrompu sa marche destinée à venir au secours du corps de siège, et, de fait, avait subi un échec.

A l'aube du 10 janvier, les forces allemandes épuisées étaient pelotonnées sur un étroit espace devant le front de l'armée française et au Nord de celle-ci. Ainsi que nous l'avons fait remarquer, en terminant le volume

---

(1) Conversation avec le colonel Chevals le 5 janvier; voir tome II.

précédent, par sa droite, formée du 24ᵉ corps, intact et qui n'avait personne devant lui, l'armée de l'Est avait 10 kilomètres d'avance sur Werder dans la direction de Belfort. Qu'elle marchât de ce côté, elle arrivait avant lui devant la place. Qu'elle se portât au Nord, le gros des forces allemandes était rejeté à l'Ouest des Vosges et le moindre détachement assurait le déblocus.

Il était dit que dans cette singulière campagne, l'invraisemblable seul devait se réaliser. Tous les avantages tactiques et stratégiques acquis par le commandement français, malgré ses fautes et grâce à celles de son adversaire, allaient être perdus en quelques heures d'indécision et de timidité. Tous les dangers que Werder avait courus par son immobilité à Vesoul, tout le bénéfice qu'il avait perdu par ses fausses manœuvres du 9 janvier, tout allait tourner à son avantage grâce à l'attitude impossible à prévoir qu'allait prendre son ennemi après sa victoire. Séparés en deux tronçons le 8 au soir, battus le 9 et n'ayant plus le 10 au matin presque aucune chance de se joindre, les Allemands allaient se trouver le soir même ralliés, renforcés et maîtres de positions formidables.

I

Mouvements des Allemands.

C'est seulement entre 2 et 3 heures du matin que l'évacuation de Villersexel avait été complète. Le *25ᵉ* prussien, le premier au feu, s'en retirait le dernier, couvert par le Iᵉʳ bataillon, dont la 3ᵉ compagnie tenait quelque temps aux barricades de la rive Sud (1), avec le soutien, sur la rive Nord, du Iᵉʳ bataillon du *30ᵉ*. Mais ni l'un ni l'autre n'eurent à agir, car la poursuite fut nulle. — Le *25ᵉ* fila vers le Nord, pendant 4 kilomètres, puis, se détournant vers l'Est, franchit l'Oignon et gagna Longevelle, où s'installèrent le Iᵉʳ bataillon et l'État-Major. Les deux autres, avec 2 escadrons de ulans et les deux batteries Otto et Glagau, se reportèrent plus au Sud, et, à 5 h. 30 du matin, arrivèrent à Saint-Sulpice. Là ce détachement n'était plus qu'à 1,500 mètres de Villersexel.

Il y retrouva le IIᵉ bataillon du *3ᵉ* badois, stationné à Saint-Sulpice depuis 9 heures du soir, et dont la 6ᵉ compagnie occupait le pont sur le Scey et la 5ᵉ l'Ermitage de Notre-Dame de la Pitié (2). Une fois le *25ᵉ* arrivé, les Badois se retirèrent vers Aillevans (3).

---

(1) *Historique* du *25ᵉ*.
(2) *Historique* du *3ᵉ* badois.
(3) La présence de ces troupes fut signalée par les habitants.

Le 25ᵉ ne fut pas inquiété tout d'abord dans sa position avancée. Mais, vers 7 heures du matin, au moment où le jour commençait à paraître, un feu violent d'infanterie partit « d'une carrière située à 200 mètres de Saint-Sulpice au-dessus de la rive Sud près de l'Ermitage » (1). Le détachement prussien abandonna immédiatement Saint-Sulpice et vint se rassembler au Nord et à l'abri du bois dit des Hauts des Faux, près du chemin de Longevelle (2). Ces troupes, en marche ou au combat depuis vingt-quatre heures, avaient eu à peine une heure de repos relatif.

A l'autre extrémité du champ de bataille, l'évacuation des villages de Marast et de Moimay s'était opérée sans incident.

Prévenu à 3 heures du matin de l'ordre de retraite, le lieutenant-colonel Kraus du *3ᵉ* badois quitta Marast avec les fusiliers à 6 heures, couvert par le Iᵉʳ bataillon (Unger) qui stationna quelque temps au bois du Grand-Fougeret. Vers 7 h. 30 du matin, la *2ᵉ* brigade badoise, réduite au *3ᵉ* régiment (dont le IIᵉ bataillon arriva de Saint-Sulpice) et au Iᵉʳ bataillon du *4ᵉ* (3), se rassemblait sur la hauteur entre Aillevans et Oricourt, où se trouvait déjà la *3ᵉ* brigade.

Vers la même heure, la *1ʳᵉ* brigade badoise se rassemblait aussi à Arpenans, avec la brigade de cavalerie Willisen et l'artillerie de corps.

Cette marche ne s'était pas accomplie sans désordre (4),

Ceux-ci en évaluèrent la force à une brigade et crurent qu'elle s'était égarée. — Le général Billot prévenu ne crut pas devoir les attaquer. (Notes du marquis de Vaulchier et du marquis de Grammont.)

(1) Voir ci-dessous.
(2) *Historique* du *25ᵉ* prussien.
(3) Les deux autres étaient à Vesoul avec le colonel Bayer, voir ci-dessous.
(4) *Heeres Bewegungen.*

car vers Aillevans la route s'était trouvée encombrée par les bagages de la *4e* division de réserve (1).

Cet incident allait aussi compliquer la retraite des troupes qui avaient occupé Moimay.

Le *34e* avait eu dès 2 heures du matin l'ordre « d'abandonner sans bruit le village et de filer sur Aillevans » (2). Lorsque les Ier et IIIe bataillons y arrivèrent, l'encombrement se trouva tel que le IIe bataillon qui formait l'arrière-garde dut faire demi-tour et se reporter vers le Sud. — Mais, comme les Français n'avaient pas bougé, les patrouilles allemandes (3) purent rentrer dans Moimay.

Peu après, arriva aussi à Aillevans le *30e* d'infanterie, venant de sa position de rassemblement au Nord-Ouest du pont de Villersexel.

Quant au gros de la division Schmeling, il était arrivé à Villafans vers 3 heures du matin. De là 2 compagnies du bataillon de Landwehr Ortelsburg avaient été dirigées sur le Gros-Bois, d'où un poste avait été détaché au moulin de Grand-Pré sur le Scey. Lors de la retraite du détachement de Saint-Sulpice, ce poste se croyant menacé se retira sur le Gros-Bois, où tout le bataillon Ortelsburg se réunit.

En résumé, vers 7 h. 30 du matin, les *2e* et *3e* brigades badoises et le détachement v. d. Goltz sont en formation de rassemblement entre Aillevans et Oricourt.

Derrière ces troupes, à Arpenans, à 3 kilomètres plus au Nord, la *1re* brigade badoise (l'artillerie de corps), et la brigade de cavalerie sont également prêtes au combat.

---

(1) « Personne n'oubliera la marche par Aillevans au milieu de chariots de toute espèce. » (*Historique* du *1er* régiment de campagne badois.)
(2) *Historique* du *34e*.
(3) *Historique* du *30e*.

Quant à la division de réserve, elle est isolée sur la rive droite de l'Oignon à Villafans et Longevelle.

D'après certains écrivains allemands (1), le général Werder aurait pris une position défensive, « attendant et espérant une attaque ». C'est parce que ses adversaires restaient immobiles qu'il se serait résolu à poursuivre sa marche vers Belfort.

Tout d'abord on doit noter que les emplacements occupés ne méritent en rien le nom de position défensive. Coupée en son milieu par l'Oignon, la ligne Oricourt, Aillevans, Longevelle, Villafans, pouvait être approchée à couvert, et débordée par ses ailes, grâce à la grande supériorité numérique des Français. Si l'on admet, comme nous, qu'en partant de Vesoul le 9 au matin, Werder cherchait avant tout à rallier Belfort, on ne sait pas quel intérêt il aurait pu avoir à livrer une nouvelle bataille avec des troupes épuisées, alors que le combat de la veille lui avait valu un échec et fait perdre un jour.

Quoi qu'il en soit, si par impossible Werder avait eu un moment, le projet de recommencer la lutte, ou l'espoir d'être attaqué par les Français, il n'attendit pas longtemps que leur mouvement se dessinât.

En effet, il n'était pas encore 8 heures quand un ordre de retraite parvint au général v. d. Goltz à Aillevans (2). Avant 9 heures, ses troupes étaient en marche vers le Nord, l'infanterie par demi-peloton, la cavalerie

---

(1) Major Kunz. Tel n'est pas cependant l'avis de Wengen. « Si, dit-il, le général allemand avait réellement attendu et espéré une bataille, il aurait attendu plus longtemps que l'ennemi eût manifesté ses intentions. Or bien avant le retour des patrouilles de cavalerie (qui au contraire rendaient compte de la marche des Français vers Marast et Villersexel) entre 7 et 8 heures du matin, l'ordre était donné de continuer la retraite. » (Wengen, *Die Kämpfe um Belfort*. Berlin, 1899. Réponse au major Kunz.)

(2) *Historique* du 30ᵉ d'infanterie.

par 6, les voitures par 2, « afin de gagner plus vivement du terrain » (1). — Vers midi, les *30ᵉ* et *34ᵉ* bivouaquaient au hameau du Val-de-Gouhenans, qu'on avait gagné en passant par les Ayssans.

A 9 heures du matin également, la *1ʳᵉ* brigade badoise se mettait en route vers Lure, avec l'artillerie de corps, laissant à Arpenans la brigade de cavalerie Willisen. La *2ᵉ* brigade suivit la *1ʳᵉ*, et, vers 10 heures, la *3ᵉ* se mettait en marche à son tour. De son côté, la IVᵉ division de réserve quitta à 9 heures Villafans et Longevelle, marchant sur Gouhenans, puis se rabattant sur Athesans. Son flanc droit était couvert par le IIᵉ bataillon et les fusiliers du *25ᵉ* prussien avec 2 escadrons de ulans. Ce détachement, commandé par le colonel v. Loos, gagna Athesans par Villafans. Une fois la IVᵉ division de réserve réunie à midi autour d'Athesans, un bataillon du *25ᵉ* fut poussé vers le Sud jusqu'à une fonderie située sur le Rognon, d'où il envoya des patrouilles vers Sénargent et Mignavillers (2).

Ce mouvement de retraite vers le Nord avait été couvert par les *1ᵉʳ* et *2ᵉ* dragons badois, formant la brigade Willisen, et par le 2ᵉ escadron du *3ᵉ* dragons badois attaché à la *1ʳᵉ* brigade (3), qui restèrent à Arpenans jusqu'à midi environ. Des patrouilles furent lancées sur Noroy-le-Bourg et Aillevans. Un peloton du *1ᵉʳ* dragons se porta sur Vallerois-le-Bois et prit part à la petite affaire qui devait avoir lieu de ce côté.

Les emplacements de la brigade v. d. Goltz au Val de Gouhenans, de la division V. Schmeling à Athesans, des brigades badoises près de Lure, ne devaient être gar-

---

(1) *Historique* du *30ᵉ*. L'impression produite par cette marche en retraite fut déprimante, *ibid.*

(2) *Historique* du *25ᵉ* prussien.

(3) Les autres escadrons du *3ᵉ* badois attachés aux brigades les avaient accompagnées dans leur marche.

dés que pendant une grand' halte de trois heures, qui permît de faire la soupe. A 3 heures du soir, les troupes se remettaient en marche par une neige épaisse et un froid extrême. La brigade v. d. Goltz, passant par la Vergenne, Moffans, Lyoffans, arriva vers 10 heures du soir à Béverne et Lomont.

La 1re brigade badoise atteignit vers 8 heures du soir Ronchamp, où cantonnèrent les états-majors du général Werder et celui de la brigade, l'artillerie de corps, la cavalerie, les Ier et IIe bataillons du 1er badois et les fusiliers du 2e. On fit occuper Recologne par le IIe bataillon du 2e badois, et la 4e batterie légère, Eboulet par le Ier bataillon, Champagney par les fusiliers du 1er régiment et la 3e batterie légère.

La 2e brigade s'arrêta vers 4 heures à la Côte (3e badois) et Roy (Ier bataillon du 4e). C'est en ce dernier point qu'arrivèrent à 1 heure du matin les deux autres bataillons du dernier régiment avec le colonel Bayer, dont le rôle sera étudié plus loin.

La 3e brigade badoise était arrivée dès 3 heures du soir à Lure.

Quant à la brigade de cavalerie Willisen, elle partit d'Arpenans vers 2 heures du soir par la route de Lure. Dans cette ville restèrent le 3e dragons et la batterie à cheval du régiment n° 14, tandis que les 1er et 2e dragons allaient cantonner à Magny-Vernois.

La IVe division de réserve avait, elle aussi, repris à 3 heures du soir sa marche vers Lyoffans, tandis que le bataillon de fusiliers du 25e allait occuper la Vergenne. Son mouvement devait être gêné par la marche du détachement v. d. Goltz qui avait coupé sa route à la Vergenne.

Pendant que s'accomplissait cette longue et pénible marche, il s'était produit aux ailes de l'armée française certains incidents.

Détachement Bayer. — Dans la nuit du 9 au 10,

vers 1 h. 45 du matin, le colonel Bayer avait reçu l'ordre de partir de Vesoul avec son détachement, grossi de celui du major Paczinski venant de Port-sur-Saône (1). Il devait avec 3 bataillons, 2 batteries et 1 escadron faire une démonstration vers Esprels par Vallerois-le-Bois; le reste de ses forces (2 compagnies et 1 escadron) se porterait vers Noroy-le-Bourg pour assurer la liaison avec le gros du XIV° corps. — Parti à 6 heures du matin de Quincey, précédé des fusiliers du 4° badois formant l'avant-garde, et lançant des patrouilles vers Chassey-les-Montbozon et vers Esprels, le détachement Bayer se porta par la grand'route vers les Belles-Baraques, tandis que le détachement Paczinski, arrivé à 9 heures à Noroy-le-Bourg, détachait de ce point une patrouille du 1er escadron du 1er dragons vers Arpenans. Cette patrouille ne rentra pas (2); mais une autre, envoyée du gros du 1er régiment de dragons, alors à Arpenans, transmit au major Paczinski l'ordre de marcher sur Vy-les-Lures. Le colonel Bayer reçut par cet intermédiaire l'avis d'avoir à suivre la même direction.

Pendant ce temps, ce dernier, arrivé vers 9 h. 30 aux Belles-Baraques, avait reçus à partir de 10 h. 30 divers renseignements de ses patrouilles, annonçant que le hameau des Pateys et les bois au Nord et au Sud de la grand'route étaient fortement occupés par les Français et que des patrouilles de cavalerie parcouraient le pays en avant. Le détachement Bayer vint se rassembler à l'abri de la lisière occidentale de la pointe des bois de

---

(1) Détachement Bayer : IIe bataillon et fusiliers du 4e badois, bataillon de landwehr d'Eupen, 1er escadron du 4e hussards de réserve, 2 batteries.

Détachement Paczinski : 2 compagnies de chasseurs, 1er escadron (Kissling) du 1er dragons badois.

(2) *Historique* des 1er dragons et 4e d'infanterie badoise.

l'Engorgée, à l'endroit où ceux-ci sont traversés par la grand'route d'Esprels, tandis que les 11ᵉ et 12ᵉ compagnies du 4ᵉ badois couvraient le rassemblement sur la route et que les deux autres compagnies du même bataillon, nᵒˢ 9 et 10, sous les ordres du capitaine Wolf, longeaient le chemin de fer au Sud de la route et gagnaient la hauteur au Nord de Vallerois-le-Bois. Malgré quelques coups de feu, la pointe de cavalerie qui précédait ce demi-bataillon entra dans le village et le traversa. Elle fut suivie par les deux compagnies qui atteignirent la lisière Sud. Mais là elles reçurent un feu violent partant de la lisière du bois de la Côte et durent s'arrêter. En même temps, les patrouilles de cavalerie donnaient avis que les bois au Nord de la route, le bois Baslières, les villages des Pateys et de Presle étaient fortement occupés par l'ennemi, dont on voyait les feux de bivouac, principalement dans le bois Baslières.

A ce moment, la situation des Français dans cette région était la suivante.

Le 73ᵉ mobiles (1ʳᵉ division du 18ᵉ corps) avait à peu de chose près conservé ses positions de la veille : 5 compagnies du Iᵉʳ bataillon étaient à l'Ouest de Chassey, 1 compagnie à la Maison du Vaux et 1 à l'angle Sud-Ouest du bois de Chassey. Le IIᵉ bataillon en entier était échelonné par compagnies entre la route de Chassey et le hameau de Baslières, le IIIᵉ avait 5 compagnies sur la route de Chassey, 1 au convoi, la 7ᵉ détachait des éclaireurs sur Vallerois-le-Bois (1).

Le 14ᵉ bataillons de chasseurs (3ᵉ division du 18ᵉ corps) était, depuis le 9 au soir, au hameau des Pateys. Enfin, depuis 1 heure du matin, le 53ᵒ de marche (3ᵉ division) avait détaché son IIᵉ bataillon « dans le bois de la Boulôye, à gauche de la route, les

---

(1) *Historique* du 73ᵒ mobiles.

tirailleurs garnissant le bois et se reliant à ceux du 14ᵉ bataillon de chasseurs » (1).

A 2 kilomètres en arrière de cette ligne, se trouvait le IIIᵉ bataillon du 81ᵉ mobiles sur la route de Chassey; les Iᵉʳ et IIIᵉ bataillons du 53ᵉ de marche à l'Ouest d'Esprels, sur la hauteur avec une batterie. Un bataillon de zouaves était sur la route d'Esprels à Villersexel; le reste du régiment, avec 1 bataillon du 81ᵉ mobiles et une batterie à Esprels même; le IIIᵉ bataillon du 81ᵉ occupait Pont-sur-l'Oignon.

Dès 5 heures du matin, toutes ces troupes avaient pris les armes et restaient formées près des faisceaux; l'artillerie avait ses pièces attelées.

A 7 heures du matin, 2 pelotons du 2ᵉ hussards de marche avaient été envoyés aux Pateys et mis à la disposition du commandant du 14ᵉ bataillon de chasseurs de marche. Enfin, vers 9 heures, un peloton de lanciers (lieutenant Boucheron) avait été dirigé de Chassey sur Vallerois-le-Bois, et, de sa propre initiative, le commandant du 73ᵉ mobiles l'avait fait suivre par 2 compagnies (numéros 6, lieutenant Viarné, et 7, lieutenant Péan) de son IIIᵉ bataillon, sous les ordres du capitaine de Coëtlogon (2).

En arrivant sur la hauteur qui domine Vallerois-le-Bois au Sud, le capitaine de Coëtlogon aperçut l'infanterie ennemie à la lisière du village, et plus en arrière, dans la tranchée du chemin de fer. Il fit ouvrir le feu soudainement et les deux compagnies badoises se replièrent vivement à « 800 mètres en arrière ».

Le colonel Bayer se décida immédiatement à la retraite. Pour couvrir ce mouvement, il fit mettre en batterie 2 pièces de la batterie saxonne près de la grand'route à la sortie du bois de l'Engorgée et ouvrir

---

(1) *Historique* et *Journal* de la 3ᵉ division du 18ᵉ corps.
(2) *Historique* du 73ᵉ mobiles.

le feu vers le bois de la Côte. L'escadron de hussards, envoyé vers Baslières, y essuya la fusillade d'une compagnie du II° bataillon du 73° mobiles et celle des 2 pelotons de hussards et du 14° chasseurs occupant les Pateys, et se retira. Dès 1 heure du soir, le colonel Bayer atteignait les Belles-Baraques, où il trouvait l'ordre de marcher sur Vy-les-Lure par Villers-le-Sec et Noroy-le-Bourg.

Les Allemands avaient déjà disparu lorsque le Ier bataillon du 53° de marche et une section d'artillerie, partis de l'Ouest d'Esprels, à la nouvelle de l'attaque de Vallerois, sous les ordres du lieutenant-colonel Bremens commandant la 2° brigade, apparurent vers les Pateys. 2 compagnies du 73° mobiles, parties de Chassey au premier coup de canon, n'eurent pas davantage à intervenir.

Toutes les pièces françaises : historiques, ordres, journaux de marche, signalent le peu d'effet que produisit cet incident. Il fut si évident que les Allemands ne voulaient rien tenter de sérieux contre le flanc gauche de l'armée de l'Est que les craintes excessives manifestées jusque-là d'une tentative de ce côté, disparurent immédiatement. Si le colonel Bayer avait voulu faire une diversion pour détourner l'attention de la direction du Nord, on peut dire qu'il échoua complètement. S'il n'avait tenté qu'une reconnaissance, on peut se demander quels renseignements il put donner (1).

Une fois arrivé à Vy-les-Lures, le détachement Bayer reçut du général en chef l'ordre de se dissoudre. Les deux bataillons badois se portèrent sur Roye et la Verrerie, où ils n'arrivèrent qu'à 1 h. 30 du matin (2).

---

(1) On se borna, d'après l'*Historique* du 4° badois, à la constatation que la position des avant-postes français, découverte de cette manière, permettait facilement de conclure que le gros même des forces ennemies cantonnait dans les villages le long de la route Montbozon à Aillevans.

(2) Ils avaient perdu 1 tué et 2 blessés, dont 1 mortellement.

Le reste des troupes Bayer et Paczinski allait entrer dans la composition d'un nouveau détachement.

En effet, en passant à Lure, le général v. Werder, qui avait déjà envoyé vers le Nord un escadron de dragons pour organiser sa ligne d'étapes, s'était préoccupé du danger que celle-ci pouvait courir, si l'ennemi se portait franchement vers le Nord par la région à l'Ouest des Vosges. Comme on l'a vu plus haut, ses éléments de ravitaillement se trouvaient en effet à Lure où sur la route d'Épinal. Il était donc urgent d'aviser puisque cette ligne d'opérations était abandonnée.

« La route d'étapes de Saint-Loup fut complètement dégagée le 10 par l'envoi à Luxeuil de la colonne de parc n° 1 qui se trouvait à Saint-Loup, et du dépôt de remonte mobile badois de Magnoncourt à Fougerolles. L'hôpital de campagne n° 9 resta seul en arrière avec les blessés et malades, le n° 3 se porta sur Lure, où se trouvèrent disponibles les 2e, 3e, 6e et 10e. Comme colonnes de vivres, la colonne de parc n° 3 alla à Lure, la 1re colonne de vivres prussienne, envoyée le 9 à Luxeuil, se porta par Lure sur Ronchamp. Toutes deux paraissent avoir ravitaillé la division badoise. Les colonnes stationnées vers Luxeuil conservèrent leurs positions, sauf la 1re, qui dans la nuit fut envoyée par Lure vers Ronchamp. D'Épinal arrivèrent 3 colonnes pleines, savoir les 1re et 3e badoises de vivres, et la 4e colonne de parc sur Plombières, tandis que la 5e vidée se porta vers Épinal, de telle sorte, qu'à l'exception du 2e échelon des colonnes de munitions et de la boulangerie de campagne prussienne, les 2e et 5e colonnes de parc allaient s'y trouver réunies (1). »

Dans de telles conditions, il était impossible d'abandonner Lure et ce fut l'objet de l'ordre suivant :

---

(1) *Heeres Bewegungen,* p. 127.

Ordre du général v. Werder au colonel von Willisen.
N° 130.

Lure 10/1/71.

Vous êtes chargé, avec 1 régiment de la brigade de cavalerie badoise, 1 régiment de ulans de la 4ᵉ division de réserve, 1 régiment de cavalerie du détachement du général v. d. Goltz, 6 compagnies de Landwehr (Eupen), 2 compagnies de chasseurs, 1 batterie saxonne, de vous maintenir à Lure en observation sur le flanc de l'ennemi, d'agir sur ses derrières, et spécialement d'avertir en temps utile s'il se portait sur Vesoul ou Épinal.

Je désire un rapport quotidien sur les événements.

Jusqu'à présent je sais que l'ennemi comprend les 15ᵉ, 18ᵉ; 20ᵉ et 24ᵉ corps, ce dernier en formation.

Aujourd'hui, Villersexel n'était pas occupé. Plusieurs villages au Sud de Vesoul n'étaient pas gardés (*sic*).

Le colonel Willisen prit avec lui :
Le 1ᵉʳ dragons badois.
Le 1ᵉʳ ulans de réserve.
Le 2ᵉ dragons de réserve.
Le bataillon de Landwehr Eupen (6 compagnies).
2ᵉ compagnie du bataillon de chasseurs de réserve.
La batterie prussienne de réserve Dienemann.
La batterie saxonne de réserve Krutsch (1).

« La mission, dit l'historique du 1ᵉʳ dragons badois, consistait d'abord à tenir Lure assez longtemps pour que le convoi de vivres, parti de Luxeuil pour Frahier, pût rejoindre le corps d'armée, puis à observer Vesoul et toute la ligne de l'Oignon... Éventuellement, la retraite devait se faire sur Giromagny. Une section de télégraphistes envoyée au détachement devait mettre en relation Luxeuil et le Quartier général du corps d'armée. »

Les inquiétudes du général v. Werder pour ses éléments de ravitaillement eussent été très justifiées en face d'un adversaire doué de quelque mobilité, et les

---

(1) *Historique* du 1ᵉʳ dragons badois.

précautions prises très insuffisantes. Tandis qu'il se portait de sa personne sur la route de Frahier, il trouva à Ronchamp un feld-jäger porteur des instructions du Grand Quartier général expédiées de Versailles le 7 janvier et dont il a déjà été question. Sans doute elles contenaient l'approbation de sa conduite, puisque la protection du siège de Belfort était indiquée comme sa tâche essentielle, et que le XIV° corps était déchargé du soin de couvrir la région à l'Ouest des Vosges. Mais le maréchal de Moltke signalait le danger qu'aurait eue pour les armées allemandes une offensive résolue de l'armée de l'Est vers Chaumont et Luxeuil. Le général v. Werder put donc se demander s'il avait bien fait d'abandonner sa ligne d'opérations, de la laisser exposer aux entreprises de son adversaire, enfin de consacrer définitivement sa séparation d'avec les II° et VII° corps en marche pour venir à son secours.

Il n'est peut-être pas inutile d'étudier rapidement cette question, car les auteurs contemporains allemands se sont préoccupés des conséquences qu'eut l'abandon de la ligne d'étapes Lure-Épinal par le XIV° corps. L'ouvrage du Grand État-Major allemand déjà cité et intitulé *Heeres Bewegungen*, p. 125, apprécie en ces termes les mouvements exécutés le 10 janvier par les troupes du général de Werder.

« Aujourd'hui on ne peut décider si, dans de telles circonstances, une attaque résolue sur la ligne Saint-Sulpice, Sénargent, qui eût pris le 20° corps français sur son flanc droit et le 24° probablement en retraite vers le Sud-Est, n'eût pas donné plus de chances de succès décisif, que la retraite derrière la Lisaine, mouvement dont le succès était douteux, et qui, en mettant les choses au mieux ne pouvait conduire qu'à une bataille défensive, en cordon sur un front étendu, avec sur ses derrières une forteresse assiégée et des défilés difficiles. »

Ce raisonnement suppose que les troupes allemandes

auraient été capables dès le 10 au matin d'une offensive, après l'échec et les grosses fatigues de la veille. Il est permis d'en douter. Mais on peut se demander si, en arrêtant la retraite à Lure le 10 au soir, et en conservant sa position sur le flanc des Français, pour le cas où ils se détourneraient vers l'Est, quitte à reculer pas à pas, s'ils allaient au Nord, le général Werder n'aurait pas tout aussi bien couvert le siège de Belfort. Il aurait eu au moins l'avantage de pouvoir quelque jour se relier à Manteuffel. De son côté le corps de siège renforcé des détachements Debschitz et Bredow n'était pas incapable de tenir sur la Lisaine, car Bourbaki aurait sans doute hésité à attaquer avec toutes les forces, s'il avait su Werder prêt à fondre sur ses derrières.

Mais, si les choses avaient dû se passer de la sorte, si Werder s'était maintenu au Nord de Villersexel gardant sa ligne de retraite à l'Ouest des Vosges, n'est-il pas probable que Bourbaki lui aurait fait face et, renonçant provisoirement à débloquer Belfort, n'aurait pas lui aussi marché vers le Nord? Cela, c'eût été l'exécution véritable du plan de campagne combiné à Bordeaux, accepté à Bourges, avec ses chances bonnes ou mauvaises, mais assurément en évitant ce détour toujours plus accentué vers l'Est, qui devait conduire l'armée à sa perte, et dont le danger devenait évident.

C'est ce jour-là en effet, que le général v. Manteuffel, appelé d'Amiens par une dépêche télégraphique, avait été à Versailles pour y recevoir ses instructions rédigées le 8 janvier et qui l'attendaient (1). Le soir même, après avoir eu une entrevue avec le roi Guillaume, le général v. Manteuffel, accompagné de son chef d'État-Major, colonel v. Wartensleben, montait en chemin de fer, se dirigeant sur Châtillon-sur-Seine, où il devait arriver le lendemain.

---

(1) Voir Secrétan, p. 178.

II

Les résolutions du général Bourbaki et les mouvements des Français.

Les incidents survenus dans la soirée du 9 à Onans et la retraite de la colonne Martinez de ce point sur Geney eurent sur l'esprit du général en chef une influence considérable (1).

Dès minuit 15, il avait ordonné à toute la division Peytavin du 15ᵉ corps de se porter sur Onans; le général Martineau était aussi invité à s'y rendre de sa personne, en emmenant tout ce qu'il aurait de troupes disponibles (2). Le 24ᵉ corps, dont l'inaction pendant la journée du 9 était blâmée, devait se tenir prêt à appuyer vers l'Est la partie disponible du 15ᵉ corps (3). La Réserve Générale était appelée sur Courchaton et mise à la disposition du général Bressolles. — Dans la journée, on devait encore faire refluer vers Geney et Onans la brigade de cavalerie Boërio. Ainsi qu'on va le voir, les inquiétudes exagérées conçues par le général en chef pour son aile droite allaient lui faire perdre le fruit de sa victoire.

---

(1) Voir ci-dessus tome II.
(2) « Selon toute apparence, il y aura à faire aujourd'hui à Onans... » Télégramme de 12 h. 15. (Archives historiques Guerre).
(3) Télégramme de minuit 30. (Archives historiques Guerre).

Une marque certaine de ce sentiment se retrouve dans la dépêche annonçant au ministre, dès minuit 30, que les ordres étaient donnés « pour répondre à une attaque de l'ennemi ». De son côté, M. de Serres parlait de « préparer la bataille que l'ennemi doit absolument livrer s'il se rend compte de sa position... ».

Vers 4 heures du matin le général Bourbaki monta à cheval et se rendit à Villersexel. — La retraite des Allemands vers le Nord qu'il put constater personnellement ne modifia pas ses dispositions. C'est son aile droite qu'il parcourut; non content d'y avoir déjà envoyé d'importants renforts, c'est de ce côté qu'il devait dans la soirée prescrire de faire appuyer l'ensemble de l'armée.

15ᵉ corps. — Dès le point du jour (7 heures), le général Peytavin était porté sur Geney, avec le 6ᵉ bataillon de chasseurs de marche, le 16ᵉ de ligne, le 33ᵉ de marche et le IIIᵉ bataillon du 27ᵉ de marche (1). Vers 11 heures, il ralliait en ce point la colonne Martinez, et toute la division marchait sur Onans. Ce village avait été évacué par les Allemands (2) et fut occupé sans coup férir vers 4 heures du soir. Le 6ᵉ bataillon de chasseurs cantonna à Faimbe, le Iᵉʳ bataillon du 27ᵉ de marche fut chargé d'occuper le Bois du Clocher sur la route d'Arcey, après une pointe vers la droite du côté de Montenois. Il y fut rejoint par le 34ᵉ de marche. Le 69ᵉ mobiles en soutien était vers la Guinguette (route de Médière à Arcey), détachant le bataillon Saintenac à Bretigney. Toutes ces troupes restèrent au bivouac avec les quatre batteries.

A 5 heures du soir, arrivaient à Geney les deux régiments de dragons du général Boërio. Ils s'y installèrent avec l'État-Major du 15ᵉ corps, le 3ᵉ escadron du 1ᵉʳ chas-

---

(1) Le IIᵉ bataillon resta à Clerval, le IIIᵉ ne dépassa pas Geney (*Historique*).

(2) *Historique* du 34ᵉ de marche.

seurs de marche et le III⁰ bataillon du 27ᵉ de marche, tandis que le 2ᵉ lanciers de marche allait à Onans rejoindre le général Peytavin.

Pendant ce temps, les troupes du général Minot (1ʳᵉ brigade de la 1ʳᵉ division) conservaient leurs cantonnements sur la rive gauche du Doubs à Auteuil, Glainans, Hyémondans (1). Placé sous les ordres du général Rolland, gouverneur de Besançon, le général Minot recevait le commandement des trois bataillons du Doubs (colonel de Vezet) et des deux des Vosges et des Hautes-Alpes (lieutenant-colonel Bousson), avec la mission d'occuper Blamont. La garde des ponts de Clerval et de l'Isle-sur-le-Doubs devait être confiée au 4ᵉ bataillon de Garde Nationale mobilisée de la Haute-Saône, alors à Baume-les-Dames, où devait rester le bataillon de Mobilisés du Doubs (2).

24ᵉ corps. — Les premières dispositions visaient une attaque venant du Nord contre la ligne Villers-la-Vellechevreux. En conséquence, le général de Busserolles, commandant la 3ᵉ division, avait l'ordre d'occuper dès le point du jour les hauteurs de Sécenans et d'y tenir à tout prix (3). Il était autorisé à emprunter au général Comagny les deux bataillons qui se trouvaient à Gémonval, et à employer la réserve d'artillerie cantonnée à Vellechevreux. En outre, la 2ᵉ brigade de la 2ᵉ division devait dès 3 heures du matin aller occuper Saint-Ferjeux (4).

Mais, à 2 heures du matin, le général de Busserolles rendait compte de la présence de l'ennemi à Sénargent, Saulnot et Arcey, et demandait au général Comagny du secours. Dès le point du jour, il envoyait des reconnais-

---

(1) 1ᵉʳ zouaves, 12ᵉ mobiles, bataillon de la Savoie.
(2) *Lettre* du général Rolland au général Minot.
(3) *Lettre* du général Bressolles au général de Busserolles.
(4) *Ordre* daté de Courchaton, signé Tissier, chef d'État-Major.

sances de cavalerie de Mignafans vers Mignavillers et les bois de Saint-Georges et de Granges, puis il prenait ses positions de combat.

La 1re légion du Rhône et l'artillerie divisionnaire se placèrent sur le plateau entre Sécenans et Mignafans (1). La 2e légion du Rhône, rappelée à 8 heures du matin de Saint-Ferjeux, vint à Crevans, se reliant vers la Chapelle à la 2e division (2). Le bataillon de chasseurs occupa Grange-le-Bourg et les hauteurs au-dessus de Moulin-Girardin. Le 89e mobiles (3) resta à Vellechevreux avec la réserve d'artillerie, sauf la moitié du Ier bataillon appelée vers Crevans. Le 4e bataillon de la Loire restait à Saint-Ferjeux. — La 2e division (4) prit position à à Marvelise sur la rive gauche du Scey, ayant en première ligne 2 bataillons (Ier et IIIe du 60e de marche); derrière eux se placèrent l'artillerie et le 61e de marche, dont le IIIe bataillon couvrait la droite vers la route d'Onans à Arcey (5). Les éclaireurs s'avancèrent jusqu'à la lisière des bois des Craies. La 2e brigade, à gauche de la 1re, avait quitté Gémonval et Courbenans à 4 heures du matin, et s'était mise en bataille sur le plateau dominant Corcelles. 2 compagnies du 14e mobiles étaient entrées dans ce village, où une section resta toute la journée sans être inquiétée par l'ennemi qu'on apercevait de loin (6).

Quant à la 1re division, qui devait rester en réserve à Courchaton, elle avait dès 4 heures du matin placé le 15e bataillon de chasseurs et les mobiles du Haut-Rhin

---

(1) Dépêche transmise par le général Comagny.
(2) *Journal* de la 3e division.
(3) *Historique* du 89e mobiles.
(4) Moins le 21e chasseurs de marche qui alla dans la journée de Cubry à Melecey.
(5) *Historiques* des 60 et 61e.
(6) *Historiques* des 14e et 87e mobiles.

et du Tarn entre la route de Courchaton à Onans et celle de Courchaton à Gémonval, à travers la forêt de Courchaton, où était relevé le bataillon de Tarn-et-Garonne (1). La 1re brigade, conduite par le général d'Ariès, était de son côté partie pour Vellechevreux, quand un ordre du général Bressolles la fit rétrograder. Seul le 63e de marche poussa sur Vellechevreux, où il arriva vers 9 heures et où le lieutenant-colonel Desvaux du Lys prit le commandement (2).

Cette situation dura jusque vers midi. — A ce moment, le général de Busserolles décida de pousser une forte reconnaissance vers Saulnot et Corcelles, en la faisant soutenir par 2 pièces de canon placées vers la ferme de la Cotelle (800 mètres Nord de Corcelles) sous la garde de la 2e légion du Rhône (3).

Canonnade devant Arcey. — Le détachement Bredow avait de son côté pris les armes à 8 heures du matin et occupé les mêmes positions que la veille, tout en rappelant de Gonvillars sur Arcey la 4e compagnie du 67e (4). De fortes patrouilles, fournies par le IIe bataillon et les fusiliers du 67e, se trouvèrent au contact des Français, dans le bois près de Gonvillars. Puis, la batterie qui se trouvait à Saulnot ouvrit le feu pour disparaître après le sixième coup. Peu après, le général de Busserolles, bien qu'il n'ait vu qu'un seul bataillon près de l'artillerie allemande, et qu'il ait appris des habitants que la force de l'ennemi stationné à Arcey ne dépassait pas 3,000 hommes et 2 batteries (5) crut devoir se retirer,

---

(1) *Historiques* du 1er bataillon du Tarn-et-Garonne et du 15e bataillon de chasseurs.
(2) *Historique* du 63e mobiles.
(3) Opérations de la 3e division, *Journal* de la 2e légion du Rhône.
(4) *Historique* du 67e.
(5) *Lettre* du général de Busserolles, 10 janvier, 4 h. 50 soir. (Archives Guerre).

influencé probablement par l'annonce inexacte que l'ennemi était en force au Nord de Sécenans (1).

La Ire légion du Rhône resta au bivouac sur le plateau de Sécenans, d'où les avant-postes échangèrent dans la soirée quelques coups de fusil avec des patrouilles de cavalerie ennemie qui se montrèrent vers Grange-la-Ville. La 2e bivouaqua entre Sécenans et Crevans, avec le 89e mobiles, qui, à 11 heures du soir et sur l'ordre du général de Busserolles, envoya les compagnies de gauche du Ier bataillon en grand'garde (2). La ligne des avant-postes était marquée par Melval, les crêtes dominant Corcelles et la ferme de la Cotelle (3).

Du côté de Vellechevreux, la réserve d'artillerie passa la nuit en marches et contre-marches, et finit, sur l'ordre du colonel du Lys, commandant le 63e de marche, par reprendre position au Nord du village. Elle y perdit 8 hommes atteints de congélation (4).

A la 1re division, les troupes furent aussi mal partagées. Le 15e bataillon de chasseurs resta en grand'garde au bois de la Combe-Beney sur la route d'Onans, le 63e de marche en soutien de l'artillerie de réserve au Nord de Vellechevreux (5). Quant au régiment mixte, placé d'abord en grand'garde dans la forêt de Courchaton et n'ayant pas touché de vivres depuis l'avant-veille, il finit par être placé à Courchaton (6), où bivouaquait la Réserve Générale (Pallu de la Barrière) mise sous les ordres du général d'Ariès.

Le bivouac, avec interdiction de faire du feu dans les

---

(1) *Id.* et *Lettre* de 6 h. 30 soir annonçant 6,000 hommes!!!
(2) Ce régiment resta toute la nuit en position « sans manger ni boire, le colonel s'étant opposé à ce qu'on défît les sacs ». (*Historique* du IIe bataillon du 89e.)
(3) Opérations de la 3e division.
(4) *Historique* de la 19e batterie du 19e.
(5) *Historique.*
(6) *Historique.*

endroits où il pourrait être aperçu de l'ennemi, fut aussi le lot de la 2ᵉ division (1). La 1ʳᵉ brigade (Irlande, 60ᵉ et 61ᵉ de marche) (2), après avoir passé la journée en formation de combat sur la hauteur à l'Est de Marvelise, y resta pendant la nuit (3). Les patrouilles, fournies par une compagnie du IIIᵉ bataillon et une compagnie dite d'éclaireurs, envoyées vers Arcey, avaient reçu quelques coups de canon et perdu 2 tués et 2 blessés. La 2ᵉ brigade (Bramas) avait rappelé le bataillon du 87ᵉ mobiles détaché vers Saint-Ferjeux (4); le reste de ce régiment et le 14ᵉ mobiles restèrent sur le plateau de la Chapelle entre Gemonval et Corcelles (5).

L'artillerie était en partie à Marvelise, une section à Gémonval. La 10ᵉ batterie, qui avait tiré dans la direction d'Arcey, avait reçu quelques obus et perdu 2 hommes légèrement blessés (6).

La reconnaissance entreprise vers Corcelles et Arcey avait donc été contre le but qu'on devait en espérer : au lieu de renseigner le commandement sur la faiblesse du détachement ennemi qui lui était opposé, elle lui avait inspiré des craintes non justifiées. Celles-ci traduites par le maintien des troupes au bivouac sans feu, par le renvoi des bagages et des convois, imposèrent aux hommes déjà si éprouvés les souffrances et les privations les plus cruelles.

Mouvements du 20ᵉ corps. — Le combat durait encore à Villersexel, lorsque le général Clinchant prescrivit

---

(1) *Ordre* du corps d'armée. *Ordre* de la 2ᵉ division.

(2) Le 21ᵉ bataillon de chasseurs était ce jour-là à Melecey (*Historique*).

(3) En partie au moins, car l'*Historique* du 61ᵉ dit qu'on cantonna à Marvelise.

(4) *Ordre* de la 2ᵉ division.

(5) « La nuit du 10 au 11 a été mortelle pour bien du monde... » (*Historique* du 87ᵉ.)

(6) *Historique* de la 10ᵉ batterie du 3ᵉ.

pour le 10 de faire occuper Villargent par la 1re division, Villers-la-Ville par la 2e, et de faire rétrograder la 3e sur la position en avant des Magny, d'où elle était partie pour attaquer Villersexel (1). Lorsque cette dernière retira définitivement les troupes engagées dans le combat (2), le 47e, avec les deux bataillons des Pyrénées-Orientales, était venu bivouaquer au bois de Chailles, tandis que tout le reste de la 3e division restait sur la rive gauche du ruisseau de Peute-Vue.

Dès 5 heures du matin, on prit les armes : les deux batteries de la réserve, qui avaient combattu la veille, (14e du 10e et 23e du 6e) vinrent occuper la cote 315 à l'Est de Villersexel. La batterie de mitrailleuse (21e/7 de Tristan), laissée sans ordres, se porta sur Petit-Magny, tandis que la 14e/8 allait à Melecey, où la réserve se reconstitua le soir.

Le mouvement vers l'Est fut entamé par la 1re division, avec laquelle marcha le général commandant le 20e corps. Des reconnaissances, poussées dès 5 heures du matin de Bevenge dans les bois d'Étroite-Fontaine et vers le moulin de Grand-Pierre, échangèrent quelques coups de fusil avec les postes de la 4e division de réserve. Puis la division se porta sur Villargent, tandis que la 1re brigade gagnait Bevenge et s'y massait, couverte par une grand'garde envoyée sur Sénargent (3). A la nuit seulement, la 1re brigade cantonna à Bevenge. La 2e, détachant 2 bataillons à Saint-Ferjeux, s'installa à Villargent avec le quartier général de la 1re division (4).

A la 2e division, le 25e bataillon de chasseurs avait passé la nuit dans le bois du Petit-Fougeret. Le reste des troupes vint aussi se masser près de Villers-la-

---

(1) *Ordre* de mouvement daté de Villersexel, 9 janvier, soir.
(2) Voir ci-dessus.
(3) *Historiques* du 11e mobiles et du 67e mobiles.
(4) *Historique* du 55e mobiles.

Ville, l'artillerie en batterie face à Saint-Sulpice. Laissé sans ordre jusqu'à 1 heure du soir, le 25ᵉ bataillon de chasseurs ne rejoignit qu'après ce moment (1). Toute la division s'entassa pour la nuit à Villers-la-Ville.

A la 3ᵉ, les débris des mobiles de la Corse, fusionnés en un seul bataillon, furent d'abord envoyés aux Magny ; ils y furent rejoints dans la soirée par toute la division qui avait passé toute la journée sous les armes.

Le 7ᵉ chasseurs, cantonné à Melecey, avait envoyé des reconnaissances au delà du ruisseau du Scey. Le 2ᵉ lanciers de marche était aux Magny ; le quartier général du corps d'armée à Villargent.

Les convois divisionnaires assurèrent le ravitaillement. Grâce à cette mesure, au cantonnement quelque resserré qu'il dut être, enfin à la réduction des avant-postes, les troupes du 20ᵉ corps furent soustraites en grande partie aux épreuves subies par le reste de l'armée.

18ᵉ corps. — Dans la nuit du 9 au 10, le général Billot avait ordonné de mettre toutes ses troupes sous les armes dès 5 h. 30 du matin. Toujours préoccupé de son flanc gauche, il avait prescrit d'organiser la défense des ponts de Villersexel, Pont-sur-l'Oignon, Bonnal, Tressandans, ce dernier confié au 49ᵉ de ligne, colonel de Guaytat, avec les deux batteries de la division de la cavalerie, qui stationnaient à Thieffrans depuis la veille. Tous les bagages devaient filer sur la rive gauche vers Rougemont ou Cubrial. Autour d'Esprels restaient les 1ʳᵉ et 3ᵉ divisions et la division de cavalerie, et, c'est dans cette situation, dont le détail a été donné plus haut, que fut livré le petit engagement de Vallerois.

« Dans la matinée du 10 janvier, le général Bourbaki prescrivit au 18ᵉ corps d'appuyer à droite et de porter une de ses divisions jusqu'à Courchaton pour soutenir la

---

(1) *Historique* du 25ᵉ bataillon de marche.

droite et le centre de l'armée en cas d'attaque... » (1).

Ce fut en rentrant de Villersexel, où il était allé dans la matinée que le général Billot reçut cet ordre. Il apprenait en même temps le petit combat de Vallerois, et il répondit en ces termes (2).

Esprels, 10 janvier.

En rentrant de Villersexel, je trouve divers renseignements de mes avant-postes, qui, sans m'inspirer aucune crainte sérieuse pour le flanc gauche de l'armée, me donnent cependant à croire qu'une partie des troupes ennemies que le 18ᵉ corps d'armée a eu à combattre hier, s'est repliée sur la route de Lure, et qu'elle occupe les village d'Oricourt, Aillevans, Longevelle, à Oricourt sont établis des canons en position.

D'autre part, les postes avancés établis à la pointe de **** (3) vers Vallerois-les-Bois, ont été attaqués aujourd'hui par une reconnaissance forte d'environ 2,000 hommes, infanterie, cavalerie, artillerie.

L'attaque s'est bornée du reste à quelques coups de canon qui n'ont produit aucun résultat. En ce moment cette reconnaissance m'est signalée comme se dirigeant vers Presle.

Pour être en mesure de faire face aux diverses éventualités qui peuvent se produire, je fais partir immédiatement pour Villersexel une brigade de la division Bonnet, et je donne l'ordre à la division Penhoat de se mettre en route pour Courchaton, aussitôt que général Bonnet avec 5 bataillons et 3 batteries d'artillerie aura occupé les positions.

La division Penhoat, bien qu'elle ait été reculée hier, se trouve beaucoup plus à portée d'être dirigée sur la droite qu'aucune des deux autres divisions, qui occupent par leurs avant-postes un vaste rideau de terrain, qu'il serait imprudent de faire disparaître subitement.

Dans le cas où de nouveaux renseignements vous per-

---

(1) Opérations du 18ᵉ corps.
(2) *Le général Billot*, au *général Bourbaki*.
(3) Mot illisible.

mettraient de ne pas faire venir, jusqu'à Courchaton, M. l'amiral Penhoat, je vous serais reconnaissant de vouloir bien le faire arrêter en route, et M. le capitaine Poncort qui vous porte cette dépêche lui transmettrait vos ordres.

Puis, dans un ordre de mouvement qui fut communiqué au général Clinchant, le général Billot prescrivit à une brigade de la 3ᵉ division avec 3 batteries de partir d'Esprels à 4 heures du soir et de se porter par Pont-sur-l'Oignon sur Villersexel, pour y relever la 2ᵉ division, qui avait à gagner Courchaton par Villers-la-Ville, Villargent, Saint-Ferjeux et Vellechevreux. A Villersexel devaient aussi venir la 2ᵉ brigade (cuirassiers et dragons) de la division de Brémond d'Ars, puis la 2ᵉ brigade de la 3ᵉ division, qui devait partir à 9 heures du soir d'Esprels. Enfin, toute la 1ʳᵉ division, quittant à 10 heures du soir Esprels, devait venir bivouaquer aux fermes de Rullet, Noire-Bouze, la Tuilerie avec la réserve d'artillerie.

Sur la rive droite devait rester jusqu'à une heure avant le jour la 1ʳᵉ brigade de cavalerie (lanciers et hussards), surveillant les routes de Vesoul et de Lure. La garde du pont de Bonnal était confiée au 49ᵉ de ligne avec les deux batteries à cheval, celle de Pont-sur-l'Oignon à un régiment de la 1ʳᵉ division.

Une fois de plus le 18ᵉ corps allait s'entasser dans une marche de nuit sur une seule route. L'abandon par l'ennemi de Moimay permettait pourtant d'utiliser la route d'Esprels à Villersexel par la rive droite. On aurait ainsi affirmé le succès de la veille et évité beaucoup des souffrances que les troupes devaient endurer.

A 5 heures du soir seulement, le colonel Bremens partit d'Esprels avec 2 bataillons du 4ᵉ zouaves, 2 bataillons du 53ᵉ de marche, 1 bataillon du 8ᵉ mobiles pour Villersexel par Pont-sur-l'Oignon. Il n'y arriva qu'à 2 heures du matin (1) (neuf heures pour 10 kil.), après de grosses fatigues causées par le verglas. Le reste de la 3ᵉ division suivit à partir de 7 heures du soir, lorsque les troupes venant des Pateys et environs eurent rallié Esprels. Certaines ne quittèrent ce point qu'à minuit (2). Toute la division de cavalerie Brémond d'Ars, sauf le 2ᵉ hussards qui resta à Esprels, avait déjà gagné Villersexel dans la journée du 10 et ne gêna pas ce mouvement. Il n'en fut pas de même pour la 1ʳᵉ division, dont le convoi, parti de Pont-sur-l'Oignon à 2 heures du soir, pour ravitailler les troupes à Esprels, repartit à 10 heures du soir au milieu des troupes (3). La 1ʳᵉ division, couverte par le 9ᵉ bataillon de chasseurs de marche, mit donc fort longtemps à venir bivouaquer près du ruisseau de Peute-Vue avec la réserve.

D'autre part, la division Penhoat était restée à Villersexel, où l'avait rejointe le régiment d'Afrique. Ce contre-ordre avait été donné au reçu d'une nouvelle lettre du général Bourbaki, datée de 3 h. 30 du soir et annonçant que rien ne pouvait se passer dans la journée du 10 vers la droite et que le 18ᵉ corps n'avait qu'à passer sur la rive droite en occupant Villersexel et Pont-sur-l'Oignon (4). L'encombrement fut donc excessif et le 18ᵉ corps presque en entier passa en plein air la nuit glaciale du 10 au 11 janvier. Le post-scriptum de l'ordre du général Bourbaki, prescrivant au 18ᵉ corps d'occuper par sa droite Villers-la-Ville et les Magny, où était déjà cantonné le 20ᵉ corps, avait gravement contribué à ce déplorable résultat.

---

(1) *Ordre* de mouvement de la 3ᵉ division. Opérations de la 3ᵉ division, *Historique* du 4ᵉ zouaves.
(2) *Historique* du 81ᵉ mobiles.
(3) *Historique* du 82ᵉ mobiles.
(4) Opérations du 18ᵉ corps.

Les divers états d'esprit par lesquels passa le commandement de l'armée de l'Est dans cette journée sont fort difficiles à suivre.

Au début il s'agit de faire face à une attaque venant du Nord et de l'Est. C'est de ce dernier côté que le danger paraît le plus sérieux et c'est par là que vont faire face le 15ᵉ corps et le 24ᵉ, puis le 20ᵉ, qui a reçu en plein combat l'ordre d'appuyer vers l'Est. Plus tard aussi, le 18ᵉ corps doit passer tout entier sur la rive gauche de l'Oignon. « Les ordres sont donnés, télégraphie le général au ministre, pour répondre convenablement à une attaque de l'ennemi » (1). « Je ferai demain appuyer tous les corps vers la droite afin de renforcer l'aile de ce côté... » (2), ajoutera-t-il plus tard. Il appelle du Montbozon la brigade Questel du 15ᵉ corps; à Cremer, qui annonce son arrivée à Gray et qui offre de marcher sur Langres, puis sur Chaumont, il dira d'abord de venir menacer la retraite de l'ennemi se retirant de Vesoul sur Port-sur-Saône et Faverney. Puis, dans la nuit du 10 au 11, il lui donnera « l'autorisation d'attaquer Chaumont découvert avec la garnison de Langres », autorisation qu'il révoquera, le lendemain, « en raison de son éloignement et de la possibilité pour le VIIᵉ corps allemand d'arriver avant lui à Chaumont » (3).

C'est en effet dans cette journée du 10 qu'arrivent de nombreux renseignements au sujet des mouvements des Allemands vers Auxerre. Le service des renseignements signale le départ de troupes de l'armée qui assiège Paris dans la direction du Sud-Est. On parle du prince Frédéric-Charles comme traversant le département de l'Yonne, en marche vers l'Est (4). De Clamecy

---

(1) Télégramme de minuit 15.
(2) Télégramme sans heure.
(3) Télégramme de 11 h. 30.
(4) Procureur de la République de Joigny, commandant Carrière.

le capitaine Sardanne signale une concentration importante entre Chablis et Chaumont. Dès ce moment, le général en chef est certain qu'un orage se prépare sur sa gauche. Le danger est assurément à longue échéance mais il n'en est pas moins réel.

Dans le courant de la journée, on apprend, ce qu'on savait depuis longtemps, que les troupes qu'on a combattues le 9 venaient de Vesoul. Au cours de la journée même, des renseignements très précis (1) vont signaler la retraite de Werder dans la direction de Béverne. Il ne peut donc plus être question d'avoir à résister à une attaque venant du Nord. On s'aperçoit que « cette bataille, que l'ennemi doit absolument livrer s'il se rend compte de sa position » (2), échappe complètement et que le projet, annoncé au ministre et sur lequel ce dernier compte encore, consistant à séparer le groupe de Belfort de celui de Vesoul, a lamentablement échoué.

Le désarroi dut être complet, lorsqu'on dut reconnaître dans la soirée du 10 la gravité de la faute commise en ne profitant pas de la victoire de la veille, pour marcher franchement au Nord et couper Werder de Belfort. Tout le plan de la campagne s'effondrait, car le passage du XIV° corps sur le flanc droit de l'armée française, après avoir été sur sa gauche, modifiait radicalement la situation.

On eût aimé voir le général Bourbaki, très au courant de l'état des choses (3), s'en expliquer franchement

---

(1) Notamment provenant du général Billot (voir *Bulletin de renseignements*. Archives historiques de la Guerre et Succession Billot).

(2) Télégramme de de Serres de 1 h. 30.

(3) Le bulletin de renseignements est très catégorique et signale notamment de façon expresse la marche de Werder vers le Nord-Est. Faute d'avoir eu ces pièces sous les yeux, l'éminent historien Fabricius a cru pouvoir attribuer l'inactivité de Bourbaki à la crainte d'une attaque venant du Nord (Das französische Ostheer und seine Führer). Les raisons de cette déplorable attitude sont différentes.

avec le ministre. Or celui-ci allait rester dans une telle ignorance que, lorsque le 11 janvier le général en chef lui annonça son intention d'attaquer Arcey, il lui répondit en lui demandant « s'il ne craignait pas en abandonnant son objectif de Lure et en inclinant tout entier vers la droite, de permettre aux deux groupes ennemis de Vesoul et de Belfort de se rejoindre par la route de Lure ». Or, depuis la veille, Bourbaki savait que Werder allait se réunir à Treskow; il ne l'avait pas dit et il ne devait pas le dire davantage le 11, quand il justifiera l'occupation d'Arcey par la simple nécessité de ne pas compromettre « ses communications avec Clerval » (1).

De tous les partis qui pouvaient être pris, le pire assurément était celui de ne rien faire, et c'est à cela qu'on aboutit. Le quartier général reste à Bonnal. Au lieu d'un ordre de mouvement, on se contente de lettres particulières aux divers commandants de corps d'armée. En termes plus vagues que jamais, on prescrit « d'appuyer à droite » (2) d'une distance insignifiante au 20ᵉ corps et au 18ᵉ, tandis que le 24ᵉ, en réserve, et le 15ᵉ corps à droite vont rester en formations de combat défensives sur ces plateaux glacés, en présence du minime détachement Bredow. Aucune de ces dernières troupes n'a encore combattu, ce n'est pas les éloigner de Clerval que d'attaquer Arcey dès le 11. Toute l'armée restera inactive pendant 48 heures encore, avant d'entreprendre cette opération secondaire, à laquelle on va sacrifier le but et la raison d'être de toute la campagne.

---

(1) Télégramme du 11 janvier. Voir ci-dessous.
(2) Télégramme de 3 h. 30 soir.

L'Armée du Sud.
Fin de la journée du 9 janvier 1871.

VIIe corps. 3e division. — Le 9 janvier, l'État-Major de la division avec le corps principal avait atteint Tanlay et environs (1).

Le train de la division venait à Pinnelles; l'artillerie de corps, et les convois à Laignes, Tanlay et environs; le lieutenant-colonel v. d. Busche à Sambourg (9 kilomètres Nord de Noyers).

Détachement Dannenberg. — Désorienté, le colonel Dannenberg avait dirigé son détachement de Montbard le 9 au matin, de façon à lui faire occuper les positions suivantes (2) :

5e, 7e, 8e compagnies, 3 pelotons de ulans, et lui-même à Touillon.

6e compagnie et la batterie à Petit-Jailly.

Le Ier bataillon et 1 peloton de ulans à Villaines.

Le bataillon des fusiliers et 1 peloton de hussards à Saint-Marc.

Le Ier bataillon devait observer vers le Sud (3), le bataillon de fusiliers, les routes de Baigneux-les-Juifs et de

---

(1) Les opérations des troupes allemandes de l'armée du Sud pendant la journée du 9 janvier ont été reportées à cette place, pour terminer le deuxième volume par la bataille de Villersexel.

(2) Fabricius, p. 41.

(3) *Historique* du 72e, p. 558.

Aignay-le-Duc. Une liaison étroite devait être établie entre les différents cantonnements. Le lieutenant-colonel von Schönholtz chargea la 6ᵉ compagnie de nettoyer le bois de Chaumoux de tout ennemi; à partir de midi des patrouilles de divers effectifs fouillèrent tout le terrain alentour : la 8ᵉ compagnie vers la forêt de Jailly et dans la direction de la Mairie; des patrouilles du Iᵉʳ bataillon fouillèrent le bois de Fontenay, le bataillon de fusiliers envoya une réquisition à Crépand (lieutenant Gossmann et 50 hommes). Des patrouilles de cavalerie furent envoyées par Saint-Remy sur Senailly, sur Semur, Seigny, Etais. La 7ᵉ compagnie fut relevée à 10 heures aux avant-postes par une compagnie du Iᵉʳ bataillon; un détachement du IIᵉ bataillon conduisit les prisonniers à Châtillon.

D'après leurs papiers, et les dires des habitants, on apprenait que 4 brigades de Garibaldi marchaient d'Autun sur Montbard, sous les ordres de Menotti, Ricciotti, et Bossak : elles avaient de l'artillerie et de la cavalerie.

De Saint-Marc, Villaines et Touillon, le colonel von Dannenberg lançait de fortes patrouilles d'officier qui n'apprirent rien sur l'ennemi.

A la suite des événements du jour précédent, le lieutenant-colonel von Schonholtz prit à Montbard les mesures de sûreté suivantes :

Le Iᵉʳ bataillon devait poster ses avant-postes assez loin sur la route de Châtillon et en cas d'attaque défendre le faubourg jusqu'à la Brenne. Pendant la nuit un poste de sous-officiers serait installé à l'embranchement de la vieille et de la nouvelle route : le lendemain, à 8 heures, une vedette de cavalerie y serait placée, les hommes de relève occuperaient une grange à la sortie de Montbard. Le IIᵉ bataillon fut chargé de la défense de la ville, et plus particulièrement du château : la nuit; une compagnie devait occuper la mairie. La place de rassemble ment du bataillon était devant la mairie; de là, il devait, suivant les circonstances, se porter soit sur la Brenne, soit sur le canal. Le bataillon de fusiliers devait, comme auparavant, assurer la défense de la partie Sud de la ville, et maintenir au moyen de patrouilles la liaison avec Saint-Remy.

Le point de rassemblement pour la cavalerie et l'artillerie restait la place de la Poste.

Les bataillons devaient faire patrouiller dans toutes les directions et le plus loin possible, les hommes devaient veiller à ce que, pendant la nuit, les portes de leurs cantonnements restassent ouvertes.

En réponse à l'ordre du général Zastrow, qu'il avait reçu dans la nuit, le colonel Dannenberg rendait compte, le 9, de Touillon, qu'il devait d'autant plus accélérer sa marche, que le lieutenant-colonel von Schönholtz avait été attaqué par des forces supérieures (1).

14ᵉ division. — L'embarquement du Ier bataillon du *39ᵉ* (2) commencé le 5 janvier à Voulzicour à 4 h. 30 du soir, ne s'achevait qu'à 11 h. 45 et le départ s'effectuait à minuit. Les hommes touchent du lard à Soissons, du café à Crépy et le 6 à 3 heures de l'après-midi débarquent à Mitry. Au même moment, le commandant d'étapes recevait un télégramme du quartier général, ordonnant de réexpédier les troupes de la *14ᵉ* division déjà débarquées, sur la commission de ligne d'Épernay par voie ferrée. Entre 11 heures et minuit arriva un télégramme en partie tronqué, donnant comme destination aux deux bataillons du *39ᵉ*, Châtillon-sur-Seine.

Le Ier bataillon pendant ce temps avait fait la soupe près de la gare et avait pris ses cantonnements dans les wagons : le 7 janvier, à 9 h. 45, l'état-major du régiment et le Ier bataillon étaient dirigés sur Reims : après un

---

(1) Fabricius, p. 26-27.
(2) *Historique* du *39ᵉ*, p. 394-395.

long arrêt à cet endroit, dont la cause fut surtout due au télégramme tronqué, le bataillon après un voyage de près de 60 heures atteignait Châtillon dans la nuit du 9 au 10 et y cantonnait.

L'état-major du régiment s'était joint au IIe bataillon à Épernay.

Le IIe bataillon, parti le 5 à 5 heures du soir de Voulzicourt, après un voyage de nuit par une rude température, avait atteint par Reims et Soissons la gare de Mitry où il avait débarqué le 6 à 8 heures du matin; il y prit ses cantonnements. Dirigé sur Lagny, le 7 au matin, pour s'y embarquer il n'y trouva pas de train et alla cantonner à Dompard. Le 8 au matin, à 6 heures, il vint s'embarquer à Lagny. Un accident de chemin de fer, survenu à Nanteuil, détruisit deux wagons d'approvisionnements et lui fit perdre cinq heures. A Épernay les hommes reçurent un repas chaud; à Blesme, le 9, à 8 heures du matin; café à Chaumont, à 7 heures du soir repas chaud. Les 6e, 7e et 8e compagnies dans un train, la 5e et les bagages dans l'autre arrivèrent à Châtillon avant minuit, les hommes achèvent la nuit dans les wagons.

Le Ier bataillon du 53e (1) embarqua le 6 à 4 h. 30 à Voulzicourt. Mais le soir on le fit débarquer sur l'ordre de la division et il passa la nuit à Voulzicourt. Le 7 il fut réembarqué à 6 heures du soir et, après de nombreuses hésitations, mis en route à 11 h. 45 par Rethel, Reims, Épernay, Châlons-sur-Marne, Vitry, Blesmes, Chaumont sur Chatillon. Il rencontra à Blesmes un convoi d'hommes du régiment rentrant de convalescence et d'environ 120 hommes de remplacement : ce convoi se joignit provisoirement au Ier bataillon. Le bataillon arrivé à Châtillon le 9, entre 1 heure et 3 heures du matin, acheva la nuit dans les wagons, au lieu de se rendre dans les cantonnements

---

(1) *Historique* du 53e, p. 287.

qui lui étaient assignés (Poinçon-les-Larrey et Larrey) par une marche de nuit. A 11 heures du matin, la répartition des réservistes ayant été faite à la gare, le bataillon se dirigeait sur Coubau qui lui avait été attribué comme cantonnement.

Le bataillon de fusiliers était parti de Voulzicourt le 8 à 2 heures de l'après-midi : il arriva le 9 à 11 heures du soir à Châtillon-sur-Seine.

Le bataillon eut à faire une marche de nuit pour rejoindre ses cantonnements.

La 11ᵉ et la 12ᵉ compagnie arrivèrent à Layer-sur-Roche à 1 heure du matin (9 kilomètres).

La 9ᵉ et 10ᵉ arrivèrent à Bissey-la-Côte à 3 heures du matin (14 kilomètres).

Les cantonnements du VIIᵉ corps, le 9 janvier au soir furent donc les suivants :

QUARTIER GÉNÉRAL : TANLAY.

13ᵉ Division. — Tanlay.

25ᵉ brigade ....
- 13ᵉ Régt. Iᵉʳ Bᵒⁿ. — Fresnes, Sambourg.
- — IIᵉ bataillon. — Tanlay.
- — Fusiliers. — Pacy, Vireaux.
- 73ᵉ Régt. Iᵉʳ bataillon. — Pinnelles.
- — IIᵉ — . — Saint-Vinnemer.
- — Fusiliers. — Tonnerre.
- 1ʳᵉ compagnie de pionniers. — Tanlay.

26ᵉ brigade ....
- 15ᵉ régiment. 1ᵉʳ bataillon. — Chablis.
- — IIᵉ — . — Chichée.
- — Fusiliers. — Fley.
- 55ᵉ régiment. Iᵉʳ et IIᵉ Bᵒⁿˢ. — Chablis et env.
- — Fusiliers. — Laignes et env.
- 7ᵉ bataillon de chasseurs. — Tanlay et env.

Détachement Dannenberg.

60ᵉ régiment. 1ᵉʳ bataillon. — Villaines.
— IIᵉ bataillon. — Petitjailly (6ᵉ), Touillon (5ᵉ, 7ᵉ, 8ᵉ).
Fusiliers. — Saint-Marc.

72ᵉ régiment. — Montbard.
1ᵉʳ hussards de réserve. 1ᵉʳ et 2ᵉ escadrons. — Tanlay et environs.
1ᵉʳ hussards de réserve. 3ᵉ escadron. 3/4, 4ᵉ escadron. — Montbard.
1ᵉʳ hussards de réserve. 1/4, 4ᵉ escadron. — Saint-Marc.
8ᵉ hussards. 1ᵉʳ et 2ᵉ escadrons. — Chablis et environs.
8ᵉ hussards. 3ᵉ et 4ᵉ escadrons. — Tanlay et environs.
5ᵉ ulans de réserve. — 1ᵉʳ et 2ᵉ escadrons. — Sambourg et environs.
5ᵉ ulans de réserve. 3ᵉ escadron. — Touillon (3/4), Villaine (1/4).
5ᵉ ulans de réserve. 4ᵉ escadron. — Laignes et environs.
3ᵉ batterie légère. — Petitjailly.
4ᵉ batterie légère. — Montbard.
5ᵉ batterie légère. — Tanlay.
6ᵉ batterie légère. — Sambourg.
5ᵉ batterie lourde. — Tanlay.
6ᵉ batterie lourde. — Chablis.
Batteries à cheval : Laignes et environs.
Convois de la Division. — Pinnelles.
Convois du C. d'A. — Laignes et environs.

14ᵉ Division.

27ᵉ brigade...... 39ᵉ régiment. — Châtillon-sur-Seine.

28ᵉ brigade.......
- 53ᵉ régiment. 1ᵉʳ bataillon. — Couban.
- — IIᵉ Bᵒⁿ. { 3 Cⁱᵉˢ. — Cerilly. / 7ᵉ, Laignes.
- — Fusiliers. — 9ᵉ et 10ᵉ Cⁱᵉˢ. — Bissey-la-Côte.
- — Fusiliers, 11ᵉ et 12ᵉ, Layer-sur-Roche.

Autres éléments. — En route ou à Mézières.

IIᵉ corps. — Le 9 janvier la *3ᵉ* division se porte à Seigneley et environs.

L'État-Major des corps d'armée et la 4ᵉ division à Saint-Aubin et environs (1).

Le corps d'armée vint le 9 au soir s'installer comme il suit :

QUARTIER GÉNÉRAL : SAINT-AUBIN.

3ᵉ Division. — Seignelay.

5ᵉ brigade ....
- 2ᵉ régiment. Iᵉʳ bataillon. — Ormoy.
- — IIᵉ Bᵒⁿ. — Migenne, Sainte-Cidronie, Looze, Cheny.
- 2ᵉ Régᵗ. Fusiliers. — Ormoy et Cheny.
- 42ᵉ Régᵗ. Iᵉʳ bataillon. — Haute-Rive.
- — IIᵉ bataillon. — Joigny et env.
- — Fusiliers. — Mont-Saint-Sulpice.
- 1ʳᵉ compagnie de pionniers. — Saint-Aubin.

6ᵉ brigade ....
- 14ᵉ Régᵗ. Iᵉʳ et IIᵉ bataillons. — Seignelay.
- — Fusiliers. — Hery.
- 54ᵉ régiment. — Seignelay et environs.
- 2ᵉ bataillon de chasseurs. — Hery.

3ᵉ dragons. — Seignelay-Hery.
Artillerie. — Seignelay-Hery.
Convois. — Beaumont.

4ᵉ Division. — Saint-Aubin.

7ᵉ brigade ....
- 9ᵉ régiment. — Senan.
- 49ᵉ régiment. — Saint-Aubin.
- 21ᵉ — Iᵉʳ bataillon et fusiliers. — Saint-Romain.
- 21ᵉ régiment. IIᵉ bataillon. — Sepaux.

8ᵉ brigade ....
- 61ᵉ régiment. Iᵉʳ bataillon. — Saint-Aubin.
- — IIᵉ — . — Grand-Bailly, les Guillets, la Fosse.
- 61ᵉ régiment. Fusiliers. — Fontainebleau.
- 2ᵉ et 3ᵉ Cⁱᵉˢ de pionniers. — Saint-Aubin.

11ᵉ Dragons. } Saint-Aubin et environs.
Artillerie.

Convois. — Branches, Saint-Romain.
Artillerie de corps. — Migennes, Sainte-Cidronie, Looz.
Convois. — Saint-Aubin.

---

(1) Fabricius.

III

L'Armée du Sud.
Journée du 10 janvier.

Le général Zastrow reçut le 10, à 5 heures du matin le compte rendu du colonel Dannenberg sur le combat de Montbard, sur les reconnaissances prévues pour le 10 dans les directions de Semur et de Dijon, ainsi que sur l'hypothèse de la marche des quatre brigades garibaldiennes d'Autun sur Semur et Montbard (1).

Il envoya l'ordre au détachement de flanc du lieutenant-colonel v. d. Busche, qui devait aller à Sennevoy, de se porter sur Nuits; il le fit renforcer par le II⁰ bataillon du 13⁰ et demi-détachement de santé : il devait se mettre en liaison avec le colonel Dannenberg et faire patrouiller dans la direction d'Avallon.

Le détachement v. d. Busche, arrivé à Nuits Ravières, resta au bivouac. Le soir seulement, il s'établit en cantonnements (2). Le gros de la division arriva à Laignes et cantonna de là jusqu'à Gigny (3).

Les trains à Bissey-la-Pierre et Marcenay.

L'artillerie de corps, de Châtillon à Cerilly.

L'arrière-garde à Tanlay, et environs, en liaison avec le détachement v. d. Busche.

---

(1) Fabricius, p. 41.
(2) *Historique* du *13⁰*.
(3) Fabricius.

Le colonel von Dannenberg fut averti de la présence à Nuits du fort détachement v. d. Busche.

Le service de reconnaissances organisé le 10 au détachement Dannenberg ne devait apporter dans la journée aucun renseignement sur l'ennemi (1).

Le capitaine Menningen avec les 3ᵉ et 4ᵉ compagnies du *72ᵉ* et demi-peloton de hussards, parti à 7 heures du matin, avait marché sur les Laumes. Il n'aperçut d'ennemis ni à Pouillenay, ni à Alise-Sainte-Reine.

Le major Einecke, parti de la place de la Poste à 7 heures du matin, avec les 7ᵉ et 8ᵉ compagnies du *72ᵉ*, demi-peloton de hussards et 2 pièces, marcha sur Semur, où, d'après des renseignements donnés par le maire, il apprit que le 8, 20 dragons de l'armée régulière venant d'Alise-Sainte-Reine avaient séjourné dans la ville, et que Ricciotti se trouvait dans les environs.

D'après d'autres renseignements celui-ci se serait retiré sur Vitteaux.

Les hommes de ces deux colonnes avaient marché sans sac, avec la musette et le manteau roulé : ils avaient l'ordre de se replier sans combattre devant des forces supérieures.

Une patrouille de hussards rentrait le soir à Montbard confirmant l'évacuation de Semur.

Dannenberg fit explorer la ligne de la Villeneuve-les-Convers, Baigneux-les-Juifs, Aignay-le-Duc. Les 2ᵉ et 12ᵉ compagnies du *60ᵉ* envoyées dans la vallée de la Seine la trouvèrent vide. Quelques bandes de francs-tireurs étaient signalées entre Alise et Chanceaux (probablement des reconnaissances envoyées de Flavigny par Ricciotti).

La conclusion de toutes ces reconnaissances était que le détachement du colonel Dannenberg n'était pas directement menacé : celui-ci voulut se conformer, dans la

---

(1) *Historique* du *72ᵉ*, p. 562 et suiv. et Fabricius, p. 27-28.

mesure du possible, à l'ordre donné le 8 par le général Zastrow, de couvrir indirectement sa marche en faisant patrouiller dans les directions de Noyers et de l'Isle-sur-Serein.

Il donna en conséquence au colonel Schönholtz l'ordre d'envoyer un bataillon du 72ᵉ occuper Aisy-sur-Armançon, pour protéger la route de Montbard-Noyers et couvrir le point important de Nuits.

Le lieutenant-colonel Schönholtz désigna le IIᵉ bataillon.

Dès le même soir, à 3 heures, les 5ᵉ et 6ᵉ compagnies et 4 hussards sous les ordres du capitaine Hellig partirent pour Nuits où elles arrivèrent à 7 heures du soir : la localité fut mise immédiatement en état de défense.

En réponse au rapport du colonel Dannenberg envoyé le 9, de Moltke télégraphiait le 10 :

« Le 12, le IIᵉ corps arrive sur la ligne Nuits-Noyers. Rassemblez votre détachement sur son aile droite, de manière à couvrir sûrement Nuits jusqu'au 12. La 14ᵉ division est invitée à pousser de Châtillon sur Dijon et à se maintenir en liaison avec vous » (1).

Et un peu plus tard :

« Le colonel Dannenberg à l'ordre de se concentrer à Montbard. Poussez sur Dijon et reliez-vous avec lui » (2).

Comme la *13ᵉ* division devait se rassembler à Châtillon, la *14ᵉ* à Montigny (3), le matin du 10 l'état-major du régiment et le Iᵉʳ bataillon se portèrent à Belan; les 5ᵉ et 8ᵉ compagnies et l'état-major du IIᵉ bataillon à Mosson ; les 6ᵉ et 7ᵉ compagnies à Brion.

---

(1) *Correspondance* militaire du maréchal de Moltke, n° 612, Au colonel de Dannenberg à Montbard, Versailles, le 10 janvier 1871, 10 h. 30 matin. Télégramme.

(2) *Correspondance* militaire du maréchal de Moltke, n° 613. Au général major Schuler de Senden, Châtillon-sur-Seine, Versailles, le 10 janvier, 10 h. 30 matin. Télégramme.

(3) *Historique* du *39ᵉ*.

Le bataillon de fusiliers restait à Châtillon jusqu'au 11.

Le 10, le II⁰ bataillon fut rappelé de Cerilly et Laigne et envoyé à Louème ; les deux autres bataillons restèrent au repos dans leurs cantonnements (1).

Les cantonnements du VII⁰ corps, le 10 au soir furent les suivant :

Quartier général. — Laignes.

13⁰ Division. — Laignes.

25⁰ brigade ....
- 13⁰ Rég\`t\`. I\`er\` B\`on\` et fusiliers. — Nuits.
- — II⁰ bataillon. — Ravières.
- 73⁰ Rég\`t\`. I\`er\` bataillon. — Marcenay.
- — II⁰ — . — Laignes.
- — Fusiliers. — Gigny.
- 1\`re\` compagnie de pionniers. — Laignes.

26⁰ brigade ....
- 15⁰ Rég\`t\`. I\`er\` bataillon. — Commissey.
- — II⁰ B\`on\` et fusiliers. — Tanlay.
- 55⁰ Rég\`t\`. I\`er\` et II⁰ B\`on\`. — Tanlay et env.
- — Fusiliers. — Marcenay.
- 7⁰ B\`on\` de chasseurs. — Laignes et env.

Détachement Dannenberg.

60⁰ Rég\`t\`. — comme le 9.
72⁰ Rég\`t\`. 5⁰ et 6⁰ compagnies. — Aisy.
— I\`er\` B\`on\`, fusiliers, 7⁰ et 8⁰ C\`ies\`. — Montbard.
1\`er\` hussards de réserve, 1\`er\` et 2⁰ escadrons. — Laignes et env.
— 3⁰ Esc. 3/4 4⁰. — Montbard.
1/4 7⁰ Esc. — S\`t\`-Marc.
8⁰ hussards, 1\`er\` et 2⁰ Esc. — Tanlay et env.
— 2⁰ et 3⁰ Esc. — Laignes et env.
5⁰ ulans de réserve, 1\`er\` et 2⁰ Esc. — Nuits, Ravières.
— 3⁰ Esc. — Touillon 3/4, Villaux 1/4.

---

(1) *Historique* du 53⁰.

5ᵉ ulans de réserve, 4ᵉ Esc. — Bissey-la-Pierre, Marcenay.
3ᵉ batterie légère. — Petitjailly.
4ᵉ batterie légère. — Montbard.
5ᵉ batterie légère. — Laignes.
6ᵉ batterie légère. — Nuits, Ravières.
5ᵉ batterie lourde. — Laignes.
6ᵉ batterie lourde. — Tanlay.
Batterie à cheval. — Montliot (près Châtillon).

14ᵉ Division.

27ᵉ brigade........ { 39ᵉ Régᵗ. Iᵉʳ bataillon. — Belan.
— IIᵉ bataillon. — Mousson 5ᵉ et 8ᵉ. Brion 6ᵉ et 7ᵉ.
39ᵉ Régᵗ. Fusiliers. — Châtillon. }

28ᵉ brigade........ { 53ᵉ Régᵗ. Iᵉʳ Bᵒⁿ. — Couban.
— IIᵉ Bᵒⁿ. — Louème.
— Fusiliers. — Bissey-la-Côte 9ᵉ et 10ᵉ, Layer-sur-Roche 11ᵉ et 12ᵉ. }

Les autres troupes n'étaient pas encore arrivées.

L'ordre suivant organisait la ligne d'étapes de l'armée du Sud :

Au commandant en chef de la IIᵉ armée, Bouloire (1).

Versailles, le 10 janvier 1871, 10 h. 30 matin.

S. M. le Roi ayant prescrit de former dans le Sud, une nouvelle armée sous le commandement du général de la cavalerie de Manteuffel et d'y rattacher les VIIᵉ et IIᵉ corps, il est nécessaire de s'occuper des lignes d'étape de cette armée. La ligne Blesme-Montereau-Orléans, attribuée à la IIᵉ armée, sera également utilisée pour pourvoir aux besoins des deux corps susmentionnés.

En conséquence, on a l'honneur de prier le commandant en chef de vouloir bien, au moyen du personnel dont il dispose, créer une inspection d'étapes qui, sur la ligne désignée, prendra soin des intérêts des IIᵉ et VIIᵉ corps. On

---

(1) *Correspondance* militaire du maréchal de Moltke, n° 611.

pourrait fixer le siège de cette inspection provisoirement à Châtillon. Les instructions nécessaires seront envoyées à l'inspection générale des étapes à Orléans et à la commission de ligne de Chaumont; leur contenu sera communiqué aux commandants des deux corps, au général de Manteuffel et au grand quartier général.

La 4ᵉ section de chemins de fer de campagne, mise jusqu'ici à la disposition du commandant en chef, sera après l'achèvement des travaux actuellement en cours, détachée auprès du commandant en chef de l'armée du Sud. Pour gagner du temps, une expédition de cette dépêche a été envoyée à l'inspection générale des étapes.

Copie de cette lettre fut communiquée au commandant en chef de l'armée du Sud avec les remarques suivantes :

La ligne Blesmes, Chaumont, Nuits, Montereau, etc., est occupée par les troupes d'étapes des gouvernements généraux de Nancy et de Reims, ainsi que par celles de la IIᵉ armée. Par contre les lignes au Sud de celle-ci devront être protégées par vos propres forces.

Par télégramme de ce jour, la commission d'exploitation de Chaumont, de même que la fraction de la 4ᵉ section de chemins de fer de campagne, actuellement occupée à Nuits, ont été invitées à étudier la remise en état de la section qui de Nuits va sur Dijon. Lorsque le XIVᵉ corps était à Dijon, aucune importante destruction n'avait eu lieu sur cette ligne.

En ce qui concerne la mission confiée au général de Manteuffel, l'ouvrage du Grand État-Major allemand s'exprime en ces termes (1) :

« Le commandant en chef de l'armée du Sud était arrivé à Versailles dans la nuit du 10 janvier. Le colonel de Wartensleben qui l'accompagnait y fut nommé chef d'État-Major. Les instructions données verbalement au général de Manteuffel par le grand

---

(1) *Historique du Grand État-Major allemand*, p. 1113.

quartier général ne pouvaient être que très sommaires. On prévoyait bien qu'il ne pouvait pour le moment porter un secours immédiat au général de Werder, lequel était déjà à proximité de l'ennemi. Mais s'il parvenait à se jeter sur les lignes de communication de l'adversaire, pendant que le XIVe corps d'armée se maintiendrait en avant de Belfort, l'effet produit devait être très considérable. Toutes les mesures à prendre pour arriver à ce résultat furent cependant laissées à sa propre initiative.

Le grand quartier général remit au général de Manteuffel le tableau et les instructions suivantes :

Tableau remis par le grand quartier général au général de Manteuffel, indiquant la composition des forces à rassembler sous son commandement et fournissant des renseignements sur la situation (1).

Quartier général de Versailles.

8 janvier 1871.

Effectif des forces composant l'armée à réunir sous les ordres du général baron von Manteuffel :

1° VII corps d'armée.

	Bataillons.	Escadrons.	Batteries.
13e Division	13	4	4
14e Division	12	4	4
Artillerie de corps	»	»	6
Adjoints : Régts d'Infrie nos 60 et 72	6	»	»
5e Régt de ulans de réserve	»	4	»
1er Régt de hussards de réserve	»	4	»
Total	3	16	14

Le 8 janvier les troupes de ce corps sont :

---

(1) *Historique du Grand État-Major allemand*, IIe partie, Supplément CLVIII.

Le quartier général, la *13ᵉ* division et l'artillerie de corps en marche sur Châtillon-sur-Seine, point qui sera probablement atteint le 11 de ce mois.

La *14ᵉ* division d'infanterie, en voie de transport par chemin de fer de Boulzicourt à Châtillon-sur-Seine. Les premiers échelons sont arrivés dans cette ville le 7 de ce mois : la division y sera rassemblée le 12 courant.

Le colonel de Dannenberg, ayant sous ses ordres les régiments n° *60* et n° *72*, 3 escadrons et 2 batteries est au Sud de Châtillon-sur-Seine, pour couvrir la concentration du corps d'armée et observer Dijon et Langres.

Le lieutenant-colonel Hensel qui est à Chaumont avec des troupes gouvernementales, a poussé 8 compagnies, un demi-escadron et une demi-batterie, par Luzy et Foulain, dans la direction de Langres.

En attendant, le 1ᵉʳ régiment de hussards de réserve est affecté à l'inspection générale des étapes de la deuxième armée, et devra être laissé à Nuits, quand le VIIᵉ corps d'armée commencera ses opérations : le corps comprendra alors 31 bataillons, 12 escadrons, 14 batteries.

2° IIᵉ corps d'armée, 25 bataillons, 8 escadrons, 14 batteries.

Le corps est en marche de Montargis sur Nuits, où la division de tête arrivera le 12 de ce mois.

3° XIVᵉ corps d'armée.

	Bataillons.	Escadrons.	Batteries.
Détachement du général major von der Goltz...	6	8	3
Division de campagne badoise................	18	12	9
1ʳᵉ Division de réserve...	15	4	3
4ᵉ —	15	8	6
Détachement du général de Debschitz..........	8	2	2
Total.............	62	34	32

Le XIVᵉ corps d'armée est à la date du 8 de ce mois disposé comme suit :

La *1*ʳᵉ division de réserve et la moitié de la 4ᵉ division de réserve assiègent Belfort; le détachement Debschitz est près de Delle; le reste du corps est autour de Vesoul où se trouve le quartier général.

La force totale de l'armée s'élève à 118 bataillons, 54 escadrons, 51 batteries (non compris le 1ᵉʳ régiment de hussards de réserve).

Renseignements sur la situation.

Jusqu'au milieu du mois dernier, le XIVᵉ corps d'armée qui occupait les positions commandant la ligne de Châtillon-sur-Seine, Dijon, Gray, Vesoul, Montbéliard, n'avait eu devant lui que des détachements ennemis d'une force numérique plus faible que la sienne (Garibaldi avec 12,000 hommes à Autun, Cremer avec 20,000 hommes à Beaune et à Dôle).

Depuis cette époque des troupes françaises d'un effectif plus considérable, amenées du Sud, se concentrèrent à Besançon. Afin de couvrir le siège de Belfort, le général de Werder abandonna Dijon et rassembla son corps à Vesoul. Il rappela le général de Góltz qui avait été détaché pour procéder à l'investissement de Langres.

Un renfort direct lui fut amené par le détachement formé dans le Sud de l'Alsace, sous les ordres du général Debschitz, détachement qui avait été poussé jusqu'à Delle. De plus, sur la nouvelle qu'une grande partie de l'armée ennemie, en voie de réorganisation à Bourges et à Nevers (Bourbaki, 15ᵉ, 18ᵉ et 20ᵉ corps) était partie par chemin de fer pour Chalon-sur-Saône, le général de Zastrow, qui se trouvait à Auxerre avec la *13ᵉ* division et l'artillerie de corps du VIIᵉ corps d'armée, reçut l'ordre de se porter sur Nuits et Montbard. On prescrivit en même temps aux régiments n°ˢ *60* et *72*, qui étaient à Metz et à Chaumont, de se rendre sur ces points. Cependant, la marche de fortes troupes françaises de Cosne sur Briare, jointe à des renseignements provenant d'autre source, firent, quelques jours après, admettre comme probable que Bourbaki se trouvait encore à Nevers et à Bourges avec le gros de ses forces, et qu'il se préparait à l'offensive dans la direction de Paris.

Les troupes ennemies qui étaient à Besançon se tenaient rigoureusement sur la défensive : elles firent même sauter les ponts qui existaient encore sur le Doubs.

En conséquence, le général de Zastrow reçut l'ordre de retourner à Auxerre; le 11ᵉ corps d'armée fut en même temps distrait de l'investissement de Paris et dirigé sur Montargis; les deux corps réunis devaient ensuite s'opposer à la marche présumée de Bourbaki, tandis que la IIᵉ armée prenait l'offensive contre l'armée ennemie commandée par Chanzy.

Pendant l'exécution de ces mouvements, le général de Werder annonça d'une façon positive que des troupes des 18ᵉ et 20ᵉ corps d'armée français se trouvaient en avant de son front. Le général Röder télégraphiait de Berne, que Bourbaki était de sa personne à Dijon et qu'il s'avançait avec une armée de 60,000 hommes et 80 canons. On apprit aussi par un rapport détaillé, fourni par un espion et dont l'exactitude fut reconnue plus tard, quel était le nouveau plan d'opérations de l'adversaire. Bourbaki (sous les ordres duquel étaient placés les 15ᵉ, 18ᵉ et 20ᵉ corps, peut-être aussi le 19ᵉ) allait prendre l'offensive contre le XIVᵉ corps. Il laisserait un corps d'armée devant Vierzon. Il devait avec son armée renforcée par le 24ᵉ corps, nouvellement formé à Besançon sous les ordres du général Bressolles, et par les bandes de Garibaldi, débloquer Belfort, reconquérir l'Alsace et interrompre d'une façon permanente nos principales lignes de communications.

Ces opérations ont évidemment déjà reçu un commencement d'exécution. Depuis environ 3 jours, les troupes du général de Werder ont devant elles, au Sud et à l'Ouest de Vesoul ainsi qu'au Sud de Belfort les avant-gardes ennemies des 18e, 20e et 24e corps. On s'est aperçu hier d'une concentration sur la route Besançon-Vesoul. On ne peut encore exactement déterminer si les 18e et 20e corps sont déjà entièrement rassemblés, il est permis d'en douter jusqu'à présent. On dit aussi que le général Bourbaki a passé le 31 décembre dernier, à Bourges, une revue des 15e et 18e corps, cependant ce renseignement n'est pas confirmé. On n'a jusqu'à ce jour pu constater où se trouvent les 15e et 19e corps d'armée. En ce qui concerne le 19e corps, on ne sait pas même avec certitude s'il fait partie de l'armée de Bourbaki ou de celle de Chanzy, ou s'il n'a pas été licencié à la suite des combats qui ont eu lieu au commencement du mois de décembre dernier. Si ces deux corps appartiennent à l'armée de Bourbaki, il ne peut disposer dans l'Est que de l'un d'eux pour l'opération projetée. Si au contraire, le 19e corps appartient à l'armée de Chanzy, ou s'il a été licencié, il est probable que le 15e corps reste à Vierzon. Dans ce cas Bourbaki ne dispose dans l'Est que des 18e, 20e et 24e corps et des bandes de Garibaldi.

L'armée ainsi formée n'est que faiblement pourvue de cavalerie; son artillerie est suffisante.

Le train nécessaire au transport des vivres et des munitions manquera presque complètement et ne pourra être remplacé d'une manière efficace par l'utilisation des voies ferrées. L'infanterie est bien armée mais médiocrement organisée.

La force numérique de chaque corps d'armée peut s'élever à environ 30,000 hommes: on peut donc évaluer les forces de l'armée de 90 à 120,000 hommes, plus les bandes de Garibaldi, dont l'effectif peut être fixé à 12,000 hommes.

Le général de Werder a reçu l'ordre de couvrir avant tout le siège de Belfort et de prendre comme base le Sud de l'Alsace. Il ne doit pas s'opposer directement à une marche en avant que l'adversaire tenterait à l'Ouest des Vosges ; il se contentera d'observer cette marche, de concert avec les troupes du gouvernement de Lorraine. Lorsqu'il ne restera devant lui qu'un faible effectif ennemi, le général de Werder devra aussitôt reprendre l'offensive, et chercher à interrompre les communications des Français. L'entrée en action des IIe et VIIe corps d'armée suffira pour déjouer les projets de l'ennemi.

La IIe armée, qui a actuellement pris l'offensive contre l'armée de Chanzy venant du Mans, a laissé une division à Orléans; un détachement de cette division est à Briare.

IIe corps. — Le 10 janvier la *3e* division, au repos, fut rejointe par l'état-major du corps d'armée. La *4e* division se porta sur Auxerre [1].

Les cantonnements du IIe corps le 10 au soir furent les suivants :

QUARTIER GÉNÉRAL : SEIGNELAY.

(La 1re compagnie de pionniers à Seignelay.)

3e division.

Même cantonnement que le 9 au soir.

4e division : Auxerre.

49e Rég^t. — Auxerre et environs.

9e Régiment..... { IIe B^{on} et fusiliers. — Appoigny.
{ Ier B^{on}. — Monéteau.

---

(1) Fabricius. (C'est probablement aussi ce jour-là que rejoignit la 1re compagnie de pionniers.)

21ᵉ Régiment...... — Auxerre.
64ᵉ Régiment..... { Iᵉʳ Bᵒⁿ. — Appoigny.
                   IIᵉ Bᵒⁿ. — Auxerre.
                   Fusiliers. — Varennes, la Brosse.
et 3ᵉ Cⁱᵉˢ de pionniers. — Auxerre.
Artillerie, convois. — Auxerre.
Artillerie de corps, convois. — comme le 9.

Journée du 11 janvier.

I

Opérations des Français.

24ᵉ corps. — D'après l'ordre du général en chef, la division d'Ariès (1ʳᵉ du 24ᵉ corps), soutenue par la réserve générale, devait dès le matin du 11 soutenir les troupes du 15ᵉ corps pour l'occupation du plateau d'Onans ; le reste du corps d'armée avait à se tenir prêt à marcher, à l'exception de la brigade Bramas (2ᵉ de la 2ᵉ division), qui, dès 3 heures du matin, viendrait occuper la route de Saint-Ferjeux à Bévenge. Mais le général Bressolles, apprenant dans la nuit, que le général Peytavin occupait Onans depuis la veille, crut pouvoir suspendre la marche des généraux d'Ariès et Pallu de la Barrière (1) jusqu'au retour de la reconnaissance que devait faire vers Arcey le général de Rivière commandant le génie du 24ᵉ corps. Le général Bourbaki, en apprenant que ses ordres n'étaient pas exécutés, envoya à 11 h. 25 du matin une lettre prescrivant de faire le jour même le mouvement prévu. L'ordre fut donc donné à la division d'Ariès de se mettre en route, bien qu'elle n'eût pas terminé ses distributions. Toutefois, la brigade de réserve partit seule et se porta à Onans, où elle arriva en pleine nuit. Quant à la division d'Ariès, qui devait partir à 8 heures du soir seulement, elle reçut contre-ordre du comman-

---

(1) *Lettre* au général en chef, 2 h. 30 matin.

dant en chef, à peine était-elle en marche, et revint à Courchaton. La 2ᵉ division, elle, resta autour de Marvelise et Gémonval, fournissant de nombreuses grand'gardes par un froid excessif. A la 3ᵉ division, le quartier général se transporta à Crevans; la 1ʳᵉ légion du Rhône, placée sur le plateau de Sècenans, y fut relevée par le 5ᵉ bataillon de la Loire (89ᵉ), tandis que le 1ᵉʳ bataillon du Var, appartenant au même régiment, se plaçait en grand'garde entre Mignafans et Mignavillers avec le 2ᵉ bataillon de chasseurs. La 1ʳᵉ légion du Rhône cantonna à Crevans; la 2ᵉ, après avoir passé la journée au bivouac près de ce village, fut envoyée à 10 heures du soir à la Chapelle, où elle n'arrivera qu'à minuit, pour y bivouaquer sans feu (1).

La question des vivres était devenue ce jour-là particulièrement sérieuse pour le 24ᵉ corps. Le général Bressolles rendait compte qu'il n'en avait plus que jusqu'au 13. Il n'avait pas de nouvelles d'un convoi annoncé comme parti de Baume-les-Dames. A la 2ᵉ division, les distributions ordonnées n'étaient pas faites; à la 1ʳᵉ, on rendait compte qu'on n'avait rien pour le 12 et que déjà deux des batteries de la réserve n'avaient plus d'avoine. En conséquence, le général en chef prit le parti de remettre au 13 l'attaque d'Arcey. Le 24ᵉ corps devait vider complètement son convoi en ne conservant que 15 voitures chargées de viande salée et de lard. Le reste devait aller se ravitailler à Meleccy ou à Baume-les-Dames. Au premier de ces points, il n'y avait déjà plus de pain, au second les voitures réunies à grand'peine n'avaient pas de bâche. Le 24ᵉ corps, mal organisé, souffrait plus que les autres de la difficulté des transports.

15ᵉ corps. — La division Peytavin (3ᵉ) conserva sa

---

(1) Historiques des corps de troupes. — Journaux de marche des divisions et brigades.

position de combat au Nord et à l'Est d'Onans, ayant de la gauche à la droite le 16ᵉ de ligne, puis, le 34ᵉ de marche, le Iᵉʳ bataillon du 27ᵉ de marche, enfin le 69ᵉ mobiles s'étendant jusqu'à Brétigney et la route de Médière avec le 6ᵉ bataillon de chasseurs. Sur la route de Geney, se tenait le 33ᵉ de marche occupant Faimbe. En arrière de la gauche, 2 batteries étaient en position, 2 autres étaient en réserve dans le village d'Onans (1). De Geney arriva à 9 heures du matin le IIIᵉ bataillon du 27ᵉ de marche, qui, dirigé en reconnaissance sur Montenois, constata que ce point n'était pas occupé par l'ennemi. On signalait au contraire 2 pièces de canon en arrière d'Arcey et 6 autres vers le Nord. Les patrouilles françaises purent entrer dans le village en arrière duquel se tenait le détachement v. Bredow rassemblé lui aussi en position de combat (2). Vers le soir seulement, les Allemands firent rentrer à Arcey les 9ᵉ et 12ᵉ compagnies du 67ᵉ, tandis que la 10ᵉ allait à Gonvillars et la 11ᵉ à Villers-sur-Saulnot. — Les batteries prussiennes avaient seules tiré quelques obus contre le IIIᵉ bataillon du 27ᵉ de marche. L'artillerie française ne paraît pas avoir répondu.

Cependant, devant le faible détachement Bredow, le général Bourbaki accumulait les forces. Outre la réserve générale et la brigade Boerio, déjà à Onans, il prescrivait de faire porter sur ce point toutes les batteries de la réserve du 15ᵉ corps (3). Il ordonnait au général Questel (3) (2ᵉ brigade de la 1ʳᵉ division du 15ᵉ corps) de gagner Melecey, Grammont et Onans (4). Celui-ci ne pouvait dépasser Melecey, où il n'arrivait qu'à 8 heures du soir; le 4ᵉ bataillon de chasseurs n'y parvenait qu'à

---

(1) *Lettre* du général Peytavin.
(2) *Historique* du 67ᵉ prussien.
(3) Cet ordre ne pouvait être exécuté (*Lettres* du colonel Tessier).
(4) *Lettre* au général Martineau.

1 heure du matin (1). Quant à la brigade Minot (1re de la 1re division du 15e corps), elle était, conformément aux ordres donnés, dirigée à 7 heures du matin vers Pont-de-Roide. Vers midi, le général Minot avait rallié en ce point le colonel de Vezet et établi le 12e mobiles à Dambelin, le 1er zouaves à Pont-de-Roide, Bourguignon et Vermondans, lorsque à 3 heures du soir l'ordre arriva du général Bourbaki de revenir sur Clerval pour venir le lendemain soutenir la division Peytavin. La brigade se remit en marche pour refaire en sens inverse le trajet parcouru. Le 12e mobiles s'arrêta à Auteuil, les zouaves revinrent à Clerval, qu'ils atteignirent à 3 heures du matin, ayant fait 54 kilomètres dans la journée sur une route couverte de verglas (2).

Pendant ce temps, la 2e division et la division de cavalerie dans les trains bloqués par l'encombrement causé par l'afflux des vivres à Clerval, où l'on entassait 300,000 rations, subissaient des arrêts interminables à Beaune, Cercy-la-Tour, Dôle.

20e corps. — L'ordre très vague donné au génralé Clinchant « d'appuyer à droite », sa droite à Vellechevreux, sa gauche à Villargent, avait amené à prescrire à la 1re division de rester à Bévenge et Villargent avec avant-postes de 3 bataillons au bois au Nord-Est de Bevenge, au bois Runot, et au bois Dessus. La 2e division se porterait à Vellechevreux, occupant par ses avant-postes Mignafans et la lisière Est du bois Dessus. Enfin la 3e, laissant passer la 2e en se massant à Villargent, avait à venir à Saint-Ferjeux et Géorfans. Les lanciers devaient se porter sur Melecey, les chasseurs à Georfans patrouillant pendant le jour au bois Dessus, le Parc à Fallon. La réserve d'artillerie restait à Melecey. Des ordres de ravitaillement très précis étaient donnés.

---

(1) *Historique.*
2) *Historique* et Opérations de la 1re division.

Ces mouvements s'exécutèrent régulièrement et sans incidents : toutes les troupes furent cantonnées, sauf celles qui étaient aux avant-postes; les distributions se firent. Les reconnaissances donnèrent des renseignements très précis sur la situation qu'on finit enfin par connaître. On vit quelques cavaliers ennemis à Moffans et Athesans.

18ᵉ corps. — Tandis que la 2ᵉ division restait à Villersexel avec la division de cavalerie, la 3ᵉ devait venir à Villers-la-Ville, la 1ʳᵉ aux Magny avec la réserve d'artillerie. Le ravitaillement devait se faire à Cubry.

Cette opération fut difficile en raison de la longueur du trajet; on envoya des détachements (convoi de la 1ʳᵉ division) jusqu'à Clerval (1), ce qui prit toute la nuit du 11 au 12. La plus grande partie des troupes bivouaqua, en particulier dans le bois de Chailles, autour de la ferme de Rullet. Près de Villers-la-Ville, on crut devoir prendre des positions de combat le long du Scey (2). Il semble, d'après cette mesure et d'après les historiques des corps, qu'on était encore assez mal renseigné. Ce qui le confirme, c'est le maintien d'un régiment (73ᵉ mobiles) à Pont-sur-l'Oignon. — Sauf le 5ᵉ cuirassiers qui paraît avoir envoyé des patrouilles au Nord de Villersexel, la cavalerie ne servait à rien.

Le soir, les troupes de la 1ʳᵉ division se trouvaient ou cantonnées aux Magny, comme le 42ᵉ de marche et l'artillerie, ou au bivouac vers la ferme Rullet. — La 2ᵉ division était tout entière entassée dans Villersexel. A la 3ᵉ, le 4ᵉ zouaves était cantonné à Villers-la-Ville, tout le reste était au bivouac sur les positions de combat occupées toute la journée face au Nord.

---

(1) *Historique* du 73ᵉ mobiles.
(2) Opérations de la 2ᵉ brigade de la 3ᵉ division.

II

Les Résolutions du général Bourbaki.

C'est dans la journée du 11 que le général Bourbaki prit définitivement la funeste résolution qui allait l'entraîner à sa perte,

On se souvient, et il est ici nécessaire de le rappeler, que le plan général d'opérations consistait à se porter sur les communications allemandes, soit, comme il avait été entendu, d'abord sur Langres et Chaumont, soit sur Épinal... Jamais il n'avait été dit que l'opération principale dût être la délivrance de Belfort. — Avec plus ou moins de raison, M. de Freycinet avait admis que la place serait débloquée par le seul fait des progrès de la Ire armée vers le Nord. Mais, à aucun moment, le gouvernement n'avait pensé que le rôle de l'armée confiée au général Bourbaki dût tout entier être subordonné à une opération secondaire et inutile, puisque la vigueur de la résistance attestait que la place n'avait pas besoin de secours. Lorsque le général en chef avait renoncé à attaquer Vesoul, comme il était formellement convenu qu'il devait le faire, le gouvernement avait admis qu'il se détournât à l'Est de cette ville, mais uniquement pour tourner une position jugée trop forte. On avait qualifié de « savante manœuvre » la marche sur Villersexel, parce qu'on pensait y voir le moyen de livrer plus avantageusement la bataille, considérée à juste titre comme nécessaire pour que l'armée de l'Est pût se porter vers le Nord. Après ce succès, on avait été fondé à croire que le plan convenu, accepté par le général en chef, allait réussir, tout au moins qu'il allait être énergiquement poursuivi. M. de Freycinet le croyait si bien le 11 encore qu'il désignait au général des guides aptes à le conduire dans les Vosges, qu'il lui signalait l'importance de Lure. Grande dut donc être sa désillusion lorsque sous la forme vague, embrouillée et néanmoins trop significative que voici, il apprit que le général Bourbaki modifiait complètement tout le plan de campagne.

Le général Bourbaki au ministre de la Guerre, Bordeaux (1).

Bournel, 11 janvier.

J'espère recevoir aujourd'hui les rapports des commandants de corps d'armée, qui, seuls, me permettront de vous renseigner exactement sur la journée du 9. Notre succès a été complet; l'armée a occupé tous les points que je lui avais assignés par mon ordre de mouvement de la veille; Villersexel a été enlevé avec un entrain remarquable. Le récit du combat, qui a continué toute la nuit dans l'intérieur de la ville, vous donnera une idée de la ténacité avec laquelle le château et chacune des maisons ont été attaqués et défendus, comme de la conduite barbare de l'ennemi. Ce dernier a continué à faire usage de ses procédés d'incendie, sans qu'aucune nécessité militaire lui en commandât l'emploi; il a tenté de vouer à une mort horrible un certain nombre de prisonniers qu'il avait faits et qui ont pu s'échapper. Si rien ne s'y oppose, j'attaquerai après-demain 13, la position d'Arcey, dont vous connaissez l'importance, au point de vue des opérations ultérieures. J'ai visité hier les cantonnements du 24ᵉ corps d'armée, après avoir attendu, dans la matinée, près de Villersexel, les renseignements nécessaires sur les mouvements de l'ennemi. J'accélère le

---

(1) Cette dépêche paraît devoir porter la date du 12 janvier, 1 h. 30 du matin. Voir la réponse de M. de Freycinet.

plus possible nos opérations, comprenant comme vous l'immense intérêt qui s'attache à la rapidité de leur exécution, mais elles se trouvent entravées à chaque instant par la difficulté d'assurer la subsistance des troupes, en raison de l'éloignement des voies ferrées, du verglas, de la raideur des pentes à gravir et à descendre, de l'insuffisance numérique de nos moyens de transport. Il est impossible de se trouver dans de plus mauvaises conditions que celles qui nous sont faites d'un façon si continue par la rigueur de la saison. L'Intendant en chef du 24e corps a fait connaître au général Bressolles qu'il n'était pas en mesure d'assurer les distributions si les troupes faisaient mouvement demain. Le 15e corps est dans le même cas. Aujourd'hui, je fais appuyer à droite la majeure partie de mes forces, afin de préparer l'attaque d'après-demain, à laquelle prendra part la brigade Questel qui arrivera demain à Onans. La possession d'Arcey m'est nécessaire pour me permettre de me porter en avant. On m'assure que l'ennemi n'a pas cessé de l'occuper depuis trois semaines et qu'il s'y est fortifié. Je fais reconnaître aujourd'hui les ouvrages exécutés par lui. En marchant sur Vesoul, sur Lure ou sur Belfort avant de m'être rendu maître d'Arcey, je compromettrais mes communications avec Clerval qu'elle domine complètement. L'opération sur Arcey a donc un caractère purement défensif; si elle réussit, Vesoul et Lure seront forcément évacués comme l'ont été Dijon et Gray.

La division Crémer couchera aujourd'hui à Fresne, Saint-Mamer; je lui prescris de se porter sur Vesoul et d'occuper cette ville, si les renseignements recueillis sur les lieux par son chef le lui permettent.

Le 15e corps ne m'a rejoint qu'en partie. J'engage le général Martineau à réunir le plus rapidement possible les éléments qui lui manquent encore; l'encombrement des voies ferrées a sensiblement réduit les avantages de l'embarquement rapide des troupes de ce corps. Je prescris à la brigade Minot qui n'a pas encore pu aller à Blamont comme je le lui avais ordonné de marcher sur Onans où elle arrivera demain.

Enfin j'invite le général Rolland à faire prendre l'offensive par ses troupes partout où ce leur sera possible. Je crois que l'ennemi nous attendra derrière la Lisaine; s'il est battu, Belfort se trouvera débloqué et je pourrai tenter la continuation du programme dont nous sommes convenus. Si l'on en croit les renseignements reçus de divers côtés, la majeure partie de l'armée du prince Frédéric-Charles se porterait contre nous. Dans le cas où elle parviendrait à s'opposer à la réalisation de nos projets nous n'en rendrions pas moins un service réel puisque le général Chanzy se trouverait ainsi dégagé et pourrait marcher sur Paris. Il serait essentiel qu'il profitât le plus promptement possible de la diminution des forces qui lui sont opposées pour prendre l'offensive.

Quelles que soient les circonstances, je ne perdrai pas de vue le but à atteindre et j'utiliserai de mon mieux les éléments dont je dispose.

Je m'entretiens fréquemment avec M. de Serres de nos opérations et des moyens d'éviter les retards que je désirerais tant réduire. Je n'ai pas besoin de vous faire son éloge; vous le connaissez trop pour que mes appréciations soient de nature à accroître le bien que vous pensez de lui. Son caractère le porte à concevoir et à goûter les conceptions hardies; ses conseils sont toujours basés sur une étude consciencieuse des questions traitées; sa modestie égale son intelligence et ses relations sont aussi sûres qu'agréables. Il rend de grands services à la première armée (1).

Ainsi, dans l'esprit du général, la marche sur Arcey, présentée d'abord comme une mesure simplement défensive et destinée à couvrir la station de Clerval, dans le cas d'une marche « sur Vesoul, sur Lure, ou sur Belfort », n'était que l'amorce du mouvement déjà résolu vers la Lisaine. Complètement ignorant de la concentration sur cette ligne de toutes les forces ennemies, qu'il était en droit de croire rejetées vers le Nord

---

(1) Cette pièce doit être de la nuit du 11 au 12 et plus probablement du 12. Un autre exemplaire provenant de l'enquête parlementaire est daté du 12 janvier, 11 h. 30 du matin.

à l'Ouest des Vosges, M. de Freycinet était fondé à répondre en ces termes.

M. de Freycinet au général Bourbaki, Bournel, faire suivre.

11 janvier, 4 h. 55 matin.

J'ai reçu votre dépêche de cette nuit 1 h. 30, elle me suggère les réflexions suivantes : 1° La prise d'Arcey que vous projetez pour demain ne me paraît pas ajouter beaucoup à l'interception des communications de l'ennemi, telle que vous l'avez déjà obtenue par la prise de Villersexel. Le temps exigé par cette opération est-il bien en rapport avec le résultat que vous en retirerez ?

2° Vous paraissez abandonner, au moins quant à présent la marche sur Luré. Ne craignez-vous pas en inclinant ainsi tout entier vers la droite de permettre aux deux groupes ennemis de Belfort et de Vesoul, de se rejoindre par la route de Lure ? Je crains que vous ne perdiez le bénéfice de cette séparation en deux tronçons que vous aviez si bien entamée.

3° Vos mouvements successifs s'accomplissent avec une grande lenteur, puisque trois jours se sont écoulés entre Villersexel et Arcey, points distants de 8 à 9 kilomètres. Je ne nie point les difficultés, mais mon devoir est de vous prévenir que d'après l'ensemble de vos renseignements, des renforts arrivent de divers côtés à l'ennemi et qu'en ajournant ainsi, même pour les meilleurs motifs, vous trouverez l'ennemi en grande force numérique.

Telles sont les réflexions que je vous soumets, vous apprécierez dans quelle mesure les circonstances permettent d'en tenir compte.

J'approuve très fort la marche de Crémer en arrière de Vesoul pour couper la retraite de l'ennemi.

M. de Freycinet au général Bourbaki, Bournel, faire suivre.

12 janvier, 11 h. 5 matin.

J'ai dit 8 à 9 kilomètres de Villersexel à Arcey ; j'ai voulu dire de Courchaton à Arcey ; mais cela n'enlève rien à mon observation.

Pour le général en chef, qui connaissait la situation, et qui savait que Werder lui avait échappé et était allé sur la Lisaine renforcer le corps de siège, les motifs n'étaient pas les mêmes que ceux du ministre pour apprécier le parti à prendre.

Il se trouvait à ce moment à peu près à mi-chemin entre Vesoul et Belfort, en pays très accidenté, par une température très rigoureuse, rivé à cette station de Clerval, par où lui arrivaient des vivres et par où il attendait des renforts, que retardaient l'arrivée des trains de subsistances.

A Clerval l'intendance avait déjà accumulé un nombre de rations excessif, et pourtant, faute de moyens de transport, surtout par suite de la difficulté de la circulation des voitures, les troupes commençaient à souffrir de la faim.

L'insuffisance du commandement s'était manifestée d'une façon constante par les hésitations et les fausses manœuvres du 9 janvier, surtout par les fatigues, les souffrances imposées constamment et de la façon la plus inutile aux soldats. Sauf au 20ᵉ corps, on n'avait cessé d'abuser du bivouac, des stations sous les armes le jour et souvent la nuit; on avait piétiné sur place, croisant les colonnes, les entassant sur un trop petit nombre de routes, ou les dispersant de tous côtés dans un service de sûreté ruineux et inefficace. Le nombre des malades était devenu très élevé, les forces déclinaient rapidement. Néanmoins la discipline était encore très bonne, très supérieure à ce qu'elle était en décembre; l'entrain avait été très réel chez tous ceux qu'on avait réellement engagés le jour de Villersexel. Ce succès avait ranimé tout le monde, et l'armée de l'Est était encore capable à ce moment d'un très grand effort.

Il était évident qu'on ne pouvait songer à diriger toute l'armée sur Lure, puis Épinal, en laissant sur son flanc droit le XIVᵉ corps à peine entamé le 9 et renforcé de la partie disponible du corps de siège, et, croyait-on, de troupes venues d'Allemagne. Se couvrir de ce côté par le 15ᵉ corps et les fractions fournies par la 7ᵉ division militaire, et marcher sur Lure puis Luxeuil et Épinal, c'était s'exposer à un danger sérieux et rechercher un objectif éloigné et sans valeur. C'était de plus perdre tout moyen de ravitaillement par Clerval.

D'autre part, le parti que l'on devait prendre d'aller attaquer la ligne de la Lisaine, consacrait, ainsi qu'il a été dit, l'abandon complet du plan de campagne. C'était surtout l'aveu de la faute commise le 5 janvier en n'attaquant pas Vesoul, puisqu'on était amené, après ne pas s'être cru assez fort pour battre Werder isolé et surpris, à venir le chercher dans une position formidable et sensiblement augmenté de forces. — C'était enfin augmenter grandement le danger qui devait résulter de l'approche déjà connue des IIᵉ et VIIᵉ corps allemands, à qui on allait tourner le dos ou présenter le flanc. — L'événement allait montrer l'affreux désastre qui devait résulter de la marche en retraite le long de la frontière suisse. Mais, eût-on réussi à forcer la ligne de la Lisaine et à débloquer Belfort, le danger n'eût pas été moindre, et l'armée de l'Est prise à dos eût dû faire face à un nouvel adversaire dans des conditions défavorables.

Il restait un parti, à la vérité chanceux, mais sûrement moins dangereux que les deux précédents. — C'était de marcher sur Vesoul et de prendre là comme nouvelle ligne d'opérations le chemin de fer venant de Gray, que le jour même, 11 janvier, M. de Freycinet prescrivait à M. Jacquemin et à M. de Serres de se tenir prêt à exploiter (1), et, en même temps, de lancer

---

(1) Guerre à Jacquemin, Directeur Compagnie Chemin de fer de l'Est, Bâle et à de Serres, Bournel.

Bordeaux, 11 janvier, 11 h. 30 soir.

D'un moment à l'autre, les sections de Gray à Vesoul et de Vesoul à Bâle tomberont, j'espère, en notre pouvoir.

Cremer sur Langres, pour aller de là à Chaumont.

Le 15ᵉ corps, couvert sur la droite par les fractions de la 7ᵉ division et le corps Bourras, suffisait à masquer le mouvement, à protéger l'évacuation de Clerval, enfin à tenir en échec Werder, si celui-ci était sorti de ses lignes de la Lisaine. En deux jours au plus, les 18ᵉ, 20ᵉ et 24ᵉ corps pouvaient être à Vesoul, et ils avaient assez de vivres pour entreprendre cette marche. De là on se serait porté au Nord de Dijon pour attaquer les colonnes de l'armée du Sud au débouché des montagnes, tandis que Garibaldi aurait menacé leur flanc droit. Vaincu, on avait la retraite assurée, soit sur Lyon soit sur Autun. Vainqueur, c'était le siège de Paris levé et Chanzy dégagé.

C'était, en tout cas, consacrer à ce but : couper un chemin de fer, le faible effectif de Cremer, grossi de la garnison de Langres, en réservant l'armée à son unique et véritable rôle : le combat.

Quoi qu'il en soit, la décision prise fut tout autre et se traduisit par un ordre de mouvement, qui, chose singulière, était exécutable le surlendemain seulement de sa rédaction. Il était fatal qu'à si longue échéance, la

---

Il y a pour nous un intérêt de premier ordre à ce que le ravitaillement de l'armée de l'Est s'effectue par voie ferrée ; le succès de nos opérations en dépend. Je viens donc faire appel à votre patriotisme, pour que, par des prodiges d'activité et d'intelligence, comme vous en avez déjà accomplis au début de cette guerre néfaste, vous organisiez votre exploitation sur les lignes au fur et à mesure qu'elles vous appartiendront. Veuillez donc vous mettre en rapport avec le quartier général de Bourbaki, notamment avec de Serres actuellement à Bournel, lequel vous tiendra au courant de nos progrès, afin que votre exploitation les suive pas à pas. Préparez immédiatement tout ce qui est nécessaire à la réparation des ouvrages et à l'organisation des trains. La section de Gray à Vesoul est sans doute déjà libre.

C. DE FREYCINET.

situation eût changé, aussi les contre-ordres furent-ils nombreux.

Ordre de mouvement de l'armée.

11 janvier.

L'armée quittera ses positions actuelles après-demain 13 du courant au point du jour, pour prendre celles qui vont être indiquées ci-après.

La partie disponible du 15ᵉ corps s'établira dans le village d'Arcey; elle occupera également la position d'Onans, les villages de Sainte-Marie et de Montenois.

Les troupes de ce corps qui n'auront pas encore pu rejoindre celles arrivées jusqu'à ce jour passeront par Médière et prendront la route d'Arcey.

Le 24ᵉ corps occupera Gonvillars et, par sa gauche, Corcelles et Marvelise, en se reliant avec le plus grand soin avec le 15ᵉ corps, qui devra trouver dans le 24ᵉ un appui des plus efficaces.

Les routes conduisant sur le plateau entre le Doubs et l'Oignon et celles qui permettent de communiquer des positions du 24ᵉ corps avec celles du 15ᵉ seront soigneusement reconnues. Le 20ᵉ corps s'établira sur la gauche du 24ᵉ en se reliant avec lui. Il occupera les villages de Crevans, Grange-la-Ville, Sénargent, Mignafans et Vellechevreux. Il se couvrira dans la direction de Saulnot en occupant Grange-le-Bourg. Le 18ᵉ corps prendra position de Sénargent à Villersexel, le long du ruisseau du Scey, en occupant Saint-Fergeux, Villargent et Villers-la-Ville et faisant garder Pont-sur-l'Oignon.

Les 15ᵉ et 18ᵉ corps, qui formeront la droite et la gauche de l'armée, se feront éclairer au loin sur leur front et sur le flanc extrême. La cavalerie du 15ᵉ corps (brigade Boërio) battra tout le pays, notamment la partie comprise entre le Doubs et la route d'Arcey à Montbéliard.

La réserve de l'armée occupera Onans et Faimbe, de manière à pouvoir se porter facilement, soit sur Crevans, soit sur Arcey, soit sur Sainte-Marie, ou sur tel autre point plus à droite encore qu'il serait jugé utile d'occuper.

Les convois seront laissés très en arrière et disposés avec

ordre sur une seule file, fractionnés pour éviter les à-coups et rangés sur l'un des côtés des routes ou chemins suivis. Les réserves des batteries seront tenues à une distance convenable pour pouvoir remplir leur office au besoin et pour ne gêner aucun des mouvements à pratiquer.

L'exécution du présent ordre pouvant être contrariée par l'ennemi, surtout du côté de la droite, les commandants de corps d'armée prescriront toutes les mesures et prendront toutes les dispositions nécessaires pour que chaque division occupe militairement les positions qui lui sont assignées en avant et pour se ménager en arrière des positions favorables, notoirement pour l'artillerie. Ils ne négligeront pas de faire exécuter tous les travaux nécessaires pour rendre aussi solides que possible les positions de la ligne de bataille affectées aux troupes d'infanterie et d'artillerie, travaux qui réduisent le chiffre des pertes et accroissent notablement les chances de succès.

Les routes à parcourir devront autant que possible être piquées et couvertes de cendre et de paille et de terre surtout dans les parties difficiles et les montées afin de les rendre moins glissantes.

Les commandants de corps d'armée emploieront à cet effet le génie civil mis à leur disposition. Toutes les troupes sans exception resteront en position, elles ne s'installeront dans leurs cantonnements ou bivouacs respectifs qu'après s'être assurés que l'ennemi ne cherche pas à s'opposer à leur installation prescrite par le présent ordre.

Les commandants de corps d'armée ne feront connaître aux généraux de divisions la teneur du présent ordre que la veille au soir du jour fixé pour son exécution.

Le grand quartier général de l'armée sera établi à partir de demain, 12 courant, au village de Bournois.

Les commandants de corps d'armée feront connaître le plus promptement possible le point choisi par eux pour l'installation de leur quartier général.

III

Mouvements des Allemands.

Le général Werder n'était pas sans inquiétude pour ses convois. Aussi le 11 dès le matin, donna-t-il les ordres suivants :

Frahier, 11 h. 1, 7 h. janvier, matin.

Au colonel v. Willisen, à Lure.

Transmettez au général Keller l'ordre de rester à Ronchamp et d'y tenir installé un poste télégraphique. Il devra veiller à la sécurité des trains qui arrivent de Saint-Sauveur.

Signé : v. WERDER.

Au général v. Glümer.

Le général Keller a reçu l'ordre télégraphique de se maintenir à Ronchamp. Cantonnez provisoirement le gros à Frahier, Chevanne, Chenebier et Broche. Évitez de placer trop de chevaux à Frahier, où sont stationnés les bagages du corps de siège.

L'avant-garde occupe Châlonvillars, Mandrevillars et Bue. Essert est tout à fait sous le feu de la place ; en prévenir les troupes. Le général Goltz est à Couthenans, la division Schmeling à Chagey, le commandant en chef est provisoirement à Argiésans, où on devra envoyer un officier d'ordonnance. Placez-vous à Châlonvillars. Les trains du corps d'armée y restent provisoirement, ainsi que les officiers du quartier général du Commandant en chef. Un d'eux doit se rendre immédiatement près de moi.

Signé, v. WERDER.

Au général major v. d. Goltz, à Couthenans.

Le détachement v. d. Goltz s'établira à Couthenans avec

de forts avant-postes à Champey et Coisevaux. La division Schmeling avec l'état-major à Chagey, tenant Lure et Echenans. Le front sera pris face à l'Ouest.

Le général lieutenant v. Glümer est à Châlonvillars. Les officiers d'ordonnance de la division ont à envoyer des représentants à Argiésans, où se tient provisoirement le commandant en chef. Cet ordre doit être porté à la connaissance du général v. Schmeling. Autant que possible ce dernier laissera aujourd'hui même une forte arrière-garde à Béverne, ou éventuellement enverra demain occuper cette localité.

Ordre du général à l'Inspection d'étapes d'Épinal.

Télégramme au colonel v. Schmieden, à Épinal.

L'ennemi n'a fait aujourd'hui aucun mouvement en avant vers Belfort. On ne sait encore s'il s'est porté vers Vesoul. De forts détachements français sont néanmoins au Sud de cette ville. Toutes les colonnes de munitions et de bagages sont dirigées vers Lure. Les colonnes de munitions actuellement à Épinal y resteront.

Voici comment s'exécutèrent ces divers mouvements.

Le détachement v. d. Goltz se mit en marche à 6 heures du matin, précédé d'une avant-garde composée du IIe bataillon et des fusiliers du *30e*, du *2e* régiment de hussards de réserve et de la batterie Riemer, le tout sous les ordres du lieutenant-colonel Nachtigal. Ces troupes arrivèrent à 9 heures à Couthenans et y prirent position face à l'Ouest. Sous leur protection, le gros de la colonne franchit la Lisaine à Luze et vint se rassembler sur les pentes occidentales du mont Vaudois. Là on fit la soupe, et on attendit la nuit pour s'installer au cantonnement (1). L'avant-garde, renforcée du Ier bataillon du *30e*, se plaça à Couthenans, le *34e* à Chagey (Ier et IIe bataillons) et Saint-Valbert (3 compa-

---

(1) 4 heures (*Historique du 30e*).

gnies seulement, la 10ᵉ était aux bagages) avec l'artillerie.

La IVᵉ division de réserve passant au Nord s'était de son côté portée de ses cantonnements de Vergennes et Lyoffans sur Lomont et Beverne. De là, elle gagna Couthenans, croisant ainsi la route du détachement v. der Goltz, et enfin Héricourt et Tavey, où elle s'établit.

Conformément à l'ordre donné la veille, la *3ᵉ* brigade badoise avec le *2ᵉ* dragons et la batterie à cheval devait se mettre en mouvement dès 4 heures du matin. Elle était déjà rassemblée, quand l'ordre lui parvint de ne partir qu'à 7 heures (1). Sur la route lui parvint l'ordre, expédié de Frahier à 7 h. 45, de s'arrêter à Ronchamp, d'y occuper la station télégraphique et de pourvoir à la sûreté du grand convoi. En conséquence, le Iᵉʳ bataillon du *6ᵉ* badois s'installa à Recologne, le reste à Ronchamp et Champagney (fusiliers des *6ᵉ* et *2ᵉ* dragons) (2) avec 1 batterie à cheval. Les troupes étaient déjà installées, quand, à 3 h. 30, arriva du colonel Willisen un télégramme annonçant que « l'ennemi avec des troupes de toutes armes se portait d'Athesans sur Lure ». Sur ce faux renseignement, on dirigea la 4ᵉ compagnie du *5ᵉ* badois sur Clairegoutte, où elle n'arriva qu'à 8 heures du soir (3), et le bataillon de fusiliers du *6ᵉ* à Magny-Danigou et Magny-Jobert. Ces troupes passèrent la nuit sous les armes, « leurs patrouilles ayant annoncé que les Français étaient à Vergenne et qu'on voyait de nombreux feux de bivouac à l'Ouest du village » (4).

Tout cela était parfaitement inexact. Le détachement Willisen n'avait du reste pas pris grand soin d'acquérir

---

(1) *Historiques* du *5ᵉ* badois, du *5ᵉ* dragons et de la batterie à cheval du *14ᵉ* régiment.
(2) *Historique* du 2ᵉ dragons.
(3) *Historique* du 5ᵉ badois.
(4) *Ibid.*

de sérieuses informations. Le gros était resté à Lure, tandis que 2 escadrons de dragons de réserve allaient à 4 kilomètres seulement vers le Sud à Vouhenans, où, dans la soirée, les rejoignirent 2 compagnies de chasseurs de réserve (1). Des patrouilles fortes chacune d'un officier et 10 cavaliers avaient été envoyées sur Pomoy, dans la direction de Vesoul, sur Leval, dans celle de Villersexel, enfin entre les deux vers Arpenans. C'est celle de Leval (lieutenant Herbert) qui crut devoir signaler la présence « d'une brigade française à Athesans » à 2 heures du soir. Sur ce renseignement, on donna l'alarme à la *3ᵉ* brigade badoise, et le détachement Willisen resta sous les armes jusqu'à 7 heures du soir.

La retraite des *1ʳᵉ* et *2ᵉ* brigades badoises s'était accomplie sans incident.

Elles aussi avaient été mises sous les armes à 3 heures du matin et n'étaient parties qu'à 7 heures. A 10 h. 30, la brigade Degenfeld (*2ᵉ*) atteignait Frahier, de là le *3ᵉ* badois fut envoyé sur Chenebois, tandis que 6 compagnies avec l'escadron Friedrich du *3ᵉ* dragons de réserve gagnaient Etobon (2). Des grand'gardes furent placées sur les routes de Béverne et de Frédéric-Fontaine et organisèrent des tranchées et des abatis. L'artillerie était à Echavanne. Pendant ce temps la *1ʳᵉ* brigade, avec les 4 batteries constituant l'artillerie de corps avait marché par Frahier sur Châlonvillars, où resta le *2ᵉ* badois. Le *1ᵉʳ* occupa Mandrevillars (Iᵉʳ bataillon), Echenans (IIᵉ), Bue (fusiliers). L'artillerie de corps était à Mandrevillars (3).

Après avoir passé la nuit à Frahier, le général v. Werder s'était porté avec son chef d'état-major, lieu-

---

(1) *Historique* du *1ᵉʳ* dragons badois.
(2) *Historique* du 3ᵉ badois.
(3) *Historique* des *1ᵉʳ*, *2ᵉ* badois, 3ᵉ batterie légère, 4ᵉ légère, 1ʳᵉ lourde du régiment nº *14*.

tenant-colonel Leczinski à Argiesans, où il avait mandé le général v. Treskow I commandant le corps de siège, et le commandant de l'artillerie, colonel Schelica. Dans cette conférence, on convint de résister sur la position de la Lisaine, que, depuis le 1er janvier, le corps de siège avait commencé à organiser, plaçant notamment 4 canons de 6 livres au château de Montbéliard, et construisant sur la hauteur d'Héricourt une batterie qui était alors presque achevée. On avait commencé une tête de pont à l'Ouest d'Héricourt. Grâce à des relais organisés le long de la ligne à défendre le général en chef put visiter la partie Ouest de la position, tandis que son chef d'état-major reconnaissait la partie Est. Ceci fait, on put décider les mesures concernant la défense, à laquelle dut contribuer la partie disponible du corps de siège.

A ce moment celles-ci occupaient les positions suivantes :

A Arcey, le détachement Bredow, 5 bataillons (*67e*, bataillons Insterburg et Gnesen), 2 escadrons, 1 batterie et 2 pièces.

De Montbéliard à Bart, Dung et Présentevillers, le détachement Zimmermam renforcé de 2 bataillons du général Debschitz.

Sur la ligne Exincourt, Craix, jusqu'à la frontière suisse, le détachement Debschitz.

Il restait devant Belfort 15 bataillons, 5 batteries, 4 escadrons, 24 compagnies d'artillerie de forteresse, 5 compagnies de pionniers. Une fois installé à Brévilliers, le général v. Werder, ayant appris que toutes ses troupes avaient gagné sans être inquiétées les emplacements ordonnés, donna les ordres suivants.

Au colonel de Willisen.

Brévilliers, 11 janvier, 7 heures soir.

Si vous êtes trop pressé, retirez-vous sur Ronchamp. Un détachement de cavalerie sous un bon officier pourrait se retirer sur Melisey. Remarquez que le nœud de routes de Saint-Maurice sera détruit.

L'escadron des troupes d'étapes se dirigera sur Luxeuil, où le colonel Schmieden réglera les mesures ultérieures.

Signé : v. WERDER.

Ordre du corps d'armée.

Brévilliers, 11 janvier 71, 10 heures soir.

J'ai pris à partir d'aujourd'hui le commandement du corps de siège devant Belfort. Il appartient avec le XIVe corps à l'armée du Sud sous les ordres du général v. Manteuffel. Les troupes occuperont les emplacement suivants :

Le détachement Debschitz conservera sa position vers Delle, Beaucourt, Exincourt. Il rappellera le bataillon détaché à Sochaux, dès qu'il aura été relevé par la IVe division de réserve. La batterie de sortie bavaroise passera sous les ordres du chef de la IVe division de réserve. La division v. Schmeling relèvera, demain 12, le détachement du colonel Bredow à Arcey.

Les troupes de la IVe division de réserve qui ont été détachées au corps de siège repasseront sous les ordres du général v. Schmeling, dès qu'elles auront été remplacées dans leur service de tranchée par les troupes du général v. Treskow. Le 13 à midi, la division Schmeling avec une brigade d'infanterie et 4 batteries et prendra les avant-postes et la position d'Héricourt ; une brigade, 2 batteries et la batterie de sortie bavaroise Reinart prendront à Sochaux ; les avant-postes devant Montbéliard, occupant le château de Montbéliard par 2 compagnies, Bethoncourt et Sochaux par 1 bataillon. Dans la position Héricourt, Montbéliard, dont la défense est confiée à la division v. Schmeling, les batteries doivent être placées aux points où elles seront employées, en cantonnant les hommes et les chevaux dans les localités voisines. Le général v. Schmeling est autorisé, s'il le juge convenable, à placer des avant-postes à Arcey ou sur le ruisseau de Rupt. On devra, en tout cas, opposer à l'ennemi une assez forte résistance pour qu'il soit forcé de déployer beaucoup de monde pour gagner du terrain.

La division Schmeling se reliera au Nord avec le détachement v. d. Goltz, qui aura son avant-garde à Couthenans, son gros à Chagey et Luze. La *1re* brigade d'infanterie badoise avec 2 batteries et 1 escadron occupera Echenans, Mandrevillars, Bue et Châlonvillars, avec, comme point de rassemblement en cas d'alerte, Mandrevillars. Les *2e* et *3e* brigades badoises se concentreront à Frahier, en maintenant avec le colonel v. Willisen, qui est à Lure, la liaison par Ronchamp, et en gardant des avant-postes à Etobon face à Béverne. 4 batteries badoises formeront l'artillerie de corps; elles occuperont Châlonvillars et éventuellement Frahier. L'état-major de la division badoise se portera à Frahier, y prendra les dépêches adressées au commandant en chef, et les expédiera par relais suivant leur importance. Les divisions devront en toutes circonstances assurer leur liaison. Le colonel v. Willisen restera à Lure, et, s'il est forcé à la retraite, se repliera, sur Ronchamp et Giromagny.

Des relais seront établis entre les cantonnements, et la cavalerie y sera répartie en conséquence. Les postes de relais devront être désignés avec soin, éclairés la nuit par des lanternes, et, autant que possible, placés aux mairies ou tout à côté. Les pionniers du corps de siège feront immédiatement sauter les ponts de Bussurel et de Béthoncourt. Ceux de Sochaux et en aval jusqu'à Delle seront minés et occupés par des détachements de pionniers. Une compagnie de pionniers de forteresse des corps de siège, avec un peloton de cavalerie et deux compagnies d'infanterie de la division badoise, avec 5 quintaux de poudre, sera le 12 à midi à Chaux. Le capitaine des pionniers a ses instructions. L'artillerie de siège augmentera les approvisionnements en munitions du château de Montbéliard, et établira une forte batterie sur les hauteurs à l'Est de ce point, pour battre la vallée jusqu'à Béthoncourt et tenir Montbéliard sous son feu. Si on ne trouve pas une bonne position, cette batterie sera placée au Nord-Est de Béthoncourt.

Les trains restés à Frahier rejoindront les troupes le 12. Le général major Sponeck dirigera une colonne de munitions d'infanterie sur Héricourt pour le général de Schmeling. Une fois vide, celle-ci se portera sur Dannemarie. Les gros bagages sous le commandement du major Chelius iront le 12 à Giromagny, le 13 à Massevaux et Senheim. La division badoise dirigera sur Frahier et Mandrevillars les colonnes de vivres et le parc qui sont à Ronchamp et sur la route jusqu'à Champagney. Une fois vides ils iront aussi à Sentheim.

Signé : v. WERDER.

Voici, ce qui s'était passé dans la journée pour le mouvement des bagages (1).

La boulangerie de campagne badoise s'était portée de Lure sur Frahier. La 3ᵉ colonne de parc s'était vidée à Lure, pour assurer la subsistance du détachement Willisen. Les bagages du quartier général, le dépôt de remonte mobile, la 2ᵉ colonne prussienne, les 1re, 2ᵉ et 3ᵉ badoises, celles de la IVᵉ division de réserve et l'équipage de ponts avaient quitté Luxeuil le 11 au matin et avaient été rejoints à Saint-Sauveur par le dépôt de remonte mobile prussien et les 1er et 4ᵉ hôpitaux de campagne. A midi, la tête arrivait à Lure et ralliait le personnel supérieur de l'administration des subsistances, celui des postes, les 4 colonnes de munitions du 1er échelon disponibles, les hôpitaux de campagne nᵒˢ 2, 3 et 10... Il arriva à Frahier la 1re colonne de vivres prussienne; à Champagney le personnel administratif de la IVᵉ division de réserve, la poste, la 2ᵉ colonne prussienne, celle de la IVᵉ division de réserve, l'équipage de ponts, les dépôts de remonte prussien et badois; à Ronchamp la 2ᵉ colonne badoise. Restaient à Lure les 1re et 3ᵉ colonnes badoises, la 4ᵉ colonne de parc chargée à Plombières et la 3ᵉ vidée comme il vient d'être dit; la 1re à Errevet, après s'être déchargée à Frahier. Les bagages du corps semblent avoir atteint Frahier. L'hôpital de campagne n° 3 à

---

(1) *Heeres Bewegungen.*

Giromagny, les numéros 1, 2 et 4 à Champagney, le numéro 10 à Montbéliard. Les colonnes de munitions du 1ᵉʳ échelon restèrent à Ronchamp. La Iᵉ colonne de munitions d'artillerie badoise, en route sur Épinal, atteignit Plombières. A Épinal se trouvait le 2ᵉ échelon qui eut l'ordre d'y rester.

IV

Mouvements de l'armée du Sud.

Le 11 janvier, l'état-major du VIIe corps, celui de la *13e* division et une partie des troupes de la division entrèrent à Châtillon (1).

On avait eu l'intention d'envoyer, pour continuer la marche dans la direction de l'Est, une avant-garde à Maisey et Vaurey, sous les ordres du lieutenant-colonel Arent. Cependant, à la suite des événements de Montbard et des renseignements venant de Semur, le lieutenant-colonel Arent, avec le *7e* bataillon de chasseurs, le 2e escadron de hussards et la 5e batterie légère, fut envoyé à Ampilly-le-Sec. 1 bataillon du *73e*, 1 peloton de hussards de réserve et 1 batterie étaient envoyés à Massey et Villote pour éclairer sur Recey et Montmoyen : ce détachement devait se relier avec la *14e* division, dont quelques compagnies (*53e*) occupaient Louesme, Couban, etc. Les trains de la division et la compagnie de pionniers allaient à Sainte-Colombe et Bouix.

L'artillerie du corps restait à Montliot.

L'arrière-garde (colonel Barby) atteignait Laignes et environs.

Le lieutenant-colonel v. d. Busche envoyait le IIe bataillon du 13e à Cry (2), ce bataillon atteignait le

---

(1) *Historiques* des corps et Fabricius, p. 43.
(2) *Historique* du *13e*.

soir Aisy et Rougemont. Le bataillon de fusiliers était porté à Cry. Le Ier bataillon restait à Rosières.

Ce régiment reçut le même jour du dépôt 113 sous-officiers ou soldats rentrant de convalescence et 59 recrues : il reçut en même temps un envoi d'effets d'habillement et d'équipement qui fut le bienvenu et fut distribué le 13 avant la marche.

Le major Einecke avec les 7e et 8e compagnies du *72e* et les bagages du IIe bataillon (1) partit de Montbard pour Aisy à 6 heures du matin. Après son arrivée, à 10 heures du matin, il fit barricader la localité et l'organisa définitivement. La liaison entre Montbard et Aisy était établie par des patrouilles venant de ces deux villes et se rencontrant à mi-chemin. 1 sous-officier et 12 hommes de la 12e compagnie furent envoyés dans la direction d'Anstrude : ils rentrèrent à 6 heures.

Prévenu de l'arrivée à Nuits du détachement du lieutenant-colonel v. d. Busche, le colonel Dannenberg se mit en relations avec celui-ci, et lui demanda d'envoyer à Aicy-Rougemont, 1 bataillon du *13e* pour assurer la sécurité de la route de Moyers, ce qui lui permettrait de concentrer son détachement, comme il en avait reçu l'ordre.

Après l'arrivée de ce bataillon, le major Einecke, conformément à un ordre reçu à 5 heures du soir, et laissant en arrière le peloton de hussards, se mit en route à 8 heures du soir pour Montbard, où il arriva à 11 h. 45. Les hussards, qui avaient stationné jusque-là à Nuits, furent rappelés à Montbard : par contre, 1 peloton de hussards fut envoyé à Touillon, à la disposition du bataillon de fusiliers du *60e*.

Le détachement Dannenberg resta en général le 11 sur ses positions.

Apprenant que les Garibaldiens étaient toujours aux

---

(1) *Historique* du 72e, p. 564.

environs de Montbard, le lieutenant-colonel von Schönholtz, fit patrouiller dès le matin, aux abords immédiats; des partis de cavalerie prirent à Petit-Jailly le contact avec le *60ᵉ*; d'autres allèrent reconnaître la direction de Semur par Crepan, Saint-Germain et Athie. Une colonne de 17 voitures apporta au détachement de Montbard des vivres et de l'avoine.

En outre, sur l'ordre du colonel Dannenberg, des détachements plus importants étaient envoyés en reconnaissance (1).

Le capitaine von Billerbeck, avec la 2ᵉ compagnie du *73ᵉ*, et un demi-peloton de hussards, partait à 7 heures du matin sur Alise-Sainte-Reine et les Laumes par Seigny; il ne rencontra pas d'ennemis, mais il apprit que des francs-tireurs ou des Garibaldiens s'étaient retirés des hauteurs d'Alise dans la direction du Sud et que l'ennemi avait encore été aperçu dans la journée vers les Laumes.

Le capitaine von Posek avec la 11ᵉ compagnie et un demi-peloton de hussards se porta sur Semur par Champ d'Oiseau. Vers 11 heures du matin, il fut reçu par un feu violent, venant de lignes de tirailleurs déployées sur les hauteurs de Villars. Le capitaine Posek évaluait ces bandes irrégulières à 600 hommes (2), comme il avait reçu l'ordre de ne pas s'engager avec des forces supérieures, il revint à Montbard, où il arrivait à 3 h. 30 de l'après-midi.

En raison de ces événements, le lieutenant-colonel Schönholtz prescrivait pour le 12 une forte reconnaissance

---

(1) *Historique* du 72ᵉ.
(2) *Bordone*, p. 435. Capitaine Baghino à général Garibaldi, Dijon.
       Semur, 12 janvier 1871.
J'ai poussé reconnaissance sur Semur avec Cruchy (des Francs-tireurs d'Oran), Francs-Comtois et compagnie Isère, 800 éclaireurs ennemis se sont présentés vers 11 heures, repoussés

sur Semur par le II{{e}} bataillon rappelé d'Aisy ou de l'artillerie (1).

A midi le colonel Dannenberg avait les renseignements suivants : Semur avait été évacué par l'ennemi le 9 et le 10; celui-ci le 9 s'était retiré de Vitteaux. Des informations concordantes montraient que des bandes de francs-tireurs se mouvaient entre Alise et Chanceaux; à Alise-Sainte-Reine on aurait aperçu 400 hommes de l'armée régulière (nouvelle communiquée au lieutenant-colonel Schönhotlz). Il rendait compte à Versailles, ainsi qu'au général Werder, que les reconnaissances de la journée n'avaient rien appris sur l'ennemi, que dans la vallée de la Seine on n'avait rien remarqué d'important, que les renseignements concordaient à montrer l'ennemi se repliant de Vitteaux; il rendait compte en outre qu'il avait évacué la vallée de la Seine (2), mais qu'il le faisait étroitement surveiller par ses patrouilles, et que, selon les ordres qu'il avait reçus, il avait concentré ses 3 bataillons du *60{{e}}*, 1 batterie et 1 escadron entre Montbard, Villaines et Fontaine.

Mais, à l'heure où Dannenberg envoyait ces renseignements, Semur évacué la veille était trouvé fortement occupé le 11 ; Alise par contre n'était pas occupée, et, à

---

immédiatement; attends vos ordres. Ricciotti, Lobbia opèrent sur notre droite.

L'effectif des Français à Semur s'élevait donc approximativement à :

	Officiers.	Hommes.
Francs-tireurs d'Oran........	13	360
— Francs-Comtois.	10	260
Compagnie de l'Isère........	—	—

Au total environ 630 hommes. (Situation du 6.)

(1) *Historique* du 72{{e}}.
(2) Le bataillon de fusiliers avait évacué Saint-Marc le 11 au matin pour venir s'établir à Fontaine. La batterie était venue à Villaines.

Baigneux-les-Juifs, une compagnie du *60ᵉ* échappait difficilement aux Garibaldiens.

Combat de Baigneux. — Le *60ᵉ* avait envoyé 2 compagnies en reconnaissance (1).

Une de ces compagnies partie de Saint-Marc, passa à Aigney-le-Duc, et arriva à Poissy-la-Grange sans rencontrer l'ennemi.

La 4ᵉ compagnie du *60ᵉ*, sous les ordres du premier lieutenant de réserve Bennecke, fut envoyée de Villaines avec quelques ulans à Baigneux-les-Juifs, pour y faire une réquisition de vivres, et envoyer quelques patrouilles de cavalerie sur Chanceaux et la route de Montbard à Chanceaux par Lucenay et Villeneuve-les-Convers.

Elle arriva à Baigneux à 10 heures du matin; ce point n'était pas occupé. Des sentinelles furent placées à toutes les issues et des patrouilles légères envoyées aux environs.

Au moment de partir avec les réquisitions, une patrouille rendait compte à 1 heure de l'après-midi que de l'infanterie ennemie était en mouvement dans les bois situés à 2 kilomètres et demi au Nord-Ouest de la petite ville, près de la route de Laignes; on voyait aussi quelques cavaliers. Une patrouille de sous-officier envoyée confirmait que la route du retour vers Jours était barrée par une ligne de tirailleurs.

Dans la matinée du 11, en effet, Ricciotti (2) avait

---

(1) Fabricius, p. 31.

(2) *Souvenirs* de Ricciotti, p. 84. Ne recevant pas d'instructions :

« J'estimai que le plus utile était de continuer à observer les corps prussiens de la région.

« Dans ce but, je décidai l'exécution d'un mouvement vers le Nord, c'est-à-dire sur le front des avant-gardes ennemies.

« Le 11 janvier, la 4ᵉ brigade prend la route de Darcy. Dans cette localité nous recevons la nouvelle qu'une colonne fourragère est en train de prélever des vivres à Baigneux-les-Juifs.

« Tout de suite, je fais accélérer la marche, et en arrivant près

appris la nouvelle qu'une faible colonne ennemie était arrivée à Baigneux. Il avait aussitôt décidé de l'attaquer de front, pendant que deux de ses compagnies iraient lui couper la retraite vers le Nord.

Une patrouille de cavalerie prussienne envoyée en avant du bourg est refoulée par les guides. Les compagnies s'avancent sous un feu violent dans la plaine couverte de neige, déployées en deux longues et minces lignes de tirailleurs. 2 compagnies sont envoyées vers la droite pour rejeter les Prussiens vers le Nord-Ouest sur les compagnies de Savoie (1).

Lorsque le lieutenant Benneke vit sa ligne de retraite,

---

de Villeneuve, 2 compagnies, sous les ordres de Michard, sont poussées jusqu'à Villaines, avec l'ordre de prendre la route qui, de cet endroit, conduisait à Baigneux, et de tailler ainsi la retraite aux Prussiens.

« En attendant la brigade continuait sa route vers Baigneux. »

(1) *Historique* de la compagnie des chasseurs du Mont-Blanc (capitaine Tappaz). Archives de la Guerre. M. 14. Le 11, départ à 8 heures du matin pour Baigneux-les-Juifs (23 kil.) : nous passons à Darcey, Jour, etc. 150 Prussiens environ faisaient ce jour-là une réquisition à Baigneux-les-Juifs : le colonel, averti par ses éclaireurs, arrêta la colonne, donna ses instructions au commandant Michard, qui, avec les deux compagnies des Alpes et du Mont-Blanc, prit un chemin sur la gauche, pendant que le colonel continuait sa route avec le reste de sa brigade. Jamais, je n'ai mieux compris la valeur du temps, que ce jour-là ! Nous marchions d'un pas rapide pour atteindre un bois qui n'était plus qu'à 2 kilomètres environ devant nous, lorsque, tout à coup, une vive fusillade éclate en avant, sur notre droite, du côté de Baigneux, et se rapproche rapidement ; nous courrions dans la neige de toutes nos forces ! Nos efforts furent inutiles, les Prussiens passèrent devant nous hors de portée, 11 seulement furent faits prisonniers et les réquisitions bien entendu, restèrent au village. Ce coup de filet fut en partie manqué pour les deux motifs suivants : l'attaque de droite commença un peu trop vite, et l'ennemi que l'on espérait voir résister quelque temps, battit en retraite aux premiers coups de feu.

la plus courte, coupée, et son front menacé par des forces supérieures importantes, il renonça à percer sur Jours (1) et décida de rejoindre la route impériale Châtillon-Paris qui passe à 1 kilomètre de là, et à laquelle conduit un ravin très encaissé : il espérait arriver à Villaines, en faisant un détour par Saint-Marc.

Faisant prendre position à son peloton de tirailleurs sur le bord Ouest de ce ravin, il mit en marche son convoi avec les deux autres pelotons.

Les Garibaldiens, pendant ce temps, dirigeaient un feu intense sur le flanc et la gauche des Prussiens, s'emparaient rapidement des jardins et des maisons de la lisière du village et traversaient celui-ci (2).

Le peloton de tirailleurs, fortement menacé à gauche par les francs-tireurs débouchant du village, recevant à droite le feu des deux compagnies de Savoie, dut traverser le ravin (3).

---

(1) Fabricius.

(2) Ricciotti, p. 84. « La manœuvre réussit parfaitement, l'ennemi chassé de l'arête de la colline se retira sur le village. Mais après un bref combat, il fut obligé d'abandonner aussi celui-ci et il recula dans la direction de Villaines en grand désordre, laissant entre nos mains 12 prisonniers et 3 voitures de subsistance.

« Le malheur voulut que Michard retardé dans sa marche, ne fût pas encore arrivé à ce village, sinon les Prussiens, pris entre deux feux, seraient probablement restés tous prisonniers.

« Ayant suspendu toute poursuite nous sommes retournés à Baigneux. »

(3) Rapport du capitaine Rodat (Fr.-Tir. de l'Aveyron). Archives de la Guerre, Mémoire 14.

« Après avoir séjourné le 10 à Flavigny, nous en partîmes le 11 à 8 heures du matin, et nous trouvâmes, vers 2 heures du soir, 2 ou 300 Prussiens au village de Baigneux-les-Juifs. Je reçus l'ordre de me porter rapidement à gauche du village. La compagnie de la Croix de Nice qui était à ma gauche, appuyait le mouvement de mes deux compagnies, celle des Vosges opérait dans le même

Le lieutenant Benneke, ne pouvant emmener ses voitures, dut les abandonner et vint prendre position avec sa compagnie à la lisière du bois « le Fayot »; les Garibaldiens ne le poursuivirent pas.

Ricciotti vint cantonner à Baigneux (1), et se garda étroitement par des avant-postes.

Les Prussiens avaient 4 blessés et 9 disparus et 12 prisonniers.

Ricciotti avait 1 mort et 4 blessés.

Le colonel Dannenberg croyait, ainsi qu'il en rendait compte le soir au général en chef (2), d'après les indi-

---

sens sur la droite du village. Malheureusement, 3 uhlans, en faisant preuve d'une audace extraordinaire, firent croire au colonel vers lequel ils se dirigèrent au petit pas, que les Prussiens qui étaient dans le village voulaient se rendre, il nous fit faire halte, et nous défendit de tirer. Cette hésitation donna d'autant plus de temps aux Prussiens de se sauver, que notre chef, une fois son erreur reconnue, nous fit transporter sur les points indiqués en tirailleurs, au lieu de nous faire marcher en colonnes, ce qui nous aurait certainement permis d'arriver beaucoup plus vite. Malgré tous nos efforts nous arrivâmes trop tard : nous fîmes éprouver quelques pertes, prîmes une voiture de réquisition et ma compagnie fit 12 prisonniers, entre autres un chirurgien. J'eus un homme gravement blessé. »

(1) Archives historiques de la Guerre, 3.

Le colonel Eudeline à général Garibaldi, Dijon (Dépêche télégraphique).

Precy, 12 janvier, 9 heures matin.

« Ricciotti a quitté Flavigny hier matin, à 9 heures, allant vers Baigneux. Troupes de Vitteaux ont pris même direction. Nous allons nous rapprocher d'eux, pour aider au besoin, tout en surveillant Montbard. Pas de nouvelles de l'ennemi, direction d'Auxerre. »

La brigade Lobbia arrivait à Chanceaux le 11, à 8 heures du soir et faisait occuper en avant, Courceau, Laperrière et Poiseul-la-Grange. (Rapport au Ministre du capitaine Lacour, commandant de la compagnie des francs-tireurs républicains de Bigorre. M. 14.)

(2) Fabricius, p. 33.

cations du lieutenant Benneke sur l'effectif et la manière de combattre de l'adversaire, qu'il avait affaire aux avant-gardes du général Cremer venant de Dijon, et que celui-ci s'avançait dans la vallée de la Seine, à l'abri des bandes de francs-tireurs, signalées entre Alise et Chanceaux : ayant appris la réquisition qui s'opérait à Baigneux, il avait essayé de détruire les troupes qui l'opéraient.

Dannenberg résolut de faire, le jour suivant, une reconnaissance avec des forces plus importantes, pour faire la lumière sur les positions et l'effectif de l'ennemi.

Mais il obtint tous les renseignements qu'il voulait, par un infirmier qui, fait prisonnier le 11, fut renvoyé le 12, conformément à la convention de Genève : celui-ci raconta que l'ennemi, de l'effectif d'un bataillon environ, s'était rassemblé après le combat sans poursuivre la 4ᵉ compagnie. Il comprenait : des francs-tireurs en costume gris, avec des bandes vertes et des chapeaux tyroliens, des Garibaldiens avec la blouse rouge, pantalons gris à larges bandes, casquettes rouges avec une large bande noire, un long manteau gris ; enfin d'autres portaient l'uniforme de la ligne mais sans numéros ; une cinquantaine de cavaliers portaient l'uniforme de Garibaldiens ; les hommes étaient armés de chassepots ou d'armes américaines. D'après des conversations de francs-tireurs, ils étaient sous les ordres d'un fils de Garibaldi et devaient aller sur Châtillon : de la forêt ils auraient vu les Prussiens entrer à Baigneux, ils auraient voulu les y faire prisonniers, mais leur marche aurait été vue trop tôt : ils formeraient seulement l'avant-garde d'un corps de 14,000 hommes. A 3 heures du matin, les Prussiens prisonniers auraient été dirigés sur Poiseuil-la-Ville, qui serait aussi occupé par d'autres francs-tireurs.

14ᵉ division. — Le IIIᵉ bataillon du *69ᵉ* quitta Châtillon le 11. Les 10ᵉ, 11ᵉ et 12ᵉ compagnies vinrent cantonner à Thoire. La 9ᵉ compagnie à Belan (1).

Chaque cantonnement assura son service de sûreté.

La 1ʳᵉ compagnie du *53ᵉ* fut détachée à Montigny, la 7ᵉ à Veuxaulles pour couvrir les batteries d'artillerie qui y arrivent (2).

Le bataillon de fusiliers qui était à Layer-sur-Roche assura la liaison avec la *13ᵉ* division à Villottes.

Le Iᵉʳ bataillon du *77ᵉ* embarqué à Voulzicourt le 10, à 3 heures de l'après-midi, arriva à Daucevoir dans l'après-midi du 11 (3).

Le IIᵉ bataillon embarqué le 10, à 8 heures du matin, arriva à Veuxaulles et envoya 2 compagnies à Boudreville. Le bataillon de fusiliers ne devait partir que le 13.

Le colonel du régiment avait reçu l'ordre de rester à Mézières pour assurer le départ des unités et des colonnes (il ne devait partir de Mézières que le 25 et rejoindre son régiment seulement le 6 février à Dôle). L'état-major de la division et celui de la *28ᵉ* brigade embarqués en même temps ont dû arriver le 11.

La 2ᵉ batterie lourde, et une partie de la 1ʳᵉ mise en route le 9, l'autre partie de la 1ʳᵉ lourde et la 1ʳᵉ légère parties le 10 ont dû arriver le 10 ou au moins le 11 : elles étaient cantonnées à Montigny et Veuxaulles (4).

Les cantonnements du VIIᵉ corps le 11 au soir furent les suivants :

QUARTIER GÉNÉRAL. — CHATILLON.

13ᵉ division. — Châtillon.

25ᵉ brigade., ... { *13ᵉ* Régᵗ. Iᵉʳ Bᵒⁿ. — Ravières.
— IIᵉ Bᵒⁿ. — Aisy-Rougemont.
— Fusiliers. — Cry.

---

(1) *Historique* du *39ᵉ*.
(2) *Historique* du *53ᵉ*.
(3) *Historique* du *77ᵉ*.
(4) *Historique* du 7ᵉ régiment d'artillerie.

LA GUERRE DE 1870-1871.   91

25ᵉ brigade (suite).. { 73ᵉ Régᵗ. Iᵉʳ Bᵒⁿ. — Ste-Colombe, Cérilly.
              — IIᵉ Bᵒⁿ. — Châtillon-sur-Seine.
              — Fusiliers. — Mairey.
              1ʳᵉ compagnie de pionniers. — Bouix.

26ᵉ brigade....... { 15ᵉ Régᵗ. Iᵉʳ et IIᵉ Bᵒⁿˢ. — Laignes.
              — Fusiliers. — Griselles.
              55ᵉ Régᵗ. Iᵉʳ et IIᵉ Bᵒⁿˢ. — Laignes et env.
              — Fusiliers. — Châtillon.

7ᵉ Bᵒⁿ de chasseurs. — Ampilly-le-Sec.

Détachement Dannenberg.

72ᵉ Régᵗ. — Montbard.
60ᵉ Régᵗ. Iᵉʳ bataillon. — Villaines.
   — IIᵉ Bᵒⁿ. — Touillon, Petit-Jailly.
   — Fusiliers. — Fontaine.
1ᵉʳ hussards de réserve, 1ᵉʳ escadron. — Châtillon, Maisey.
1ᵉʳ hussards de réserve, 2ᵉ escadron. — Ampilly-le-Sec.
1ᵉʳ hussards de réserve, 3ᵉ et 4ᵉ escadrons. — Montbard, Touillon.
8ᵉ hussards, 1ᵉʳ et 2ᵉ escadrons. — Laignes et environs.
8ᵉ hussards, 3ᵉ et 4ᵉ escadrons. — Châtillon et environs.
5ᵉ ulans de réserve, 1ᵉʳ et 2ᵉ escadrons. — Nuits, Ravières.
5ᵉ ulans de réserve, 3ᵉ escadron. — Touillon, Villaines.
5ᵉ ulans de réserve, 4ᵉ escadron. — Châtillon.
3ᵉ batterie légère. — Villaines.
4ᵉ   —   . — Montbard.
5ᵉ   —   . — Ampilly-le-Sec.
6ᵉ   —   . — Ravières.
5ᵉ batterie lourde. — Maisey.
6ᵉ   —   . — Laignes.
Batterie à cheval. — Montliot.

14ᵉ division. — Montigny.

27ᵉ brigade....... { 39ᵉ Régᵗ. Iᵉʳ Bᵒⁿ. — Belan.
              — IIᵉ Bᵒⁿ. 5ᵉ et 8ᵉ Cⁱᵉˢ. — Mosson.

27ᵉ brigade (suite)..
- 39ᵉ Régᵗ. IIᵉ Bᵒⁿ. 6ᵉ et 7ᵉ Cⁱᵉˢ. — Briou.
- — Fusiliers. 9ᵉ Cⁱᵉ. — Belan.
- — — 10ᵉ, 11ᵉ, 12ᵉ. — Thoir.

28ᵉ brigade........
- 53ᵉ Régᵗ. Iᵉʳ Bᵒⁿ. 1ʳᵉ Cⁱᵉ. — Montigny.
- — — 2ᵉ, 3ᵉ, 4ᵉ Cⁱᵉˢ. — Couban.
- — IIᵉ Bᵒⁿ. 7ᵉ Cⁱᵉ. — Veuxaulles.
- — — 5ᵉ, 6ᵉ, 8ᵉ Cⁱᵉˢ. — Louesme.
- — Fusiliers, 9ᵉ et 10ᵉ Cⁱᵉˢ. — Bissey-la-Côte.
- 53ᵉ Régᵗ. Fusiliers, 11ᵉ et 12ᵉ Cⁱᵉˢ. — Loyer-sur-Roche.
- 77ᵉ Régᵗ. Iᵉʳ Bᵒⁿ. — Dancevoix.
- — IIᵉ Bᵒⁿ. 2 compⁱᵉˢ. — Veuxaulles.
- — — 2 compⁱᵉˢ. — Boudreville.

15ᵉ hussards. — Arrive à Veuxaulles le 11 ou le 12.
1ʳᵉ batterie légère. — Montigny.
1ʳᵉ Bⁱᵉ lourde. — Montigny, Baudreville.
2ᵉ Bⁱᵉ lourde. — Montigny, Baudreville.

La lettre suivante adressée par le Roi de Prusse réglait les questions de commandement.

Au ministre de la Guerre.

Quartier général de Versailles, le 11 janvier 1871.

Il est devenu nécessaire d'adjoindre temporairement le IIᵉ et le VIIᵉ corps d'armée aux forces qui opèrent déjà sous le général d'infanterie de Werder, dans la France méridionale; je décrète en conséquence, que pour la durée de leur réunion ces troupes prendront la dénomination d' « Armée du Sud ».

J'informe en même temps le ministre de la Guerre que le général de cavalerie, baron de Manteuffel, commandant en chef de la Iʳᵉ armée est allé rejoindre sur le théâtre méridional des opérations le VIIᵉ corps d'armée, qui fait partie des troupes sous ses ordres, et que, en sa qualité d'officier général le plus ancien, présent sur les lieux, il prendra le commandement supérieur de l'Armée du Sud. Le général de l'infanterie de Gœben remplacera le général de cavalerie baron de Manteuffel dans le commandement des Iᵉʳ et

---

(1) *Historique du Grand État-Major allemand.* Supp. XXXIII.

VIIIe corps d'armée, comme étant le plus ancien des deux commandants de corps. Le ministre de la Guerre notifiera au plus tôt ces décisions à qui de droit.

Signé : Guillaume.
Contresigné : de Roon.

IIe corps. — Le 11, la *3e* division vint cantonner à Tonnerre et environs ; la marche fut ce jour-là très pénible ; la route était très glissante, et l'entrée dans Tonnerre n'eut lieu qu'à 5 heures du soir (1).

Afin de faciliter la nourriture des hommes, dès l'arrivée au cantonnement, des patrouilles de cavalerie d'au moins 10 cavaliers, se portèrent au trot en avant et avertirent les localités de l'effectif et de l'arme qu'elles recevaient : ces diverses données étaient écrites en français sur des billets que ces patrouilles emportaient avec elles.

Le IIe bataillon du *42e*, qui escortait l'artillerie de corps, n'atteignit ses cantonnements qu'à 6 heures du du soir seulement : les hommes durent souvent prêter main-forte aux attelages (2).

« L'usage du vin de Bourgogne était excellent pour la santé, aussi malgré les grandes fatigues, les hommes restaient frais et dispos » (3).

La 4e division vint cantonner entre Saint-Cyr-les-Colons, Chablis et Lichères.

Les cantonnements du IIe corps, le 11 au soir, furent les suivants :

Quartier général. — Tonnerre.
3e Division. — Tonnerre.

5e brigade........ { 2e Rég^t. Ier B^{on}. — Vezannes, Ferme-la-Broue.

---

(1) *Historique* du *14e*, p. 413.
(2) *Historique* du *42e*, p. 150 (cette observation se retrouve dans beaucoup d'historiques).
(3) *Ibid.*

5ᵉ brigade (suite)...
- 2ᵉ Régᵗ. IIᵉ Bᵒⁿ. — Maligny, Villy, Lignorelles.
- 2ᵉ Régᵗ. Fusiliers. — Collan.
- 42ᵉ Régᵗ. Iᵉʳ Bᵒⁿ. — Sérigny.
- — IIᵉ Bᵒⁿ. — Ligny-le-Chateleteur.
- Fusiliers. — Ferme Garenne et Tiffei.
- 1ʳᵉ compagnie de pionniers. — Tonnerre.

6ᵉ brigade........ Tonnerre.
3ᵉ Dragons. Artillerie et convois. — Tonnerre et environs.

4ᵉ Division. — Chablis.

7ᵉ brigade........
- 9ᵉ Régᵗ. Iᵉʳ Bᵒⁿ. — Milly-Poinchy.
- — IIᵉ Bᵒⁿ et Fusiliers. — Beine.
- 49ᵉ Régᵗ. — Chablis et environs.

8ᵉ brigade........
- 21ᵉ Régᵗ. Iᵉʳ Bᵒⁿ. — Puits-de-Courson.
- — IIᵉ Bᵒⁿ. — Saint-Cyr-les-Colons, Croix-de-Pilate, Bouix.
- Fusiliers. — Lichères.
- 61ᵉ Régᵗ. Iᵉʳ Bᵒⁿ. — Saint-Cyr.
- — IIᵉ Bᵒⁿ. — Prehy.
- Fusiliers. — Pont-sur-Yonne, Villamouche, Gicy.

2ᵉ et 3ᵉ compagnies de pionniers. — Chablis et environs.
11ᵉ dragons, artillerie. — Chablı et environs.
Convois. — Auxerre et Chablis.
Artillerie de corps. — Maligny, Villy, Ligno relles.
Convois. — Ligny-le-Châtel, Varennes.

Journée du 12 janvier.

I

On a vu plus haut quelle réponse fit M. de Freycinet à l'annonce du projet d'attaque contre Arcey, et de l'intention exprimée par le général en chef d'aller livrer une bataille sur la Lisaine. Ce dernier plan était si contraire à tout ce qui avait été admis jusque-là et si peu nettement formulé, que M. de Freycinet crut pouvoir continuer les efforts entrepris depuis la veille pour assurer à l'armée la ligne de ravitaillement Dijon, Gray, Vesoul. A midi 50 encore, il télégraphiait à M. Audibert et à M. de Serres que « le ravitaillement de l'armée, à peu près impraticable par voie de terre à cause du mauvais temps, devrait s'effectuer par les lignes de Dijon, Gray, Vesoul et de Besançon à Belfort ». Trois inspecteurs : MM. Demons, Buf et Humbert étaient mis à la disposition du général Bourbaki pour cette opération. Ceci impliquait formellement l'idée que l'armée allait se porter, soit au Nord, soit au Nord-Ouest, pour que le ravitaillement pût se faire par Vesoul. Mais, beaucoup plus claire que celle du général, une dépêche de M. de Serres vint dissiper cette illusion. « Je vous annonce, écrivit-il, pour dimanche au plus tard la bataille d'*Héricourt*. Levée du siège de Belfort, si le sort nous est favorable... (1) ». Enfin la dépêche suivante du général Bourbaki, bien que toujours aussi vide

---

(1) Télégramme de 4 h. 15 du soir.

d'explications sur les raisons qui pouvaient déterminer l'abandon du plan de campagne et sur les projets réellement formés, devait ôter toute espèce de doute par suite des mouvements annoncés de Cremer sur Vesoul et Lure et des corps du Haut-Doubs vers Montbéliard (1).

Le mouvement du 15ᵉ corps n'est pas encore terminé; des encombrements considérables sur les voies m'ont été signalés; j'ai donné des ordres formels pour faire cesser toute cause de retard, notamment à Dijon. Je ne pourrai disposer demain que de la division Peytavin et de la brigade Questel. La brigade Martineau n'arrivera que dans la journée. Les vivres ne sont pas complètement assurés. Les moyens de transport de Clerval aux divers quartiers généraux sont insuffisants et je ne sais dans quelles conditions nous nous trouverons en poursuivant notre marche en avant, si cet état de choses continue. Je télégraphie à l'intendant Friant de réquisitionner toutes les voitures disponibles et de se faire aider par les préfets du Doubs et des départements voisins. Il est impossible à des hommes de marcher et de combattre sans recevoir les vivres. Malgré ces embarras sérieux et l'état des routes, qui ne cesse d'être aussi mauvais que possible, l'attaque de la position Arcey aura lieu demain à 9 heures du matin, après que les troupes auront mangé la soupe. Tous les ordres nécessaires sont donnés aux commandants de corps d'armée, qui n'ont dû les communiquer que ce soir aux divisions. J'ai prescrit au général Crémer d'occuper Vesoul demain, et, s'il est possible, Lure après-demain 14. Le colonel Bourras doit combiner avec le 54ᵉ de marche un mouvement sur la route de Montbéliard à Delle.

Par trois dépêches de 11 heures du matin, 5 et 7 heures du soir, le général Bourbaki avait en effet prescrit au général Cremer d'arriver le 13 à Vesoul et le 14 à Lure, et de se mettre en relations avec le général Billot. Il

---

(1) Le général Bourbaki au ministre de la Guerre, Bordeaux. *Bournois, 12 janvier.*

avait été ordonné en même temps au corps Bourras (1) « de venir menacer la route de Montbéliard à Delle », et au général Rolland (2), « de prendre l'offensive avec toutes les troupes sous ses ordres, le 13 dès le point du jour ». Celui-ci prescrivait en conséquence au colonel de Vezet de se porter de Pont-de-Roide vers la route de Montbéliard à Delle, en laissant le bataillon de Mobilisés du Doubs en réserve, « pour n'être pas tourné vers la droite ». Le colonel Bousson devait se porter de Clerval « au-dessus de Voujaucourt, pour simuler une attaque, tandis que le 54ᵉ et la légion Bourras attaqueraient à fond pour percer entre Montbéliard et Delle ».

A ce moment, le colonel de Vezet avait 3 compagnies à Voujaucourt, Audincourt et Valentigney; à Blamont, 1 bataillon et demi du 54ᵉ, un demi-bataillon de Mobilisés et sa batterie d'obusiers de montagne; à Roches, Ecurcey et Autechaux, 4 compagnies du 54ᵉ, à Hulay un demi-bataillon de mobilisés, à la ferme du Haut-de-Bois 1 compagnie du 54ᵉ; à Bondeval 2 compagnies du 54ᵉ et la compagnie franche de zouaves; à Pierrefontaines, un bataillon de Mobilisés, et de Villar-lèz-Blamont à la frontière suisse, 200 douaniers.

Le colonel Bourras était à Abévillers et Hérimoncourt. Sur la gauche, le bataillon de Mobilisés du Doubs était à Baume-les-Dames, le bataillon de la Haute-Saône à Villers-le-Sec, celui des Vosges à Colombier-Fontaine, Saint-Maurice, celui des Hautes-Alpes à l'Isle-sur-le-Doubs (3).

Une reconnaissance de 20 zouaves, poussée sur Vaudoncourt au milieu d'une tempête de neige, y avait été reçue à coups de canon. La ligne des postes ennemis

---

(1) Télégramme de 11 heures matin.
(2) Télégramme de 4 h. 20 soir.
(3) *Historiques* du 54ᵉ et du 58ᵉ. Télégramme du colonel Bousson daté de 8 h. 45 soir.

de Montbéliard à Delle par Exincourt, Vaudoncourt, Montbouton et Croix paraissait fortement occupée. La dispersion des troupes françaises ôtait tout moyen d'exécuter une offensive quelconque. Malgré l'ordre reçu de la prendre, on ne fit rien pour la rendre possible.

15ᵉ corps. — On a vu, qu'après une marche des plus pénibles, la 1re brigade de la 1re division (Minot) était arrivée, partie à Clerval, partie à Auteuil, en pleine nuit. Avant le jour, le 12ᵉ mobiles, reprit sa marche, puis toute la brigade franchit le Doubs, soit en bac, soit sur une passerelle établie par le génie sur les arches du pont. Après un arrêt à Clerval, où l'on toucha des vivres pour quatre jours, les troupes repartirent à 2 heures du soir pour Soye, où le 1er zouaves arriva à 6 heures du soir, tandis que le 12ᵉ mobiles restait à Fontaine (1). Entre temps, le général Bourbaki prévenu de cet arrêt, télégraphiait « qu'il fallait absolument que l'artillerie de réserve et la brigade Minot fussent rendues le 13, à 9 heures du matin, à Montenois pour entrer en action » (2). L'artillerie devait passer par Médière et Faimbe, l'infanterie par Beutal (3). On a vu que cette dernière ne dépassa pas Soye ; quant aux 3 batteries de 8, qui la veille n'avaient pu dépasser Baume, elles furent arrêtées à Soye et Mancenans, sous la garde d'un bataillon du 32ᵉ mobiles (4).

La brigade Questel (2ᵉ de la 1re division), arrivée dans la nuit à Melecey, se remit en route pour Onans, en passant par Grammont. Arrivée à Onans, elle trouva

---

(1) *Historique* des corps.
(2) Télégramme de 4 heures du soir.
(3) Télégramme du général Martineau de 7 h. 5 matin.
(4) Télégramme, signature illisible, de la 1re division, 1re brigade. « Si les 3 batteries de 8 n'arrivent pas à temps, je le regretterais beaucoup pour vous.... » Télégramme du général Bourbaki de 10 h. 5 soir. *Historique* du 32ᵉ mobiles.

l'ordre de continuer sur Brétigney, puis d'enlever Montenois, s'il était au pouvoir de l'ennemi. Vers 8 heures du soir, après une marche pénible sur une route encombrée de troupes et de convois, la brigade arrivait à Brétigney, où l'on passait la nuit entière sous les armes. A 10 heures du soir, 2 compagnies des tirailleurs algériens se portaient sur Montenois qu'on trouvait inoccupé. Vers 1 heure du matin, le 4ᵉ bataillon de chasseurs y allait aussi, plaçant la moitié de son monde en grand'garde et le reste en réserve sur la place de l'église (1).

La division Peytavin (3ᵉ) avait conservé toute la journée ses positions en avant d'Onans. Du bois du Clochet (2) on voyait les pièces ennemies près d'Arcey, et on s'aperçut vers 4 heures du soir de l'arrivée du 25ᵉ prussien venant relever le *67ᵉ*. La division de cavalerie avait commencé son débarquement à Clerval. Le général Dastugne devait exercer le commandement en ce point et y disposer, outre sa brigade, d'un bataillon du 27ᵉ de marche et de la batterie à cheval (3). Deux escadrons du 1ᵉʳ chasseurs de marche avaient escorté un convoi sur Branne et Hyèvre-Paroisse. Le 9ᵉ cuirassiers de marche était à Roulans. Le reste était entre Baume-les-Dames et Clerval.

La 2ᵉ division restait pendant ce temps en chemin de fer. Les troupes de la 1ʳᵉ brigade partirent de Dijon entre 4 heures du matin et 9 heures du soir (4). Celles de la 2ᵉ séjournaient encore à Beaune et Cercy-la-Tour (5).

---

(1) *Historiques* du 4ᵉ bataillon de chasseurs de marche, des Tirailleurs Algériens, du 18ᵉ mobiles.
(2) *Historique* du 27ᵉ de marche.
(3) *Journal* de la division.
(4) *Historiques* du 39ᵉ de ligne, du 25ᵉ mobiles, du 12ᵉ d'artillerie.
(5) Une cour martiale condamnait à mort un zouave du 2ᵉ de marche.

24ᵉ corps. — Ce fut le 12 à midi seulement que la division d'Ariès (1ʳᵉ) se mit en route pour exécuter le mouvement, prescrit depuis le 10 par le général en chef, et qui avait donné lieu à tant de contre-ordres (1). La 1ʳᵉ division vint tout entière bivouaquer près d'Onans. La 2ᵉ venant de Melecey, alla sur le plateau de Marvelise (60ᵉ et 61ᵉ de marche), à Gemonval (14ᵉ mobiles) et Courbenans (87ᵉ mobiles).

La 3ᵉ conserva ses positions de la Chapelle, Crevans et Sécenans. Vers midi, la 1ʳᵉ légion du Rhône fit une reconnaissance « sans résultat » *sic* (2) sur Saulnot. La 2ᵉ, partie à 1 heure, alla vers Corcelles et rentra à minuit à Crevans (3). On crut voir 4 pièces ennemies entre Saulnot et Villers-sur-Saulnot et des tranchées dans les bois de Gonvillars et du Mont (4).

Les régiments de cavalerie se réunirent à Marvelise ; la réserve d'artillerie était partie à Marvelise et partie à Onans (5).

20ᵉ corps. — Le 20ᵉ corps conserva ses cantonnements de Villargent et Sénargent (1ʳᵉ division), Vellechereux (2ᵉ) Saint-Ferjeux et Georfans (3ᵉ). De nombreuses reconnaissances furent envoyées. On eut la confirmation de la marche de Werder sur la Lisaine, mais on crut que de là des forces importantes avaient marché vers Arcey (6). Le génie fut employé à améliorer les route parcourues par les convois qui assuraient le ravitaillement à Clerval.

18ᵉ corps. — Le général Billot crut devoir prescrire à ses troupes de « se fortifier dans leurs positions afin

---

(1) Voir journée du 11.
(2) *Historique*.
(3) *Historique*.
(4) *Journal* de la 3ᵉ division.
(5) *Historiques* des batteries.
(6) *Journal* du 20ᵉ corps et des divisions.

d'être en mesure de résister à toute attaque » (1). En conséquence, la 1re division eut « l'ordre de faire établir des épaulements pour les battèries en avant de la ferme Rullet, et de fortifier Pont-sur-l'Oignon » (2). La terre était tellement dure que ces travaux ne reçurent qu'un commencement d'exécution. Mais les troupes furent disposées comme s'il s'agissait de résister à une attaque venant de l'Ouest. Le 42e de marche « prit position dans le bois de Chailles, pour défendre le gué de l'Oignon » (3). Par ailleurs, on prescrivait de placer des grand'gardes au Nord et au sud de Villersexel face à l'Est, c'est-à-dire dans la direction du 20e corps (4). Enfin le 49e de ligne était laissé à la garde du pont de Bonnal. La 2e division avait à « défendre Villersexel » (5), et à lancer sur la rive droite de l'Oignon une reconnaissance forte du régiment d'Afrique, d'un peloton de cavalerie et d'une section d'artillerie de montagne.

Enfin la 3e gardait la ligne du Scey autour de Villers-la-Ville. A 5 heures du soir, elle eut l'ordre de se porter vers Bévenge; ses avant-postes étaient constitués par « le 14e chasseurs à Étroite-Fontaine, s'étendant vers Sénargent, le Ier bataillon du 82e mobiles, face à Villafans, le IIe bataillon du même régiment, face à Saint-Sulpice, le IIe bataillon du 3e de marche, en réserve en avant de Bévenge, le IIIe bataillon du même régiment dans le bois à gauche de Villers-la-Ville » (6).

La division de cavalerie conserva ses cantonnements.

---

(1) *Journal* du 18e corps.
(2) *Ibid.*
(3) *Historique* du 42e.
(4) *Journal* de la 1re division.
(5) *Lettre* à l'amiral Penhoat.
(6) *Ordre* de la division et *Historiques* des corps.

Les deux batteries à cheval étaient toujours à Pont-sur-l'Oignon.

La réserve générale resta à Faimbe, Onans et Geney, avec la brigade de cavalerie Boërio. Ce jour-là, la division Cremer était arrivée à Villexou, Vezet, Quentrey. Ses avant-postes occupaient Soing, Noidans-le-Ferreux et Neuvelle-lès-la-Charité.

II

Les Ordres pour le 13.

L'ordre rédigé dès le 11 ayant paru trop vague, et surtout les emplacements de certaines troupes s'étant trouvés modifiés, le général en chef adressa un « supplément à l'ordre de mouvement », sous la forme suivante :

Quartier général de Marvelise, 12 janvier 1871.

Supplément à l'ordre du mouvement du 13 janvier 1871.

Les troupes prendront les armes demain matin, 13 courant, à 9 heures, après avoir mangé la soupe. Pour l'attaque d'Arcey, les troupes du 15ᵉ corps seront placées sous les ordres du général Bressolles, qui donnera aujourd'hui même au général Peytavin les instructions complémentaires nécessaires. Le général Peytavin, outre sa division, aura la brigade Questel sous ses ordres. Cette dernière brigade occupera aujourd'hui même, s'il est possible, le village de Montenois.

Le général d'Ariès, avec sa division, soutenu en arrière par la réserve commandée par M. le général Pallu, sera à gauche du 15ᵉ corps, occupant le plateau en avant d'Onans, et se reliant avec le 24ᵉ corps, dont la droite est à Marvelise.

L'attaque commencera par Gonvillars et le bois du Mont; ce mouvement sera exécuté par les 2ᵉ et 3ᵉ divisions du 24ᵉ corps, l'une entrant immédiatement en action, l'autre étant tenue en réserve.

Les troupes du 15ᵉ corps (division Peytavin et brigade Questel) exécuteront l'attaque en se dirigeant d'abord sur Sainte-Marie, et se garderont avec soin du côté de Montbéliard. La division d'Ariès, soutenue par la Réserve, brigade Pallu, n'attaquera Arcey de front que lorsque les deux autres attaques seront fortement dessinées.

Le général Clinchant, balaiera Saulnot et les environs, de manière à bien couvrir la gauche du général Bressolles. Il chargera les tirailleurs d'occuper Saulnot, et aura soin de porter du côté de Crevans ses réserves d'infanterie et d'artillerie.

Le général Billot appuiera à droite, si le général Clinchant est obligé de dégarnir sa gauche. Il enverra des tirailleurs et de nombreuses reconnaissances en avant de son front et sur son flanc extérieur.

Les troupes du 15ᵉ corps, qui sont encore en arrière et qui pourront arriver, passeront par Médière, comme l'ordre en a déjà été donné, et continueront par Beutal, Montenois et Sainte-Marie, observant avec le plus grand soin ce qui pourrait se passer sur leur droite.

L'artillerie de réserve du 15ᵉ corps, si elle peut arriver, prendra la grande route d'Arcey par Faimbe, à partir de Médière.

Le général en chef recommande de faire dès ce soir et dans la nuit, sur les points qui auront été reconnus d'avance, des épaulements et des tranchées, pour couvrir l'artillerie et l'infanterie.

A moins d'événements imprévus, je me tiendrai pendant l'action sur le plateau en avant de Marvelise et sur la crête dominant Arcey.

Signé : BOURBAKI.

En outre, par une série de dépêches, il fut prescrit au général Cremer d'arriver le 13 « de bonne heure à Vesoul », aux troupes de la 7ᵉ division militaire, de prendre l'offensive dès le point du jour, au général Martineau commandant le 15ᵉ corps « de faire en sorte que, la réserve d'artillerie et la brigade Minot parviennent à 9 heures du matin à Montenois et entrent en action (1) » et en outre de diriger « personnellement » l'attaque d'Arcey (2).

Cette dernière prescription était contradictoire avec la mesure qui plaçait les troupes du 15ᵉ corps sous les ordres du général Bressolles, et contre laquelle le général Martineau avait énergiquement protesté, comme étant plus ancien que son collègue (3). Il en était résulté pendant toute la journée une série de malentendus entre les généraux Martineau, Bressolles, Peytavin, d'Ariès (4).

Les mesures de détail prescrites dans les corps d'armée furent les suivantes.

15ᵉ corps. — La division Peytavin (3ᵉ) et la brigade Questel (2ᵉ de la 1ʳᵉ division) avaient à se diriger sur Sainte-Marie en se gardant du côté de Montbéliard. En conséquence, toute une brigade de la 3ᵉ division (5) devait se trouver avant le jour au bois de Combollet pour attaquer celui de Maineret, tandis que la seconde serait massée à Faimbe; 1 batterie de 4 et 1 de mitrailleuses devaient être placées en travers de la route d'Arcey, une de montagne au bois de Combollet, une autre batterie de 4, tenue en réserve. La brigade de Faimbe devait de là gagner Brétigney, et être remplacée à Faimbe par les troupes du général d'Ariès, si la brigade Questel avait pu atteindre Montenois, ce qui, ainsi qu'il a été dit, se trouva être le cas.

D'après l'ordre du général Martineau, le général d'Ariès devait, « avant le jour », placer 2 batteries de 8 sur les hauteurs des Tronchots pour battre Arcey et se masser à Onans et Faimbe. Tout ceci fut admis par le général Bressolles, mais les heures furent modifiées.

---

(1) Télégramme de 4 h. 55.
(2) Télégramme de 10 heures soir.
(3) Dépêche de 8 heures soir.
(4) Voir lettre du général Durrieu au colonel Leperche et lettre du général Bressolles au général Peytavin.
(5) *Ordre* du corps d'armée.

24ᵉ corps. — La 2ᵉ division (Comagny), formant le centre, avait à prendre position sur le plateau en avant de Marvelise (1), en occupant les bois par des tirailleurs soutenus par des colonnes de demi-bataillon à demi-distance (2). En conséquence, la 2ᵉ brigade devait se rallier à Gémonval à 7 h. 30, après avoir mangé la soupe. La 3ᵉ division (Busserolle) devait enlever de vive force Corcelles et Gonvillars. Le général Comagny devait appuyer l'attaque d'Arcey, et au besoin soutenir le mouvement ordonné sur Gonvillars. Le général d'Ariès, avec sa division (1ʳᵉ) et la Réserve Générale, se tiendrait en seconde ligne à Faimbe. La cavalerie devait suivre la division Busserolle.

20ᵉ corps. — La 2ᵉ division, partant de Vellechevreux à 7 heures du matin, devait se porter sur Crevans, d'où une brigade se dirigerait sur Grange-la-Ville, l'autre sur Crevans avec un régiment à Grange-le-Bourg (3). Le 3ᵉ zouaves (4) fut désigné pour aller à Grange-la-Ville puis Grange-le-Bourg, tandis que les 2 bataillons du 68ᵉ (Haut-Rhin) occuperaient Grange-la-Ville. La 1ʳᵉ brigade avec 2 batteries devait aller sur Crevans par Sécenans, et de là se porter sur Grange-le-Bourg. Un escadron du 7ᵉ chasseurs devait couvrir le front de la 2ᵉ division.

La 1ʳᵉ division avait à aller à Senargent, d'où 2 bataillons seraient détachées à Mignavillers ; la 3ᵉ à Vellechevreux, envoyant 1 bataillon à Mignafans avec la réserve d'artillerie et le régiment de lanciers chargé d'éclairer le front de la 1ʳᵉ division pendant sa marche.

18ᵉ corps. — La 2ᵉ division (Penhoat) (5), devait

---

(1) *Ordre* du corps d'armée.
(2) *Ordre* de la 2ᵉ division.
(3) *Ordre* du corps d'armée.
(4) *Ordre* de la 2ᵉ division.
(5) *Ordre* du corps d'armée.

occuper par une brigade, 1 bataillon et 3 batteries Villersexel et les hauteurs de la rive gauche de l'Oignon jusqu'au moulin de Saint-Sulpice, et envoyer 2 compagnies d'infanterie « en enfants perdus » dans le bois du Grand-Fougeret et à Moimay, Autrey et Esprels. L'autre brigade devait occuper les positions du bois de Chailles de la ferme du Rullet et de Pont-sur-l'Oignon qu'allait quitter la division Pilatrie (1re). Le 49e de ligne, abandonnant le pont de Bonnal, y laisserait 3 compagnies « chargées de faire croire à l'ennemi que rien n'a été changé dans les dispositions, et dans ce but d'entretenir des feux de bivouac ». Le reste du 49e viendrait se former en colonne double à demi-distance près de Villers-la-Ville, tandis que les 2 batteries à cheval iraient de Bonnal à Villersexel à la disposition de l'amiral Penhoat.

La 1re division (Pilatrie) devait envoyer une brigade à Villargent avec 2 batteries; l'autre brigade avec 1 batterie viendrait à Saint-Ferjeux. Une brigade de la 3e division (Bonnet) avait occuper Bévenge (1). La division de cavalerie devait se masser à Villers-la-Ville avec la réserve d'artillerie.

Ces minutieuses prescriptions répartissaient en somme l'armée sur un arc de cercle passant par Pont-sur-l'Oignon, Villersexel, Mignavillers, Sainte-Marie, et ayant 30 kilomètres de développement. Les précautions excessives prises vers le Nord paralysaient le 18e corps, complètement dispersé. Le 20e, qui avait devant lui un terrain d'action tout indiqué vers Saulnot et Champey, était maintenu sans raison trop loin de la lutte. Enfin la méconnaissance radicale des intentions et des forces de l'ennemi se manifestait avec évidence dans toutes les dispositions prises. — Seul le 20e corps se servait de sa

---

(1) L'autre n'est pas visée dans l'ordre.

cavalerie, au moins pour sa sûreté, sur son front de marche. — La division du 18ᵉ était aussi inutile que depuis le début des opérations. Il en était de même au 24ᵉ, malgré l'ordre donné par le général en chef d'employer la cavalerie sur le flanc droit dans la direction de Montbéliard.

III

Mouvements des Allemands.

Dans la journée du 12 janvier, la IV⁰ division de réserve occupa Héricourt (brigade Knappstaedt) (1), Essert, Bavilliers, Argiésans, Danjoutin, Béthoncourt et Montbéliard (brigade Zimmermann) (2). Les avant-postes tenaient Dung, Bart et Courcelles. Dans le château de Montbéliard étaient 2 compagnies du bataillon Gumbinnen (3) avec 72 canonniers. Conformément à l'ordre donné la veille, le colonel v. Loos (4) se mit en marche avec le 25⁰ régiment, le 2⁰ escadron du 3⁰ ulans de réserve, la 1ʳᵉ batterie lourde et la 3⁰ légère de réserve pour Arcey, où il arriva à midi. A 3 heures du soir, il occupait Gonvillars (compagnies 6⁰ et 7⁰ du 25⁰ et 1 peloton de ulans); Sainte-Marie (compagnies 5⁰ et 8⁰ et 1 peloton de ulans); Arcey (bataillon de fusiliers, 1 peloton et 3⁰ batterie légère); Désandans (1ᵉʳ bataillon, 1 peloton, 1ʳᵉ batterie lourde). — Il conserva aussi à Arcey le Iᵉʳ bataillon du 67⁰, tandis que les deux autres du même régiment se retiraient sur Vezelois et Chevremont avec le reste du détachement Bredow. Pendant ce temps, le

---

(1) 7 bataillons, 2 escadrons, 4 batteries.
(2) 8 bataillons, 2 escadrons, 2 batteries.
(3) Le reste de ce bataillon était à Allangoie.
(4) *Historique* du 25⁰.

général v. d. Goltz, continuant à occuper Couthenans (Ier du *30*^{e}) Chagey (Ier, IIe du *34*^{e}) et Saint-Valbert (IIIe du *34*^{e}), avait fait partir à 2 heures du soir de Couthenans le lieutenant-colonel Nachtigal avec les IIe et IIIe bataillons du *34*^{e}, l'escadron de hussards v. Krause et la batterie Riemer pour Chavanne et Villers-sous-Saulnot, pour y relever le détachement v. Zgliniczki (1). A 4 h. 30, le gros de cette avant-garde s'installait à Chavanne sous la protection de la 10e compagnie, tandis que le capitaine Kencke avec les 5e et 6e compagnies et 2 pelotons de hussards allait à Villers-sur-Saulnot relever le détachement de *67*^{e}. La liaison entre le détachement Nachtigal et les troupes voisines se fit à Gonvillars.

La *1*^{re} brigade badoise resta à Châlonvillars (*2*^{e} régiment), Mandrevillars (Ier du *1*^{er}), Echenoz (IIe du *1*^{er}), Bue (fusiliers du *1*^{er}) avec l'artillerie de corps (4 batteries); la *2*^{e} à Frahier, Chenebier, Etobon, détachant les 5e et 6e compagnies du *4*^{e} badois à Chavanne. — La *3*^{e} enfin quitta Ronchamp à midi, le Ier bataillon du *5*^{e} régiment occupa Errevet, le IIe le Bas-d'Evette, les fusiliers le Haut-d'Evette. Le Ier bataillon du *6*^{e} régiment était à Sous-les-Chênes et le Bas-des-Côtes, les fusiliers à Clairegoutte. Le IIe bataillon fut scindé : les compagnies 6e et 7e furent chargées de la garde du convoi, les 5e et 8e avec un peloton de dragons et un détachement de pionniers bavarois, le tout sous les ordres du capitaine Bayle, constituèrent le détachement chargé d'aller détruire la route du Ballon d'Alsace, sur le Puix et Saint-Maurice. — Deux escadrons du *2*^{e} dragons avaient été envoyés de Champagney sur Ronchamp pour organiser par le moyen de relais, la liaison entre la droite de la ligne et le détachement Willisen, qui restait à Lure.

Le général v. Werder, qui avait établi son quartier

---

(1) *Historiques* du *30*^{e} et du *34*^{e}.

général à Brévilliers, donna dans la journée du 12 (1) un nouvel ordre d'occupation de la Lisaine.

« Dans le cas d'une attaque générale de l'ennemi sur la ligne Delle, Montbéliard, Héricourt, Luze, les commandants de division se conformeront aux directives suivantes :

« Dès que l'attaque sera signalée sur la ligne Héricourt, Montbéliard, Delle, la réserve générale formée des 1ʳᵉ et 2ᵉ brigades d'infanterie badoises et de l'artillerie de corps, sous les ordres du général v. Glümer se portera sur Banvillars ou Châtenois. Les routes conduisant de ces deux points à la position devront être de suite reconnues avec le plus grand soin. Argiésans et Sévenans peuvent être tenus sous le feu de Belfort.

« La 3ᵉ brigade badoise est chargée d'empêcher à tout prix un mouvement de l'ennemi sur Frahier, en occupant une position appropriée, spécialement Echavanne.

« Le colonel v. Willisen barrera la route à Ronchamp. La division badoise mettra dès aujourd'hui 2 batteries à la disposition du général v. d. Goltz à Echenans.

« Si l'ennemi parvient à percer en un point, et que le corps doive faire un mouvement de retraite, celle-ci ne devra en aucun cas dépasser la Savoureuse. Les pionniers du corps de siège prépareront dans ce but des passages de Châtenois à Bourvenans.

« Au début d'un combat ou en cas d'alarme générale, les trains, sauf les colonnes de munitions et les voitures médicales seront dirigés sur les points suivants :

« Ceux de la 4ᵉ division de réserve, du détachement v. d. Goltz, de l'état-major du corps d'armée, de la 1ʳᵉ brigade badoise, sur Bourogne, Echesne et Vellescot, les autres sur Gros-Magny (2).

---

(1) 1 heure soir.
(2) Une modification à cet ordre datée du 13 prescrivit de faire suivre chaque bataillon de 2 voitures à vivres et de diriger les

« Dès demain matin, la liaison télégraphique sera établie entre Brévilliers et Delle, Montbéliard, Bourogne et Frahier. On enverra les télégrammes en clair, si les nouvelles à donner sont sûres.

« L'artillerie de siège mettra en position des canons lourds sur la hauteur au Nord d'Héricourt pour battre Tavey et Bussurel.

« La batterie de sortie bavaroise ne passera pas sous les ordres du commandant de la 4ᵉ division de réserve, mais rejoindra le détachement Debschitz. La direction éventuelle de retraite pour les troupes d'Exincourt ne serait pas Sochaux, mais à l'Est. »

Ainsi qu'on le voit, l'idée du général v. Werder était que l'attaque principale se ferait sur sa gauche, en raison, semble-t-il, de l'opinion que les Français étaient liés à la voie ferrée de Clerval. C'est ainsi que le mouvement prévu pour la réserve générale était une conversion vers la gauche. Dans la soirée, le détachement Willisen eut l'ordre de se replier sur Ronchamp, en envoyant un régiment de cavalerie à Luxeuil (1).

L'alimentation des troupes allemandes fut assez difficile (2), car les réquisitions ne produisaient rien dans ce pays épuisé. De plus les envois faits par le corps de siège étaient gênés par le feu de la place qui balayait le principal passage de la Savoureuse, que le train de vivres ne pouvait franchir que la nuit. On manqua de pain et d'avoine.

---

trains de la 4ᵉ division de réserve et du détachement v. d. Goltz sur Bourvenans et Dauchenois.

(1) *Heeres Bewegungen.*
(2) *Löhlein.*

IV

Opérations de l'Armée du Sud.

VIIe corps. — Le 12, le VIIe corps acheva sa concentration, la *13e* division autour de Châtillon, la *14e* aux environs de Montigny (1).

Le colonel Barby, avec l'arrière-garde, arriva à Châtillon. Les *15e* et *55e* régiments occupaient Ampilly, Runcey, Cérilly, Châtillon.

Le détachement Arent (7e chasseurs, 2e escadron de hussards, 1 batterie) se porta d'Ampilly, à Villotte, Muirey et Vanvey, pour y former l'avant-garde de la division.

Quelques patrouilles furent envoyées par celui-ci, sans rien apprendre sur l'ennemi : une légère destruction de la route fut remarquée entre Montmoyen et Saint-Broing ; un maire donna le renseignement qu'une circulation ininterrompue de voitures se faisait entre Langres et Dijon.

Le général de Zastrow, prévenu le 11 par le général Fransecky de l'arrivée, le 12 avant midi, de la 3e division à Nuits, rappela à Laignes et Gigny, le détachement v. d. Busche.

Le service de sûreté dans la direction de Langres fut assuré par un détachement, sous les ordres du major von Köppen, envoyé à Dancevoir et comprenant, les Ier

---

(1) Fabricius, p. 44.

et II⁰ bataillons du *77*⁰, 2 pièces de la 2⁰ batterie lourde, et 1 escadron du *15*⁰ hussards.

Le soir du 12, les deux compagnies du *53*⁰ (1) détachées le 11 rentrèrent, mais le soir la 2⁰ compagnie fut envoyée à Montigny.

Les éléments de la *1*ʳᵉ division non encore arrivés comprenaient :

Bataillon de fusiliers du *77*⁰, tout le *74*⁰, 2⁰ et 3⁰ compagnies de pionniers, 2⁰ batterie légère, 3⁰ et 4⁰ batteries lourdes, les trains.

La place de Châtillon était sous les ordres du lieutenant-colonel von Lœbell (2).

Le service de garde fonctionnait avec la plus grande sévérité : chaque jour 5 officiers et 180 hommes occupaient les différents centres d'alerte.

La journée du 12 fut employée à compléter l'approvisionnement d'effets, d'habillement et d'équipement.

« Un ordre formel du commandant de corps d'armée prescrivit de réduire au strict nécessaire les voitures des corps de troupe, dont le nombre, au cours de la guerre, avait considérablement augmenté (ce qui était aussi agréable que peu réglementaire) et qui allongeaient le convoi. »

A la suite de la surprise de Baigneux, le colonel Dannenberg donna l'ordre au lieutenant-colonel von Schönholtz de ne pas faire la reconnaissance prescrite sur Semur, une manœuvre enveloppante devant se faire sur Baigneux (3).

Au matin, 2 compagnies du Iᵉʳ bataillon du *60*⁰, un demi-peloton de ulans, et 2 pièces, s'avancèrent de Villaines sur la route de Baigneux, tandis qu'en seconde ligne suivaient 2 compagnies de fusiliers. L'une de ces com-

---

(1) *Historique* du *53*⁰.
(2) *Historique* du *73*⁰.
(3) Fabricius, p. 35.

pagnies avec 2 pièces s'arrêta derrière le petit bois au Sud de Jours, l'autre se plaça à l'abri du petit bois près d'Etormey, pour tomber sur le flanc gauche de l'ennemi, au cas où celui-ci voudrait se porter sur Saint-Marc.

De Montbard, le major von Bentivegni, avec les 1re, 3e et 9e compagnies du 72e, 2 pelotons de hussards et 2 pièces, se mit en route par un froid très vif, dès 8 heures du matin, et, par Lucenay-le-Duc, se porta sur la Villeneuve-les-Convers.

Mais à Lucenay, il se détourna de la route à gauche, et arriva trop au Nord, presque derrière les compagnies de fusiliers du 60e, de sorte qu'il ne put agir à Baigneux. (1). Les compagnies de fusiliers trouvèrent ce village vide.

Dannenberg rendit compte le soir au général commandant le VIIe corps dans les termes suivants :

« Ricciotti Garibaldi a quitté Baigneux aujourd'hui avec 1,200 hommes dans la direction de Saint-Marc-sur-Seine (2). Poiseuil était occupé par 1,000 hommes d'infanterie, 60 à 80 de cavalerie, qui ont été repoussés vers le Sud par un feu d'artillerie. Il semble d'après cela qu'un corps de partisans garibaldiens prépare un mouvement dans la vallée de la Seine. Les reconnaissances nécessaires sont ordonnées... »

Le lieutenant-colonel Dannenberg, comme le montrent

---

(1) *Souvenirs de Ricciotti*, p. 85. « L'arrivée de quelque gros corps ennemi était probable, et dès le lendemain matin, à 1 heure après minuit, nous nous mettions en marche pour Aignay-le-Duc. Nos prévisions étaient justes à 6 heures du matin, dans le village que nous venions d'abandonner, arrivaient 2,000 Prussiens avec de la cavalerie et de l'artillerie, et selon leur habitude, ils mirent le pays sens dessus dessous.

« Notre arrivée à Aignay n'eut lieu qu'à 9 heures du soir. »

Rapport du capitaine Lacourt, M. 14, Archives de la Guerre.
Rapport du capitaine Michard. Cart. M. 15. Archives de la Guerre.

(2) La guérilla marseillaise (brigade Lobbia) l'avait évacué le 12 au matin.

plusieurs de ses rapports, paraît être sous l'impression hypnotique d'une surprise renouvelée de Châtillon.

L'exploration dans la direction du Sud, poussée jusqu'à Billy-les-Chanceaux n'apprit rien de nouveau.

Au détachement Bentivegni, un hussard fut emballé par son cheval et pris par l'ennemi; une patrouille du 45ᵉ escadron s'empara d'un cheval dans une reconnaissance à Alise-Sainte-Reine.

Les patrouilles de ulans envoyées dans la vallée de la Seine ne rencontrèrent aucun ennemi, d'autres se relièrent avec le VIIᵉ corps (*14ᵉ* division), à Ampilly-le-Sec.

A 11 heures du soir, arriva le renseignement que des feux de bivouac se voyaient derrière Athie. Une patrouille de hussards envoyée le 12 au matin de Montbard par Crépan ne put rien découvrir.

En réponse au compte rendu envoyé le 11 par le colonel Dannenberg, télégraphiquement et par lettre sur les événements de Baigneux, le commandant du VIIᵉ corps lui demanda, le 12, un rapport rapide sur l'effectif et la situation de l'ennemi, avec lequel il était au contact.

« Il serait, aussi, désirable, ajoutait-on, que dès ce soir vous rendiez compte si, à votre avis, tout le corps de Garibaldi, ou seulement une fraction de celui-ci se trouve dans la région Semur, Avallon, Autun. Comme la tête du IIᵉ corps arrive aujourd'hui à Nuits et environs, le lieutenant-colonel v. d. Busche a reçu l'ordre de rentrer à Laignes, mais de vous envoyer le demi-détachement de santé. — Il est probable, qu'à partir d'aujourd'hui, le IIᵉ corps se chargera du service de sûreté sur les routes conduisant, par Montbard, à Semur et Dijon. Vous voudrez bien, en conséquence évacuer le 13 de ce mois la région de Montbard, et prendre position avec votre détachement, de manière à pouvoir observer et garantir la route Châtillon, Saint-Marc, Dijon, et celle de Coulmiers-le-Sec, Baigneux-les-Juifs. S'il vous est possible d'occuper Baigneux, ce serait à désirer. Vous pouvez cependant, sous ces réserves, prendre toutes les mesures que vous jugerez convenables; toutes celles que vous avez prises jusqu'à présent ont donné pleine satisfaction. »

Avant l'arrivée de cet ordre, le colonel Dannenberg avait reçu l'ordre télégraphique pour son ploiement sur sa gauche, avec l'avis que vraisemblablement la marche se continuerait par Chanceaux. A 7 heures du soir, il rendait compte que le 13 dans l'après-midi, il placerait le 72e régiment d'infanterie, 7 pelotons de hussards et la batterie légère à Lucenay-le-Duc; 1 compagnie à Château-de-Fain pour observer la route vers les Launes; 1 bataillon du 60e et 1 peloton de ulans occuperait Fontaine-en-Dormois; l'état-major du détachement, 3 compagnies, 3 pelotons de ulans, la batterie, demi-détachement sanitaire viendraient à Villaines; 1 bataillon et 1 peloton de hussards à Saint-Marc; une compagnie à Magny-Lambert assurerait la liaison entre les trois détachements.

Il espérait occuper le 14 la ligne Baigneux-Etalante-Aignay-le-Duc avec sa gauche, et Villeneuve-Darcey-Flavigny avec sa droite.

Les cantonnements du VIIe corps, le 12 au soir furent les suivants :

QUARTIER GÉNÉRAL. — CHATILLON.

13e division. — Châtillon.

25e brigade........
- 13e Régt. — Laignes et environs.
- 73e — Même cantonnement que le 11.
- 1re compagnie de pionniers. — Même cantonnement que le 11.

26e brigade........
- 15e Régt. Ier Bon. — Ferme isolée.
- — IIe Bon. — Runcey.
- Fusiliers. — Ampilly-le-Sec.
- 55e Régt. Ier Bon. — Châtillon.
- — IIe Bon. — Cérilly et environs.
- Fusiliers. — Châtillon.

7ᵉ bataillon de chasseurs. — Villotte, Maisey, Vausey.

Détachement Dannenberg.

72ᵉ Régᵗ. — Montbard.
1ᵉʳ hussards de réserve, 1ᵉʳ escadron. — Châtillon, Maisey.
1ᵉʳ hussards de réserve, 2ᵉ escadron. — Villotte, Maisey, Vanny.
1ᵉʳ hussards de réserve, 3ᵉ et 4ᵉ escadrons. — Montbard, Touillon.
60ᵉ Régᵗ. — Comme le 11.
8ᵉ hussards. — Châtillon et environs.
5ᵉ ulans de réserve, 1ᵉʳ et 2ᵉ escadrons. — Laignes et environs.
5ᵉ ulans de réserve, 3ᵉ escadron. — Touillon, Villaines.
5ᵉ ulans de réserve, 4ᵉ escadron. — Châtillon.
3ᵉ batterie légère. — Villaines.
4ᵉ batterie légère. — Montbard.
5ᵒ batterie légère. — Villotte.
6ᵉ batterie légère. — Laignes.
5ᵒ batterie lourde. — Maisey.
6ᵉ batterie lourde. — Châtillon.
Batterie à cheval. — Montliot.

14ᵉ division. — Montigny.

27ᵉ brigade.......	39ᵉ Régᵗ. — Comme le 11.
28ᵉ brigade.......	53ᵉ Régᵗ. — Comme le 11.
	77ᵉ Régᵗ. Iᵉʳ et IIᵉ Bᵒⁿˢ. — Dancevoix.

15ᵒ hussards. 1ᵉʳ escadron. — Dancevoix.
— 3ᵉ — — Veuxaulle.
1ʳᵉ batterie légère. — Montigny.
1ʳᵉ batterie lourde. — Montigny, Boudreville.
2ᵉ batterie lourde. — Boudreville, Dancevaix.

IIᵉ corps. — La *3ᵉ* division arriva à Nuits et environs; son avant-garde à Cry; la pointe à Aisy. Le quartier général du corps d'armée est à Ancy-le-Franc (1). La 4ᵉ division arrive à Noyers, la *8ᵉ* brigade pousse jusqu'à Sarry, avec avant-postes sur la ligne Châtel-Gérard-Annoux; elle occupe Sauvigny, sur la route d'Aisy, où elle se relie avec les avant-postes de la *3ᵉ* division. Une patrouille de dragons (lieutenant Grammatzki), envoyée par la *8ᵉ* brigade, le matin, de Lichères sur Joux-la-Ville, l'Isle, Annoux, Sarry, n'apporta aucun renseignement sur l'ennemi.

Ces mouvements des pointes des deux divisions sur Aisy et Châtel-Gérard, se faisaient à la suite d'un ordre du commandant de corps d'armée, provoqué par les renseignements donnés du VIIᵉ corps sur l'attaque de Ricciotti, le 8, à Montbard, et sur la présence de corps francs dans la direction d'Avallon : les cantonnements des états-majors des deux divisions étaient, en effet, à peine distants de 2 ou 3 lieues de ces deux villes. Le IIᵉ corps avait en outre reçu le renseignement que l'ennemi avait évacué Semur entièrement; mais on n'avait pas encore constaté, si, derrière ces fractions, il ne se trouvait pas des forces garibaldiennes plus importantes.

Cette circonstance rendit si importante l'occupation de Montbard aux yeux du général Fransecky (outre le fait d'être un point important sur une rivière et une voie ferrée), que celui-ci donna l'ordre à la *6ᵉ* division, d'y envoyer, le 13, la *6ᵉ* brigade d'infanterie avec le 3ᵉ escadron de dragons et 2 batteries, pour observer la route de Dijon par Villaines, et celle de Semur et Avallon.

Les cantonnements du IIᵉ corps, le 12 au soir furent les suivants :

---

(1) Fabricius, p. 47.

QUARTIER GÉNÉRAL. — ANCY-LE-FRANC.

3ᵉ division. — Ancy-le-Franc.

5ᵉ brigade........
- 2ᵉ Régᵗ. Iᵉʳ et IIᵉ Bᵒⁿˢ. Ancy-le-Franc.
- — Fusiliers. — Cusy.
- 42ᵉ Régᵗ. Iᵉʳ Bᵒⁿ et fusiliers. — Chausigneulles.
- 42ᵉ Régᵗ. IIᵉ Bᵒⁿ. — Lézimes et environs.
- 1ʳᵉ compagnie de pionniers. — Nuits.

6ᵉ brigade........
- 14ᵉ Régᵗ. Iᵉʳ Bᵒⁿ. — Nuits.
- — IIᵉ Bᵒⁿ. — Fuloy.
- — Fusiliers. — Villiers-le-Haut.
- 54ᵉ Régᵗ. Iᵉʳ Bᵒⁿ. — Ravières.
- — IIᵉ Bᵒⁿ. — Ravières.
- — Fusiliers. — Cusy.

2ᵉ Bᵒⁿ de chasseurs. — Perrigny.
3ᵉ dragons. — Nuits, Ancy.
Artillerie. — Ancy.
Convois. — Argenteuil.

4ᵉ division. — Noyers.

7ᵉ brigade........
- 9ᵉ Régᵗ. Iᵉʳ Bᵒⁿ — Tormancy.
- — IIᵉ Bᵒⁿ et fusiliers. — Noyers.
- 49ᵉ Régᵗ. — Noyers et environs.

8ᵉ brigade........
- 1ᵉʳ Régᵗ. Iᵉʳ Bᵒⁿ. — Aunoux.
- — IIᵉ Bᵒⁿ et Fusiliers. — Châtel-Gérard.
- 61ᵉ Régᵗ. Iᵉʳ Bᵒⁿ. — Sauvigny, Sarry, Pasilly.
- — IIᵉ Bᵒⁿ. — Soulangy, Jouancy.
- — Fusiliers. — Villeneuve.

2ᵉ et 3ᵉ Cⁱᵉˢ de pionniers. — Aunoux, Censy.
11ᵉ dragons. — Noyers-Sarry.
Artillerie. — Noyers et environs.
Convois. — Yronère.
Artillerie de corps, convois. — Argentenay, Vireaux.

La relation du Grand État-Major général apprécie en ces termes la situation générale : « Le 12 janvier au soir (1), lorsque le général de Manteuffel arriva à Châtillon-

---

(1) P. 1114.

sur Seine, les troupes mises à sa disposition n'étaient pas rassemblées, mais dispersées sur une ligne de 35 kilomètres d'étendue : le II⁰ corps d'armée de l'Armançon jusqu'au Serein, à Nuits et à Noyers, le VII⁰ corps d'armée de l'Aube jusqu'à la Seine, à Montigny, Châtillon et Mussy. Une partie de ce dernier corps était encore en route par les voies ferrées. (Les premières troupes de la *14ᵉ* division étaient déjà arrivées, le 7 janvier, à Châtillon-sur-Seine, par chemin de fer. Les dispositions prises pour le siège de Péronne, et le manque de matériel retardèrent les transports ultérieurs.) L'état-major de la division arriva le 11 janvier; la majeure partie des troupes ne se trouva rassemblée à Châtillon que le 13.

« La ligne étendue qu'occupaient les troupes n'était pas un obstacle à la marche en avant. Il y avait lieu de prendre en considération, s'il n'était pas opportun de se porter contre Dijon, où plusieurs bonnes routes conduisaient à travers le pays montagneux. La prise de la vieille capitale de la Bourgogne aurait produit d'autant plus d'effet que la presse républicaine avait, peu de temps auparavant, exagéré l'importance de la réoccupation de ce point par les troupes françaises.

« Mais le danger pressant était à Belfort. Le commandant en chef savait par les dépêches télégraphiques du général de Werder, que celui-ci occupait la ligne Lure, Héricourt, Montbéliard, Delle, que l'ennemi s'était tenu tranquille le 12, et qu'on supposait qu'il était en train d'achever son déploiement entre le Doubs et l'Oignon. Il est vrai que le II⁰ et le VII⁰ corps ne pouvaient immédiatement entrer en action dans cette région. Mais, si le dénouement se faisait encore attendre quelques jours, leur approche devait se faire sentir d'une manière efficace. Il s'agissait donc, avant tout, de ne pas perdre de temps, et l'entreprise sur Dijon eût été un détour.

« Le général de Manteuffel résolut en conséquence, malgré tous les obstacles à surmonter, de marcher droit aux forces principales de l'ennemi. Si, pendant ce temps, celles-ci réussissaient à refouler le général de Werder sur la haute Alsace, le commandant en chef se jetterait aussi vite que possible sur leurs troupes d'arrière-garde. Si, au contraire, le XIV° corps parvenait à repousser l'adversaire, et que celui-ci battit en retraite, l'intention du général de Manteuffel était de se porter à sa rencontre et sur ses communications, en exécutant une conversion à droite.

« Les difficultés que le II° et le VII° corps avaient à surmonter dans leur marche en avant n'étaient pas peu importantes. Pour se porter sur Vesoul, il fallait traverser la partie Sud de l'aride plateau de Langres, sur des routes couvertes de neiges et peut être tout à fait impraticables.

« De nombreux ruisseaux, qui prennent leur source sur le plateau, coulent, soit vers la Seine, soit vers la Saône. Ils croisaient la direction à suivre; leurs vallées profondes devaient être franchies sur des routes escarpées, ce qui, par le verglas, était doublement pénible.

« Les meilleures routes qui traversent le plateau, se trouvent dans les vallées, et courent, en général, du Nord-Ouest au Sud-Est. Il n'était donc pas possible de les utiliser. Dans ce pays accidenté, et couvert de grandes forêts, il n'était pas facile de maintenir la liaison entre les différentes colonnes. Chacune d'elles devait veiller à sa sécurité dans toutes les directions. En outre, ce pays offre peu d'abris. Ce n'est que sur le versant que l'on rencontre un plus grand bien-être et que l'on trouve la grande culture.

« La route à suivre passait entre Dijon et Langres; on savait ces deux villes fortement occupées. On s'attendait, en conséquence, à une résistance sérieuse dans cette région difficile.

« Bien qu'un peu de repos eût été agréable aux troupes après les marches continues qu'elles avaient effectuées, il fallait repartir le plus tôt possible (1). »

D'autre part l'éminent historien Fabricius, déjà souvent cité s'exprime ainsi qu'il suit (2) :

« Malgré le danger que présentait, dans un pays sillonné de bandes de partisans ennemis, la marche de fractions isolées et de convois, le général von Manteuffel ne pouvait attendre l'arrivée des autres éléments du VII° corps : il devait commencer au plus tôt ses opérations pour venir à l'aide de Werder : il avait donc à traverser le terrain qui s'étend entre le Nord du département de la Côte-d'Or et le Sud du plateau de Langres.

« Nous avons déjà vu les difficultés de toutes sortes qu'offre ce pays aux opérations militaires : routes suivant des vallées fortement encaissées ou situées sur des plateaux boisés; peu de communications entre elles; de plus ces routes franchissaient les hauteurs en les gravissant par la ligne la plus courte, au lieu de décrire des lacets pour avoir une pente moins forte : l'arrivée du froid très vif avait couvert les routes d'une couche de glace qui augmentait les difficultés, et, bien qu'on passât à l'entretenir le temps qui s'écoulait depuis l'arrivée au cantonnement jusqu'au départ le matin, la ferrure était en très mauvais état.

« Pour toutes ces raisons, il fut souvent difficile de faire gravir les coteaux aux voitures d'artillerie et aux convois, et plus d'une fois les hommes durent s'atteler aux roues.

« A l'intérieur du pays les localités sont pauvres; à

---

(1) Il n'avait pas été possible d'accorder des jours de repos pendant les dernières marches fatigantes, et il n'était pas probable que cela pût se faire par la suite. La chaussure des hommes et la ferrure des chevaux étaient dans le plus mauvais état.

(2) P. 55 et suivantes.

l'Est, plus aisées. Au Nord, la place de Langres, d'où partaient souvent des entreprises françaises, menaçait l'aile gauche de l'armée du Sud. A droite, Dijon offrait le même abri aux bandes garibaldiennes. Outre ce danger sur les deux flancs, et en plus des difficultés dues au terrain, venait s'ajouter la difficulté qu'auraient, tant qu'elles seraient dans ce pays, les diverses colonnes à se prêter un mutuel appui, et on devait toujours s'attendre à trouver devant soi la route barrée ou détruite par un adversaire actif.

Le général von Manteuffel, arrivé le 12 au soir à Châtillon, donna aussitôt l'ordre suivant.

« Sa Majesté le roi, en me confiant le commandement, m'a indiqué que la tâche de l'armée serait rude, mais qu'elle connaissait ses troupes.

« Soldats de l'Armée du Sud ! Nous voulons avec l'aide de Dieu justifier la confiance de notre roi. Je prends, par le présent ordre, mon commandement. »

En même temps, il écrivait au roi (1) :

« Je devais avoir comme unique objectif, non les villes ou les corps de partisans, mais la grande armée ennemie, et employer pour le succès le plus gros effectif possible. Le même point de vue devait être maintenu au cours des opérations et tous les petits désagréments résultant de cette façon d'opérer ne pouvaient pas embarrasser. »

Dans la soirée du 12, il recevait du général Werder la communication suivante :

Au Général de Manteuffel, Châtillon-sur-Seine (doit y arriver le 12) (2).

Déposée à Frahier, le 12 janvier 1871, 6 h. 15 minutes du soir.
Arrivée au quartier général de l'armée du Sud, le 12 janvier 1871.

Mon corps d'armée, la division Schmeling, et le détache-

---

(1) Fabricius, p. 57.
(2) *Ouvrage du Grand État-Major allemand*, Supplément CLIX.

ment Debschitz ont occupé aujourd'hui complètement la position Delle, Montbéliard, Héricourt, Lure. La position est renforcée par de l'artillerie de siège à Delle, à Montbéliard, dont le terrain est favorable à l'assaut et où il existe un château fort, et à Héricourt. Le colonel Willisen est à Lure avec 2 bataillons, 3 régiments de cavalerie et 2 batteries ; il observe Vesoul, la ligne de l'Oignon, et couvre, aussi loin que possible, l'ancienne ligne d'étapes Lure-Épinal. Mon avant-garde est poussée sur Arcey. Les avant-postes ennemis sont vis-à-vis des nôtres. La cavalerie du colonel Willisen observe la marche des colonnes ennemies de l'Oignon vers l'Est. La première division de réserve se trouve devant Belfort, pour continuer le siège, et protéger l'artillerie en cas de sortie.

Signé : DE WERDER.

Journée du 13 janvier.

Combat d'Arcey. — L'attaque enfin résolue par le général Bourbaki, pour le 13, avait été, ainsi qu'il a été dit, préparée minutieusement, avec un luxe excessif de précautions pour les ailes et comme s'il s'était agi d'une opération des plus difficiles. Il était pourtant impossible d'ignorer que le gros de l'ennemi était sur la Lorraine, tant était grande l'abondance de renseignements concordant dans ce sens. On eût donc naturellement dû en conclure à la présence à Arcey et aux environs de très faibles fractions, dont l'intention ne pouvait être que de forcer l'armée française à se déployer et à n'exécuter qu'une faible marche dans la direction de la position principale. Tel était bien d'ailleurs le projet de l'ennemi, car les généraux von Werder et v. Schmeling avaient laissé aux troupes d'avant-garde le choix absolu de l'emplacement à occuper, à la seule condition « que l'adversaire fût forcé de se déployer » (1). Les faibles forces des colonels Loos et Nachtigal se seraient d'ailleurs trouvées dans une situation très défavorable pour remplir une telle mission, si leur adversaire n'avait pas précisément fait de lui-même ce à quoi elles prétendaient le forcer. Dominées sur toute l'étendue de leur front par des positions d'artillerie distantes de 2 ou 3 kilomètres, appuyées sur des villages mal situés pour la défense, sauf ceux de Chavanne et Villers-sur-Saulnot, menacées par de très nombreux cheminements favorables à l'attaque, elles

---

(1) *Ordres* du général von Werder et du général von Schmeling. *Heeres Bewegungen*, p. 155 et 156.

devaient être séparées en deux tronçons par les bois du Mont, alors impraticables, réduites à une lutte décousue et constamment menacées d'enveloppement.

Elles n'y auraient pas échappé d'ailleurs, si le commandement français n'avait pas pris à tâche de refréner l'ardeur de ses troupes et d'arrêter leurs progrès aux ailes, perdant ainsi le seul moyen de rendre fructueux le déploiement prématuré qu'il avait prescrit. Quoi qu'il en soit ce déploiement ne devait résulter en rien de la résistance des Allemands, puisqu'il était antérieur au premier coup de fusil, et par suite tout combat devenait inutile dès que les troupes françaises se furent montrées en ordre de bataille. Peut-être faut-il voir là la principale raison de la mollesse de la résistance offerte par l'ennemi.

N'ayant pas à forcer au déploiement un adversaire déjà déployé, les colonels v. Loos et Nachtigal n'avaient plus à résoudre que deux problèmes tactiques : ralentir la marche d'un ennemi supérieur par une résistance pied à pied et se soustraire à son étreinte. On va voir que le second seul fut résolu, soit en éludant le premier, c'est-à-dire en se retirant prématurément, soit, ainsi qu'il arriva à Sainte-Marie, uniquement grâce à l'abstention systématique de toute poursuite par les Français.

Combat de Sainte-Marie. — Vers 4 heures du matin, le gros de la brigade Questel (2e de la 1re division du 15e corps) quitta Brétigney et vint rejoindre à Montenois le 4e bataillon de chasseurs. Avec elle marchaient les batteries de 4 (16e du 6e, 18e du 2e et 18e du 13e). On attendit le jour en formation de rassemblement près de Montenois, et, vers 7 heures, le général Questel fit déployer en avant du village une compagnie du 4e chasseurs, puis la moitié de ce bataillon (1), et, en arrière et à 400 mètres,

---

(1) Commandant Brochier.

la moitié du II\ua75a bataillon du 18\ua75a mobiles (1). En arrière et à droite de cette double ligne était placée en colonne la moitié du 4\ua75a bataillon de chasseurs, en arrière et à gauche la moitié du III\ua75a bataillon du 18\ua75a mobiles. Sur la gauche, et précédé d'une compagnie en tirailleurs, était le II\ua75a bataillon du 18\ua75a mobiles faisant face au bois du Chênois. A l'Est du village de Montenois était le I\ua75a\ua75a bataillon du 18\ua75a mobiles, détachant une compagnie sur la route de Lougres, et une autre sur la forêt du Mont-Bart. Le régiment de tirailleurs algériens était en réserve. Deux batteries de 4 étaient à l'Est du village à la cote 336 (2), la batterie de 8 (18\ua75a du 13\ua75a) au Nord-Ouest (3).

A 9 heures du matin, le canon retentit en avant d'Onans et, à ce signal, les troupes du général Questel se portèrent en avant, prenant comme direction le clocher de Sainte-Marie.

Dans la nuit, le colonel v. Loos, du 25\ua75a prussien, avait ordonné pour 8 heures du matin une nouvelle répartition de ses forces (4). Le I\ua75a\ua75a bataillon du 25\ua75a et la batterie lourde avaient à se porter de Désandans sur Arcey, où le major Malisius devait prendre le commandement. A Sainte-Marie, le I\ua75a\ua75a bataillon du 67\ua75a devait relever les 5\ua75a et 8\ua75a compagnies du 25\ua75a qui y étaient depuis la veille.

Vers 8 heures, le I\ua75a\ua75a bataillon du 67\ua75a était arrivé à Sainte-Marie et occupait par deux postes, forts chacun de 50 hommes et un officier ou un porte-épée, les sorties Sud et Ouest du village (5). Un sous-officier et 12 hommes étaient dans le bois du Chênois; le gros du bataillon restait massé en arrière des maisons.

---

(1) Capitaine Guimbellot.
(2) *Historique* du 25\ua75a prussien.
(3) *Journal* de la brigade. *Historiques* des corps. *Souvenirs* du lieutenant-colonel Frocard.
(4) *Historique* du 25\ua75a prussien. Voir journée du 12.
(5) *Historique* du 67\ua75a.

Lorsque, vers 9 heures, les deux compagnies 5ᵉ et 8ᵉ du 25ᵉ une fois relevées se mirent en mouvement de Sainte-Marie vers Arcey, elles furent canonnées par les batteries françaises placées à l'Est de Montenois (1). En même temps on découvrait les longues lignes des tirailleurs français. Le Iᵉʳ bataillon du 67ᵉ occupa donc la lisière de Sainte-Marie par la 2ᵉ compagnie, tandis que la 1ʳᵉ prenait position à gauche et la 4ᵉ à droite, dans le cimetière situé à une centaine de pas en dehors du village et près de la route. La 3ᵉ compagnie était en réserve à la sortie vers Saint-Julien (2). L'artillerie française commença par fouiller de ses obus le bois du Chênois (3) puis tira assez vivement contre Sainte-Marie (4).

Pendant cette canonnade, la première ligne de tirailleurs, se dissimulant habilement, parvint sans pertes jusqu'à 300 mètres environ du village (5), mais là le feu des Allemands causa un arrêt pendant lequel la seconde ligne vint se confondre avec la première, tandis que les 4 compagnies de soutien (2 de chasseurs, 2 du 18ᵉ mobiles) se portaient à droite et parvenaient jusqu'à la route de Montbéliard, où elles se rabattaient à gauche vers Sainte-Marie. Le IIᵉ bataillon du 18ᵉ mobiles avait aussi atteint le bois du Chênois. Mais le feu partant du cimetière l'empêcha d'en déboucher. Enfin

---

(1) *Historique* du 25ᵉ.
(2) *Historique* du 67ᵉ.
(3) *Rapport* du général Questel et *Historique* du Iᵉʳ bataillon de tirailleurs.
(4) En tout 60 coups seulement pour la 18ᵉ du 13ᵉ (*Historique*).
(5) *Historique* du 4ᵉ bataillon de chasseurs confirmé par celui du 67ᵉ prussien. Cette marche d'approche fut remarquable surtout pour l'époque. Un témoin oculaire, lieutenant Frocard, de la 18ᵉ batterie du 13ᵉ, constata qu'elle se fit sans tirer, par petits groupes, en profitant constamment des couverts le long des bois. Le feu éclata subitement lorsqu'on fut arrivé tout près du village de Sainte-Marie.

le Iᵉʳ bataillon des tirailleurs algériens formé en deux colonnes de demi-bataillon, ayant rejoint la chaîne (1), celle-ci mit baïonnette au canon et entra dans le village par l'Ouest, tandis que les 4 compagnies de droite y entraient par le Sud-Est. Un combat corps à corps se livra dans les rues, à la suite duquel les Allemands s'enfuirent en désordre laissant une quarantaine (2) de prisonniers entre les mains des Français. Le peloton qui occupait le cimetière s'en échappa à grand'peine; le porte-épée v. Branckitsch fut tué avec quelques hommes réfugiés dans une maison (3). La 3ᵉ compagnie, restée seule à peu près compacte, vint occuper la lisière Ouest du bois de la Côte, tandis que le reste du Iᵉʳ bataillon du 67ᵉ, s'enfuyait en désordre vers Saint-Julien, Désandans et même Presentevillers (4). Quelques hommes qui se retiraient vers Arcey furent alors canonnés par la 18ᵉ batterie du 13ᵉ régiment, qui, franchissant le ravin, était venue se placer face au Nord à l'Est de Montenois (5). Il était alors midi environ. Sur l'ordre du général Questel le 4ᵉ bataillon de chasseurs se rallia à la sortie de Sainte-Marie (6), il y fut rejoint par toute la brigade qui s'établit en bataille face à Arcey (7), avec sur son flanc gauche une des batteries de 4, son

---

(1) Le IIIᵉ bataillon avait à surveiller la route d'Arcey, le IIᵉ était en réserve. *Historique* du régiment de marche de tirailleurs.

(2) Chiffre avoué par la monographie du Grand État-Major allemand, *Das Abbrechen von Gefechten*, Berlin, 1903.

(3) L'*Historique* du 67ᵉ prussien le signale blessé. Il paraît avoir été tué d'un coup de baïonnette sous les yeux du capitaine d'état-major Pendezec. Chose assez singulière, l'*Historique* du 67ᵉ ne donne pas le chiffre des pertes subies : il dut être considérable.

(4) Cette dernière direction est signalée dans l'*Historique* du régiment de marche des tirailleurs algériens.

(5) *Souvenirs* du lieutenant-colonel Frocard.

(6) *Historique* du 4ᵉ chasseurs de marche.

(7) *Rapport* du général Questel.

front à 1,600 mètres de la route d'Héricourt. Seul le IIIᵉ bataillon (Guimbellot) du 18ᵉ mobiles, auquel s'étaient joints quelques chasseurs à pied, avait entamé la poursuite. Il délogea du bois de la Côte la 3ᵉ compagnie du *67ᵉ*, gagna Saint-Julien, rejeta sur Echenans les débris du bataillon et attaqua ce village par l'Est et le Sud (1).

Mais, à ce moment, arrivait à Echenans les 9ᵉ, 10ᵉ et 12ᵉ compagnies du *25ᵉ* prussien avec la 3ᵉ batterie légère, tandis que la 11ᵉ occupait la lisière Sud de Désandans (2). Le major Spangenberg avait déployé la 12ᵉ compagnie face au Sud, le long du chemin allant de Désandans à Echenans, avec une partie de la 10ᵉ sur sa gauche, le reste étant en réserve (3). L'attaque impétueuse des fractions du IIIᵉ bataillon du 18ᵉ mobiles fut arrêtée par un feu rapide à 300 mètres, tandis que la 3ᵉ batterie légère, placée au Nord d'Echenans, sur les pentes descendant vers le Rupt, couvrait d'obus les mobiles, qui, non soutenus et recevant en outre l'ordre de rallier la brigade à Sainte-Marie (4), abandonnèrent la poursuite. De leur côté, les fractions du Iᵉʳ bataillon du *67ᵉ* se portaient sur Rainans, les unes d'Echenans, les autres de Saint-Julien par Issans. A 3 heures, elles avaient gagné Laire (5).

---

(1) *Historique* du *67ᵉ*. L'arrêt de la brigade Questel après la prise d'Arcey doit être considéré comme certain en raison du témoignage du général et des *Historiques*. Ce fait est digne de remarque, car les auteurs allemands signalèrent le succès remporté plus tard contre les troupes venant de Sainte-Marie et attaquant Désandans. On voit que ces troupes se réduisirent à un seul bataillon qui fut rappelé par ordre.

(2) Voir ci-dessous, combat d'Arcey.

(3) *Historique* du *25ᵉ* prussien.

(4) *Rapport* du général Questel.

(5) L'assertion d'après laquelle le IIIᵉ bataillon du 18ᵉ mobiles et quelques chasseurs ont seuls fait la poursuite et enlevé Saint-Julien, puis attaqué Echenans, est basée sur tous les *Historiques*, en particulier ceux des autres corps, qui concordent pour

Bien qu'elle se fût mise en marche dès 2 heures du matin, la brigade Minot (1re de la 1re division du 15e corps) n'avait fourni au général Questel que l'appui de sa présence.

Arrivée à Montenois par Beutal (1) vers 9 heures du matin avec une batterie, elle avait été prendre position face au Sud sur la route de Lougres (2), le 1er zouaves devant la forêt du Mont-Bart, où il n'entra qu'à la nuit tombante. Vers 1 heure du soir, le 12e mobiles vint occuper Sainte-Marie derrière la 1re brigade (3). Cette immobilité et ces précautions prises vers la droite avaient d'autant moins de raison que la brigade de cavalerie Boërio s'était dès 7 heures du matin portée sur Lougres par Etrappe, Médière et Longevelle, et qu'elle était en relations avec la brigade Minot, dont le chef connaissait ainsi la situation (4).

« Le rôle de la 3e division du 15e corps se borna à soutenir la 1re (5). » La 1re brigade avec une batterie (18e du 7e, Plessis) se porta sur Bretigney, tandis que la batterie tirait 25 coups sur Arcey (6). La 2e brigade se porta sur Montenois à travers le bois, tandis que son artillerie (20e du 7e, Ruhlmannet, 18e du 15e, Legras)

---

affirmer qu'ils n'y prirent aucune part. Ce fait d'armes est remarquable, tout à l'honneur des mobiles de la Charente.

(1) *Historique* du 12e mobiles.

(2) *Journal* de la 1re brigade. *Historiques* du 1er zouaves de marche et du 12e mobiles.

(3) On avait eu l'idée singulière de se faire précéder de 2 compagnies en tirailleurs (*Historique* du 12e mobiles).

(4) Journaux de la 2e brigade de la division de cavalerie et de la 1re brigade de la 1re division. Le soir la brigade Boërio laissa le 5e lanciers à Lougres, la 2e vint à Sainte-Marie, le 3e dragons de marche à Arcey.

(5) *Journal* de la 3e division (Peytavin). *Journal* de la division.

(6) *Journaux* du 27e de marche et du 34e de marche.

s'y portait par Faimbe (1) et que le 69ᵉ mobiles occupait sans résistance les bois de Maineret et du Chanet (2). Dans la soirée, la 1ʳᵉ brigade se porta en avant; le 6ᵉ bataillon de chasseurs occupa Echenans, le 16ᵉ de ligne Saint-Julien, détachant le IIIᵉ bataillon sur Présentevillers, d'où il chassa quelques cavaliers allemands; le 33ᵉ de marche (3) resta à Sainte-Marie, et le 32ᵉ mobiles, resté pendant la journée à Onans, alla à 6 heures du soir à Arcey. A la 2ᵉ brigade, les deux bataillons du 27ᵉ de marche arrivèrent à 4 heures du soir à Echenans, le 34ᵉ était à Sainte-Marie avec le 69ᵉ mobiles et l'artillerie (4).

A cela se borna l'affaire pour les troupes du 15ᵉ corps. — L'absence de poursuite doit être surtout attribuée aux craintes exprimées par le général Bourbaki pour son flanc droit. A 2 heures du soir, le commandant en chef ordonnait au général Martineau de « s'établir fortement à Sainte-Marie et à Montenois, d'observer avec soin la route de Montbéliard et de le faire prévenir au cas où un mouvement tournant de l'ennemi se produirait sur la droite et les derrières » (sic). Il était de nouveau recommandé au général Boërio d'exercer une surveillance rigoureuse de ce côté. Il devait envoyer des renseignements « même négatifs », était-il spécifié (5). Dans ces conditions le beau succès de Sainte-Marie enlevé de haute lutte n'eut pas les conséquences qu'il aurait eues si l'armée avait été quelque peu éclairée, et si son chef s'était rendu compte de la situation géné-

---

(1) *Rapport* du lieutenant-colonel Poizat, de l'artillerie.
(2) *Historique* du 69ᵉ mobiles (Ariège).
(3) 1 bataillon seulement.
(4) *Historique* des corps.
(5) *Note* du général Bourbaki. *Ordre* dicté par le général Burel. *Journal* du commandant Derrieu.

rale (1). En tout cas l'affaire de Sainte-Marie ne saurait être considérée comme fournissant un type de l'opération dite « rupture du combat ». Surprises par l'issue du village qu'elles avaient trop faiblement gardée, celle du Sud, les troupes allemandes firent des pertes sérieuses et furent mises hors de cause pour le reste de la journée (2).

Combat d'Arcey et de Saulnot. — Dès 7 heures du matin, le général Dariés avait disposé les troupes dont il disposait en deux groupes (3).

La brigade des Vaux du Lys (1re de la 1re division du 24e corps) près de Faimbe, en bataille, ayant en avant d'elle le 15e bataillon de marche de chasseurs déployé en tirailleurs. Les deux batteries (8e *bis* du 9e et 3e mobiles du Doubs) vers la Guinguette (route de Médière à Arcey) (4).

La réserve générale (Pallu de la Barrière), mise à la disposition du général Dariès, était restée à Onans (29e de marche, régiment d'infanterie de marine), tandis que les deux batteries de 8 (20e du 2e et 11e du 6e), soutenues par le 38e de ligne, prenaient position sur le plateau à l'Est.

---

(1) « Si l'ennemi (les Français) ne réalisa pas l'enveloppement, ce fut seulement grâce à ses fautes. S'il avait poussé vigoureusement après l'enlèvement de Sainte-Marie, vers Désandans et Sémondans, la retraite d'Arcey-sur-Aibre aurait été très compromise et les troupes refoulées sur le bois du Mont seraient tombées aux mains de l'aile gauche française » (*Das Abbrechen von Gefechten*).

(2) Voir la monographie du Grand État-Major allemand intitulée *Das Abbrechen von Gefechten.*

(3) La 1re division du 24e corps ne comprenait que la brigade du Lys, 15e chasseurs de marche, 63e de marche, régiment de mobiles mixte.

(4) *Journal* de la 1re division du 24e corps. Les *Historiques* des deux batteries confirment qu'elles ne tirèrent pas de la journée.

A la 2ᵉ division (Comagny) du 24ᵉ corps, rejointe de bonne heure par le 21ᵉ bataillon de chasseurs (qui était parti de Melecey à 1 heure du matin) (1), la 1ʳᵉ brigade (Irlande) avait en première ligne à l'Est de Marvelise 2 bataillons, IIᵉ et IIIᵉ du 60ᵉ, en colonnes de demi-bataillon (2), en seconde ligne les Iᵉʳ et IIIᵉ bataillons du 61ᵉ, l'un à gauche l'autre à droite dans la même formation, en troisième ligne, les deux bataillons restant des 60ᵉ et 61ᵉ et une partie du bataillon de chasseurs. La première ligne, placée sous les ordres du lieutenant-colonel Jousseau, était précédée de la compagnie d'éclaireurs et de 2 compagnies en tirailleurs ayant chacune une section en réserve.

La 2ᵉ brigade était déployée, en avant de Gémonval, le 87ᵉ mobiles en première ligne, le 14ᵉ en réserve formé en colonne double (3). L'artillerie (22ᵉ du 6ᵉ, 3ᵉ de montagne et 10ᵉ du 3ᵉ) derrière ce bataillon.

La réserve d'artillerie du 24ᵉ corps avait porté dès 4 heures du matin les trois batteries dites de la 1ʳᵉ division (24ᵉ du 9ᵉ, 25ᵉ du 14ᵉ, 19ᵉ du 19ᵉ) d'Onans à Marvelise. Celles-ci furent placées en réserve sur le chemin allant vers Arcey à l'Ouest des Baraques. Seule, la 24ᵉ batterie du 9ᵉ se mit en batterie vers 9 heures du matin sur le plateau coté 491, d'où elle pouvait « battre le village d'Arcey et l'espace s'étendant entre ce village et le bois de Marvelise. Les trois autres batteries (24ᵉ du 12ᵉ, 24ᵉ du 13ᵉ et 2ᵉ du 13ᵉ de montagne) étaient maintenues en réserve et prêtes à se placer à la gauche de celles de la 1ʳᵉ division. La batterie de montagne était spécialement chargée de tirer sur Gonvillars » (4).

---

(1) *Historique* du 21ᵉ chasseurs, dont 2 compagnies détachées à la 3ᵉ division contribuèrent à l'attaque de Villers-sur-Saulnot.
(2) *Historiques* du 60ᵉ de marche et du 61ᵉ de marche.
(3) *Historique* du 14ᵉ mobiles.
(4) *Rapport* du commandant de la réserve d'artillerie. *Historiques* des batteries.

La 3ᵉ division (Busserolles), chargée de tourner Arcey par la gauche et d'enlever Corcelles, Saulnot et Gonvillars, devait se former à 7 heures du matin en avant de Crevans. Mais le 89ᵉ mobiles, venant de Sécenans, et la 2ᵉ légion du Rhône, rentrée à minuit seulement de la reconnaissance faite la veille, furent en retard (1), de sorte que le troupes ne se formèrent pas avant 9 heures du matin en trois colonnes. — Celle de droite constituée par le IIᵉ bataillon du 89ᵉ mobiles (2) (5ᵉ bataillon de la Loire) avec la 4ᵉ batterie de montagne du 3ᵉ, sous les ordres du lieutenant-colonel Marchal, avait à suivre la lisière des bois communaux qui dominent Corcelles au Sud et à arriver au bois de la Côte au-dessus de Gonvillars, se reliant avec les troupes de la 2ᵉ division.

Celle du centre formée d'un peloton de cavalerie, 2 compagnies du 21ᵉ chasseurs, 3 bataillons de la 1ʳᵉ légion du Rhône et 2 batteries de 4 (23ᵉ du 8ᵉ, 7ᵉ du 3ᵉ), sous les ordres du colonel Valentin, avait à suivre la route de Crevans à Corcelles, et à pousser sur le col situé au Nord de Gonvillars entre le bois de la Côte et celui de Villers-sur-Saulnot. — La colonne de gauche, formée de la 2ᵉ légion du Rhône, avec la batterie de 6 pièces Armstrong, calibre 6, arrivée la veille, devait se porter de Crevans sur Saulnot. En réserve et derrière la colonne du centre, marchaient le 4ᵉ bataillon de la Loire, le Iᵉʳ bataillon du 89ᵉ mobiles (1ᵉʳ du Var) (3) avec les trois dernières pièces de la 2ᵉ légion du Rhône, celles-ci de 12 (4).

---

(1) *Historique* de la 1ʳᵉ légion du Rhône, de la 2ᵉ.
(2) *Historique* du 1ᵉʳ bataillon du Var (89ᵉ mobiles), *Historique* de la 1ʳᵉ légion du Rhône, *Registre des marches* de la 3ᵉ division.
(3) Le 89ᵉ n'avait que 2 bataillons (1ᵉʳ du Var et 5ᵉ de la Loire).
(4) *Journaux* du 24ᵉ corps, de la 3ᵉ division, de la 1ʳᵉ légion du Rhône.

Les positions des Allemands étaient alors les suivantes.

A Arcey se trouvaient tout d'abord le Ier bataillon et 3 compagnies du bataillon de fusiliers du 25e prussien, 2 pelotons du *3e* ulans de réserve avec la 1re batterie lourde. A Désandans, la 3e batterie légère et la 11e compagnie du 25e. Lorsque le 1er bataillon du *67e*, étant venu à Sainte-Marie, les 5e et 8e compagnies du 25e furent retournées à Arcey, la défense se trouva organisée comme il suit :

La 1re compagnie du 25e sur le front Nord-Ouest, derrière les murs d'enceinte et une barricade, la 2e sur le front Ouest, la 4e en avant du front Sud-Ouest en travers de la route près du bois de Fontaimpré. Les 3e et 5e en réserve à l'intérieur du village. La 8e sur la lisière Sud (1).

A Désandans, étaient 2 pelotons de ulans et la 11e compagnie avec la 3e batterie légère. La 1re batterie lourde se tenait en arrière d'Arcey au Nord de la route d'Héricourt. A mi-chemin entre Désandans et Arcey 3 compagnies (9e, 10e, 12e) du bataillon de fusiliers. A Gonvillars, se trouvaient les deux dernières compagnies du 25e, n°s 6 et 7.

Quant aux troupes fournies par le détachement v. d. Goltz (2) elles étaient à Chavanne, détachant les compagnies 5 et 6 du 30e et 2 pelotons de hussards à Villers-sur-Saulnot. Vers 9 heures, une patrouille détachée des 8e et 10e compagnies, renforcée bientôt de toute la 8e compagnie (3), s'était portée de Chavanne sur Saulnot, et, au moment où partait de Villers-sur-Saulnot pour Corcelles une partie de la 6e compagnie, les tirailleurs

---

(1) *Historique* du 25e.

(2) Détachement Nachtigal, IIe bataillon et fusiliers du *30e*, 2e escadron du 2e hussards de réserve, 1re batterie légère de réserve.

(3) *Historique* du 30e d'infanterie.

français apparaissaient sur les hauteurs du bois de la Côte. La 5ᵉ compagnie se déploya en conséquence à la lisière Ouest de Villers-sur-Saulnot et au moulin la Sapoye, tandis que la 8ᵉ prenait position sur la hauteur au Sud de Saulnot. Enfin la batterie Riemer (1ʳᵉ légère de réserve) vint se poster sur la hauteur cotée 442 à l'Ouest de Chavanne (1). La cavalerie était à la droite.

Il était alors environ 9 heures du matin (2).

Les premiers coups de canon paraissent avoir été tirés à ce moment, vraisemblablement contre les 5ᵉ et 8ᵉ compagnies du 25ᵉ prussien, qui se firent voir dans leur mouvement rétrograde de Sainte-Marie sur Arcey, et probablement par la 20ᵉ batterie du 2ᵉ appartenant à la réserve générale (3).

Les Allemands (4) virent d'abord une batterie placée à l'Est de Montenois vers la cote 336 et tirant sur Sainte-Marie. Ce serait la 18ᵉ du 13ᵉ de la brigade Questel (5). Puis deux autres se démasquèrent à la cote 430 entre Marvelise et Arcey, c'est-à-dire aux Baraques, tirant sur Gonvillars (6). Ce serait la batterie de montagne (2ᵉ du 13ᵉ de la réserve), chargée en effet de canonner Gonvillars, tandis qu'une autre de la réserve (24ᵉ du 6ᵉ) avait

---

(1) L'*Historique* du *30ᵉ* dit : Nord-Ouest. Cet emplacement permettait de tirer contre une batterie française qui se montra « entre Saulnot et Villers ». Le *Journal* de la 3ᵉ division du 24ᵉ corps français dit que la batterie Riemer était à la cote 442 marquée par la ferme de la Millermont, et à droite (sic) de Chavanne.

Comme la batterie française vint vite au col entre Corcelles et Millermont pour tirer contre l'artillerie de Chavanne, on peut supposer deux positions ou un détachement de la batterie Riemer.

(2) L'*Historique* du *30ᵉ* dit 8 h. 30.
(3) *Historique* de la 11ᵉ du 6ᵉ. *Historique* du *25ᵉ*. *Rapports*.
(4) *Historique* du *25ᵉ*.
(5) Voir combat de Sainte-Marie.
(6) Le *Journal* inédit du lieutenant Beisnel dit que le premier coup de canon tiré par le 24ᵉ corps se fit entendre à 10 h. 30.

à tirer sur Arcey et prenait dès 9 heures du matin position à peu de distance des Baraques, vers la cote 491 (1).

Quelques instants, après les deux batteries de la réserve générale Pallu de la Barrière (20ᵉ du 2ᵉ et 11ᵉ du 6ᵉ) placées à l'Est d'Onans, près du bois des Tronchots, (2) vers la cote 442, envoyaient leurs premiers obus sur Arcey. Puis une autre batterie, se montrant près de Montenois, dirigeait son feu sur Arcey et sur la route en arrière qui va vers Désandans (3). C'était celle de la 1ʳᵉ brigade de la 3ᵉ division du 15ᵉ corps (18ᵉ du 7ᵉ), qui effectivement tira 25 coups sur Arcey. La 1ʳᵉ batterie lourde prussienne, rejointe par la 3ᵉ légère venant de Désandans, essaya, de son emplacement au Nord-Est d'Arcey, de riposter à ce feu convergent de 5 batteries, auxquelles vinrent se joindre la 25ᵉ du 14ᵉ de la réserve (4), puis la 24ᵉ du 13ᵉ placées vers les Baraques. La première tira 21 coups dont 6 percutants, la seconde 37. L'effet du tir des canons allemands fut nul, huit de leurs obus seulement tombèrent sans éclater sauf un, dans la 24ᵉ du 9ᵉ, deux dans la 24ᵉ du 13ᵉ. Les pertes des Français furent nulles, celles de l'ennemi durent être assez élevées (5). Bientôt les deux batteries allemandes se retirèrent vers Désandans.

Pendant cette canonnade le mouvement de l'infanterie française avait commencé, d'abord de Montenois sur Sainte-Marie (6), puis sur Corcelles et Gonvillars

---

(1) Cependant elle ne paraît pas avoir tiré avant 10 h. 30, d'après le *Rapport* du commandant de la réserve ; 11 heures ou 11 h. 30, d'après le *Rapport* du lieutenant commandant la batterie.

(2) *Historique* de la 11ᵉ du 6ᵉ, confirmé par l'*Historique* du 25ᵉ prussien.

(3) *Historique* du 25ᵉ prussien.

(4) Cette batterie (*rapport*) ouvrit le feu vers 11 heures des Belles-Baraques sur une batterie placée sur la route de Désandans à Arcey à 2,800 mètres. 21 coups dont 6 percutants.

(5) Le major Kunz annonce seulement 2 hommes et 2 chevaux.

(6) Voir combat de Sainte-Marie.

par la 3ᵉ division du 24ᵉ corps (1). Lorsqu'un peu après 9 heures la colonne du centre (2) de cette division eut atteint Corcelles, elle fut canonnée par la batterie Riemer, dont 4 pièces étaient au Nord-Ouest de Chavanne, et 2 autres à l'Ouest « sur la hauteur de Millermont » (3). L'infanterie se mit « à l'abri dans la déclivité en avant et à droite de Corcelles, tandis que l'artillerie (23ᵉ du 8ᵉ, 7ᵉ du 3ᵉ) se portait en avant sur le col entre Corcelles et Millermont et ouvrait le feu » (4).

La colonne de gauche (5), suivant la route de Saulnot, arrivait à hauteur de la ferme de la Cotelle, où son artillerie (batterie Armstrong de 6) essayait d'entrer en action. Dès les premiers coups 4 affûts sur 6 se brisaient et le feu cessa.

Peu après, le IIᵉ bataillon du 89ᵉ mobiles (5ᵉ de la Loire), formant avec la batterie de montagne (4ᵉ du 3ᵉ) la colonne de droite, parvenait à l'extrémité de la crête boisée qui domine le coude de la route de Corcelles à Gonvillars. Son artillerie se plaça près des ruines du château fort, soutenue par la 3ᵉ compagnie puis par les 1ʳᵉ et 2ᵉ, qui ouvrirent un feu violent contre Gonvillars. Les 6ᵉ et 7ᵉ compagnies du 25ᵉ prussien, déjà canonnées de la hauteur des Baraques, évacuèrent précipitamment le village et se replièrent sur la pointe Sud du bois d'Arcey à 10 h. 30 environ (6).

---

(1) Voir combat de Chavanne.
(2) 1ʳᵉ légion du Rhône, 2 batteries et 2 compagnies du 21ᵉ bataillon de chasseurs.
(3) Major Kunz.
(4) Opérations de la 3ᵉ division.
(5) 2ᵉ légion du Rhône.
(6) C'est l'heure admise par tous les auteurs allemands. Il est possible cependant que l'évacuation ait eu lieu plus tôt, car le rapport de la 2ᵉ batterie de montagne du 13ᵉ d'artillerie dit que le feu fut ouvert contre Gonvillars, à 9 h. 30, et qu'après 4 obus (*sic*) les Allemands évacuèrent précipitamment Gonvillars.

Conduite par le lieutenant-colonel Bizard, la 2ᵉ batterie de montagne du 13ᵉ d'artillerie devança l'infanterie et entra seule à Gonvillars, dépassa le village et se mit en batterie sur la crête qui domine Arcey, à 1,200 mètres au Nord-Ouest de ce point. Mais là, elle fut canonnée, sur l'ordre du général Bressolles, par la 19ᵉ batterie du 19ᵉ qui venait de prendre position à la gauche de la ligne établie par la réserve aux Baraques et de tirer contre les troupes du 24ᵉ corps au Sud de Courcelles (1). Lorsque cette seconde et regrettable méprise fut reconnue, la 2ᵉ batterie de montagne reprit sa position et recommença à tirer sur Arcey et sur les colonnes qui commençaient à en sortir vers le Nord-Est.

L'évacuation précipitée de Gonvillars, qui n'avait pas été cependant sérieusement menacé, coupait le détachement Nachtigal de celui du colonel v. Loos. Les deux combats d'Arcey et de Chavanne allaient être complètement distincts.

Prise d'Arcey. — Sur l'ordre donné personnellement au général Comagny (2), la 2ᵉ brigade de la 2ᵉ division du 24ᵉ corps se porta, de la position qu'elle occupait à l'Est de Gémonval, vers l'Est, en passant à travers les bois communaux et la clairière à l'Est. Après une marche très pénible, elle atteignit vers midi la route de Gonvillars à Arcey, la traversa, et le 87ᵉ mobiles, qui marchait en tête (3), entra dans le bois du Mont et vint s'établir sur la lisière Sud-Est face à Désandans en colonne de demi-bataillon à intervalle de déploiement. Le 14ᵉ mobiles formé en colonne double et l'artillerie paraissent être restés dans la clairière à l'Ouest de

---

(1) *Rapport* de la 19ᵉ du 19ᵉ et de la 2ᵉ du 13ᵉ, spécialement contre le IIᵉ bataillon du 60ᵉ de marche (*Souvenirs* du capitaine Sordet).

(2) *Rapport* du général Bressolles.

(3) *Historique* du 87ᵉ mobiles.

Gonvillars. Pendant ce temps, la 1ʳᵉ brigade (Irlande) de la 2ᵉ division du 24ᵉ corps s'était portée vers Arcey, le long du chemin rejoignant cette localité à Marvelise. Les deux bataillons (IIᵉ et IIIᵉ) du 60ᵉ de marche (1) (en colonne de demi-bataillon) précédés de 3 compagnies en tirailleurs formant la première ligne traversent le bois du Fay, et, profitant habilement du terrain, parviennent à l'Ouest d'Arcey, « à moins de 800 mètres des pièces ennemies », tandis que le 1ᵉʳ bataillon du 60ᵉ, suivant le chemin de Marvelise à Arcey, atteint le bois de Fontaimpré, et que les deux bataillons du 61ᵉ formant la deuxième ligne (2), formés en colonnes de demi-bataillon à intervalle de déploiement, dépassent la première, l'un (Iᵉʳ) par la gauche, l'autre (IIIᵉ) par la droite, ce dernier appuyé par une partie du 21ᵉ bataillon de chasseurs.

Vers 9 h. 30, le général Dariès avait massé sur la grande route de Besançon à Belfort (3), à hauteur et à gauche des bois de Combollet, le 63ᵉ de marche, en colonne serrée en masse par peloton (4), tandis que le 15ᵉ bataillon de chasseurs gagnait vers la droite et atteignait le bois de Chanet, et que le régiment de mobiles mixte restait en réserve « sur le plateau entre Onans et Faimbe » (5). Puis le IIᵉ bataillon du 63ᵉ se portait en avant au Nord-Ouest et au Nord de la route, suivi par les deux autres, tandis que le 15ᵉ bataillon de chasseurs atteignait la lisière orientale du Chanet, où il s'arrêtait (6).

(1) Le IIᵉ à gauche (*Souvenirs* du capitaine Sordet, du Iᵉʳ bataillon du 60ᵉ). Il fut quelque temps canonné par suite d'une erreur imputable au général Bressolles par la batterie placée à l'Est de Marvelise. *Historique* du 60ᵉ de marche.

(2) *Historique* du 61ᵉ de marche.

(3) *Journal* de la 1ʳᵉ division du 24ᵉ corps.

(4) *Historique* du 63ᵉ de marche.

(5) Il devait y rester sept heures de suite. *Historique* du 1ᵉʳ bataillon de mobiles de Tarn-et-Garonne.

(6) *Historique* du 15ᵉ chasseurs.

L'effet principal se produisit vers 10 h. 30 par le Nord-Ouest d'Arcey, à l'approche des troupes du colonel Irlande (1re brigade de la 2e division du 24e corps), dont les troupes, se couvrant vers le Nord par le IIe bataillon du 60e de marche placé entre le bois du Fays et Désandans, se rabattirent vers la droite du village, où elles entrèrent par l'Ouest et le Nord. « Contre toute attente, le village fut à peine défendu » (1). Le 25e chasseurs ne fit pas de pertes, le 60e de marche n'eut que « quelques blessés », le 61e en eut 15 seulement. Cette ligne prenait en flanc la 4e compagnie du 25e prussien, placée dans les tranchées à l'Ouest d'Arcey, et qui se retira après avoir subi « des pertes relativement fortes » dont un officier (2). Vers 11 heures, la 5e compagnie accompagnait une section de la batterie lourde et tentait d'empêcher le 15e chasseurs de déboucher du bois du Chanet (3). Au bout du sixième coup, l'artillerie se retirait sous une fusillade intense. Quant aux 6e et 7e compagnies du 25e prussien, qui avaient précédemment occupé Gonvillars, elles s'étaient repliées à travers le bois du Mont jusqu'à l'Ouest de Désandans, où se trouvaient la 11e compagnie et 2 pièces de la batterie lourde, et vers Echenans. Les trois compagnies restantes du bataillon de fusiliers étaient engagées contre les fractions françaises qui avaient poursuivi jusque-là le détachement du 25e chassé de Sainte-Marie.

Les six compagnies (1, 2, 3, 4, 5 et 8) abandonnèrent Arcey sous un feu violent, et, d'un seul bond, allèrent

---

(1) *Historique* du 61e de marche. Les autres *Historiques* des corps concordent tous sur ce point que confirme la faiblesse des pertes éprouvées.

(2) Sous-lieutenant de réserve Steffens (*Historique* du 25e prussien).

(3) *Historique* du 25e prussien.

jusqu'à 500 mètres d'Aibre (1), faisant ainsi et sans arrêt une retraite de 3 kilomètres. Le peloton d'éclaireurs du 60ᵉ de marche (lieutenant Huguet) entra le premier dans Arcey par le Nord et y fit quelques prisonniers. Le IIIᵉ bataillon du même régiment, poussant en avant par la grand'route, parvint devant Désandans. A sa droite était le Iᵉʳ bataillon, à sa gauche le IIᵉ. Toute cette ligne s'élança brillamment contre le village, où la 2ᵉ compagnie (Bultingaire) entra la première vers 1 heure du soir (2). Les trois compagnies de fusiliers (9, 10 et 12) qui occupaient Echenans, face au Sud, se trouvèrent ainsi menacées d'être coupées d'Aibre. Elles se replièrent sur Semondans, puis sur la rive gauche du Rupt, tandis que le Iᵉʳ bataillon du 67ᵉ se retirait sur Raynans.

La 11ᵉ compagnie, qui seule était restée à Désandans, ne tint pas et se dirigea vers Sémondans. La ligne du Rupt, rive gauche, se trouva ainsi occupée vers 1 h. 30 par le Iᵉʳ bataillon du 25ᵉ, ayant à l'Ouest d'Aibre et en travers de la grand'route la 3ᵉ compagnie soutenue par la 4ᵉ. A droite, la 1ʳᵉ compagnie s'étendait jusqu'au bois d'Aibre, la 2ᵉ reliait la 1ʳᵉ à la 3ᵉ.

Dans le bataillon de fusiliers, la 11ᵉ compagnie, bientôt rejointe par la 12ᵉ était à Semondans, tandis que la 10ᵉ occupait le bois des Éparses.

Quant au IIᵉ bataillon, les 5ᵉ et 8ᵉ compagnies étaient au Nord d'Aibre, les 6ᵉ et 7ᵉ paraissent s'être trouvées au Nord de Désandans, probablement dans le bois du

---

(1) De l'aveu de l'*Historique* du 25ᵉ, qui passe sous silence les incidents de cette retraite et ne mentionne aucune mesure de résistance.

(2) Cette heure admise par l'*Historique* du 25ᵉ prussien est assez vraisemblable, mais ce document passe sous silence le mouvement le long de la grand'route de la brigade Irlande, dont la tête (60ᵉ de marche) prit de flanc et à revers le bataillon de fusiliers du 25ᵉ qui faisait face au Sud à Echenans.

Mont (1). Une section de la batterie lourde, la seule qui fut mise en action à ce moment, semble avoir tenu un moment sur la hauteur au Nord de Désandans.

Prise de Villers-sur-Saulnot. — Nous avons laissé les trois colonnes de la 3ᵉ division du 24ᵉ corps, après l'évacuation de Gonvillars par les 6ᵉ et 7ᵉ compagnies du 25ᵉ, placées sur la ligne : ferme de la Cotelle, Corcelles, vestiges du château fort, au Nord de Gonvillars, faisant face au détachement Nachtigal, lequel occupait par son gros Chavanne, détachant la 8ᵉ compagnie du *30ᵉ* à la lisière Sud de Saulnot et la 5ᵉ à Villers-sur-Saulnot, soutenue par la 6ᵉ, dont une partie s'était déjà jetée dans le bois du Mont. — Les 1ʳᵉ et 2ᵉ compagnies (capitaine Grassin) du 21ᵉ chasseurs, qui marchaient en tête de la colonne du centre, attaquèrent vigoureusement Villers-sur-Saulnot vers 10 h. 30. « Le choc qui se produisit avec une violence toute fraîche obligea le capitaine Hencke à hâter sa retraite... » (2). Elle se fit par la lisière du bois du Mont, que l'ennemi n'essaya pas de tenir, et sur Chavanne. Ce fut seulement à la lisière Est, que les deux compagnies venant de Villers-sur-Saulnot purent être ralliées. Dans ce beau fait d'armes les deux compagnies du 21ᵉ chasseurs avaient perdu 60 hommes environ (3).

Entrée en ligne du 20ᵉ corps. Occupation de Saulnot. — Vers 6 heures du matin, les troupes de la 1ʳᵉ division qui occupaient Villargent, Bevenge et Senargent, prirent les armes, et se portèrent par Sénargent sur Mignavil-

---

(1) Le rôle de ces deux compagnies paraît avoir été faible. Elles abandonnèrent Gonvillars prématurément et sans combat et se replièrent dans le bois du Mont. L'*Historique*, si précis d'ordinaire, du 25ᵉ l'est fort peu en ce qui les concerne.

(2) *Historique* du 30ᵉ prussien.

(3) L'appui donné par la 1ʳᵉ légion du Rhône paraît avoir été faible. L'*Historique* de ce corps parle seulement de « tourner la position ».

ders. La 1ʳᵉ brigade s'établit autour de Mignavillers (1) et, semble-t-il, en entier sur la rive droite du Scey, la 2ᵉ se plaça entre 11 heures et midi à l'Ouest de Grange-la-Ville, d'où le 2ᵉ lanciers dirigea des patrouilles sur Saulnot (2).

La 2ᵉ division, partie à 7 heures de son bivouac autour de Vellechevreux, et précédée du 25ᵉ bataillon de chasseurs de marche, gagna Sécenans, puis Crevans. Au moment où elle commençait à déboucher de ce dernier village, le canon se fit entendre. Le 25ᵉ bataillon de chasseurs se forma à gauche de la route en colonne par pelotons, détachant la 1ʳᵉ compagnie à 300 mètres en avant, et se porta, « sans tirer un coup de fusil », sur la Tuilerie (Nord-Ouest de Saulnot), qu'on trouva « évacuée par l'ennemi » (3).

Celui-ci s'était replié vers le bois de Saulnot, dès les premiers coups de canon tirés par la 21ᵉ batterie du 6ᵉ régiment établie sur le plateau à l'Est de Moulin Girardot (4).

Pendant ce temps, le IIᵉ bataillon de la Savoie, entré à Saulnot « sans combat » (5), à la droite des chasseurs, y recevait des obus et déployait 2 compagnies en tirailleurs, perdant 7 hommes. Il était soutenu par le

---

(1) L'*Historique* du 50ᵉ de marche dit à Mignavillers, celui du 55ᵉ mobiles à l'Ouest près du chemin d'Athesans, celui du 11ᵉ mobiles à l'Est.

(2) Le *Journal* du corps d'armée dit que la 1ʳᵉ division fut menée à 8 heures près de Grange-la-Ville, sur la rive gauche du Scey, cette assertion est contredite par les *Historiques* de tous les corps.

(3) *Historique* du 25ᵉ chasseurs. Ce document ajoute que les Allemands s'étaient retirés aux premiers coups de canon sur le bois de Saulnot.

(4) *Historique* de la batterie et *Rapport* sur la journée du 13. Le *Journal* du corps d'armée dit : ferme de la Cotelle où était déjà l'artillerie du 24ᵉ corps.

(5) *Historique* du 2ᵉ bataillon de la Savoie.

34ᵉ mobiles, tandis que la 2ᵉ brigade (3ᵉ zouaves de marche et 68ᵉ mobiles) se portait sur Grange-le-Bourg, où le 68ᵉ mobiles s'établissait à 11 heures (1). Le 3ᵉ zouaves de marche, qui avait mis le village en état de défense (2), se portait un peu plus tard sur Saulnot et venait se placer au Nord-Est de la cote 388 (3).

La 3ᵉ division s'était massée à l'Est de Vellechevreux derrière la 2ᵉ; l'artillerie de réserve était sur la route entre Sécenans et Vellechevreux; sa tête atteignait à 11 heures le premier de ces villages.

Ainsi qu'on le voit, l'occupation de Saulnot par le 20ᵉ corps était accomplie avant 11 heures du matin, et sans avoir éprouvé la moindre résistance de la part de la 8ᵉ compagnie du *30ᵉ* prussien. Dès l'entrée dans le village du IIᵉ bataillon de la Savoie par l'Ouest, les 3ᵉ et 4ᵉ compagnies du 25ᵉ chasseurs, venant de la Tuilerie, y entraient par le Nord, et ces troupes mettaient la localité en état de défense, sous le feu de l'artillerie ennemie placée à 1,500 mètres au Nord-Est de Saulnot, « sur le chemin de Champey » (4).

La 8ᵉ compagnie du *30ᵉ* (lieutenant Alten) s'était repliée d'un seul bond à plus de 3 kilomètres en arrière de Saulnot, dans le bois de la Coupote, entre Chavanne et Champey (5).

---

(1) *Mémoire* du général Bernard, alors commandant le 3ᵉ zouaves de marche.

(2) *Ibid.*

(3) Sans pertes et sans être engagé. *Ibid.* et *Historique* du 3ᵉ zouaves de marche.

(4) *Historique* du 25ᵉ bataillon de chasseurs de marche. Un seul chasseur était blessé par un éclat d'obus.

(5) L'*Historique* du *30ᵉ* prussien dit que cette compagnie avait été prise en flanc par un feu violent, mais court, qui lui coûta plusieurs victimes. On a vu que les seules troupes engagées à Saulnot du côté français, une seule compagnie du 25ᵉ bataillon de chasseurs et IIᵉ bataillon de la Savoie, ne firent pas usage de leurs armes.

Attaque de Chavanne. — Entre 11 heures et midi, le détachement Nachtigal, complètement séparé du reste des troupes allemandes, occupait Chavanne par la 10ᵉ compagnie du *30ᵉ*, soutenue par la 7ᵉ et par les 5 et 6ᵉ qui avaient été chassées de Villers-sur-Saulnot. Au Sud, entre Chavanne et le bois du Mont, étaient les 11ᵉ et 12ᵉ compagnies, soutenues par la 9ᵉ, au nord, dans le bois de la Coupote était la 8ᵉ. L'escadron Krause, moins un peloton laissé sur la droite, était à l'Est de Chavanne, la batterie Riemer était toujours sur la route de Saulnot à Champey. Vers 1 heure, la 3ᵉ compagnie du *30ᵉ*, qui dans la matinée avait été envoyée avec la 2ᵉ de Luze à Couthenans, arriva à Champey, d'où elle se porta à Essouaivre, en soutien de la batterie laissée jusque-là isolée.

Du côté des Français, la 1ʳᵉ division du 20ᵉ corps restait immobile sur les rives du Scey entre Grange-la-Ville et Mignavillers, où pendant cinq heures, les hommes se tinrent auprès des faisceaux et purent faire la soupe. La 3ᵉ division restait à Vellechevreux (1).

A la 2ᵉ division, le 25ᵉ bataillon de chasseurs avait ses 1ʳᵉ et 2ᵉ compagnies à la lisière Nord de Saulnot, tirant à grande distance contre la batterie Riemer, les deux autres se « fortifiaient » dans la partie Nord du village, au Sud duquel se trouvait le 34ᵉ mobiles. Le 3ᵉ zouaves de marche était au Nord de Saulnot vers la Tuilerie, « avec ordre d'attendre des instructions pour s'engager » (2).

---

(1) *Historique* du 67ᵉ mobiles. Tous les *Historiques* sont d'accord pour affirmer que les troupes de la 1ʳᵉ division ne bougèrent pas, contrairement à l'assertion du *Journal* du corps d'armée, d'après lequel une brigade aurait poussé sur Malval, puis aurait tenté vainement de traverser le bois de Saulnot rendu impraticable par la neige.

(2) *Mémoire* du général Bernard confirmé par l'*Historique* du 25ᵉ bataillon de chasseurs.

Le 68ᵉ mobiles était en réserve à Grange-le-Bourg. Ces positions furent conservées toute la journée, et, seul, le IIᵉ bataillon de la Savoie prit part à l'attaque de Chavanne. Après son entrée à Saulnot, il avait en effet poussé vers l'Est, précédé de 2 compagnies en tirailleurs, et se trouva ainsi soutenir l'aile gauche du 24ᵉ corps, jusqu'au moment où il reçut l'ordre de rentrer à Saulnot (1).

Ainsi qu'on le voit, une fois atteint le point fixé par l'ordre de mouvement de l'armée (2), le 20ᵉ corps ne bougea plus.

L'offensive allait être prononcée par la 3ᵉ division du 24ᵉ corps.

Vers 11 heures, la colonne de droite de cette division (89ᵉ mobiles), débouchant de Gonvillars, lançait ses deux premières compagnies dans le bois d'Arcey, déjà abandonné par les 6ᵉ et 7ᵉ compagnies du 25ᵉ prussien (3) qui se trouvaient alors vers Désandans. Le reste du IIᵉ bataillon du 89ᵉ restait en soutien de la batterie de montagne (8ᵉ du 3ᵉ) qui tirait sur Chavanne, et, peu après, le reste du 89ᵉ mobiles, traversant Gonvillars, atteignait le bois du Mont. A la colonne du centre, les 1ʳᵉ et 2ᵉ compagnies du 21ᵉ bataillon de chasseurs de marche (capitaine Grassin), avec 2 compagnies du IIᵉ bataillon (Veire) de la 1ʳᵉ légion du Rhône (4), débouchant de Villers-sur-Saulnot, se portèrent sur Chavanne, soutenus par le reste de la 1ʳᵉ légion établie sur la butte de

---

(1) Il avait perdu 20 hommes (*Historique* du 2ᵉ bataillon de la Savoie).

(2) « Saulnot par ses tirailleurs, réserves à Crevans ». Voir ci-dessus.

(3) Les 1ʳᵉ et 2ᵉ compagnies du IIᵉ bataillon du 89ᵉ mobiles ne firent pas de pertes, pas plus que le reste du régiment.

(4) *Registre des marches et opérations* de la 3ᵉ division.

Millermont (1) près des 2 batteries de 4. La 2ᵉ légion (colonne de gauche) restait pendant ce temps en réserve au Sud de Saulnot (2); derrière elle, étaient encore le 4ᵉ bataillon de la Loire et un demi-bataillon du 89ᵉ mobiles.

En somme, l'attaque de Chavanne allait se faire : de front par 4 compagnies (2 du 21ᵉ chasseurs, 2 de la 1ʳᵉ légion du Rhône), et, sur la droite, par deux autres (2 du 89ᵉ), longeant la lisière Nord du Mont. Elle fut pourtant « si vivement menée que l'ennemi n'eut pas le temps d'emmener ses blessés et ses ambulances » (3), et que le village fut enlevé de vive force vers 1 heure du soir (4) et occupé par toute la 1ʳᵉ légion du Rhône. Les Allemands avaient perdu 40 hommes et 2 officiers (5).

« Sous un feu violent, le demi-bataillon Hencke (5ᵉ et 6ᵉ compagnies), venant de Villers-sur-Saulnot, se replia au Sud-Ouest de Vernoy, tandis que la batterie Riemer venait se placer au Nord du village » (6). Les 7ᵉ, 9ᵉ, puis 11ᵉ et 12ᵉ compagnies, se repliaient sur Vernoy et ensuite Champey, où elles ralliaient la 3ᵉ compagnie; la 10ᵉ formait l'arrière-garde, la 8ᵉ, qui était restée jusque-là sans être inquiétée dans le bois de la Coupote, se relia aux 3ᵉ et 10ᵉ et se plaça en avant de Champey, où, vers 5 heures,

---

(1) *Ibid.* et *Historique* de la 1ʳᵉ légion. Elle perd 77 hommes et 3 officiers tués ou blessés dit l'*Historique* du corps, 43 hommes et 3 officiers dit un état nominatif.

(2) Sans être engagée. *Historique* de la 2ᵉ légion.

(3) *Registre* de la 3ᵉ division. Le fait est reconnu par Kunz, et la monographie de l'état-major allemand, *das Abbrechen von Gefechten*.

(4) Probablement même avant; voir ci-dessous, *Historique* du 25ᵉ prussien.

(5) *Historique* du *30ᵉ*. Le *Registre* de la 3ᵉ division du 24ᵉ corps dit qu'on trouva à Chavanne 14 cadavres et une vingtaine de blessés.

(6) *Historique* du 30ᵉ.

le colonel Nachtigal réunit le gros de son détachement.

Il n'y eut pas de poursuite sérieuse au delà de Chavanne, où se concentra la 3ᵉ division du 24ᵉ corps. Cependant, le IIᵉ bataillon du 80ᵉ mobiles, passant par la lisière du bois du Mont et le Vernoy, parvint dans la soirée à Champey, évacué par l'ennemi, qui s'était retiré sur Couthenans, détachant la 11ᵉ compagnie à Chagey et renvoyant l'escadron et la batterie à Echenans.

Le détachement Nachtigal avait perdu 3 officiers, 7 morts, 87 blessés, 2 disparus, 3 médecins, 5 infirmiers, les conducteurs et les voitures médicales des 2 bataillons (1).

Combat d'Aibre-Semondans. — Une fois le colonel v. Loos installé sur le Rupt, il apprit que le colonel Nachtigal avait perdu Chavanne et ne pouvait résister au Vernoy que peu de temps (2). « Il résolut de tenir sérieusement en avant d'Aibre, jusqu'à ce que la retraite du Iᵉʳ bataillon du 67ᵉ de Raynans à Laire pût être entamée, que celle du bataillon de fusiliers par Sémondans et Aibre et celle du lieutenant-colonel Nachtigal de le Vernoy pussent être effectuées. » De cette affirmation on doit conclure, qu'avant 1 heure, Chavanne était tombé au pouvoir de la 3ᵉ division du 24ᵉ corps, et que déjà la menace effectuée contre le Vernoy par le IIᵉ bataillon du 89ᵉ, le seul qui eût poussé en avant après la prise de Chavanne, était sérieuse. Le fait que les trois compagnies de fusiliers venant d'Echenans étaient menacées dans leur retraite sur Aibre confirme aussi que, dès ce moment, le 60ᵉ de marche avait atteint Désandans.

Peu après, le IIᵉ bataillon du 60ᵉ se porta sur les hauteurs au Nord-Est du village, où vint le rejoindre le Iᵉʳ bataillon, tandis que le IIIᵉ (Guillain) se portait droit

---

(1) *Historique* du *30ᵉ*.
(2) *Historique* du *25ᵉ* prussien. C'est à 1 heure qu'on apprit ce fait.

sur Aibre à cheval sur la grand'route. Le 61ᵉ était en deuxième ligne avec deux compagnies du 21ᵉ chasseurs. Le 87ᵉ mobiles était à la lisière occidentale du bois du Mont, recevant les obus de la section de la batterie allemande placée sur la hauteur au Nord de Désandans (1). Peu après le IIᵉ bataillon de ce régiment déployait la 5ᵉ compagnie (Jeammes) que suivait la 6ᵉ. Le 14ᵉ mobiles restait en réserve. La 22ᵉ batterie du 6ᵉ ouvrait le feu contre le village d'Aibre (2).

La 1ʳᵉ division du 24ᵉ corps se massait pendant ce temps à Arcey, où se retrouvaient le 15ᵉ bataillon de de chasseurs de marche et le 63ᵉ de marche, tandis que le régiment de mobiles mixte (Tarn-et-Garonne, Haute-Garonne, Haut-Rhin) conservait sa position en arrière, entre Onans et Faimbe, face au Sud (3).

« Le moment le plus critique de la journée, dit le général Bressolles dans son rapport, est celui où, débouchant de Désandans, nos têtes de colonne ont trouvé l'ennemi défendant l'accès du village d'Aibre avec des pièces d'artillerie assez nombreuses en arrière de ce village. Il n'avait pour but évidemment que de donner le temps à son artillerie et aux bagages de monter la côte existant au sortir du village sur la route d'Héricourt. »

Seule la 2ᵉ division du 24ᵉ corps, placée alors tout à fait en flèche, allait exécuter l'attaque. L'appui donné par la réserve d'artillerie, dont une batterie, la 19ᵉ du 19ᵉ, et une section de la 24ᵉ du 12ᵉ, s'étaient placées au nord d'Arcey fut nul en raison de la distance (4).

---

(1) *Historique* du IIᵉ bataillon du 87ᵉ; il a 1 tué et 1 blessé.
(2) L'*Historique* de la 22ᵉ du 6ᵉ dit à 4 heures, ce qui est trop tard, et ne précise pas l'emplacement.
(3) *Historique* du Iᵉʳ bataillon de Tarn-et-Garonne.
(4) 3 coups par pièce par la 19ᵉ du 19ᵉ, quelques coups pour la 24ᵉ du 12ᵉ et seulement pendant la retraite de l'ennemi entre Arcey et Aibre. *Historiques* des batteries, *Rapport* sur le rôle de la réserve d'artillerie.

« Le Ier bataillon du 25e prussien fut durement pressé à partir de 2 heures par un feu très violent d'artillerie et de mousqueterie » (1). La 3e compagnie était placée à l'Ouest et tout près de Semondans en travers de la route d'Arcey à Héricourt et soutenue par la 4e. A sa droite, s'étendant jusqu'au bois d'Aibre, étaient les 1re et 2e. Une section (Rosenbaum) de la 3e batterie légère tirait contre le IIIe bataillon du 60e.

Tandis que les Ier et IIe bataillons de ce régiment (2), poussaient vers les bois des Étangs et des Epasses et y tiraillaient avec la 10e compagnie du 25e, débordant les 11e et 12e qui occupaient Semondans, et que 2 compagnies du 87e mobiles (5e et 6e du IIe bataillon) tiraillaient couchées dans la neige contre les 1re et 2e compagnies du 25e, placées au Nord de la route, sans avancer (3), l'attaque de front du IIIe bataillon du 60e, soutenu par le Ier du 61e de marche le long de la grand'route, amenait un combat presque corps à corps, où la 3e compagnie prussienne très éprouvée perdait son chef capitaine Haccius (4). Le 60e entra de haute lutte dans le village d'Aibre, que l'ennemi évacua en toute hâte. Semondans avait déjà été abandonné par les fusiliers du 25e, Rainans fut évacué aussi. Sous la protection de ses deux batteries, placées à 1,000 mètres d'Aibre sur le chemin de Trémoins et tirant sur la lisière Nord du premier de ces points (5), le colonel v. Loos effectua sa retraite et rassembla son régiment près de Tavey, tandis que le Ier bataillon du 67e,

---

(1) *Historique* du 25e prussien.
(2) Le Ier à la droite de la ligne.
(3) *Historique* du IIe bataillon du 87e.
(4) Son corps fut trouvé dans le village même (*Historique* du 60e de marche). L'*Historique* du 25e, disant que le choc où il avait perdu la vie n'amena pas l'évacuation d'Aibre, est donc manifestement inexact.
(5) *Historique* du 25e.

s'arrêtait à Laire. Ces troupes devaient rester là jusqu'au matin du 15 janvier.

Les pertes avouées du 25ᵉ étaient 2 officiers et 58 hommes.

Le 60ᵉ français resta à Aibre, détachant 3 compagnies (1ʳᵉ, 2ᵉ et 5ᵉ du IIᵉ) en travers de la route de Tavey. Le 21ᵉ bataillon de chasseurs et le 87ᵉ mobiles (1) se rassemblèrent à Désandans. Le 61ᵉ occupa Semondans (IIᵉ bataillon), Aibre (1ᵉʳ), Saint-Julien (IIIᵉ) (2). Le 14ᵉ mobiles, qui n'avait pas été engagé, coucha à Echenans. L'artillerie de la 2ᵉ division du 24ᵉ corps était restée en arrière (3).

Rôle du 18ᵉ corps. — Dès le matin les troupes avaient pris les armes « sans sonneries » (4) et les bagages étant renvoyés jusqu'à Cubry (5), les positions assignées avaient été occupées.

On se souvient que le 18ᵉ corps devait se trouver en arrière du 20ᵉ corps, couvrant la gauche et même les derrières de l'armée.

En conséquence, la 2ᵉ division continua d'occuper Villersexel, face au Nord, par sa 2ᵉ brigade, qui détacha 1 compagnie pour fouiller le bois du Grand-Fougeret (6). La 1ʳᵉ brigade, moins un bataillon du 77ᵉ mobiles laissé à Villersexel, eut à occuper Pont-sur-l'Oignon, le bois de Noire-Bouze, la Tuilerie et le bois de Chailles.

La 1ʳᵉ division se mit en marche à 7 h. 30 et se porta par les Magny sur Villargent, où elle arriva à 10 heures du matin. Vers 1 heure du soir, elle marchait sur Saint-Ferjeux derrière le 20ᵉ corps (7); la 1ʳᵉ brigade, avec

---

(1) 3 tués, 3 blessés.
(2) Il avait perdu 15 blessés.
(3) *Lettre* du général Comagny au général Bressolles.
(4) *Mémoire* du général Borius.
(5) *Id.*
(6) L'*Historique* des 1ʳᵉ et 2ᵉ compagnies du Iᵉʳ bataillon d'Afrique dit que quelques coups de feu furent échangés vers Aillevans (*sic*).
(7) *Journal* de marche. *Historique* du 42ᵉ de marche.

une batterie, se plaça dans les bois de Dessus, la 2ᵉ, avec 2 batteries, occupa Géorfans.

La 3ᵉ division, déjà à Bévenge, y resta, étendant sa droite vers Sénargent, face au Nord (1). La division de cavalerie et la réserve d'artillerie étaient à Villers-la-Ville.

Toutes ces positions, dont le choix et l'organisation n'avaient aucun rapport avec l'action offensive qui se passait en avant du 18ᵉ corps, furent tenues avec plus ou moins de constance suivant les corps (2), jusqu'à une heure qu'il est difficile de préciser et par un froid excessif.

Il ne paraît pas que le général en chef ait tenu le général Billot au courant des événements qui se passaient vers Arcey, ni que le commandant du 18ᵉ corps ait cherché à se renseigner. Ce n'est que fort tard dans la soirée (3), que le commandant Brugère fut envoyé au quartier général, auquel il parvint à minuit seulement (4), pour demander les résultats du combat d'Arcey et renseigner le général Bourbaki sur les positions occupées par le 18ᵉ corps. Dans l'intervalle, à 2 heures du soir, un ordre de l'armée avait prescrit au général Billot de concourir à l'occupation des bois de Saulnot (par le 20ᵉ corps), « en se reliant au général Clinchant, et s'étendant par sa gauche jusqu'à la route de *Lure à Héricourt du côté (sic) de Béverne.* Il aura soin de surveiller son flanc gauche » (5). Cet ordre parvint à Villargent, quar-

---

(1) *Journal* de la 2ᵉ brigade de la 3ᵉ division. Les maisons étaient crénelées!

(2) Dans certains régiments, on ne laissa sous les armes qu'une moitié des hommes. Les autres cherchèrent à manger et à dormir (*Historique* du 82ᵉ.)

(3) Avant 6 h. 15 date de l'arrivée de l'ordre du général en chef. Voir *Lettres* du commandant Brugère et papiers Borius.

(4) *Lettres* du colonel Leperche et du major Brugère.

(5) Cet ordre avait été écrit par le colonel Leperche à 2 heures et dicté *in extenso* par le général Borel à 2 heures du soir dans

tier général du 18ᵉ corps, éloigné d'Onans de 13 à 14 kilomètres vers 6 h. 15 (1), avant le départ du commandant Brugère pour Onans. Il était évidemment inexécutable le jour même, étant donné les positions alors occupées par le 18ᵉ corps.

Il n'est pas douteux, qu'en prescrivant à ces troupes le 13 dans la soirée de pousser à gauche du 20ᵉ corps, jusque du côté de Béverne, le général Bourbaki avait dû croire qu'elles étaient bien plus avancées vers l'Ouest qu'elles ne l'étaient réellement.

C'était là de sa part une pure supposition, et, pour qu'elle eût eu la moindre chance de se réaliser, il aurait fallu que le 18ᵉ corps eût été dès le 13 au matin en chemin vers la Vergenne ou Faymont, en tout cas au Nord du massif boisé, presque impénétrable, surtout à ce moment, qui sépare la direction : Saulnot, Champey, Couthenans de celle de Lyoffans, Lomont, Beverne, Chenebier.

Le retard qu'on devait plus tard reprocher au 18ᵉ corps dans l'attaque du 15, est uniquement imputable aux positions prises le 13, alors que les efforts soutenus le 14 furent des plus pénibles.

Division Cremer. — La division Cremer parvint dans la soirée (2) à Vesoul, après une marche de onze heures. Presque tout le monde s'installa dans la ville. A Noidans vinrent 2 compagnies des mobiles de la Gironde, et à Echenoz, 5 autres du même corps. Le 86ᵉ mobiles détacha 1 bataillon à Vaivre et Pusey avec une grand'-garde à Villeparois.

A 3 h. 15 du soir, le général Bourbaki avait prescrit au général Cremer de se porter le lendemain 14 sur

---

une voiture d'ambulance. Il parvint au général Billot à Villargent à 6 h. 15 (Papiers Borius).

(1) Papiers Borius, lettre Brugère. Voir controverse à ce sujet entre le colonel Leperche et le major Brugère.

(2) Vers 7 heures du soir.

Lure, « en faisant au besoin une marche de nuit ». Il lui annonçait que le général Billot avait l'ordre d'occuper « ce soir (13) la route de Lure à Héricourt du côté de Béverne », et que « si rien ne s'y opposait, il marcherait le 14 sur Héricourt et Belfort ».

Ainsi qu'on l'a vu, l'ordre relatif au 18ᵉ corps avait trouvé ces troupes dans une situation telle qu'il n'y avait pas à penser à se porter le jour même à Béverne. Quant au projet de marche pour le lendemain, il fut bien vite abandonné.

Positions des troupes et intentions du commandement pour le 14.

En résumé, au moment où la nuit tombait les troupes occupaient les positions suivantes :

15ᵉ corps.

QUARTIER GÉNÉRAL DE L'ARMÉE : ONANS.

1ʳᵉ division.......
- 1ʳᵉ brigade. — Montenois. Le 1ᵉʳ zouaves de marche dans la forêt de Mont-Bard. — Le 12ᵉ mobiles à Sainte-Marie.
- 2ᵉ brigade. — Sainte-Marie, avec 1 Bᵒⁿ du (IIᵉ) 1ᵉʳ régiment de tirailleurs à Présentevillers.

2ᵉ division.......
- 1ʳᵉ brigade. — Le 39ᵉ de ligne, débarqué à Clerval, en part à 5 h. du soir pour Onans où il arrive le 14 à 1 h. du matin. — Le 25ᵉ mobiles, débarqué à Clerval à 4 h. du soir, arrive à Ornans le 14 à 5 h. du matin.
- 2ᵉ brigade. — En chemin de fer.

Division de cavalerie.
- Brigade Boërio. — Lougres.
- 1ʳᵉ brigade (Dastugne). — Clerval, Fontaine, Goudenhos, Viethorey.
- 3ᵉ brigade (Tillion). — Baume-les-Dames, Voillans, Autechaux, Verne, etc.

Réserve d'artillerie. — Arcey, Sᵗᵉ-Marie.

24ᵉ corps.

QUARTIER GÉNÉRAL : DÉSANDANS.

1ʳᵉ division. Arcey
- 15ᵉ Bᵒⁿ de chasseurs et 63ᵉ de marche. Régiment mixte de mobiles dans les bois au Nord d'Arcey. — Artillerie, à l'Ouest.

2ᵉ division.
Semondans.
- 1ʳᵉ brig^de.
  - 21ᵉ Bᵒⁿ de chass. — Désandans.
  - 60ᵉ de marche. — Aibre.
  - 61ᵉ de marche. — Semondans.
- 2ᵉ brig^de.
  - 14ᵉ mobiles. — Echenans.
  - 87ᵉ mobiles. — Désandans.
- Artillerie à Aibre.

3ᵉ division.
Le Vernoy.
- 89ᵉ mobiles. — Gonvillars et Champey.
- 2ᵉ légion du Rhône. — Chavanne.
- 1ʳᵉ — . — Le Vernoy.
- 4ᵉ bataillon de la Loire. — Le Vernoy.

Artillerie. — Le Vernoy.
Réserve d'artillerie. — Désandans.
Cavalerie. — Désandans.
Brigade de réserve (Pallu de la Barrière). — Au bivouac dans le bois à l'Ouest d'Arcey (Bois de Marmeret près du plateau des Billes (1).

20ᵉ Corps.

QUARTIER GÉNÉRAL : SAULNOT.

1ʳᵉ division.......
- 1ʳᵉ brigade. — Mignavillers et bivouac autour du village.
- 2ᵉ brigade. — Sénargent, Champey.

2ᵉ division........
- 1ʳᵉ brigade. — Saulnot.
- 2ᵉ brigade. — Grange-le-Bourg et Malval (3ᵉ zouaves de marche).
- Artillerie. — Crevans.

3ᵉ division........ Vellechevreux.
Réserve d'artillerie. — Secenans.
Cavalerie. — Mignafans.

18ᵉ Corps.

QUARTIER GÉNÉRAL : VILLARGENT.

1ʳᵉ division....... Villargent, Saint-Ferjeux, Bois de Mignafans. Géorfans.

2ᵉ division........
(avec 2 batteries à cheval). Villersexel et Moffans.

. (1) Dépêche du général Pallu.

3ᵉ division........	Bévenge.
Réserve d'artillerie.	— Villargent.
Cavalerie.	— Villers-la-Ville, Villargent.

L'intention du général Bourbaki de poursuivre dès le 14 sa marche vers la Lisaine est attestée par de nombreuses pièces, dont la dernière en date paraît être une dépêche envoyée à 7 h. 15 à l'intendant en chef Friant. A 11 h. 45, au contraire, une nouvelle dépêche adressée au général Cremer ne prévoit plus l'attaque d'Héricourt que pour le 15 (1). C'est donc entre 7 h. 15 et 11 h. 45 que le général en chef modifia ses projets. Le retard du 18ᵉ corps contribua-t-il à ce changement? C'est fort douteux, car il paraît n'avoir été connu qu'à l'arrivée vers minuit du commandant Brugère au quartier général d'Onans. Le manque de vivres ne semble pas avoir fait l'objet de plaintes particulières de la part des commandants de corps d'armée. — On ne peut donc dire avec certitude à quels motifs obéit le général Bourbaki en différant l'attaque des lignes de la Lisaine. Tout au plus peut-on supposer que l'incertitude où il était encore à 10 h. 45 du soir de la position occupée par le général Cremer fut pour quelque chose dans sa décision. En tout cas il n'y eut pas d'ordre de mouvement pour le 14. Lorsqu'on connut la position du 18ᵉ corps, il lui fut prescrit verbalement et en termes vagues d'exécuter le 14 dès le jour l'ordre du 13, c'est-à-dire de pousser du côté de Beverne. D'autre part, et sans doute en vertu d'un ordre verbal donné au 20ᵉ corps dans les mêmes conditions qu'au 18ᵉ, le général Clinchant prescrivit à ses troupes de se mettre en mouvement le 14 dès 6 heures du matin (2). La 1ʳᵉ division, gagnant Malval

---

(1) « Si vous pouvez après-demain 15 partir de Lure et marcher dans la direction de Belfort, vous aurez peut-être un très grand succès. J'attaquerai ce jour-là Héricourt... »

(2) *Ordre* de mouvement pour le 14 janvier.

par Grange-le-Bourg devait pousser une brigade à travers la forêt vers le Nord, pour gagner le bois de la Boulaye, « sans aller jusqu'à Faymont, pour ne pas se jeter dans le 18ᵉ corps » (sic), supposé à Faymont et Courmont ; l'autre brigade avec l'artillerie divisionnaire devait « attaquer Champey ». La 2ᵉ division avait à venir entre Saulnot et Villers-sur-Saulnot ; la 3ᵉ en avant de Crevans. L'attaque de Saulnot devait se relier au mouvement offensif du 24ᵉ corps à qui l'on supposait le projet de marcher sur Aibre.

Ces dispositions ne répondaient pas à la situation, puisque l'ennemi avait évacué Champey et que le 24ᵉ corps était déjà maître d'Aibre ; mais, communiquées au commandant du 18ᵉ corps, elles eurent pour effet de le déterminer à choisir pour son mouvement des itinéraires excessivement défectueux. « Il ne lui restait plus... qu'à porter sa droite par les chemins forestiers des bois de Saint-Georges et de Grange jusqu'à Faymont, Courmont et Béverne, son centre, par la vallée du Rognon sur Moffans et Lomont, sa gauche, par la vallée de l'Ognon et celle du Rahin sur Moffans et Lyoffans, s'étendant vers Lure pour donner la main au général Cremer. Mais en ayant soin de laisser à sa disposition la route de Lure à Lyoffans. Mais, une fois cette route atteinte, il n'avait plus, pour se porter sur la Lisaine qu'un point de passage : l'entonnoir de Béverne... (1) ».

En ce qui concerne l'emploi par le 18ᵉ corps de la route directe de Lure à Belfort, rien dans les instructions du commandant en chef ne permettait au général Billot de penser que cette voie, si nécessaire à son mouvement, lui était interdite. C'était d'ailleurs si peu l'intention du général Bourbaki qu'il devait le lendemain prescrire au général Cremer « de suivre le moins longtemps possible

---

(1) Papiers Borius.

la route de Lure à Héricourt afin de ne pas se rencontrer avec la gauche du 18ᵉ corps » (1). Il comptait donc que ce corps d'armée utiliserait la grand'route.

On se souvient que l'ordre du 11 janvier exécutable le 13, avait indiqué pour le 18ᵉ corps, l'occupation « de Sénargent à Villersexel le long du ruisseau du Sey, en occupant Saint-Ferjeux, Villargent et Villers-la-Ville et faisant garder Pont-sur-l'Oignon ». Il devait s'éclairer au loin sur son front et son flanc extrême. Le supplément à cet ordre, rédigé dans la journée du 12, en donnant au 20ᵉ corps la mission de balayer Saulnot, ne modifiait le rôle du 18ᵉ corps que dans des termes vagues. « Le général Billot appuiera à droite, si le général Clinchant est obligé de dégarnir sa gauche. Il enverra des tirailleurs et de nombreuses reconnaissances en avant de son front et sur son flanc extérieur. » On a vu que l'ordre particulier du 18ᵉ corps était basé uniquement sur l'ordre général du 11, et, bien loin d'envisager l'éventualité prévue par le supplément « d'avoir à appuyer à droite », il décelait implicitement l'intention de ne pas bouger de la journée (2).

C'est dans cette situation, et une fois les troupes installées au bivouac ou au cantonnement, que le 18ᵉ corps avait reçu l'ordre daté du 13 à 2 heures du soir, d'après lequel il devait pousser jusqu'à Béverne le soir même. Sans doute on avait cru à l'État-Major de l'armée que le 18ᵉ corps avait « appuyé à droite » et se trouvait à hauteur du 20ᵉ, car on n'aurait pas pensé à le pousser à la fin du jour de Villersexel à Béverne. Mais on aurait dû s'en assurer, avant de compter qu'une prescription aussi vague que celle « d'appuyer à droite »

---

(1) Télégramme de 2 heures du soir. Voir journée du 14.
(2) Les troupes... resteront sous les armes et ne s'installeront dans les cantonnements que lorsque l'ordre en sera donné. (Ordre de mouvement.)

était exécutée. D'un autre côté le commandant du 18ᵉ corps, en ne se reliant pas au 20ᵉ, en ne tenant aucun compte d'un ordre assurément vague et mal donné, tout au moins en ne se renseignant pas sur la signification et l'importance qu'y attachait le général en chef, avait perdu toute occasion d'agir le 13, et devait par le retard ainsi produit et déjà irréparable, compromettre toute l'opération de l'armée le 15 janvier. Croyant de plus et, sans aucun motif plausible que la grand'-route de Lure lui était interdite, le général Billot choisit pour ses troupes des itinéraires et prit des dispositions qui allaient augmenter encore son retard si fâcheux (1).

La brigade Leclaire de la division Pilatrie devait se porter sur Grange-le-Bourg et sur Faymont, à travers la forêt, par les chemins forestiers très difficiles en tous temps et, à ce moment, rendus presque impraticables par la neige. En lui donnant une batterie d'artillerie, on compliquait encore la tâche de cette troupe, qui était en outre prévenue que, « la marche devant peut-être avoir lieu en combattant constamment, il fallait user largement des tirailleurs et ne pas faire un pas en avant, sans que la chaîne des tirailleurs soit continue et bien reliée à celle du 20ᵉ corps... » La brigade Robert de la même division devait suivre jusqu'à Grange-la-Ville, et de là détacher 2 bataillons au moulin de Brissau et deux autres au Nord dans la forêt. Le reste de la division passerait par un chemin longeant la rive droite du Scey, puis par Mignavillers, et irait « attaquer » Faymont en traversant le bois. Ce point enlevé (2), la brigade Leclaire pousserait sur Courmont et la côte de Vaudrey à l'Est du village.

La division Bonnet aurait à diriger la brigade Goury

---

(1) *Ordre* de mouvement du 14.
(2) « En ce moment, dit l'*ordre* de mouvement, nos éclaireurs l'occupent, mais l'ennemi peut y revenir. »

de Villargent sur Sénargent et la ferme Saint-Georges sur le Rognon, la brigade Brémens, avec l'artillerie et le 49ᵉ de ligne sur Étroite-Fontaine, puis Athesans (une fois la division Penhoat arrivée à Villafans), ensuite la Vergenne, Moffans, Lomontot, Lomont. De là, elle devait « s'avancer par les crêtes qui dominent Béverne, et la route de Vesoul à Belfort, et s'arranger de manière à être maître de cette route... ».

La division Penhoat, elle aussi en deux colonnes, avait à gagner d'une part Villafans, de l'autre Gouhenans, qu'elle devait se préparer à attaquer. A partir de ce moment, l'amiral devait soutenir « l'attaque » de Moffans. Il s'y concentrerait à la fin de la journée. La réserve d'artillerie était dirigée sur Étroite-Fontaine, la cavalerie sur Longevelle d'une part, Étroite-Fontaine de l'autre, pour se réunir à Athesans.

Ainsi qu'on le voit, l'ordre de mouvement du 18ᵉ corps visait une série de combats pour le 14, et, chose singulière, l'attaque de localités où l'on savait parfaitement que l'ennemi ne se trouvait pas (1). Très défavorables à une progression rapide vers la Lisaine, les dispositions prises n'impliquaient même pas de façon formelle l'occupation de Béverne, où le général Bonnet ne devait envoyer des troupes « que s'il était maître des hauteurs environnantes » (2). En supposant d'ailleurs qu'il fût complètement exécuté, l'ordre du 18ᵉ corps maintenait les têtes de colonne à 10 kilomètres de la Lisaine, la division Penhoat à 15, la réserve d'artillerie et la cavalerie encore plus loin. Il devait rendre impossible l'exécution dès les premières heures du 15 du mouvement débordant conçu par le commandant en chef.

---

(1) Puisque les éclaireurs étaient à Faymont (*Ordre de mouvement*). Voir aussi les renseignements envoyés par le général Billot au général Bourbaki (journée du 14).
(2) *Ibid.*

En ce qui concerne le reste de l'armée, le 15ᵉ corps devait à partir de 7 heures du matin (1) occuper par la 1ʳᵉ brigade de la 1ʳᵉ division le front Raynans, Issans, par la 1ʳᵉ de la 3ᵉ, Présentevillers et la forêt de Montbard, par la 2ᵉ de la même division, Montenois, face au Sud et au Sud-Est. Le 24ᵉ corps, devait rester simplement dans ses cantonnements de Desandans (quartier général), Arcey (1ʳᵉ division), Aibre et Semondans (2ᵉ division) le Vernoy et Chavanne (3ᵉ).

Ainsi qu'on le voit, l'absence d'un ordre d'ensemble pour l'armée eut des conséquences singulières. Chaque corps agit pour son compte et conformément au tempérament de son chef. Le 18ᵉ corps se met tardivement en marche pour les points où il aurait dû être la veille, le 20ᵉ pousse de l'avant, le 15ᵉ se met en défense, le 24ᵉ, le plus avancé de tous, continue.

On a vu avec quelle lenteur, quelles hésitations avait été entamée l'opération d'Arcey. Pendant trois jours l'armée française était restée presque tout entière en position de combat, et, pendant trois nuits, derrière les faisceaux au contact des forces minuscules du détachement allemand. Lorsqu'on se décida à attaquer, il se trouva que ces forces étaient doubles de ce qu'elles avaient été jusque-là. Néanmoins le succès fut immédiat, les positions furent enlevées sans un accroc, sans même un retard ou une hésitation. — Dès le début du combat, on put voir que la résistance ennemie serait excessivement molle.

Si jusque-là, et malgré les très nombreux avis reçus (2), le général Bourbaki avait pu croire trouver devant lui des forces importantes, la manière dont se déroula le combat dans la matinée dut lui montrer son

---

(1) *Ordre* de mouvement (journée du 14).
(2) Les derniers du matin même, généraux Billot et Clinchant.

erreur. Il ne put douter dès les premiers coups de feu que le succès était facile. On peut donc se demander comment il n'eut pas l'idée de le pousser, ne fût-ce que pour exalter le moral de soldats qui souffraient de si terribles épreuves.

Tout au contraire, la seule intervention du commandant en chef consista à refréner l'ardeur de ses troupes et à les empêcher de poursuivre l'épée dans les reins l'ennemi qu'elles voyaient fuir. A 2 heures du soir le général Bourbaki envoya au général Borel l'ordre d'arrêter le 15ᵉ corps sur « les positions militaires de Sainte-Marie et Montenois », le général d'Ariès à Arcey. Le 20ᵉ devait occuper le bois de Saulnot. Seul le général Bressolles pouvait pousser sur Aibre et le Vernoy. D'autre part des précautions étaient prises vers la droite, où l'on devait « prévenir si un mouvement tournant se produisait », et les troupes arrêtées à Arcey devaient « se faire soutenir » par la réserve du général Pallu (1).

Devant un adversaire supérieur en forces et attaquant, on n'eût point agi autrement.

Une heure après, ce général si hésitant devant l'ennemi, escomptait à l'avance l'enlèvement des lignes d'Héricourt et la levée du siège de Belfort. Dans une très curieuse lettre (2) adressée à M. de Freycinet, il manifestait une fois de plus son intention de ne pas perdre de vue « l'exécution du plan convenu », c'est-à-dire de marcher sur les lignes de communications ennemies, l'opération contre Belfort n'étant qu'un accessoire. « Je

---

(1) Par contre au 18ᵉ corps était tardivement assuré un ordre impliquant une marche longue et difficile. Il devait en effet aller le soir même à Béverne.

On a vu que cet ordre ne fut pas probablement reçu ; en tout cas, il ne fut pas exécuté, car il était inexécutable (Voir lettres du colonel Leperche et du commandant Brugère).

(2) 13 janvier, 3 heures du soir.

vous prie, disait-il, de me renseigner sur ce que vous croirez que je devrai faire de mieux : marcher sur Chaumont ou sur Épinal... Ne me ménagez ni vos avis, ni vos renseignements. » Une fois de plus il montrait ainsi que la marche au secours de la place assiégée était son œuvre personnelle, étrangère au plan d'opérations convenu et poursuivi malgré les constantes objections du Délégué à la guerre.

On n'avait parlé à ce dernier, quand on avait marché sur Villersexel que de « faire évacuer Vesoul ». Plus tard il avait été seulement question « d'occuper le nœud de routes d'Arcey ». Cette fois on lui annonçait qu'on allait « demain ou après-demain enlever Héricourt et faire lever le siège de Belfort ». Une opération inutile, car la place se défendait toute seule, difficile, l'événement le prouva, excessivement dangereuse, à ce moment où l'approche de l'armée du Sud était déjà signalée, contraire au but de la campagne, allait devenir l'objectif devant lequel devait venir se briser l'armée de l'Est, et avec elle se perdre les dernières espérances de la France.

Était-il temps encore de s'arrêter dans cette voie funeste? Pouvait-on après avoir le 10 janvier laissé échapper Werder, après lui avoir laissé tout le temps de se fortifier, après avoir combattu le 13, pouvait-on reprendre l'exécution du plan convenu? Telle est la question qu'il est peut-être utile d'examiner sommairement.

On a déjà fait remarquer que la poursuite d'un objectif purement géographique, Chaumont ou Épinal, quelque avantage qu'on pût espérer de la destruction de voies ferrées, ne saurait être considérée comme un plan d'opérations convenant à une armée de plus de 100,000 hommes. — Cremer suffisait largement avec sa division pour faire sauter les ponts ou les tunnels utilisés pour le ravitaillement des armées allemandes. On n'avait pas voulu le laisser aller à Langres ; il était temps encore de le diriger sur Épinal et peut-être une incursion de ce côté eût-elle procuré des résultats considérables. Il n'était donc pas nécessaire que toute l'armée suivît cette direction et c'eût été dangereux de le faire, en laissant sur son flanc droit ou ses derrières l'armée intacte de Werder.

Rester sur place n'était pas une solution à considérer, puisque son moindre défaut était de donner tout le temps à l'armée du Sud de passer les Faucilles et de consommer l'enveloppement. A tout prendre, on ne pouvait plus hésiter qu'entre deux projets : marcher à la rencontre de Manteuffel en masquant Werder, ou attaquer ce dernier et chercher à le battre avant l'intervention des troupes venant de Paris.

Le second parti fut adopté. Il aboutit à un échec. Eût-il réussi, c'est-à-dire Werder eût-il été battu et le siège de Belfort levé, que la situation de l'armée de l'Est n'en eût pas moins été critique dès le lendemain d'une victoire devant Héricourt. Victorieuse les 15, 16 ou 17 janvier sur la Lisaine, elle n'en aurait pas moins été liée au chemin de fer de Clerval, et quelques jours plus tard, elle aurait eu à combattre le dos à la frontière suisse et sans liaison avec l'intérieur du pays. Son sort aurait-il été rendu différent par le gain moral obtenu à la suite d'une victoire sur la Lisaine, seul avantage qu'elle pût espérer? On ne saurait l'affirmer.

Était-il encore possible de se reporter vers l'Ouest et de marcher à la rencontre de Manteuffel? Cette solution était la seule qui fût défendable au point de vue stratégique. Mais comment justifier cette retraite devant un ennemi dont on venait de culbuter les avant-postes? Comment, avec des troupes si peu manœuvrières, tenir devant Werder la fraction de couverture absolument nécessaire pour l'empêcher d'intervenir dans la bataille qu'on aurait livrée plus tard face à l'Ouest? Comment vivre en s'éloignant de Clerval, avant que la ligne Gray-Vesoul pût être utilisée, puisque malgré les propositions reçues, le général en chef n'avait rien fait pour être à même d'employer cette voie essentielle? Toutes ces questions, sans être insolubles, durent paraître graves, si on les examina. Puisqu'on avait tant fait que d'aller à Arcey, il dut sembler que l'attaque des lignes de la Lisaine était la conséquence naturelle des opérations poursuivies jusqu'alors. Aujourd'hui encore, il semble difficile qu'on puisse agir autrement dans la situation lamentable où l'aveuglement de son chef avait conduit la malheureuse armée de l'Est. Les fautes accumulées jusqu'au 13 janvier ne lui permettaient plus alors que d'espérer mieux qu'une victoire stérile et sans lendemain.

L'Armée du Sud.

« Bien que, dit la relation du Grand État-Major prussien, quelque repos eût été agréable aux troupes après les marches continues qu'elles avaient effectuées, il fallait repartir le plus tôt possible. Pendant la nuit du 13, les deux corps reçurent avis de pousser leurs avant-gardes, en y joignant des pionniers, jusque sur la ligne Montbard, Saint-Marc-sur-Seine, Lenglay, Aubepierre. Ce mouvement, dont le point de départ était la ligne Montbard-Châtillon, devait amener l'armée dans la région découverte de la Saône, près de Selongey et de Longeau. Pour cette marche, la route passant par Chanceaux et Is-sur-Tille, était affectée au IIe corps, les chemins situés plus au Nord étaient réservés au VIIe corps, qui devait les reconnaître (1) ».

Tel fut le but des ordres suivants.

Ordre de l'armée (2).

Au quartier général de Châtillon-sur-Seine, le 13 janvier 1871,
cinq heures du soir.

Le IIe et le VIIe corps d'armée commenceront demain leur marche à travers les monts de la Côte-d'Or; ils déboucheront le plus tôt possible avec le gros de leurs forces sur la ligne Selongey-Longeau.

Pour cette marche, le IIe corps d'armée suivra la route

---

(1) *Historique du Grand État-Major prussien*, 2e partie, p. 1116.
(2) *Ibit.*, Supp. CLX.

Montbard, Chanceaux, Is-sur-Tille; les routes situées au Nord seront affectées au VII⁰ corps. A moins de modifications nécessitées par les événements, les marches seront exécutées conformément au tableau ci-joint; les points indiqués déterminent à peu près la ligne à occuper par les gros. Les avant-gardes, surtout celles du VII⁰ corps, devront être poussées très loin en avant, afin d'atteindre et de couvrir le plus rapidement possible le débouché des montagnes. Cette mesure a aussi pour but d'ouvrir un débouché au II⁰ corps, en cas d'attaques ennemies venant de Dijon.

Tableau de marche.

CORPS DE TROUPES	LES TROUPES ARRIVERONT LE :			
	14 janvier.	15 janvier.	16 janvier.	17 janvier.
VII⁰ Corps d'armée (avec le gros).				
14⁰ Division.	Arc-en-Barrois.	Chameroi.	Longeau.	
13⁰ Division.	Recey.	Auberive.	Prauthoy.	
II⁰ Corps d'armée (avec les têtes).	Lucenay.	Chanceaux.	Courtivron.	Selongey.
Quartier général.	Leuglay[1].	Germaines.	Prauthoy.	

1. En réalité le quartier général fut établi le 14 janvier à Voulaine (Note de la Relation du grand E. M. G.)

A cet effet, les troupes arrivées à la sortie des montagnes, s'y établiront aussitôt militairement.

Le quartier général marchera avec la colonne de droite du VII⁰ corps d'armée. Le VII⁰ corps fera couvrir la marche de ses troupes et de ses convois dans la direction de la place de Langres.

Afin de couvrir l'armée, ses communications, ses magasins et la voie ferrée Châtillon-Nuits, dans la direction du Sud, un détachement, placé sous les ordres du général-major de Kettler, restera en arrière. Ce détachement se composera de la 8⁰ brigade d'infanterie, de 2 batteries et de 2 escadrons du II⁰ corps d'armée (6 bataillons, 2 escadrons,

12 pièces). Il s'établira d'abord dans les environs de Montbard et agira, en général, conformément à l'instruction ci-jointe. Il restera en même temps en communication avec le 1ᵉʳ régiment de hussards de réserve, que le VIIᵉ corps mettra à la disposition de l'inspection générale des étapes de la IIᵉ armée et qui sera provisoirement dirigée sur Nuits.

Signé : Baron von MANTEUFFEL.

Comme, à la suite du choix de la direction de marche sur Vesoul, le IIᵉ corps d'armée, particulièrement la 4ᵉ division, se trouvait à une journée de marche en arrière du VIIᵉ corps, « pour éviter toute perte de temps, on fit abstraction du principe de maintenir le plus possible l'intégrité des unités tactiques, et la brigade Dannenberg fut affectée comme avant-garde au IIᵉ corps, et remplacée par la queue de la 4ᵉ division (*8ᵉ brigade*, etc.) (1) ».

Le VIIᵉ corps gagnait ainsi un jour de marche.

Ce détachement comprenait, outre la *8ᵉ* brigade, les 1ᵉʳ et 2ᵉ escadrons de *11ᵉ* dragons, la 5ᵉ batterie légère et la 6ᵉ batterie lourde du IIᵉ corps.

Les instructions suivantes furent données au détachement du général von Kettler :

Instruction pour le détachement du général-major de Kettler (2).

Au quartier général de Châtillon-sur-Seine, le 13 janvier 1871.

Pendant que l'armée effectuera sa marche à travers la Côte-d'Or, ou même lorsque celle-ci sera terminée, il n'est pas impossible que l'ennemi tente, par le Sud, quelques attaques sur notre flanc droit ou sur nos communications. Ces entreprises pourraient être exécutées, soit par le corps de Garibaldi, qui, d'après les renseignements recueillis jusqu'à ce jour, a pris Autun pour base et bat le pays en

---

(1) Kriegs-Archiven, citées par *Fabricius*, II, p. 59.
(2) *Historique du Grand État-Major prussien*, Supp. CLX.

avant de cette ville, soit par les troupes françaises qui se trouvent aux environs de Dijon.

La mission du général de Kettler consiste à repouser ces attaques, dans la mesure de ses forces; ceci n'exclut pas de courtes opérations offensives, qui, dans certains cas, sont même à recommander. Il faut s'occuper surtout du corps de Garibaldi et établir autant que possible par des reconnaissances, sa position, son effectif et ses mouvements.

L'armée aura d'ailleurs soin de donner à sa ligne d'étapes à travers la Côte-d'Or, une direction telle que celle-ci soit autant que possible gardée aussi bien contre Langres que contre le Sud. Par contre, le magasin de Châtillon et la section du chemin de fer Châtillon-Nuits, doivent être l'objet essentiel d'une surveillance constante de la part du général-major de Kettler. A cet effet, il devra se mettre en communication avec le 1er régiment de hussards de réserve, mis à la disposition de l'inspection générale des étapes de la IIe armée à Nuits, et s'assurer sa coopération, le cas échéant.

Si, contre toute attente, le détachement était serré de près par des forces très supérieures, il se maintiendrait d'abord à Châtillon le plus longtemps possible. Si cela devenait nécessaire, il se replierait le long de la voie ferrée Châtillon-Blesme, pour couvrir cette ligne, de concert avec les troupes gouvernementales et les troupes d'étapes stationnées dans cette région; renforcé par ces troupes, il reprendrait éventuellement l'offensive ou rétablirait ses communications avec l'armée, par la région située au Nord de Langres.

Le commandant en chef,
Signé : baron von MANTEUFFEL.

« Comme l'influence du commandement ne pourrait de nouveau se faire sentir sur les colonnes de marche qu'après que celles-ci seraient sorties des montagnes, le général de Manteuffel donna les directives suivantes à ses deux généraux de corps d'armée (1) :

---

(1) *Die Operationen der Süd-Armee*, par le colonel Wartensleben, p. 12.

« Votre devoir est de faire franchir, le plus rapidement possible, la montagne à votre corps d'armée pour le tenir en état de marcher et de combattre, de n'exposer vos convois et vos bagages à aucun échec, de vous relier si possible avec le corps voisin, et pour cela le mieux serait peut-être d'établir des relais par Châtillon. La situation sera telle que je pourrai peu commander et que tout sera dans les mains des généraux commandant les corps d'armée ou même de ceux commandant les colonnes de marche sur les différentes routes. Si l'ennemi se présente, il faut le repousser : la colonne qui aura franchi le débouché, devra aussitôt se déployer à droite et à gauche pour s'assurer si les débouchés voisins sont libres : s'ils ne le sont pas, les généraux en chef interviendront d'eux-mêmes pour dégager le débouché pour la colonne qui y arrive; enfin je demande aux généraux de provoquer tout ce qui peut alléger les troupes ou servir à les mieux nourrir. Le plus simple est : « double portion ». Mais nous devons voir et ne pas risquer la sécurité de l'approvisionnement; il y aura donc lieu d'associer l'approvisionnement sorti des magasins et celui provenant d'un système de réquisition sévère. Je prends la responsabilité de tout ce qui sera ordonné dans ce but par les commandants de corps d'armée, de façon que ceux-ci ne soient liés par aucun règlement. »

En exécution de ces ordres, la 10ᵉ compagnie du 72ᵉ (1) arriva à Montbard, venant de Saint-Remy à 7 h. 30 du matin; le détachement von Schönholtz quitta Montbard à 8 h. 15 dans la direction de Marmagne, fractionné de la façon suivante.

Avant-garde. — Major Panse : 2 compagnies du Iᵉʳ bataillon du 72ᵉ, demi-escadron de hussards.

Gros. — Major Einecke : 2 compagnies du Iᵉʳ bataillon, la batterie, IIᵉ bataillon, 9ᵉ et 10ᵉ compagnies, le reste

---

(1) *Historique* du 72ᵉ, p. 569.

de la cavalerie, 11ᵉ et 12ᵉ avec les bagages et 2 cavaliers.

Le détachement de santé était parti à 7 heures sur Touillon par Marmagne sous l'escorte d'un demi-peloton de hussards qui vint ensuite cantonner à Fresne.

Le détachement Schönholtz atteignit ses nouveaux cantonnements sans incidents et fut ainsi réparti : Lucensy-le-Duc, état-major, Iᵉʳ bataillon, la batterie, 4 pelotons de hussards; Fresne, IIᵉ bataillon, 3 pelotons de hussards; Chaume, 9ᵉ et 10ᵉ compagnies et état-major du bataillon de fusiliers; Jours, 11ᵉ et 12ᵉ compagnies.

Le personnel et le matériel de la station télégraphique fut replié de Montbard sur Nuits, sous la protection d'un demi-peloton de hussards qui revint ensuite à Fresne.

Le bataillon de fusiliers du *60ᵉ* et 1 peloton de ulans restèrent à Fontaine, l'état-major du détachement, 3 compagnies du IIᵉ bataillon et 3 pelotons de ulans vinrent à Villaines avec la batterie et le détachement de santé; 1 compagnie du IIᵉ bataillon à Magny-Lambert; 1 bataillon et 1 peloton de hussards à Saint-Marc.

Sauf ordres contraires, le colonel von Dannenberg devait le 14 concentrer son détachement de la façon suivante :

Avant-garde : Lieutenant-colonel Schönholtz avec 6 compagnies du *72ᵉ*, 1 escadron de hussards et 1 batterie à Baigneux-les-Juifs.

Gros : Colonel Dannenberg avec E.-M. IIᵉ bataillon du *69ᵉ*, trois pelotons de ulans à Chaume.

Fusiliers du *69ᵉ*, 1 batterie, 1 peloton de ulans à Jours.

3 compagnies du Iᵉʳ bataillon du *60ᵉ*, 1 peloton hussards à Ampilly-les-Bordes.

1 compagnie du *60ᵉ* à Ampilly-le-Haut.

Réserve : 2 compagnies du *72ᵉ*, demi-détachement de santé, 1 peloton de hussards à Fontaine.

Détachement de droite : Iᵉʳ bataillon du *72ᵉ* et 2 pelotons hussards à La Villeneuve.

Si pour le 14, la marche sur Chanceaux était ordonnée,

le colonel von Dannenberg pensait atteindre cette ville avec son avant-garde, occuper avec son gros et sa réserve Billy, Poiseuil, Laperrière, et avec son détachement de flanc Saint-Germain.

Une fraction de pionniers du VII⁰ corps fut envoyée au détachement : après l'arrivée de celle-ci, le commandant du VII⁰ corps, envoya au colonel von Dannenberg les changements provenant de l'ordre du 13 donné par le général von Manteuffel.

« Le détachement du colonel von Dannenberg est dissous :

« 1° Les *60*⁰ et *72*⁰ régiments d'infanterie entrent dans la composition du II⁰ corps.

« 2° Le *1*ᵉʳ hussards de réserve passe sous les ordres de l'inspection générale des étapes de la II⁰ armée à Orléans, et doit aller à Nuits attendre des ordres.

« 3° Les 2 batteries du VII⁰ corps rentrent à leur corps ; elles resteront avec le colonel Dannenberg jusqu'à ce qu'elles aient reçu l'indication du point où elles doivent rejoindre. »

D'autre part, le lieutenant-colonel Fabricius s'exprime en ces termes.

« Le colonel Dannenberg, partant toujours de l'idée que Ricciotti marchait sur Châtillon, avait fait explorer, avant l'exécution de sa marche, les directions d'Ampilly-les-Bordes, et la Borde pour, autant que possible, recueillir l'ennemi revenant de Saint-Marc, mais naturellement rien de pareil ne se produisit. »

Dans l'après-midi, le major Müller arrivé à Saint-Marc avec le Iᵉʳ bataillon du *60*ₑ et 1 peloton de hussards, rendait compte que, d'après les données assez vraisemblables du maire de son cantonnement, Ricciotti se trouverait en ce moment à Recey-sur-Ource ou Leglay ; le 12 il aurait marché de Baigneux par Ampilly sur Aignay-le-Duc et aurait fait annoncer par un habitant et certifier par écrit au maire de Saint-Marc qu'il n'y avait là aucune troupe allemande. Après avoir passé la nuit à Aignay, il aurait marché le 13 par Moitron et Montmoyen (1) sur Recey ou Leglay (2). Le major Müller concluait de ce mouvement, ou bien que Ricciotti voulait percer de ce côté sur Châtillon, ou bien que par Saint-Germain-le-Rocheux et Aisey-sur-Seine il voulait tomber dans le dos de Dannenberg : son effectif d'après le Maire s'élevait à 1,200 hommes. »

VIIe corps. — Le 13 janvier à 7 heures du matin, le commandant du VIIe corps, conformément aux ordres du général en chef, donna ses ordres pour faire porter en avant les avant-gardes (3).

La *13e* division fit porter son avant-garde (Arent), à laquelle fut affectée un détachement de pionniers, à Lenglay et Voulaines, avec mission d'explorer les routes conduisant à Granccy, Montmoyen, et par Recey et Auberive à Pranthoy; les premières destructions rencontrées furent rétablies avant le soir.

---

(1) *Souvenirs* de Ricciotti, p. 87. « Le lendemain (13) nous nous repliâmes vers le Sud, et le soir, nous arrivons à Avot-le-Grand. »

(2) *Rapport* au ministre du capitaine Lacour (compagnie des francs-tireurs républicains de Bigorre) (Archives de la Guerre, M. 14) « Partis à 4 heures du matin (de Chanceaux), nous suivîmes la route de Dijon pendant environ 4 kilomètres et prîmes par notre gauche la route qui devait nous conduire à Is-sur-Tille, où nous devions nous arrêter le soir. Arrivés à Pellerey à 7 heures du matin, nous trouvâmes Lamargelle, Fresnoy (éclaireurs de Bourbaki pris par les Prussiens), et *Moloy où nous opérions notre jonction avec la 4e brigade.* Les deux colonnes se disposaient à marcher par deux routes séparées sur Dijon, lorsque nous fûmes sur le point d'être entourés par trois colonnes ennemies (?) (6,000 hommes infanterie et artillerie) que nos éclaireurs rencontrèrent sur la route d'Is-sur-Tille que nous allions suivre. Notre brigade fut obligée de battre en retraite vers le Nord dans la direction de Grancey que nous ne pûmes atteindre : nous arrivâmes à Salives à 9 heures du soir ».

(3) Fabricius, p. 61.

Le général Osten-Sacken prit le commandement de l'avant-garde renforcée : II⁰ et III⁰ bataillons du *73ᵉ*, *7ᵉ* bataillon de chasseurs, 3ᵉ et 4ᵉ escadrons, du 8ᵉ hussards, 5ᵉ batterie légère, 1ʳᵉ compagnie de pionniers.

Le détachement von den Busche se porta de Laignes à Châtillon et dans les villages de Bonix et Poinçon.

Le colonel Delitz à Brencey se mit en liaison avec le détachement Dannenberg et rendit compte, que, d'après le maire de Saint-Germain, 3,000 Garibaldiens avaient passé la nuit à Aignay.

D'après une patrouille du lieutenant Troost (*8ᵉ* hussards) poussée à Lenglay dans la nuit du 13, des Garibaldiens semblaient être attendus à Grancey, car le chef de sa pointe fut d'abord pris par un habitant pour un Garibaldien.

La *14ᵉ* division poussa son avant-garde (Iᵉʳ et IIᵉ bataillons du *77ᵉ*, 1 escadron du *15ᵉ* hussards, 4 pièces de la 2ᵉ batterie lourde) sous les ordres du major von Köppen, avec des pionniers, à Aubepierre, avec mission d'explorer par Arc-en-Barrois et Auberive les routes conduisant vers l'Est : les deux routes furent trouvées libres et utilisables.

Le Iᵉʳ bataillon du *73ᵉ* (1) était chargé de la protection de l'artillerie de corps et des convois depuis le 13 janvier, jusqu'à la fin de la campagne.

La 5ᵉ compagnie du *39ᵉ* (2), était détachée à Layer-sur-Roche, pour établir la liaison avec la *13ᵉ* division.

Le Iᵉʳ bataillon du *54ᵉ* (3) se portait dans la matinée à Montigny. Le soir, il était établi à Dancevoix, Veuxaulles, Boudreville.

IIᵉ corps. — Selon les ordres donnés le 12 (4), la *6ᵉ* brigade d'infanterie renforcée quitta Perrigny à 10 heures

---

(1) *Historique* du 73ᵉ.
(2) *Historique* du 39ᵉ.
(3) *Historique* du 53ᵉ.
(4) Fabricius, p. 59.

du matin pour aller occuper Montbard et environs, en soutien du détachement Dannenberg. La marche se fit avec beaucoup de difficultés à cause du temps très froid et du verglas, car les chevaux n'étaient pas ferrés à glace.

La 6ᵉ brigade fut répartie ainsi :

Iᵉʳ bataillon et fusiliers du *54ᵉ*, trois quarts du 2ᵉ escadron du *3ᵉ* dragons, 1ʳᵉ batterie légère : Montbard.

2ᵉ bataillon de chasseurs, 3 escadrons du *3ᵉ* dragons : Fain-les-Montbard.

IIᵉ bataillon du *54ᵉ*, trois quarts escadron du *3ᵉ* dragons : Champ-d'Oiseau.

Iᵉʳ bataillon du *14ᵉ*, 1 peloton du 4ᵉ escadron du *33ᵉ* dragons : Senaily (avec mission d'explorer le terrain aux alentours).

IIᵉ bataillon du *14ᵉ* : Saint-Remy.

Bataillon de fusiliers du *14ᵉ*, 1 peloton du 2ᵉ escadron du *3ᵉ* dragons, état-major de la division : Buffon, Aisy.

Les cartes de ce théâtre d'opérations n'étant pas encore arrivées au IIᵉ corps, le manque de cartes était très gênant.

La 5ᵉ brigade se porta à Nuits-Ravières.

Le quartier général du corps d'armée se trouvait à Ancy-le-Franc.

La 4ᵉ division était au repos.

Une patrouille d'officier du *11ᵉ* dragons, forte de 7 chevaux, envoyée de Massengis sur Avallon, par la 7ᵉ brigade, fut accueillie dans cette ville par des coups de feu : le lieutenant Wernecke, avant l'entrée de la ville, à l'embranchement des routes de Sauvigny et de Cussy s'était heurté à une sentinelle, habillée d'une blouse bleue, armée d'une baïonnette, appartenant vraisemblablement à un poste situé dans la tuilerie. Celle-ci s'enfuit. Il chargea un habitant d'aller lui chercher le maire, celui-ci lui répondit railleusement d'aller lui-même à la mairie. Pendant ce temps une douzaine d'hommes, habillés de blouses, vinrent tirer une quarantaine de coups sur la patrouille après qu'un dragon eut tiré sur la sentinelle (1). Le lieutenant Wernecke se retira sans pertes sur Sauvigny, où les habitants avaient une attitude tellement hostile, qu'il dut contourner le village. Il ne remarqua pas de fractions ennemies groupées.

Le 13, la 1re compagnie de pionniers reçut l'ordre de se porter à Perrigny pour faire partie de la brigade Dannenberg.

La 2e compagnie vint remplacer la 1re à la *3e* division. La 3e compagnie fut chargée de la colonne d'outils. L'équipage de ponts restait à la *3e* division (2).

Les cantonnements du VIIe corps le 13 au soir furent les suivants :

QUARTIER GÉNÉRAL. — CHATILLON.

13e Division. — Châtillon.

25e brigade
- 13e régiment. Ier bataillon. — Châtillon.
- — IIe — . — Poinçon.
- — Fusiliers. — Bonix.
- 73e Rég^t. Ier B^{on}. — Sainte-Colombe-Cerilly.
- — IIe B^{on} et fusiliers. — Voulaines.
- 1re Cie de pionniers. — Lenglay-Voulaines.

---

(1) *Historique* de la colonne commandée par le colonel Carrière. (Archives de la Guerre.)

« 12 janvier. Pour parer à toute éventualité le colonel dirigea de suite, du côté d'Avallon, les francs-tireurs de la Vienne et d'Auxerre, ainsi que la compagnie des gardes forestiers commandés par M. de Kirwan.

« 13 janvier. A peine cette avant-garde avait-elle pris ses positions, que 7 éclaireurs prussiens venant de l'Isle-sur-Serein, se présentaient aux portes d'Avallon, annonçant pour le lendemain une colonne dont ils turent l'importance. Au lieu de les laisser entrer en ville, comme le colonel en avait donné l'ordre, et de les faire tous prisonniers, le poste des francs-tireurs eut la maladresse d'échanger avec eux quelques coups de fusil, après quoi ils s'enfuirent précipitamment dans la direction qu'ils avaient suivie. »

(2) *Historique* du 2e bataillon de pionniers.

LA GUERRE DE 1870-1871.

26ᵉ brigade ...... { 15ᵉ régiment.   { Mêmes cantonnements
                   { 55ᵉ   —   { que le 12.
                   { 7ᵉ bataillon de chasseurs. — Lenglay.

Détachement Dunnenberg.

72ᵉ régiment. Iᵉʳ bataillon. — Lucenay.
  —   IIᵉ   —   . — Fresne.
72ᵉ Régᵗ. Fusiliers. { 9ᵉ, 10ᵉ. — Chaume.
                     { 11ᵉ, 12ᵉ. — Jours.
60ᵉ régiment. Iᵉʳ bataillon. — Saint-Marc.
60ᵉ Régᵗ. IIᵉ Bᵒⁿ { 1ʳᵉ Cⁱᵉ. — Magny-Lambert.
                  { 3ᵉ Cⁱᵉ. — Villaine.
  —   Fusiliers. — Fontaine.
1ᵉʳ hussards de réserve. 1ᵉʳ Esc. } comme le 12.
    —   2ᵉ   — }
    —   3ᵉ et 4ᵉ Esc. — Luce-
                            nay, Fresne, Saint-
                            Marc.
8ᵉ hussards. 1ᵉʳ et 2ᵉ escadrons. — Châtillon.
  —   3ᵉ et 4ᵉ escadrons. — Lenglay,
    Voulaines.
5ᵉ ulans de réserve. 1ᵉ, 2ᵉ, 4ᵉ escadrons. —
    Châtillon.
5ᵉ ulans de réserve. 3ᵉ esc. — Fontaine,
    Villaine.
3ᵉ batterie légère. — Villaine.
4ᵉ   —   . — Lucenay-le-Duc.
5ᵉ   —   . — Voulaines.
6ᵉ   —   . — Châtillon.
5ᵉ batterie lourde. } Châtillon.
6ᵉ   —   }
Batteries à cheval. — Montliot.

14ᵉ Division. — Montigny.

27ᵉ brigade ...... { 39ᵉ régiment. Comme le 11 et le 12, 5ᵉ Cⁱᵉ
                   { à Layer-sur-Roche.

28ᵉ brigade ...... { 53ᵉ Régᵗ. Fusiliers. — Montigny.
                   {   Iᵉ—IIᵉ Bᵒⁿ { 5ᵉ et 8ᵉ. — Courban.
                   {   { 6ᵉ et 7ᵉ. — Loueme.
                   {   r Bᵒⁿ   { 1ᵉʳ et 4ᵉ. — Dancevoix.
                   {   { 2ᵉ et 3ᵉ. — Veuxaulles,
                   {   Boudeville.
                   { 77ᵉ Régᵗ. Iᵉʳ et IIᵉ bataillons. — Aubepierre.

LA GUERRE DE 1870-1871. 187

    13ᵉ hussards. 1ᵉʳ escadron. — Aubepierre.
    —   3ᵉ   —   . — Veuxaulles.
    1ʳᵉ batterie légère. — Montigny.
    1ʳᵉ batterie lourde. — Montigny, Boudreville.
    2ᵉ batterie lourde. — Boudreville, Aubepierre.

Les cantonnements du IIᵉ corps, le 13 au soir, furent les suivants :

QUARTIER GÉNÉRAL. — ANCY-LE-FRANC.

3ᵉ *Division*. — Buffon-Aisy.

5ᵉ brigade........
- 2ᵉ régiment. 1ᵉʳ bataillon. — Ravières.
- — IIᵉ bataillon. — Ancy-le-Franc.
- — Fusiliers. — Nuits.
- 42ᵉ régiment. 1ᵉʳ bataillon. — Perrigny.
- — IIᵉ — . — Lézinnes.
- — Fusiliers. — Cry.
- 1ʳᵉ compagnie de pionniers. — Perrigny.

6ᵉ brigade........
- 14ᵉ régiment. 1ᵉʳ bataillon. — Senailly.
- — IIᵉ — . — Sᵗ-Remy.
- — Fusiliers. — Buffon-Aisy.
- 54ᵉ régiment. 1ᵉʳ bataillon. — Montbard.
- — IIᵉ Bᵒⁿ. — Champ-d'Oiseau.
- — Fusiliers. — Montbard.

2ᵉ Bᵒⁿ de chasseurs. — Fain-les-Montbard.
3ᵉ dragons. 1ᵉʳ escadron. — Nuits, Ravières.
    — 2ᵉ escadron. — Montbard (3/4), Buffon (1/4).
    — 3ᵉ escadron. — Fain-les-Montbard.
    — 4ᵉ escadron. — Champ-d'Oiseau (3/4), Senailly (1/4).
Artillerie. — Nuits, Ravières et environs.
1ʳᵉ batterie légère. — Montbard.
Convois. — Comme la veille.

4ᵉ *Division*.

Mêmes cantonnements que le 12, sauf les fusiliers du 61ᵉ qui arrivent à Joigny.

Pendant la journée du 13, les premières nouvelles relatives à l'attaque du général Werder arrivaient au quartier général de l'armée du Sud, donnant lieu à l'échange de télégrammes suivants :

N° 2

Général de Manteuffel, Châtillon (1).

Déposée à Frehier, le 12 janvier 1871, 10 heures 40 minutes du soir.
Arrivée au quartier général de l'armée du Sud, le 13 janvier 1871.

L'ennemi s'est tenu tranquille aujourd'hui. D'après un avis du colonel Willisen, les Français paraissent achever leur déploiement entre l'Ognon et le Doubs. On dit que Bourbaki était la nuit dernière à Villersexel, qui est fortement occupé. Devant des forces supérieures, le colonel Willisen se retirera sur Ronchamp ; je ne puis dans ce cas rien faire pour couvrir Épinal.

Signé : DE WERDER.

N° 3

Général de Manteuffel, Châtillon-sur-Seine.

Déposée à Frahier, le 13 janvier 1871, 1 heure 43 minutes du matin.
Arrivée au quartier général de l'armée du Sud, le 13 janvier 1871.

L'ennemi venant de Vesoul et de Moffans, serre de près le colonel Willisen. Je fais replier ce dernier sur Ronchamp (2). Un régiment de cavalerie part sur Luxeuil, pour continuer à observer le flanc de l'adversaire.

Signé : DE WERDER.

---

(1) *Historique du Grand État-Major prussien*, Supp. CLIX.
(2) En réalité, le colonel de Willisen n'évacua Lure que le 14 janvier.

N° 4

Général de Werder, Brévilliers, près Belfort (1).

> Déposée à Châtillon, le 13 janvier 1871, 9 h. 10 du soir.
> Arrivée au quartier général du XIV° corps d'armée, le 13 janvier 1871.

Je commence demain, avec le II° et le VII° corps d'armée, une marche sur Vesoul, direction générale. Les télégrammes continueront à me parvenir via Châtillon.

Signé : DE MANTEUFFEL.

Après le départ de ce télégramme le général de Manteuffel recevait du général de Werder le télégramme suivant :

N° 5

Général de Manteuffel, Châtillon-sur-Seine (2).

> Déposée à Brévilliers, le 13 janvier 1871, 6 heures du soir.
> Arrivée au quartier général de l'armée du Sud le 13 janvier 1871.

L'ennemi a attaqué aujourd'hui mes avant-postes à Arcey et à Chavannes, avec des forces supérieures et une nombreuse artillerie. Les avant-postes se sont retirés jusqu'à Tavey et Couthenans. D'après les déclarations des prisonniers, le 18° corps, qui est à Chavannes, forme l'aile gauche, le 15° est au centre, le 20° à l'aile droite et le 25° en réserve. Outre ces troupes, des forces imposantes sont aussi sur le Doubs, probablement le 24° corps. Je m'attends à être attaqué demain dans ma position. Je prie Votre Excellence de m'indiquer ses intentions.

Signé : DE WERDER.

---

(1) *Historique du Grand État-Major prussien*, Supp. CLIX, télégramme.
(2) *Ibid.*

Journée du 14 janvier.

Mouvements des corps français.

La division Cremer avait, pour se porter de Vesoul à Lure, à couvrir environ 30 kilomètres. — Elle se mit en marche vers 10 heures du matin et parvint à Lure à 8 heures du soir seulement. — Bien que disposant d'une excellente route, elle avait été si gênée par la neige et le verglas, que l'allure avait été fort lente. De plus un incident avait retardé l'installation.

Le détachement Willisen avait, en effet, dès le matin, dirigé son infanterie et son artillerie sur Frahier, en échelonnant le 2ᵉ dragons de réserve entre ce point et Lure, où restaient le 1ᵉʳ dragons badois et le régiment de ulans de réserve (1). Ces deux régiments avaient aussi quitté la ville avant midi et restaient postés à 1 kilomètre de là au pont sur l'Oignon. Vers 4 heures, une patrouille de ulans se heurta dans Lure même à la pointe de cavalerie de la division Cremer composée de spahis. Culbutée, elle se retira, perdant 2 blessés et 1 prisonnier, sous les coups de fusil des habitants. L'escadron Œhlwang, envoyé par le colonel Willisen, mit à pied une soixantaine d'hommes, qui rentrèrent dans la ville, où ils fusillèrent plusieurs habitants et poussèrent jusqu'à la sortie Ouest, repoussant la pointe de cavalerie française. A ce moment approchait l'infanterie de la division Cremer, qui, croyant la ville fortement occupée,

---

(1) *Historique* du 1ᵉʳ dragons badois.

commença à se déployer et à exécuter un mouvement tournant. Le capitaine Œhlwang fit amener ses chevaux de main jusqu'à la sortie Ouest de Lure, remonta à cheval et se retira vers le gros du détachement Willisen, qui, à la nuit tombante, se mit en marche vers Ronchamp, où il retrouva les deux compagnies de chasseurs et la batterie Krutsch, envoyées de Frahier à son secours. — Ces troupes et 2 escadrons de dragons passèrent la nuit à Ronchamp; le reste du détachement Willisen se retira sur Champagney.

Entrée dans Lure à 8 heures du soir seulement, la division Cremer s'y installa en majeure partie. Cependant 2 bataillons du 32ᵉ de marche (1) et 1 batterie de montagne, poussèrent sur Roye, où ils arrivèrent à 10 heures du soir; le Ier bataillon de mobiles de l'Aude (2) alla à Vouhenans, et le IIe à Magny-Vernois.

18ᵉ corps. — La 1re division se mit en marche à 8 heures du matin (3). La 1re brigade (Leclaire) se porta sur Mignafans, Grange-la-Ville, Grange-le-Bourg, puis, par un sentier à travers la forêt de Grange, sur les Genêtre (1 500 mètres Ouest de Faymont). En entrant dans les bois, et conformément aux ordres du commandant du corps d'armée, on déploya en tirailleurs le IIe bataillon du 42ᵉ de marche. Ce trajet, « par 17° de froid et à travers des fondrières couvertes de neige où les hommes disparaissaient, fut épouvantable » (4). La 13ᵉ batterie, affectée à la brigade Leclaire, ne put faire

---

(1) *Historique* du 32ᵉ de marche.
(2) *Historiques* du 83ᵉ mobiles et du IIe bataillon de l'Aude.
(3) Le *rapport* Borius dit que ce fut parce que le 20ᵉ corps ne devait quitter Grange-la-Ville, Grange-le-Bourg et Mignavillers qu'à 6 heures du matin. La raison est étrange, car entre Villargent, où avait stationné la division, et Grange-la-Ville, il y avait plus de 2 heures de marche.
(4) Borius.

passer ses pièces qu'avec les plus grandes peines et dut laisser ses caissons en arrière (1). La 2ᵉ brigade (Robert)(2) avait eu un chemin un peu moins mauvais par Mignavillers et la Scierie des Breurets. Néanmoins, il faisait nuit noire (6 heures du soir) lorsque la 1ʳᵉ division parvint à Faymont. De là, la 1ʳᵉ brigade dut gagner Courmont. La colonne s'égara, s'engagea sur le plateau dit Côte de Vaudrey, où les troupes épuisées restèrent plusieurs heures, sous des tourbillons de neige, sans feu et sans abri (3). Enfin on parvint à Courmont, mais en suivant un à un le lit du torrent glacé du Rognon, encombré de quartiers de roche. A 3 heures du matin seulement, ces malheureux soldats trouvaient un abri à Courmont, où régnait la petite vérole noire. Les cas de congélation avaient été très nombreux : 50 au 42ᵉ de marche. De Courmont, un bataillon du 19ᵉ mobiles avait été poussé en grand'garde à la ferme de Crête, à la lisière Est de la côte de Vaudrey. — L'artillerie divisionnaire était restée à Faymont avec 2 bataillons (4) du 73ᵉ mobiles. Mais l'autre régiment de la 2ᵉ brigade, le 44ᵉ de marche, avait été de bonne heure poussé sur Courmont, où il était arrivé à 9 heures, poussant le IIᵉ bataillon en grand'garde au hameau des Valettes (5).

Le convoi divisionnaire ne put rejoindre les troupes le soir même et les réquisitions donnèrent fort peu de vivres.

---

(1) *Rapport* du commandant Alips.
(2) Avec laquelle marchaient les 14ᵉ et 20ᵉ batteries.
(3) *Historiques* du 19ᵉ mobiles et du 42ᵉ de marche. *Journaux* de la division et de la brigade.
(4) Le Iᵉʳ bataillon était de garde avec la réserve d'artillerie et coucha à Moffans, le IIIᵉ avait détaché une compagnie au convoi. Celui-ci ne put atteindre Faymont (*Rapport* du capitaine commandant la 7ᵉ compagnie.)
(5) *Historique* du 44ᵉ, contraire à la version des journaux de la division et du corps d'armée.

« La 3ᵉ division (Bonnet) avait ordre de se porter sur les hauteurs qui dominent Béverne (1). »

La brigade Goury (1ʳᵉ) se porta sur Sénargent, Forge-Saint-Georges, Athesans, la Vergenne, Moffans, Lomontot et Lomont. A Sénargent, le IIᵉ bataillon du 4ᵉ zouaves avait déployé 3 compagnies pour fouiller les bois. A Athesans, la jonction s'était faite avec la 2ᵉ brigade (Brémens), qui, avec deux batteries, une section de montagne et le 42ᵉ de ligne, y était arrivée par Étroite-Fontaine, et qui suivit la 1ʳᵉ brigade dans sa marche vers Lomontot et Lomont. A 10 heures du soir seulement, le 4ᵉ zouaves de marche et le 81ᵉ mobiles arrivaient en ce point (3). Ils y étaient rejoints successivement par 2 bataillons du 53ᵉ de marche (le Iᵉʳ restant à Lomontot), « en grand'garde » (*sic*) (4), puis par le 82ᵉ mobiles.

Quant à la 2ᵉ division, « qui était étendue de Pont-sur-l'Oignon à Villersexel, elle dut d'abord se concentrer, afin d'être en mesure de combattre s'il le fallait » (5).

---

(1) Borius.

(2) *Historique* du 4ᵉ zouaves de marche.

(3) Le *rapport* Borius dit que de là, à 2 heures du matin, on envoya « une grand'garde couronner les hauteurs qui dominent Béverne ». Les *Historiques* des corps, 4ᵉ zouaves de marche et 81ᵉ mobiles, sont muets sur ce point. Celui du 82ᵉ mobiles parle seulement d'une grand'garde aux abords de Lomont. Le *Journal* de la 2ᵉ brigade dit que le IIᵉ bataillon du 53ᵉ fut placé aux abords de Lomont, gardant la route d'Etobon à Clairegoutte. Celle-ci, ou les chemins qui peuvent en tenir lieu, est à 5 kilomètres de Lomont. Il est probable qu'on a voulu dire la route de Béverne à Lyoffans. Mais il est d'autant moins vraisemblable que le IIᵉ bataillon du 53ᵉ ait été aux avant-postes le 14 au soir, que ce bataillon était de service la veille (voir son rapport indiquant que l'ennemi n'était ni à Etroite-Fontaine, ni à Athesans). En tous cas l'*Historique* du régiment dit formellement : « A 10 heures, les IIᵉ et IIIᵉ bataillons se dirigent sur Lomont où ils arrivent à 11 heures du soir ; le Iᵉʳ bataillon reste à Lomontot ».

(4) *Journal* de la 2ᵉ brigade.

(5) Borius.

« A midi seulement, la 1ʳᵉ brigade (Perrin) et 2 batteries partirent de Villersexel par Villafans et Gouhenans, tandis que la 2ᵉ brigade, 1 batterie montée, 2 batteries à cheval, et le 92ᵉ, qui venait d'arriver à Bonnal, se dirigeaient sur le même point, par Saint-Sulpice et Longevelle. La division se concentra de nouveau à Gouhenans, puis se dirigea sur la Vergenne et Moffans, en se mettant à la suite de la division Bonnet (1) ». Toute la division s'entassa dans ce village ou bivouaqua aux abords (2). Un ordre du corps d'armée, daté de 4 h. 30 du soir, prescrivant d'envoyer 1 brigade et 1 batterie à Lyoffans, paraît être resté inexécuté. A Moffans était aussi venue la réserve d'artillerie.

La division de cavalerie était partie de Villargent à 7 heures, marchant sur Bévenge, où elle avait assisté au passage de la 2ᵉ division. De là, elle s'était portée sur Athesans et y avait attendu jusqu'à midi avant d'aller à Moffans. Le 2ᵉ hussards avait marché de Gouhenans sur la Vergenne, puis Moffans, où il était à 6 h. du soir (3). De là, un peloton du 5ᵉ cuirassiers de marche avait été envoyé en reconnaissance à Lyoffans. Le 3ᵉ lanciers de marche, dont les escadrons étaient répartis dans les divisions, avait déjà dans la journée poussé des patrouilles de ce côté.

En somme, après cette pénible marche et de cruelles souffrances, personne du 18ᵉ corps n'occupait Béverne; personne n'avait poussé sur la route de Lure à Héricourt. La jonction n'était pas faite avec la division Cremer. Enfin le corps d'armée se trouvait entassé dans un cul-de-sac, dont il devait avoir les plus grandes difficultés à sortir le lendemain.

---

(1) Borius.
(2) Le 92ᵉ bivouaqua près de la Vergenne (*Historique.*)
(3) *Historique.*

20ᵉ corps. — La 1ʳᵉ division se mit en marche avant le jour. La 1ʳᵉ brigade passant par Grange-le-Bourg et Malval se dirigea à travers le bois de Saulnot, « par des chemins épouvantables » (1), jusqu'au Nord de Champey, où elle parvint à grand'peine, mais sans rencontrer l'ennemi. La 2ᵉ brigade vint d'abord se former en bataille entre Grange-la-Ville et Grange-le-Bourg, envoyant 1 bataillon de la Haute-Garonne et 2 compagnies du 67ᵉ mobiles dans le bois de Saulnot (2), et 1 compagnie du Iᵉʳ bataillon du même régiment vers le moulin de Saulnot (3). De là, la 2ᵉ brigade marcha sur Champey, qu'elle atteignit à 5 heures du soir seulement (4). Quelques cavaliers ennemis avaient été vus vers Champey.

La 2ᵉ division prit les armes à 9 heures du matin. Vers une heure, la 1ʳᵉ brigade était déployée en bataille près de Chavanne, la 2ᵉ entre Saulnot et Villers-sur-Saulnot. Celle-ci cantonna de bonne heure au second de ces villages. Quant à la 1ʳᵉ, laissée sans ordres (5), elle rétrograda à la nuit sur Saulnot, et s'y installa en grande partie au bivouac. Plus heureuses qu'au 18ᵉ corps, ces troupes reçurent leur convoi et des vivres dans la soirée.

Quant à la 3ᵉ division, elle partit de Vellechevreux à 8 heures et vint prendre position en avant de Crevans. — A la nuit seulement, elle cantonna. La 2ᵉ brigade installa à Crevans le 58ᵉ de marche et les mobiles des

---

(1) *Historique* du 55ᵉ de marche : « le mouvement ne put se faire avec la régularité désirable ».

(2) *Historique* du 67ᵉ mobiles.

(3) Une d'elles poussa jusqu'à Courmont (Opérations du IIᵉ bataillon du 67ᵉ mobiles. *Ibid.*)

(4) Un adjudant-major du 67ᵉ mobiles, en arrivant à Champey avant les troupes, y trouva quelques cavaliers ennemis.

(5) *Historique* du 25ᵉ bataillon de chasseurs de marche.

Pyrénées-Orientales (1); la 1re, en partie à Crevans, le reste à Grange-le-Bourg (mobiles de la Corse). Un bataillon du 47e de marche alla à Malval.

La brigade de cavalerie (2e lanciers de marche et 7e chasseurs), après être restée pendant la journée en réserve à Saulnot, cantonna à Crevans et Saulnot. Des 3 escadrons du 6e cuirassiers de marche attachés aux divisions, l'un, le 2e attaché à la 2e division, poussa jusqu'à Trémoins, où il cantonna, le 1er resta à Champey, le 3e rétrograda sur Mignavillers.

La réserve d'artillerie, après avoir passé la journée près de Saulnot, y resta pour la nuit au bivouac. Grâce aux précautions prises, les distributions furent faites le soir même aux diverses troupes. Les convois, parqués pendant la journée à Saint-Ferjeux, s'étaient mis en route vers 4 heures du soir et avaient apporté 2 jours de vivres aux diverses unités (2).

24e corps. — Le 24e corps conserva ses emplacements de la veille : quartier général à Désandans, 1re division Arcey, 2e Aibre et Sémondans, 3e le Vernoy et Chavanne. Malgré leur immobilité, les troupes souffrirent de cruelles privations, car les convois ne rejoignirent pas (3). Une fausse alerte avait fait maintenir sous les armes, pendant la matinée, la 2e division en avant d'Echenans.

15e corps. — *1re division.* — *Affaire d'Allondans.* — Vers minuit, 2 compagnies du 4e chasseurs de marche (4) et 4 compagnies de tirailleurs avaient été poussées par

---

(1) L'*Historique* de la 2e brigade dit qu'on rétrograda sur Vellechevreux. Cette affirmation est contredite par les *Historiques* des deux corps.

(2) Le quartier général était à Saulnot.

(3) Le convoi était ce jour-là vers Clerval. Les vivres distribués l'avant-veille étaient consommés ou dissipés. Le pays, épuisé, fournissait peu de ressources.

(4) *Historique.*

le général Questel (1) de Sainte-Marie vers Présentevillers. Tout le 4ᵉ bataillon de chasseurs y fut porté dès 6 heures du matin. Les tirailleurs échangèrent quelques coups de fusil avec les sentinelles ennemies placées à Dung. Le reste de la brigade était pendant ce temps massé à l'Ouest de Présentevillers, d'où, vers 2 heures du soir (2), on dirigea le régiment de tirailleurs sur Allondans, où il entra une heure après pour trouver le village occupé par les troupes de la 1ʳᵉ brigade (3). En effet, le général Minot (4) avait à 8 heures du matin formé une colonne du 1ᵉʳ zouaves de marche et du bataillon Costa de Beauregard du 12ᵉ mobiles (Savoie) et l'avait dirigée sur Saint-Julien et Issans, d'où le Iᵉʳ bataillon (Trémizot) avait poussé sur Allondans. Les 2 bataillons restant du 12ᵉ mobiles et l'artillerie conservaient leur position vers Saint-Julien. 2 bataillons du 16ᵉ de ligne occupaient Raynans. Le Iᵉʳ bataillon de zouaves s'était trouvé au contact de l'ennemi occupant la ferme de Mont-Chevis (5). C'étaient des fractions du bataillon de landwehr Goldap qui, vers midi, se portèrent vers Allondans, où la fusillade s'engagea. — Bientôt arrivait le IIIᵉ bataillon de zouaves (commandant Mille), envoyé au secours du Iᵉʳ, puis, vers 3 heures, le régiment de tirailleurs venant de Présentevillers. Après le départ de ce dernier, vers 4 heures, une batterie ennemie canonna le village d'Allondans, que les deux bataillons de zouaves évacuèrent vers

---

(1) Commandant la 2ᵉ brigade de la 1ʳᵉ division.
(2) Manuscrit du lieutenant-colonel Lemoing (*Historique* du régiment de tirailleurs.)
(3) Il retourna à Présentevillers.
(4) Commandant la 1ʳᵉ division.
(5) 2 kilomètres Est d'Allondans (*Historique* du corps). Le *Journal* de la 1ʳᵉ brigade dit que le Iᵉʳ bataillon eut le tort (*sic*) de pousser une grand'garde jusqu'à la crête. L'ennemi appartenait au bataillon Goldap qui occupait Béthoncourt et Petit-Béthoncourt.

5 h. 30, pour s'établir plus en arrière puis à Issans (1). Ils avaient perdu 200 hommes hors de combat et 2 officiers tués (2).

Une grand'garde ennemie, 60 hommes commandés par un sergent-major du bataillon de Goldap, qui occupait Béthoncourt, garda le Mont-Chevis jusqu'au lendemain assez tard dans la matinée.

La 1re division passa la nuit à Présentevillers, Issans et Saint-Julien.

3e division. — Affaire du Mont-Bart. — A 6 heures du matin, la 1re brigade (3) quitta Sainte-Marie et se porta sur Présentevillers, tandis que le 16e de ligne marchait sur Issans et Raynans. Le 6e bataillon de chasseurs de marche reçut l'ordre d'aller occuper les côtes du Mont-Bart. Après une fusillade de 3 heures contre les postes ennemis qui coûta au bataillon (4) 1 officier et 1 homme blessés, celui-ci arriva au sommet du plateau, où il devait passer une nuit terrible, sans eau et sans vivres par 20 degrés de froid (5). Il y fut rejoint par le 32e mobiles et le 33e de marche (1 bataillon), qui eux aussi couchèrent dans la neige, sans feu et sans vivres (6).

Pendant ce temps, la 2e brigade (la Cottière), partie à 6 h. 15 du matin pour Montenois, venait à midi s'y établir (27e de marche et artillerie), ainsi qu'à Beutal

---

(1) *Historique* du 1er zouaves.
(2) Capitaine Picquet et lieutenant Donnat. *Historique* du corps. *Historique* du 12e mobiles. *Journal* de la 1re brigade.
(3) Composée du 6e bataillon de chasseurs de marche, 16e de ligne, 33e de marche (1 bataillon), 32e mobiles.
(4) *Historique* du 6e chasseurs de marche.
(5) On trouva du pain à Voujeaucourt où on parvint au matin en passant le Doubs sur la glace.
(6) A minuit on fit une distribution d'eau-de-vie et on reçut quelques secours des habitants (*Historique* du 32e mobiles.) Cependant un convoi arrivait à Présentevillers à ce moment. Voir ordres de la 3e division.

(69ᵉ mobiles), gardant les routes de Bavans et Lougres, où se trouvaient des partis (100 chevaux chacun) de la brigade de cavalerie Boério (1).

La 2ᵉ division n'avait pas encore rejoint complètement l'armée de l'Est. Le 39ᵉ de ligne arriva d'Onans à Sainte-Marie, avec une partie du régiment étranger (le reste étant encore en chemin de fer) et le 25ᵉ mobiles. Plus tard débarqua encore une partie du 30ᵉ de marche. Le 29ᵉ mobiles était encore en chemin de fer du côté de Dijon (2).

La division de la cavalerie avait conservé ses emplacements de Fontenelle-les-Momby, Verne, Luxiol, la brigade Dastugne à l'Isle-sur-le-Doubs. La réserve d'artillerie était en partie à Soye.

La situation grave où se trouvait le 15ᵉ corps au point de vue des vivres se trouve attestée par de nombreuses pièces. Un convoi portant au plus 20,000 rations était bien arrivé dans la nuit à Arcey, d'où il était dirigé sur Sainte-Marie, mais ne pouvait aller plus loin. La 3ᵉ division recevait 12,000 rations à grand'peine (3).

La réserve générale resta au bivouac près d'Arcey.

---

(1) *Lettre* du général la Cottière. *Historiques* des 69ᵉ mobiles et 27ᵉ de marche.

(2) Le 34ᵉ de marche, qui faisait partie de la brigade, paraît être resté à Sainte-Marie, par suite d'une erreur provenant peut-être d'un changement dans son commandement par suite du départ du colonel Mesny nommé au 39ᵉ de ligne.

(3) *Lettres* du général Martineau, du général Borel, de M. de Serres, des fonctionnaires de l'intendance. L'Intendant Santini était l'objet d'une demande de révocation.

Ordres pour le 15 janvier.

Au moment où le général Bourbaki allait engager la bataille décisive, il importe de remarquer le grand nombre de renseignements qui concordaient à l'avertir d'un grave péril pour sa gauche et ses derrières (1). Dès le 13, il connaissait l'arrivée du II⁰ corps prussien à Sens et Joigny. Le 14, des avis portaient l'effectif des troupes détachées de Paris contre l'armée de l'Est à 40,000, 50,000 hommes, certains à 160,000 hommes. De plus, on parlait de 70,000 hommes venant d'Orléans et se dirigeant sur Auxerre. La présence de l'ennemi à Avallon et près de Semur ne pouvait plus faire de doute. La *13ᵉ* division était signalée à Recey, la *14ᵉ* à Arc-en-Barrois. Les généraux Manteuffel, Zastrow, Zimmermann avaient été vus partant de Châtillon. Le général Bourbaki ne pouvait donc pas douter qu'avant peu une armée importante déboucherait sur ses derrières.

Il ne prit pourtant aucune mesure pour parer à ce nouveau danger, ni même pour être renseigné à temps. Sous aucune forme le concours de Garibaldi ne fut sollicité; Cremer, depuis longtemps rappelé, n'avait pas obtenu la permission d'agir vers Langres; Bombonnel, encore à Gray et qui aurait pu éclairer vers l'Ouest, avait au contraire l'ordre de porter la majeure partie de son monde vers Luxeuil et Epinal (2). Rien ne paraît donc

---

(1) Voir renseignements des 13 et 14.
(2) Télégramme du 14, 9 h. 15 soir.

indiquer que les graves nouvelles reçues de l'Ouest aient eu sur l'esprit du général en chef la moindre influence.

Celle-ci fut pourtant réelle et est attestée par les souvenirs très nets à ce sujet de certains officiers du Grand Quartier Général. Mais elle n'eut pas du tout les conséquences auxquelles on aurait pu s'attendre. Prévenu de l'orage qui allait fondre sur lui, le général Bourbaki aurait pu se détourner contre ce nouvel adversaire. Nous avons déjà remarqué que cette solution lui était moralement et peut-être matériellement interdite. Restait donc l'unique chance de l'attaque la plus prompte, la plus énergique contre Werder. C'était un parti désespéré, avons-nous déjà dit. Ses seules chances de succès étaient, semble-t-il, dans l'énergie du désespoir. Il fallait dire et faire comprendre à tout le monde que l'armée jouait sa dernière chance de salut et que l'insuccès, le demi-succès même était sa perte certaine.

Les ordres donnés furent au contraire marqués par la plus regrettable mollesse. Ils n'étaient impératifs que pour refréner l'ardeur des troupes. Assurément, il faut voir dans ces dispositions une nouvelle preuve de ces théories militaires en faveur au Grand Quartier Général, soutenues par M. de Serres, et appliquées déjà depuis le début des opérations, qui se traduisaient par une extrême répugnance à toute attaque de front, et par une valeur excessive attribuée aux mouvements débordants. Tel était bien encore, le 14 janvier, l'état d'esprit qui faisait dépendre tout le succès de la marche excentrique des généraux Billot et Cremer. Mais si, dans la circonstance, le gros de l'armée ne recevait qu'un rôle à vrai dire simplement démonstratif, il n'est peut-être pas absurde de penser que la crainte d'un échec qui aurait disloqué l'amalgame si peu consistant de ces jeunes troupes fut prise en sérieuse considération. Devant Héricourt, comme dans d'autres circonstances de la guerre, on recula devant une action vraiment décisive, dans laquelle on aurait engagé à fond le dernier homme, parce qu'on eut souvent l'idée de conserver une armée jusqu'à la fin de la campagne. En pareille circonstance, on perd généralement tout, pour n'avoir pas voulu tout risquer. La triste fin de l'armée de l'Est en devait être un nouvel exemple.

Le mouvement devait commencer à 6 h. 30 du matin, après que les troupes auraient mangé la soupe. Le 15ᵉ corps devait marcher sur Montbéliard, qu'il devait canonner après avoir enlevé Bois-Bourgeois, la ferme du Mont-Chevis et les hauteurs de la rive droite de la Lisaine. Le 24ᵉ, se laissant un peu devancer par le 15ᵉ, devait occuper les bois de Montévillars, du Grand-Bois, de Tavey, du Chênois, se « porter jusqu'à la Lisaine, et enlever les points de passage ». Le 20ᵉ avait pour mission d'occuper Héricourt, « mais il ne s'emparera de ce village, qu'après que l'effet voulu aura été produit par le 18ᵉ corps et la division Cremer ». Le général Billot avait à occuper Couthenans, Luze et Chagey, le général Cremer devait passer la Lisaine à deux kilomètres en amont de Chagey et marcher sur Mandrevillars et Echenans (1). La réserve avait à se placer à Aibre et Tré-

---

(1) Une dépêche datée de 2 heures du soir et l'ordre de mouvement lui prescrivaient « d'arriver sur la Lisaine à 6 heures du matin (de Lure à Frahier, il y a 23 kilomètres!!), puis d'aller à Mandrevillars, Echenans, et enfin d'occuper à la fin de la journée Argiésans (32 kilomètres à vol d'oiseau, 40 au moins par la route la plus directe, et en combattant!!) « Elle (la division Cremer) subordonnera son action à celle du 18ᵉ corps... Elle observera avec grand soin les routes ou chemins permettant de se porter de Belfort sur notre flanc gauche, notamment par Frahier et Chalonvillars. » « Le général Cremer devra éviter de suivre la partie de la route de Lure à Chagey la plus voisine de ce dernier village qui est affectée spécialement au 18ᵉ corps. » La dépêche adressée à Lure à 2 heures du soir ne fut naturellement pas reçue par le général Cremer qui n'y arriva que fort tard. Il n'a cependant pas été trouvé de preuve réelle qu'elle ait été interceptée par les Allemands, maîtres de Lure jusqu'à 4 heures du soir environ.

moins. Le 15ᵉ corps, était-il dit, aura à occuper Montbéliard, mais « sans brusquer le mouvement », « il ne perdra pas de vue qu'il sert de pivot ». « Le 24ᵉ corps ne hâtera pas trop sa marche en avant. » Il ne franchira la rivière que s'il en reçoit l'ordre. Le 20ᵉ corps attendra le 18ᵉ, mais le 18ᵉ « ne s'engagera qu'après avoir entendu le canon du 15ᵉ ». Avec de telles prescriptions, il était fatal que l'action sur le front fût hésitante et décousue.

En outre les mesures prises ne répondaient ni à la position de l'ennemi, dont on supposait la droite bien plus au Sud qu'elle ne l'était, ni au terrain, ni à la situation générale.

Si l'on jette, en effet, les yeux sur une carte portant les emplacements des troupes dans la nuit du 14 au 15 janvier, on ne peut pas ne pas être surpris des directions assignées aux divers corps d'armée.

Le 24ᵉ corps avait devant lui le large couloir qui va d'Arcey à Héricourt. Au lieu de le suivre, de s'y déployer à l'aise, d'appuyer ses flancs aux bois solidement occupés par de petites fractions, et d'attaquer Héricourt droit devant lui, il est dirigé vers l'Est à travers des bois très difficiles, où son artillerie aura grand'peine à le suivre. En cas de succès il viendra se buter sur la rive droite de la Lisaine au massif inextricable des bois situés à l'Ouest de Bussurel.

Le 20ᵉ corps est lui aussi dans une trouée, celle de Champey, Saulnot. Son objectif naturel est, semble-t-il, Couthenans, puis le mont Vaudois, qu'il peut attaquer par sa pointe Sud-Ouest. Il est rejeté, à travers le difficile massif que borde au Nord-Ouest la route d'Arcey à Héricourt, vers ce dernier point, qu'il devra attaquer dans la direction la moins favorable et sous le feu de flanc du mont Vaudois.

Le 18ᵉ corps, supposé à Béverne, mais qui est en réalité à Faymont, Lomont et Moffans, au lieu de marcher par Etobon, Chénebier, puis Chalonvillars, est lancé dans le labyrinthe des bois de Saulnot et de la Thure, et doit attaquer Chagey sous le canon du mont Vaudois.

La division Cremer est à Lure. Quoi de plus naturel que de l'acheminer par la grand'route directe sur Ronchamp et Frahier? Elle doit obliquer complètement au Sud-Est et venir sur un point mal défini au Nord de Chagey, en plein bois et sans route, pour atteindre Mandrevillars. Même dans une complète ignorance des positions réellement occupées par les Allemands, on pouvait être certain que la route directe de Belfort à Vesoul par Frahier était occupée par l'ennemi. Dans ces conditions, on pouvait être sûr que le mouvement tournant se trouverait en deçà d'une partie des forces ennemies, et, qu'ou bien il échouerait, ou bien serait détourné vers le Nord à une bien plus grande distance qu'il n'était prévu. Si l'engagement avait été conçu d'après les données naturelles, résultant du terrain et des emplacements occupés par les troupes françaises, il n'est peut-être pas téméraire de penser que le résultat aurait été tout différent. Il est très probable que l'attaque concentrique par le 18ᵉ corps et la division Cremer des faibles forces éparpillées à Etobon, Chenebier et Frahier, en aurait triomphé de bonne heure. — L'apparition à la fin de la journée de 40,000 hommes à Chalonvillars aurait peut-être déterminé un grand succès.

Si l'on objecte que le front de l'armée française aurait été énorme, on peut répondre, d'abord que c'était celui qu'avait cru devoir tenir un ennemi bien inférieur en nombre. L'inconvénient d'ailleurs de laisser sur son front, spécialement entre le 15ᵉ corps et le 24ᵉ, de vastes espaces faiblement occupés était sans importance, car la position de l'ennemi dans cette région lui interdisait des retours offensifs, qui n'auraient eu aucune chance de succès contre les hauteurs de la rive gauche de la Lisaine. Puisqu'on voulait donner au 15ᵉ corps un rôle démonstratif, sa place eût été devant Béthoncourt et Bussurel, bien plutôt que devant Montbéliard, dont la prise, et l'événement le prouva, ne devait rien décider.

La manière dont ces ordres furent interprétés présente un intérêt particulier.

Division Cremer et 18ᵉ corps. — Quelques phrases de l'ordre général de mouvement : « la division Cremer subordonnera son action à celle du 18ᵉ corps », « le général Billot fera prévenir le général Cremer du moment où la division devra se porter en avant », le fait que l'ordre de l'armée fut transmis à Lure par l'intermédiaire du commandant du 18ᵉ corps, déterminèrent le général Billot à considérer la division Cremer comme relevant de son commandement (1). Aussi, et alors que le général en chef avait laissé au jeune divisionnaire une certaine initiative dans le choix de son itinéraire (2), le général Billot crut-il pouvoir lui envoyer pendant la nuit l'ordre de partir à 2 heures du matin (3) et « de marcher sur Béverne, d'y laisser passer la division Bonnet, puis d'aller à Etobon, et, de là, prendre un chemin indiqué sur la carte d'état-major comme traversant la vallée en avant (*sic*) de Chenebier et allant par Chagey à Mandrevillars... (4) » Ce chemin n'existe pas, et cet itinéraire était à la fois incompréhensible et contraire à l'ordre général qui donnait Chagey comme objectif au 18ᵉ corps, alors que la division Cremer devait passer à 2 kilomètres plus au Nord. En tous cas, ce devait entraver la

---

(1) Telle était bien d'ailleurs l'intention du général Bourbaki, qui, dans un billet adressé au général Billot (Déposition Billot, enquête, page 219), lui disait : « Le général Cremer sera sous votre commandement, faites-lui parvenir l'ordre de mouvement ».

(2) Le colonel Leperche va même jusqu'à dire qu'il pouvait aller par la grand'route presque jusqu'à Frahier. (*Lettre* à M. Perrot.) Dans sa déposition (Enquête) il dit simplement qu'il pouvait aller à Chenebier par Frotey ou par Ronchamps.

(3) Colonel Poullet, p. 60.

(4) *Ibid.*

marche de la division Cremer et faire perdre la dernière chance qui restât d'un mouvement vraiment débordant.

Le général Cremer ne reçut l'ordre du général Billot que vers 3 heures du matin (1). — Il rendit compte immédiatement de l'impossibilité où il était de se trouver sur la Lisaine à 6 heures (2), et, malgré son mécontentement (3), il prescrivit pour 6 heures le départ de ses troupes qui devaient marcher sur Roye et Béverne.

La division Pilatrie, supposée par le général Billot « concentrée sur le plateau de Courmont », alors qu'elle était encore en partie à Faymont, devait lancer la brigade Leclaire, qui la veille avait effectué un trajet des plus pénibles, à travers les bois, pour gagner le bois de la Bouloye, et « y attendre l'ordre d'attaquer Couthenans ». La brigade Robert devait rejoindre « la grande route de Lure à Héricourt », c'est-à-dire la médiocre route de Béverne à Luze, et « prendre position au sortir des bois, du côté de Couthenans ».

La division Bonnet, supposée à Béverne, alors qu'elle était à Lomont, devait pousser une brigade à travers les bois de la Thure et de Nau, et « occuper ces bois jusqu'au-dessus du village de Chagey »; l'autre brigade devait suivre la brigade Robert de la 1re division.

L'amiral Penhoat avait à suivre la route Lyoffans-Béverne et à « s'établir militairement, une de ses brigades en avant de Béverne occupant les bois de la Grande Bouloye et des Chambruns, afin de s'opposer à tout mouvement

---

(1) Télégramme de 3 h. 30 (Archives de la guerre et colonel Poullet).

(2) Il y a près de 16 kilomètres de Lure à Béverne par Roye.

(3) Colonel Poullet. Le *général Cremer et ses opérations*, *mémoires*, p. 61. « Il avait compté que sa division marcherait directement sur Frahier, enlèverait le village aux Prussiens et irait le même soir s'appuyer au Mont Salbert (encore au pouvoir des défenseurs de Belfort).

tournant venant d'Etobon, l'autre brigade en réserve, auprès de Béverne ».

Le départ était fixé pour tout le monde à 7 heures du matin, mais on devait attendre l'arrivée de la division Cremer, « chargée, était-il dit, d'assurer la gauche de l'armée ». La réserve d'artillerie devait revenir par la route de Lomont et Béverne; la division de cavalerie était à l'arrière-garde.

En somme, à part 2 brigades jetées dans des bois inextricables, tout le corps d'armée allait s'entasser sur l'unique chemin de Béverne à Luze. Comme on devait attendre l'entrée en ligne de la division Cremer, qui avait à couvrir 16 kilomètres pour arriver à Béverne, puis à déboîter au Nord par de simples sentiers et en combattant, il était peu probable qu'une attaque réelle pût avoir lieu de bonne heure. Il faut ajouter que, sauf l'occupation des bois de la Grande Bouloye et des Chambruns, aucune précaution n'était prise du côté des hauteurs d'Etobon, alors au pouvoir de l'ennemi dont les avant-postes occupaient la Raveney (1).

Enfin l'ordre de mouvement était si peu offensif qu'il fallut donner dans la journée du 15 de nouveaux ordres pour déterminer une attaque contre les villages de Luze et de Chagey. Jusqu'à la réception de ces prescriptions, qui, ainsi qu'on le verra plus loin, furent datées seulement de 11 h. 45 du matin, les troupes devaient rester en position.

20ᵉ corps. — La 1ʳᵉ division doit venir à Coisevaux et s'y établir « défensivement », la 2ᵉ à Verlans, la 3ᵉ à Tremoins, la réserve d'artillerie marche avec la 2ᵉ division, la cavalerie derrière l'infanterie, au Vernoy et à Saulnot. Chaque division aura un régiment d'avant-

---

(1) C'étaient la 2ᵉ et la 9ᵉ compagnies du *3ᵉ* badois. 4 autres compagnies (1ʳᵉ, 3ᵉ, 4ᵉ et 8ᵉ) et un escadron étaient à Etobon. (*Historique* du 3ᵉ badois.)

garde, derrière lequel marchera toute l'artillerie, dont il est recommandé de faire « le plus grand usage possible, si l'on rencontre l'ennemi ». Le quartier général doit s'établir à Tremoins, les convois et parcs à Saulnot et Vellechevreux. Ce n'est pas un ordre d'attaque, c'est un ordre de marche pour prendre des cantonnements ; il n'y est question que de l' « installation » des divisions, « d'avant-postes » dont les plus rapprochés de la Lisaine, ceux des Bois Communaux, en doivent être encore distants de plus de 2 kilomètres. Rien ne fait pressentir qu'il va s'agir d'attaquer Héricourt et prendre pied sur la rive droite. Personne enfin ne devait se mettre en marche avant 7 heures du matin.

24ᵉ corps. — Au 24ᵉ corps, au contraire, il devait s'agir nettement d'une marche offensive et celle-ci devait être précédée d'un rassemblement préparatoire très matinal.

Dès 6 heures du matin, la division Busserolles (3ᵉ) devait venir se masser à Aibre ; à sa droite se placerait la 2ᵉ (Comagny) entre Désandans et Semondans, enfin la 1ʳᵉ division (d'Ariès) en seconde ligne devait servir de réserve. Les troupes les plus rapprochées de la Lisaine en seraient alors distantes de près de 8 kilomètres à vol d'oiseau. « Quand l'ordre en sera donné, tout le monde se mettra en marche dans une direction perpendiculaire à la Lisaine. » La 3ᵉ division viendra occuper le bois de Tavey se couvrant au Nord vers Héricourt, la 2ᵉ fera de même au bois dit Montévillars, sa gauche à Vyans, poussant ses tirailleurs jusqu'à la Lisaine. La 1ʳᵉ sera en réserve entre Raynans et Issans.

« A la fin de la journée, le 24ᵉ corps prendra très probablement position du côté de Bussurel et de Béthoncourt. »

Ainsi qu'on le voit cependant il ne s'agit pas encore dans ce corps d'armée de forcer le passage de la Lisaine, et ce qui achève de le prouver, c'est ce qui est prévu du rôle de l'artillerie, lequel doit consister « à choisir d'avance des positions pour contre-battre l'artillerie ennemie qui se trouve sur le plateau entre Tavey et Laire ».

15ᵉ corps. — Seuls les ordres donnés au 15ᵉ corps devaient viser une véritable attaque de la ligne de la Lisaine.

Dès 6 h. 30 du matin, les troupes devaient être sous les armes, ayant mangé la soupe, et au jour « marcher sur Montbéliard », enlever Bois-Bourgeois, la ferme de Mont-Chevis et canonner la ville et la citadelle de Montbéliard.

La 2ᵉ brigade de la 3ᵉ division avait à se porter de Montenois sur Présentevillers, la lisière Nord du bois de Mont-Bart, pour menacer Bart et Dung. Ce dernier point devrait être attaqué par la 1ʳᵉ brigade (1).

Dès 7 h. 30, la 1ʳᵉ brigade de la 1ʳᵉ division devait entrer à Allondans et attaquer de suite le Bois-Bourgeois et la ferme du Mont-Chevis; 2 batteries de la réserve, rendues à Saint-Julien à la même heure, lui étaient adjointes. La 2ᵉ brigade devait la soutenir en traversant le bois de la Côte. Le reste de la réserve d'artillerie venait à Présentevillers suivi des troupes disponibles de la 2ᵉ division. Enfin la brigade de cavalerie Boério, avec une batterie à cheval, devait passer à Montenois à 6 h. 30 et venir menacer Bart de concert avec la 2ᵉ brigade de la 3ᵉ division.

Ainsi l'étrange résultat des ordres minutieux du commandant en chef devait être que le corps, auquel il était recommandé de ne pas « brusquer le mouvement » et « de ne pas oublier qu'il sert de pivot », devait être le seul qui prononçât franchement son attaque.

---

(1) Dans cette division le 16ᵉ de ligne devait être remplacé pour la journée par le régiment étranger de la 2ᵉ division et passer aux ordres du général commandant la 1ʳᵉ.

Journée du 14 janvier (*suite*).

Armée du Sud.

La marche en avant commença le 14 janvier par un brouillard épais, un grand froid et sur des chemins glissants comme des miroirs. Les fatigues furent bientôt très considérables; les colonnes de marche s'allongeaient sensiblement et des retards notables se produisaient. Les troupes n'atteignirent leurs cantonnements que très tard dans la journée; le IIe corps, les parages de Lucenay-le-Duc et Montbard, ayant la brigade Dannenberg à Billy-les-Chanceaux; le VIIe, Recey-sur-Ource et Arc-en-Barrois. A l'est de cette localité, près de Bugnières, l'avant-garde de la *14e* division rencontrait un détachement d'infanterie française, venant de Langres; elle le repoussait toutefois après un léger engagement. La nuit était déjà tombée, lorsque le IIe bataillon du régiment n° *77*, qui se trouvait en tête, s'emparait du village de Marac occupé par les Français, enlevait un drapeau et rejetait les défenseurs vers la place; les pertes du bataillon étaient de peu d'importance (1). Les autres colonnes ne furent pas inquiétées par l'ennemi (2).

Le quartier général fut établi à Voulaines.

Le 14, à 5 heures du matin, le colonel Dannenberg (3) reçut du VIIe corps les instructions suivantes. En plus des unités désignées par l'ordre du jour du commandant

---

(1) 3 morts ou disparus, 3 blessés.
(2) *Historique du Grand Etat-Major prussien*, p. 119.
(3) *Historique du 72e*, p. 673.

en chef, il devait diriger sur Châtillon l'escadron de ulans, le demi-détachement de santé, et la colonne de voitures pour être réunie le 15 au train de corps d'armée ; le relais postal d'Aisy devait être replié.

Il reçut également un ordre du général von Fransecky lui enjoignant de concentrer son détachement avec les 2 batteries du VII⁰ corps jusqu'à 11 heures du matin à Billy-les-Chanceaux, et d'y attendre les ordres ultérieurs du général von Hartmann pour la continuation de la marche.

Conformément à ces nouveaux ordres, les troupes du détachement furent averties d'avoir à se trouver à 11 heures, au repos, en deçà de la route de Baigneux, au Nord de Billy-les-Chanceaux, au point où la route venant de ce point coupe celle venant de Baigneux.

Le *72ᵉ* se rassembla d'abord à Lucenay-le-Duc où le II⁰ bataillon arriva de Fresne à 6 h. 15, le bataillon de fusiliers de Jours-Chaume à 6 h. 30 ; ce dernier bataillon forma l'avant-garde jusqu'à Billy, où la 11⁰ compagnie fut envoyée pour fouiller le village. Le *60ᵉ*, parti à 8 heures, arrivait à 10 heures au rendez-vous et des avants-postes placés vers Chanceaux et la forêt de Frolois.

Comme le détachement à 1 heure de l'après-midi n'avait pas encore reçu d'ordres, l'avis fut donné de continuer la marche sur Chanceaux, mais à ce moment arriva 1 peloton du *1ᵉʳ* hussards de réserve, qui venait par erreur au rendez-vous, dirigé directement sur Montbard avec le détachement de pionniers du VII⁰ corps. Cette petite fraction rendit compte une demi-heure après son départ que Frolois et la forêt voisine étaient occupés par l'ennemi.

En arrivant devant la forêt de Frolois le peloton de hussards (1) fut accueilli par le feu violent d'un petit

---

(1) Fabricius. *Rapport* du capitaine Grison, commandant la 1ʳᵉ compagnie de francs-tireurs béarnais (opérant isolément). Archives de la guerre. Les 12, 13, 14 et 15, couché à Gissey et à

poste, et dut revenir à Billy rendre compte; un cheval était blessé.

Le colonel Dannenberg envoya aussi le Ier bataillon du *69*^{e} sur la forêt (1), le bataillon de fusiliers du *69*^{e} sur Chanceaux. Le Ier bataillon se déploya devant les bois où il trouva quelques individus suspects et quelques armes qui avaient été jetées à terre.

A ce moment arriva l'ordre du général Hartmann de ne pas dépasser Billy. Le même ordre était envoyé au détachement du 2e escadron du *3*^{e} dragons (premier lieutenant von Versen).

Le mouvement en avant fut aussitôt arrêté et les troupes s'arrêtèrent pour cantonner :

A Laperrière : IIe bataillon du *69*^{e}, IIe bataillon du *72*^{e}, 3e batterie légère, 1 peloton de dragons, état-major du détachement et du *72*^{e}.

A Billy : Ier et fusiliers du *72*^{e}, 3 pelotons de dragons.

A Poiseul : Ier et fusiliers du *69*^{e}, 4e batterie légère, 1 peloton de pionniers et le peloton du *1*^{er} hussards de réserve (ce dernier avec les pionniers du VIIe corps avait l'ordre de se trouver le 15, à 7 h. 30 du matin, à Laperrière, pour de là, marcher directement sur Châtillon).

Les troupes prirent à 3 heures leurs cantonnements d'alerte et placèrent des avant-postes.

Thémissey. Nous voyons chaque jour l'ennemi passer devant nous, et se diriger sur notre droite, auprès de Darcey, Bussy-la-Villeneuve, Corpoger et Frolois : mais il est trop nombreux pour que nous puissions attaquer ses colonnes. Nous faisons le coup de fusil avec ses avant-gardes, ses coureurs, ses traînards. Nous tuons surtout des cavaliers.

Le 14, nous sommes entourés par eux, au milieu du brouillard, et nous risquons d'être pris près de Frolois. Nous ramenons prisonniers un hussard rouge de la landwehr (province de Posen).

(1) *Historique* du 72e.

La 1re compagnie de pionniers cantonna à Villeneuve (1).

IIe corps. — L'état-major du IIe corps d'armée vint à Montbard (2).

L'état-major de la *3e* division s'établit à Lucenay.

L'avant-garde de la *3e* division sous les ordres du colonel Wedel (*6e* brigade, 3 escadrons du *3e* dragons, 1re batterie lourde et 1re batterie légère), partie à 8 heures du matin de Buffon, vint occuper dans la soirée la ligne Darcey-la-Villeneuve.

Le Ier bataillon formant flanc-garde de droite passa par Senailly, Millerey, se joignit à Champ-d'Oiseau au IIe bataillon du *54e* et par Landilly vint se poster à Grésigny.

La *5e* brigade se porta à Nuits-Montbard.

La *6e* brigade marchait sur une seule colonne, dont les divers éléments se séparèrent en arrivant à hauteur de leurs cantonnements (3).

Ces mouvements avaient donné lieu à quelques escarmouches. La pointe de la brigade Wedel se heurta à Darcey et Munois à une bande de 50 à 60 francs-tireurs, qui, après quelques coups de fusil, se retirèrent dans la direction du Sud vers Gissey ou Flavigny (4).

A Darcey, le *2e* bataillon de chasseurs (5) prit contact avec l'ennemi en échangeant quelques coups de fusil avec des francs-tireurs.

Le lieutenant von Goetz, qui avait été envoyé faire le cantonnement (6), fut accueilli à Munois par des coups de feu; en même temps quelques francs-tireurs se montrèrent sur la hauteur : on envoya contre eux le lieute-

---

(1) *Historique* du 2e bataillon de pionniers.
(2) Fabricius.
(3) *Historique* du *54e*.
(4) Fabricius.
(5) *Historique* du 2e bataillon de chasseurs.
(6) *Historique* du *54e*.

nant Kohlkoff avec un peloton de la 5ᵉ compagnie du 54ᵉ; le reste du bataillon dut s'arrêter et fouiller le terrain aux alentours; les francs-tireurs se retirèrent naturellement devant les troupes : le lieutenant Kohlkoff échangea seulement avec eux quelques coups de fusil et fit deux prisonniers. Le major von Bagensky fit brûler les deux maisons du village d'où on avait tiré, et emmena avec lui les hommes présents de la localité avec tout le bétail.

L'officier envoyé à Bussy pour préparer les cantonnements fut accueilli par des coups de feu partant des premières maisons (1); un peloton du 14ᵉ se déploya aussitôt sur les pentes abruptes qui mènent au fond du ravin où se trouve le village : quelques francs-tireurs se retirèrent dans les bois dans la direction de Darcey. Le village fut fouillé, et dut payer une contribution de 500 francs.

L'état sanitaire était toujours excellent, et les quelques malades furent laissés à Nuits : aucune évacuation ne pourrait se faire désormais, les lignes de communication en arrière devant être abandonnées, et les malades devraient, malgré tout, rester dans le rang. L'arrivée de la correspondance, qui, déjà, depuis le départ de Paris, se faisait difficilement cessa complètement : pour enlever cependant aux hommes tout souci là-dessus, la poste de campagne acceptait toutes les lettres, et les acheminait ensuite, quand elle pouvait, vers leur destination, ce qui occasionna parfois trois semaines de retard.

En Poméranie, on avait conclu de ce silence de plusieurs semaines que le IIᵉ corps était coupé ou fait prisonnier (2).

Le fait dont parle la dépêche suivante n'est pas reproduit dans les historiques allemands (3).

(1) *Historique* du 14ᵉ.
(2) *Historique* du 42ᵉ.
(3) Middleton, p. 230.

Capitaine commandant éclaireurs Côte-d'Or à colonel chef d'état-major.

Veray, 15 janvier 1871.

Hier, j'ai attaqué le village de Villeneuve, le couvent occupé par 40 cavaliers et 300 fantassins. Après avoir culbuté cavaliers des postes avancés, j'ai eu affaire à toute la colonne pendant 40 minutes, n'étant soutenu par aucune autre compagnie, et menacé d'être enveloppé par des forces supérieures, je me suis replié en bon ordre sur Gisey, après avoir simulé un mouvement offensif sur Darcey.

Signé : Moreau.

La 7ᵉ brigade, avec le IIᵉ bataillon et les fusiliers du 9ᵉ en avant-garde, se porta à Aisy et environs (1).

Pendant ces marches, le 2ᵉ escadron du 3ᵉ dragons était affecté à la brigade Dannenberg (2), le 3ᵉ escadron à la brigade Wedel, le 1ᵉʳ et le 4ᵉ à la 5ᵉ brigade (3).

Les cantonnements du IIᵉ corps le 14 janvier au soir furent les suivants :

Quartier général. — Montbard.

3ᵉ Division. — Lucenay.

5ᵉ brigade ....
- 42ᵉ régiment. 1ᵉʳ bataillon. — Seigny.
- — Fusiliers. — Ménétreux.
- — IIᵉ bataillon. — Cry et env.
- 2ᵉ régiment. 1ᵉʳ bataillon. — Fresnes.
- — IIᵉ — . — Montbard.
- — Fusiliers. — Eringes.
- 2ᵉ compagnie de pionniers. — Montbard.

---

(1) Fabricius et *Historique* du 9ᵉ.
(2) *Historique* du 3ᵉ dragons, p. 346.
(3) Ces chiffres ne concordent pas avec ceux donnés par Fabricius, p. 68, mais semblent plus exacts, parce qu'ils concordent avec les divers *Historiques* dans la suite. D'après Fabricius, les 3 escadrons (2, 3 et 4) auraient été à l'avant-garde.

6ᵉ brigade	14ᵉ Rég^t. Ier bataillon. — Grésigny, Darcey. — IIe — . — Bussy-le-Grand. — Fusiliers. — Lucenay 54ᵉ régiment. Darcey-la-Villeneuve. 2ᵉ bataillon de chasseurs. — Darcey.

3ᵉ dragons. 1er Esc. — Billy, Laperrière.
— 3ᵉ escadron. — Darcey, La Villeneuve.

1re batterie légère. ⎫
1re — lourde. ⎭ Darcey, Bussy.

2ᵉ batterie légère. ⎫
2ᵉ — lourde. ⎭ Montbard et env.

Convois. — Montbard.

4ᵉ *Division.* — Aisy.

7ᵉ brigade	9ᵉ rég^t. Ier B^{on}. — Rougemont. — IIe — et fusiliers. — Buffon. 49ᵉ régiment. — Aisy et environs. 3ᵉ compagnie de pionniers. — Perrigny.
Brig^{de} Dannenberg.	72ᵉ régiment. Ier B^{on} et fusiliers. — Bussy. — IIe bataillon. — Laperrière. 60ᵉ régiment. Ier bataillon et fusiliers. — Poiseuil-la-Ville. 60ᵉ régiment. IIe bataillon. — Laperrière. 1re compagnie de pionniers. — Villeneuve.

11ᵉ dragons. 3ᵉ et 4ᵉ esc. — Aisy et env.
Du VIIe Corps. 3ᵉ B^{ie} légère. — Laperrière.
— 4ᵉ batterie légère. — Poiseuil-la-Ville.

5ᵉ batterie lourde. ⎫
6ᵉ — légère. ⎭ Aisy et environs.

Convois. — Rougemont.
Artillerie de corps. — Aisy (?)
Convois. — Nuits (?)

VIIe Corps (13e division). — La marche du VIIe corps s'opéra sur deux colonnes (1). L'état-major du corps d'armée et l'artillerie de corps marchèrent avec la 13e division (colonne de droite du corps d'armée).

Le 14, l'avant-garde de la 13e division (IIe et

---

(1) Fabricius et *Historiques* des corps.

III⁰ bataillon du *73ᵉ*, 7ᵉ bataillon de chasseurs, 3ᵉ et 4ᵉ escadrons du *8ᵉ* hussards, 5ᵉ batterie légère, 1ʳᵉ compagnie de pionniers) atteignit Collemiers-le-Haut et fit explorer la route jusqu'à Prauthoy par la cavalerie et de l'infanterie portée par des voitures.

Le gros de la colonne, comprenant le reste de la *13ᵉ* division, cantonna en profondeur sur la route, depuis Bure et Recey jusqu'à Vanvey. Les états-majors s'établirent à Recey.

Le quartier général de l'armée, qui devait être (d'après l'ordre du 13) à Recey, fut établi à Voulaines.

L'artillerie de corps s'établit à Vanvey sous la protection des fusiliers du *55ᵉ*. Les trains restèrent à Châtillon et au Nord de cette ville sous la protection du Iᵉʳ bataillon du *73ᵉ* et d'un escadron de ulans.

VIIIᵉ Corps (14ᵉ division). — L'avant-garde de la *14ᵉ* division devait atteindre la ligne Marac-Ormancey (13 kilomètres Ouest de Langres, sur la route d'Arc-en-Barrois) (1). Le gros de la division devait cantonner depuis Arc-en-Barrois jusqu'à Dancevoir-le-Haut.

Le major von Köppen, commandant l'avant-garde, avait reçu la mission de quitter à 11 heures du matin Aubepierre avec l'avant-garde (Iᵉʳ et IIᵉ bataillons du *77ᵉ*, deux tiers de la 2ᵉ batterie lourde, 1 escadron du *15ᵉ* hussards). Il devait marcher sur Arc-en-Barrois et aller prendre ensuite une position d'avant-postes sur les bords de la Suize, vis-à-vis de la place forte, entre Marac et Ormancey.

Arrivé à Arc-en-Barrois, le détachement s'arrêta, des mouvements suspects ayant été remarqués dans les forêts à gauche et en avant de la route : une patrouille de hussards, envoyée vers la forêt en avant vint rendre compte que 120 homme environ occupaient une ferme qui se trouvait là. La 8ᵉ compagnie marchant en pointe,

---

(1) *Historique* du 77ᵉ, p. 150 et suiv., et Fabricius.

se déploya, mais à peine eut-elle ouvert le feu, que l'ennemi se retira sur Bugnières.

Au même moment, vers le Nord, une colonne de 800 à 1 000 hommes fut aperçue. Le major von Köpper dirigea sur elle quelques obus qui la firent rentrer dans la forêt, mais Bugnières restait occupé.

La 1re compagnie avait été détachée dès Arc-en-Barrois pour fouiller la forêt au Nord de la route : celle-ci ayant atteint la lisière marchait sur Bugnières prolongée à droite par la 2e compagnie qui suivait la route.

Après une tiraillerie d'un demi-heure environ, les Français se retirèrent à travers le bois de Marac et disparurent.

A 6 heures du soir le major von Köppen continua sa marche. Marac et Ormancey furent reconnus par des patrouilles de hussards qui rendirent compte que Ormancey était faiblement occupé, mais Marac, par contre, l'était fortement.

Combat de Marac (1). — Le major von Köppen envoya la 8e compagnie du 77e sur Ormancey, la 6e compagnie (premier lieutenant Lau) sur Marac. Les 5e et 7e suivaient jusqu'au pont sur la Suize.

La 8e compagnie trouva Ormancey inoccupé.

La 6e compagnie s'avança dans l'obscurité sur Marac. Malgré le feu de l'ennemi, le peloton d'avant-garde s'empara de l'entrée du village où l'ennemi abandonna ses sacs. Tout le peloton de tirailleurs (lieutenant Peters II) entra ensuite dans le village. Au premier tournant de la rue, il fut accueilli par un feu violent partant d'un mur occupé très fortement La compagnie qui suivait immédiatement chassa l'ennemi en poussant des hourrah! et celui-ci se retira derrière la Suize : il se produisit là un violent combat pendant lequel le fanion du bataillon français fut enlevé et les quatre Français

---

(1) *Historique* du 77e.

qui le défendirent bravement furent faits prisonniers. L'ennemi chercha à plusieurs reprises à se porter en avant, mais le feu rapide de la 6ᵉ compagnie le chassa définitivement, et les Prussiens restèrent maîtres du point de passage.

L'historique du *54ᵉ* donne comme morts 1 vice-feldwebel, 1 sous-officier, et 1 soldat. En outre 4 blessés.

L'ennemi se retira sur Langres laissant 6 hommes et 1 médecin prisonniers : ce dernier fut aussitôt relâché : d'après lui, Marac était occupé par 800 à 1 000 gardes mobiles.

A minuit les avant-postes étaient placés.

D'autre part, l'*Historique* du Iᵉʳ bataillon de la garde mobile de la Haute-Savoie (commandant Poussielgue) s'exprime en ces termes (1) :

« Le 14 janvier, vers les 2 heures de l'après-midi, le chef de bataillon est informé que la 6ᵉ compagnie est engagée à Bugnières avec un parti de ulans ; à 4 heures, une reconnaissance qu'il a envoyée dans la direction de Bugnières lui rend compte que les forces de l'ennemi sont considérables (2,600 hommes environ), qu'il y a de l'artillerie et que la 6ᵉ compagnie se replie en bon ordre tout en tiraillant. Quelques instants après arrive la 6ᵉ compagnie, sans autre perte que celle de ses gamelles restées dans les logements. Le commandant évacue aussitôt Marac, et va prendre position, sur la rive droite, en arrière du château, au débouché du chemin qui conduit à Rolampont. La 7ᵉ compagnie reçoit l'ordre de rejoindre immédiatement en suivant la rive droite de la Suize, d'Ormancey à Marac, si c'est possible. Enfin les compagnies cantonnées à Faverolles ont été prévenues qu'en cas de retraite, cette retraite se fera sur Rolampont, et qu'elles devront attendre les autres compagnies, au point de jonction des chemins de Marac et

---

(1) Archives de la guerre, M. 1.

de Faverolles à Rolampont. On n'a pas encore vu l'ennemi déboucher dans la plaine, quelques ulans seulement ont pénétré dans le bourg, et observent nos mouvements. Le chef de bataillon leur fait envoyer quelques balles et ils évacuent la position. La nuit arrive, et on ne peut pas se retirer sans avoir vu l'ennemi.... Le commandant se décide à réoccuper Marac avec les 4e, 5e, 6e compagnies, et donne l'ordre à la 7e, qui vient d'arriver, de rentrer à Ormancey. Cette compagnie trouve Ormancey occupé par quelques ulans qui ont fait prisonniers 2 hommes restés dans le village. Les ulans sont chassés, l'un d'eux est tué, un prisonnier est délivré, mais une colonne ennemie est en vue. Encore quelques instants de retard et la compagnie sera enlevée, car l'ennemi va occuper Marbot, qui est sur la ligne de retraite. La nuit favorise la marche de la 7e qui va coucher à Perrancey.

« La colonne ennemie aperçue à Ormancey est un fort détachement de celle qui a occupé Bignières dans l'après-midi. Cette colonne s'est remise en marche, et, aidée par une nuit obscure, par un brouillard des plus épais, elle entre à l'improviste dans Marac. Les postes placés à l'entrée du bourg font feu et se replient sur leurs compagnies qui vont rapidement occuper les positions qui leur ont été assignées sur la rive droite quelques heures auparavant. Il est alors près de 9 heures du soir. Afin de reconnaître l'ennemi, de dégager les hommes qui peut-être sont restés en arrière, le chef du bataillon rentre dans Marac, avec MM. les capitaines Pichollet et Rouffy, les lieutenants Amoudriez et Détraz, et une quarantaine d'hommes. On aborde corps à corps l'ennemi que l'obscurité n'a pas permis d'apercevoir : on tire à bout portant... Cette charge renouvelée deux fois arrête la marche de l'ennemi qui ne dépasse pas le pont et n'inquiétera pas la retraite. Du bord de là rivière les Prussiens font pleuvoir une grêle de balles sur les points qu'ils supposent occupés par les mobiles, autant de coups frappés dans le vide. Le colonel Pichollet vient alors prévenir le chef de bataillon que son lieutenant M. Détraz a disparu... quelques hommes et le colonel Pichollet reviennent sur leurs pas... Mais aux balles ennemies se joignent celles de quelques mobiles placés en arrière... la confusion, suite inévitable d'un combat de nuit, va se mettre dans les rangs... le signal de départ est donné. La retraite s'exécuta dans le plus grand ordre.

« Dans cette affaire on eut 1 homme tué, 2 prisonniers, 3 hommes seulement perdirent leurs sacs. Le lieutenant Détraz rejoignit à Rolampont. »

14ᵉ division. — Pendant ce temps le gros de la *14ᵉ* division était parti à 10 h. 30 du matin de Dancevoix (1). Le *53ᵉ* marchait en tête. Pour assurer la liaison avec la *14ᵉ* division, le major von Wangenheim fut envoyé avec un détachement (bataillon des fusiliers du *39ᵉ*, un demi-escadron du *15ᵉ* hussards et 2 pièces de la 2ᵉ batterie lourde) à Gurgy-la-Ville.

La marche, exécutée par un froid très vif, fut rendue très pénible par la neige et le verglas, en particulier pour le bataillon de fusilliers du *39ᵉ*.

A 4 heures de l'après-midi, arrivé à Arc-en-Barrois, le général von Weynn fut informé à la fois que des fractions de troupes françaises s'apercevaient vers la forêt de Cour-l'Évêque, et que l'avant-garde s'était heurtée à l'ennemi à Bugnières.

Il fit prendre position à l'Est d'Arc-en-Barrois au *53ᵉ* et détacha sur Bugnières le Iᵉʳ bataillon de ce régiment avec une batterie; il envoya en même temps la 1ʳᵉ batterie lourde sous la protection de la 2ᵉ compagnie du *39ᵉ* (lieutenant von Jesz) et d'un demi-peloton

---

(1) *Historiques* du *53ᵉ* et du *39ᵉ*.

de hussards prendre position à l'Ouest de Cour-l'Évêque.

Les troupes françaises (4 à 5 compagnies de la garnison du Langres) se retirèrent sur la forteresse à la faveur de brouillard et de l'obscurité.

A 6 heures du soir, les troupes prenaient leurs cantonnements (1). La nourriture fut assez difficile à assurer : aussi, désormais, à l'arrivée au cantonnement, des boulangers, sortis du régiment, devaient se mettre à fabriquer du pain : ce système fonctionna par la suite très bien et permettait d'assurer chaque jour de cette façon trois quarts à une livre de pain.

Les cantonnements du VIIe corps, le 14 au soir, furent les suivants :

QUARTIER GÉNÉRAL. — RECEY.

13e Division. — Recey.

25e brigade......
- 13e régiment. Ier bataillon. — Recey.
- — IIe bataillon et fusiliers. — Villiers-la-Forêt.
- 73e régiment. Ier bataillon. — Châtillon-sur-Seine.
- — IIe bataillon et fusiliers. — Collemiers-le-Haut.
- Ire compagnie de pionniers. — Collemiers-le-Haut.

26e brigade......
- 55e régiment. Ier bataillon. — Voulaines.
- — IIe — . — Lenglay.
- — Fusiliers. — Vanvey.
- 15e régiment. Ier bataillon. — Bure.
- — IIe — . — Lugny.
- — Fusiliers. — Lenglay.
- 7e bataillon de chasseurs. — Collemiers-le-Haut.
- 8e hussards. 1er et 2e escadrons. — Recey et environs.

---

(1) *Historique* du 53e.

8ᵉ hussards. 3ᵉ et 4ᵉ escadrons. — Collemiers-le-Haut et environs.
5ᵉ ulans de réserve. 1ᵉʳ escadron. — Châtillon.
5ᵉ ulans de réserve. 3ᵉ escadron. — Recey et environs.
5ᵉ batterie légère. — Collemiers-le-Haut.
6ᵉ batterie légère. — Recey et environs.
5ᵉ batterie lourde ⎫
6ᵉ batterie lourde ⎭ Recey et environs.

14ᵉ Division. — Arc-en-Barrois.

27ᵉ brigade......
{ 39ᵉ régiment. 1ᵉʳ Bᵒⁿ. — Cour-l'Évêque.
— IIᵉ Bᵒⁿ. — Arc-en-Barrois.
— Fusiliers. — Gurgy-la-Ville.

28ᵉ brigade......
{ 53ᵉ régiment. 1ᵉʳ bataillon. — Bugnières.
— IIᵉ bataillon et fusiliers. — Arc-en-Barrois.
77ᵉ régiment. 1ᵉʳ et IIᵉ bataillons. — Marac, Ormancey.

15ᵉ hussards. 3ᵉ escadron. — Arc-en-Barrois.
15ᵉ hussards. 1ᵉʳ esc. — Marac, Ormancey.
1ʳᵉ batterie lourde. — Cour-l'Évêque.
2ᵉ batterie lourde. — Marac (2/3), Gurgy-la-Ville (1/3).
Artillerie de corps. — Vanvey.
Convois. — Châtillon et environs.

Détachement Kettler. — A 1 heure du matin, le détachement recevait les instructions datées du 13 du général von Manteuffel (1); en même temps, ordre lui était donné de rester le 14 au repos autour de Sarry, afin de ne pas gêner par des croisements de colonne possibles la marche de la 4ᵉ division.

Le détachement comprenait :

---

(1) *Historique* du 21ᵉ et Fabricius.

	Officiers.	Médecins.	Hommes. de troupe.	Chevaux.
État-Major........	2	»	8	14
21ᵉ d'infanterie...	55	6	3 690	117
61ᵉ —	57	4	2 777	118
1ᵉʳ Esc. 21ᵉ dragons.	5		143	149
2ᵉ — —	5		139	157
5ᵉ batterie légère..	3		139	115
6ᵉ — lourde..	4	1	144	126
Feldlazareth n° 2..	»	5	50	36
— n° 5..	»	7 (y compris 3 employés).	47	34
	131	23	6 137	866

Pour éclaircir la situation signalée par le lieutenant Warnecke le 13, le général Kettler envoya, le 14 (1), le capitaine de cavalerie von Stuterheim, avec la moitié du 1ᵉʳ escadron du 11ᵉ dragons de Châtel-Gérard sur Avallon, par Vassy et Sautigny, avec mission de fouiller toutes les localités avoisinantes, notamment Cussy-les-Forges, sur la route d'Avallon-Dijon. Il partit à 11 heures du matin.

Le lieutenant von Blankensee, envoyé avec le 2ᵉ peloton pour surveiller l'ennemi qu'on avait aperçu sur les hauteurs au Sud de Sceaux, reconnut que c'était des gens du pays.

Après avoir détruit les lignes télégraphiques l'Isle-Dijon et Avallon-Semur, le capitaine von Stutterheim se tourna de Montréal vers le Sud, pour fouiller plusieurs localités, entre autres Cussy. Comme il y régnait un épais brouillard, et que l'obscurité commençait, il donna l'ordre de diminuer les distances entre les échelons.

Le lieutenant von Usedom, qui marchait derrière la pointe, envoya 1 sous-officier et 3 hommes dans la direction de quelques lumières, aperçues à 2 kilomètres

---

(1) *Die Kämpfe um Dijon*, par Fabricius, p. 6.

en avant d'Avallon. Elles semblaient provenir de maisons entourées de murs de pierres. En arrivant, à 5 h. 30, à 20 pas de celles-ci, la pointe reçut tout à coup des coups de feu des deux côtés de la route et d'en avant par 60 à 80 fusils. En même temps, le sous-officier qu'avait envoyé le lieutenant Usedom rendait compte à celui-ci, arrêté avec la tête à 50 ou 60 pas en arrière, que le feu provenait d'un mur placé à gauche de la route, et d'un taillis placé à droite. La pointe, par contre, n'envoyait aucun renseignement : une patrouille envoyée à elle rapportait un dragon blessé dont le cheval avait été tué, et qu'on avait mis sur le cheval blessé d'un camarade disparu; elle ramenait aussi le cheval du chef de la pointe qui avait disparu.

Les ténèbres augmentant et des mouvements semblant se faire de chaque côté de la route, les hussards se retirèrent par des chemins de traverse sur Montréal et l'Isle.

Voici les témoignages français recueillis au sujet de cette affaire :

Le 13, dit le lieutenant-colonel Carrière de nouveaux éclaireurs ennemis se présentèrent aux portes d'Avallon (1); mais cette fois encore, malgré les avis réitérés du colonel, les francs-tireurs de la Vienne ne surent pas se contenir; au lieu de les cerner, après les avoir laissés entrer en ville, ils engagèrent avec eux une courte fusillade qui n'eut d'autres résultats que de leur mettre deux hommes hors de combat et d'attirer sur la ville une colonne qui peut-être aurait suivi un autre itinéraire.

Le lendemain (14), le commandant Robin me rejoignait (2), et établissait lui-même son poste sur la route

---

(1) *Historique* de la colonne commandée par le lieutenant-colonel Carrière.

(2) *Historique* de la compagnie de marche d'Auxerre (2ᵉ compagnie du bataillon Robin). Arch. H. G. M. 14.

parallèle à celle que nous occupions (route de Sauvigny) et qui conduit à Nuits, où les Prussiens avaient une forte garnison et des passages continuels; nous établîmes des barricades sur les deux routes et attendîmes. A 4 heures, un cavalier vint tout seul se faire tuer entre les deux postes; à 5 heures, il faisait très noir déjà, quand on nous signala l'arrivée d'un très grand nombre de Prussiens; en effet, ils arrivent sur la route occupée par les francs tireurs de la Vienne (à 600 mètres de la nôtre) et en chantant; il sont reçus par un feu bien nourri; malheureusement il faisait noir, on tirait au jugé; de plus, les renseignements reçus, le bruit de leurs chariots et l'ignorance de leurs sonneries, faisaient croire à un nombre bien plus considérable, et nous empêchèrent de tirer parti de notre position; ils en profitèrent pour opérer leur retraite, laissant leurs morts et quelques chevaux tués ou blessés.

Quoi qu'il en soit, les cavaliers allemands arrivèrent à Annoux à 11 h. 30 du soir, après une marche de 9 à 10 lieues, sans donner à manger aux chevaux; le Ier bataillon du 21e y était cantonné. Les bagages de l'escadron suivirent par l'Isle : trouvant la route barrée à Sauvigny-les-Bois, le chef du convoi s'était avancé sur cette ville dans l'obscurité avec 5 dragons, laissant les bagages arrêtés : reçu par un feu violent, il eut 1 dragon et 1 cheval tués; il put ensuite reprendre sa marche sur Châtel-Gérard.

Dans son compte rendu au général Kettler, il exprimait l'avis que, d'après l'effectif des postes placés en avant d'Avallon, cette ville devait être fortement occupée.

Une patrouille d'officiers envoyée dans la direction de Semur jusqu'à Athie et Viserny n'avait rien vu; mais le maire de Semur lui avait appris que des patrouilles de l'armée de Bourbaki étaient passées quelques jours auparavant.

Une patrouille de dragons envoyée par les avant-postes

du bataillon de fusiliers du *21ᵉ* par Marmeaux et Montjalin n'avait remarqué rien de suspect jusqu'à Sauvigny-le-Bois; mais à 3 h. 30 de l'après-midi, d'après le rapport du sous-officier chef de patrouille, 2 personnes revêtues de l'habit ecclésiastique sous lequel elles avaient caché leurs armes, avaient tiré 4 coups de fusil. D'après la population, de fortes troupes françaises étaient atttendues à Avallon.

Comme le mouvement de Kettler sur Montbard aurait pu être gêné par les troupes d'Avallon, celui-ci résolut d'aller punir les habitants de leur attitude hostile. La ligne Nuits-Châtillon étant suffisamment gardée encore par la présence du IIᵉ corps, le général résolut de se diriger le 15 sur la ligne l'Isle-Montréal, en laissant à Annoux et Sarry ses bagages sous la protection du IIᵉ bataillon du *61ᵉ* et de la 6ᵉ batterie lourde.

Les cantonnements du détachement Kettler, le 14 au soir, furent les suivants :

21ᵉ régiment. Iᵉʳ bataillon. — Annoux.
— IIᵉ Bᵒⁿ et fusiliers. — Châtel-Gérard.
61ᵉ régiment. Iᵉʳ bataillon. — Sanignes, Sarry, Jouancy.
61ᵉ régᵗ. IIᵉ Bᵒⁿ. — Soulangy, Jouancy.
— Fusiliers. — Saint-Florentin.
1ᵉʳ et 2ᵉ escadrons. — Châtel-Gérard.
5ᵉ batterie légère. } Sarry, Annoux.
6ᵒ — lourde.

Dans la journée les généraux de Manteuffel et de Werder avaient été en liaison télégraphique.

Au général Werder, Brévilliers, Belfort (1).

Déposée : Châtillon, le 14 janvier 1871, 9 h. 30 du matin.
Arrivée au quartier général du XIVᵉ corps d'armée le 14 janvier 1871.

Reçu votre télégramme du 13 au soir. Je pars aujourd'hui avec l'armée dans la direction de Vesoul, pour me mettre

---
(1) *Historique du Grand Etat-Major prussien,* Supp. CLIX.

aussitôt que possible en communication avec Votre Excellence. Les avant-gardes étaient déjà poussées hier jusque dans la Côte-d'Or.

Signé : von Manteuffel.

N° 7.

Au général de Manteuffel, Châtillon-sur-Seine.

> Déposée : Brévilliers, le 14 janvier 1871, à midi 30 minutes. Arrivée au quartier général de l'armée du Sud, le 14 janvier 1871, à 9 heures du soir.

Aujourd'hui, jusqu'à midi, l'ennemi est resté tranquille sur toute la ligne. Nos avant-postes et les siens sont partout très rapprochés. Une reconnaissance sur Dasle et Croix, faite par les Français le 13 courant, a été repoussée par le général de Debschitz.

Signé : de Werder.

Un télégramme du chef d'état-major du XIV° corps (2), le colonel von Leszczyncki, vint apporter au quartier général de l'armée du Sud des renseignements sur l'importante question des points de passage sur les rivières pour les colonnes de marche; d'après cette dépêche :

Le pont de Saint-Jean-de-Losne avait sauté, mais était facilement réparable;

Celui d'Auxonne était barré par la place forte;

Ceux de La Marche, Pontailler, Apremont avaient sauté;

Le pont suspendu de Gray était détruit mais facilement réparable;

Le pont en pierres de Gray était intact mais miné;

Les ponts de Savoyeux et de Soing étaient rapidement réparables;

A Rupt, une arche était détruite;

---

(1) *Historique du Grand Etat-Major prussien*, Supp. CLIX.
(2) Fabricius, 74.

Les passages de Scey et de Port-sur-Saône étaient en bon état ;

Tous les ponts de l'Oignon étaient utilisables, sauf celui de Pesmes, qui avait sauté.

Pour la question des vivres on ne pouvait donner d'indication sur la région : à Mirebeau il devait y avoir beaucoup d'avoine.

Journée du 15 janvier.

I

LA BATAILLE D'HÉRICOURT

Mouvements du 18ᵉ corps et de la division Cremer.

C'était la 3ᵉ division (Bonnet) qui devait entamer la marche. On se souvient qu'elle n'avait pu atteindre Béverne dans la journée du 14 et que sa tête était parvenue fort tard à Lomont. Les convois n'ayant pas rejoint, à grand'peine avait-on pu trouver un peu de pain et quelques pommes de terre; seules distributions qui avaient pu être faites aux deux premiers bataillons du 4ᵉ zouaves de marche, qui, vers 8 heures du matin, allaient entamer le mouvement sur Béverne (1).

« Après une demi-heure de marche dans les bois, l'ennemi est signalé » (2). Le général de division qui marchait à la tête de l'avant-garde de la brigade Goury (1ʳᵉ de la 3ᵉ division) fit déployer deux compagnies (3) de zouaves qui entrèrent dans Béverne, « où elles prirent position » soutenues par la compagnie Lannes du 47ᵉ (4). Qu'avait-on trouvé devant soi? Il est difficile de le dire de façon précise.

On se souvient que deux compagnies (2ᵉ et 9ᵉ) du *3ᵉ badois* (5) avaient été envoyées en grand'gardes au bois

---

(1) Le IIIᵉ bataillon resta d'abord à Lomont avec l'artillerie et toucha plus tard une ration de vivres. (*Historique* du 4ᵉ zouaves de marche.)
(2) *Ibid.*
(3) 2ᵉ, Boehmer, et 3ᵉ, Hanoteau.
(4) Marchant avec le 4ᵉ zouaves de marche.
(5) *Historique* du *3ᵉ* badois.

de Raveney, à mi-chemin entre Étobon et Béverne. Ces deux compagnies avaient-elles quelques sentinelles ou même un petit poste à Béverne, c'est probable. En tous cas la résistance opposée à la marche des Français dut être bien peu sérieuse.

Elle suffit néanmoins pour déterminer l'arrêt de la 1re brigade qui se trouvait à ce moment empêtrée avec la division Cremer (1).

Celle-ci paraît avoir quitté Lure entre 6 et 7 heures du matin, le 32e de marche en tête (2). Elle suivit la grand'route jusqu'à Roye, puis le chemin de Béverne par Lyoffans. Là, un peu avant 8 heures (3), arrivait aussi la tête de la 2e division (Penhoat), venant de Moffans, et qui dut s'arrêter pour laisser passer la division Cremer sur la route de Béverne.

Mais, au moment où le IIIe bataillon du 81e mobiles (4) (brigade Goury), venant de Lomont par le chemin vicinal, débouchait sur cette route, la tête de la division Cremer venait se butter contre lui et un nouvel encombrement se produisait.

Le général Bonnet décida de faire marcher les troupes des deux divisions côte à côte jusqu'à Béverne sur cette route étroite, et de masser la 1re brigade en arrière de Béverne occupé, comme il a été dit, par deux compagnies du 4e zouaves de marche.

---

(1) En recevant l'ordre de mouvement, Cremer avait écrit à 3 h. 30 du matin : « ... il m'est impossible d'arriver sur la Lisaine avant 8 ou 9 heures. Je me compte même pas être avant cette heure à Béverne... »

(2) *Historiques* du 32e, du 86e mobiles, du 83e mobiles.

(3) L'amiral Penhoat, dans sa note (*Enquête*, t. III, p. 208) dit 7 h. 45. C'est possible, mais cela suppose une marche très rapide de la division Cremer (distance de Lure à Lyoffans par Roye 8 kilomètres). Le fait que la tête de la division Cremer passa la 1re suffit à montrer que le jeune chef de ces troupes avait fait tout le possible pour exécuter la tâche inexécutable qui lui était assignée.

(4) *Historique* du 81e mobiles.

Vers 9 heures seulement, la marche put être reprise par la route de Béverne à Chagey, sous la protection du IIe bataillon du 4e zouaves de marche, formant l'avant-garde et détachant la 1re compagnie (cap. Pécot) sur le flanc gauche et une section (sous-lieutenant Pascal) sur le flanc droit.

Avant d'arriver au carrefour des routes de Chagey et de Couthenans, à la tête du ravin de Saint-Saut, le général Bonnet, en exécution de l'ordre de mouvement, dirigea les IIe et IIIe bataillons du 4e zouaves de marche et le IIIe du 81e mobiles sous les ordres du lieutenant-colonel de Boisfleury (1), avec une section d'obusiers de montagne, par le sentier dit « du milieu », qui traverse le bois de Nan et vient déboucher à l'Est de Chagey, à 300 mètres environ de la lisière du village (2).

Il semble qu'il se produisit un long arrêt pendant lequel le IIe bataillon du 4e zouaves se déploya sous bois en travers du chemin (3).

En tous cas l'attaque n'était pas encore prescrite et ne fut pas commencée avant réception de l'ordre daté de 11 h. 45, dont il sera question plus loin.

L'entrée en ligne de la 2e brigade, qui avait à suivre la 1re pendant une partie de son itinéraire, devait être encore plus tardive.

La 2e brigade s'était formée vers 8 heures à Lomont (4)

---

(1) *Historiques* des deux corps.

(2) Il avait fallu 1 h. 30 pour parvenir là depuis qu'on avait quitté la route. On peut donc admettre que les zouaves étaient devant Chagey vers 11 h. 30 ou midi. Distance parcourue depuis Lomont, 12 à 13 kilomètres.

Cependant l'*Historique* du 3e badois dit que le contact ne fut pris qu'à 2 heures du soir.

(3) 2e et 3e compagnies (Bœhmer et Hanoteau) à gauche, 4e compagnie du 47e, rattachée au bataillon (sous-lieutenant Lannes) à droite (*Historique* des corps.)

(4) *Ordre* de marche : 14e bataillon de chasseurs, 1 batterie, 53e de marche, 82e mobiles (*Journal* de la brigade.)

et, par la route suivant la vallée du Rognon, elle arriva à 10 heures (1) à Béverne. Là, comme on l'a vu, l'encombrement était à son comble. « Le 57ᵉ de marche de la division Cremer obstruait les passages (2) ». Il fallut faire une halte d'une heure et demie (3).

A 11 h. 30 (4), la route redevint praticable et, « vers 1 heure, la colonne arriva au Carrefour des routes de Béverne à Couthenans et de Champey à Étobon, « c'est-à-dire à la tête du ravin de la Goutte Saint-Saut (5), où déboîtait la 1ʳᵉ brigade, suivait la route de Couthenans (6) et, vers 2 heures, la tête de la colonne arrivait à la sortie du bois, près de la croisée de la route suivie avec celle de Coisevaux à Chagey.

Elle fut reçue par un feu violent d'artillerie partant du Mont-Vaudois et par la fusillade de tirailleurs cachés dans le bois et sur les crêtes d'un mamelon près duquel passe l'embranchement du chemin de Chagey (7). Les troupes furent mises à l'abri, tandis que les généraux, à la tête desquels était le général Billot, reconnaissaient le terrain et donnaient leurs ordres.

Division Cremer. — Nous avons laissé la division Cremer suivant péniblement et côte à côte avec la brigade Goury l'étroit chemin de Lyoffans à Béverne. Par suite de cet encombrement, elle atteignit Béverne vers

---

(1) Heure donnée par le *Journal* de brigade et l'*Historique* du 53ᵉ, confirmée par celui du 82ᵉ mobiles.

(2) *Journal* de la Brigade.

(3) *Ibid.* « Le canon se fait entendre vers Héricourt et redouble d'intensité. »

(4) *Ibid.* et 14ᵉ chasseurs.

(5) *Ibid.* « On entendait le canon depuis 9 heures du matin. »

(6) *Ibid* et 53ᵉ de marche. Celui du 82ᵉ mobiles dit 3 heures ce qui s'explique par la place de ce régiment à la gauche de la brigade. L'*Historique* du 3ᵉ badois dit 2 heures un quart pour l'apparition du 2ᵉ bataillon de la brigade Brémens au Sud de Chagey.

(7) *Journal* de la brigade.

9 h. 30 (1) et se mit en devoir de gravir le sentier raide et glissant qui mène de là à Étobon par le bois de Raveney. Là se trouvait la 2ᵉ compagnie du *3ᵉ* badois, ayant à sa gauche la 9ᵉ. Son chef, lieutenant Holtz (2), annonça vers 9 h. 30 l'approche d'une colonne évaluée à un escadron, deux bataillons et deux pièces, sur laquelle une de ses sections tira quelques salves à une distance de 1 200 mètres.

L'artillerie de l'avant-garde française prit immédiatement position et ouvrit le feu sur la 2ᵉ compagnie badoise, tandis que les tirailleurs gagnaient son flanc droit à travers le bois de Brière (3).

Sur l'ordre du lieutenant colonel Kraus, Étobon fut évacué par le gros du 1ᵉʳ bataillon et les deux compagnies de fusiliers, qui occupaient ce village et dont la retraite vers Chênebier fut couverte par la 2ᵉ compagnie. A midi, les six compagnies qui avaient occupé Étobon étaient à Chênebier, sous la protection des 10ᵉ et 11ᵉ compagnies et de la batterie Gœbel, qui étaient placées à l'Ouest de Courchamp.

Ce délai avait permis aux Allemands d'organiser la défense de Chênebier. La 1ʳᵉ compagnie était au Sud du village, la 3ᵉ au cimetière et dans les maisons contiguës au Nord-Est dans le Bas des Esserts, la 10ᵉ était sur la route d'Échevanne, la 2ᵉ en réserve dans le bois. La batterie Gœbel (4) quitta bientôt sa position près de Courchamp et vint se placer sur un mamelon à l'Est, couverte en avant et à gauche par la 12ᵉ compagnie. La 11ᵉ compagnie fut détachée sur le flanc droit et vint occuper d'abord le bois des Evaux, où elle ne laissa bientôt qu'un peloton. A Courchamp restaient les deux der-

---

(1) *Historique* du 32ᵉ mobiles.
(2) *Historique* du *3ᵉ* badois.
(3) *Id.* et colonel Poullet.
(4) 2ᵉ lourde badoise.

nières compagnies : la 10ᵉ à la sortie Ouest, la 9ᵉ en soutien (1).

En attendant l'attaque, les hommes furent mis à l'abri dans les maisons sous la protection de petites grand'-gardes, et de nombreuses patrouilles envoyées vers Etobon (2).

La ligne de retraite menait à Frahier occupé par le bataillon Eupen et la batterie saxonne Krutsch (3), le tout commandé par le major v. Sckack.

Vers 11 heures du matin (4), l'infanterie française (Iᵉʳ bataillon du 32ᵉ de marche) se montra sur la hauteur du vieux château en ruines situé au Nord d'Etobon. Peu après, quatre pièces de montagne prenaient position en ce point, et la batterie Armstrong se plaçait à leur droite dans le bas-fond situé à l'Est d'Etobon. Jusque vers 3 h. 30 la canonnade se poursuivit mollement sans résultat appréciable (5).

C'est vers midi seulement en effet que la division Cremer avait pu rejoindre à Etobon son avant-garde (6), par suite de la difficulté du chemin et aussi à cause du retard imposé à la 2ᵉ brigade, laquelle avait dû, avant de parvenir à Béverne, céder le pas à la 2ᵉ division du 18ᵉ corps. Il avait fallu faire pratiquer par le génie des rampes à travers la neige pour amener l'artillerie à sa position de combat. Puis la 20ᵉ compagnie du 2ᵉ régiment du génie guidée par l'instituteur d'Etobon (7) se mit en devoir de frayer un passage, « à travers un marais gelé » (8), vers les hauteurs du bois de la Thure.

---

(1) *Historique* du 3ᵉ badois.
(2) Lourde de réserve du VIIᵉ corps.
(3) *Historiques* du 3ᵉ badois et du 32ᵉ de marche.
(4) *Historique* du 32ᵉ de marche.
(5) *Ibid.*
(6) *Historique* de la 20ᵉ compagnie du 2ᵉ régiment du Génie.
(7) *Historique* du 32ᵉ de marche.
(8) C'est le petit affluent de la Lisaine qui passe au Nord du bois de la Thure.

Le général Cremer avait en effet résolu de pousser de ce côté toute la 1ʳᵉ brigade (1) précédée du Iᵉʳ bataillon du 32ᵉ de marche et d'une batterie de montagne. La 22ᵉ batterie du 9ᵉ marchait entre le 32ᵉ et le 57ᵉ de marche.

« Vers 3 h. 30, dit l'*Historique* du *3ᵉ* badois, de forts essaims de tirailleurs sortirent d'Etobon et marchèrent vers les 9ᵉ et 10ᵉ compagnies (qui occupaient Courchamp); d'épaisses colonnes les suivaient. En même temps une autre ligne de tirailleurs sortait du bois de la Thure... Menacé de front et de flanc par des forces supérieures, le capitaine Hilpert retira les 9ᵉ et 10ᵉ compagnies à travers la moitié Sud de Chênebier, au delà du ruisseau de la Lisaine, et prit position derrière le moulin sur le chemin de Chatebier.... »

Il semble donc qu'une partie de la 2ᵉ brigade laissée en position à Etobon ait fait sur le front une démonstration pendant le mouvement de flanc de la 1ʳᵉ brigade, et que la simultanéité de ces deux actions eut un effet rapide et efficace. Soit qu'on ne s'en fût pas aperçu du côté français, soit que les projets du général Cremer ne comportassent pas l'attaque de Chênebier, celle-ci ne fut poussée ni par le Sud ni par l'Ouest. La 2ᵉ brigade suivit la marche de la 1ʳᵉ sur l'étroit sentier conduisant d'Etobon à Chagey; elle fut suivie de la 2ᵉ batterie de montagne et de la 22ᵉ batterie du 12ᵉ. Il ne resta à Etobon que cinq compagnies du IIᵉ bataillon du 86ᵉ mobiles avec la batterie Armstrong (2). Très tard, et une fois la nuit complètement tombée, la division Cremer se trouva rassemblée sur la lisière Nord du bois de la Thure, hors d'état de marcher sur la Lisaine et réduite à bivouaquer sur place et sans vivres dans la neige.

Voyant qu'il ne courait aucun risque, le capitaine

---

(1) Sauf un bataillon du 83ᵉ mobiles laissé avec la batterie Armstrong.
(2) *Historique* du 86ᵉ mobiles.

Hilpert avait ramené à Courchamp ses deux compagnies (1). De là un peloton (Kredel) poussa vers Etobon. Vers 10 h. 30 (2), un engagement, dans lequel chaque parti crut que son adversaire prenait l'offensive, eut lieu sur la route de Courchamp à Etobon, entre la grand'garde du lieutenant Kredel, soutenue par le reste des 9ᵉ et 10ᵉ compagnies, et des fractions du IIᵉ bataillon du 86ᵉ mobiles laissé à Etobon avec la batterie Armstrong. Celle-ci prit position à la sortie de ce village et ouvrit dans l'obscurité un feu inefficace, auquel les deux compagnies badoises, jointes bientôt par la 1ʳᵉ, répondirent par de violents feux de salves.

Du côté français on ne signala qu'un blessé; les pertes allemandes paraissent avoir été nulles (3).

Vers 2 heures du matin, quelques coups de feu furent encore tirés à l'Ouest de Courchamp.

La position des Allemands n'avait donc pas été attaquée dans la région de Chênebier. Elle se trouvait à la nuit organisée de la façon suivante :

Les 9ᵉ et 10ᵉ compagnies du *3ᵉ* badois à Courchamp, gardant les routes d'Etobon et de Chagey ; deux compagnies du bataillon Eupen, envoyées de Frahier par le général v. Degenfeld, au bois d'Essoyeux. Le 1ᵉʳ bataillon du *3ᵉ* badois dans la partie Nord de Chênebier avec une partie de la 11ᵉ compagnie puis la 12ᵉ. La batterie Gœbel alla passer la nuit à Echavanne.

Attaque de Chagey. — On se souvient que, vers midi, la 1ʳᵉ brigade de la 3ᵉ division (Bonnet) du 18ᵉ corps

---

(1) 9ᵉ et 10ᵉ du *3ᵉ* badois.

(2) 9 heures, dit l'*Historique* du 86ᵉ mobiles.

(3) L'*Historique* du 3ᵉ badois suppose non sans vraisemblance que cet engagement fut le résultat d'une erreur de direction du détachement laissé à Etobon, et qui, cherchant à rallier la division Cremer, vint dans l'obscurité se heurter à Courchamp. L'*Historique* du 86ᵉ mobiles dit que les deux compagnies laissées avec la batterie Armstrong rentrèrent à leur bataillon.

était parvenue à 300 mètres environ du village de Chagey et s'était arrêtée à la lisière du bois de Nan. Les *Historiques* français et allemands sont d'accord pour affirmer qu'aucun combat ne se produisit à ce moment.

Le major Lang, du II⁰ bataillon du *3⁰* badois, avait reçu à 8 heures du matin l'ordre d'occuper Chagey coûte que coûte (1). En conséquence, la 7ᵉ compagnie (Lacker) avait poussé un de ses pelotons au Sud du village, près d'un bouquet de bois qui domine la route de Béverne, les deux autres pelotons en arrière. La 8ᵉ compagnie avait un peloton à l'entrée Sud-Ouest, avec quelques hommes au moulin situé sur le chemin de Saint-Saut, un autre peloton était au Nord, le dernier en avant de l'usine située au Nord-Ouest.

Les 5ᵉ et 6ᵉ compagnies étaient rassemblées dans l'intérieur du village de Chagey. Enfin des patrouilles avaient été lancées vers Couthenans, Coisevaux et Béverne.

« Jusqu'à 2 heures de l'après-midi, dit l'*Historique* du *3⁰* badois, tout resta tranquille devant Chagey. »

C'est par un ordre daté de 11 h. 45 (2) du matin seulement, et rédigé à Béverne, que le général Billot avait prescrit au général Bonnet de « marcher droit sur le village de Chagey et de l'enlever dès qu'il aurait son monde sous la main ». Chagey,... était-il dit encore à cette heure, aura peut-être été réoccupé » (par l'ennemi). En conséquence le général Bonnet devait « ne pas hésiter à couvrir ce village des feux de son artillerie, avant de lancer ses colonnes d'attaque ». Enfin, et comme toujours, il était rappelé d'avoir à se relier à la Division Cremer, « un peu en retard », par crainte d'une diversion contre notre flanc gauche.

---

(1) *Historique* du *3⁰* badois.
(2) *Ordre* de 11 h. 45 matin. « Pour faire suite à l'ordre de mouvement.... »

Il en résulta que le général Bonnet n'engagea pas sa colonne de gauche avant l'arrivée de sa colonne de droite, c'est-à-dire 2 heures du soir. Il aurait combattu bien plus tard encore s'il avait attendu l'entrée en ligne de son artillerie et surtout l'arrivée de la division Cremer, comme l'indiquait l'ordre du corps d'armée (1).

Vers 2 heures, le peloton badois, lancé sur la route de Béverne, avait battu en retraite, et, une demi-heure plus tard, on vit « 2 bataillons français se déployer au bois de la Vacherie (2) ». C'était en réalité le II° bataillon du 53° de marche (commandant Ragiot), qui, déployant trois compagnies en tirailleurs, attaquait le mamelon boisé (3) occupé, comme il a été dit plus haut, par un peloton de la 7° compagnie badoise. Les trois compagnies du II° bataillon du 53° suivaient le mouvement dans l'épaisseur du bois de la Vacherie.

L'attaque vivement menée réussit. En peu de temps le bouquet de bois fut atteint, et la 7° compagnie, qui avait amené ses deux derniers pelotons sur la hauteur entre le bois et le village, se retira vers Chagey, dont elle occupa la partie Sud-Est (4).

A ce moment, arrivait à la lisière du bois de la Vacherie la 22° batterie du 14° régiment (Dessus) (5); elle s'établit « à gauche » de la route, et « ouvrit le feu à 1,800 mètres contre quatre pièces ennemies » placées sur la rive droite de la Lisaine, « derrière une haie et à

---

(1) Le général Billot quitta Béverne à midi 30 pour rejoindre la 1re division. (*Souvenirs* du Général Brugère, *Campagne d'un volontaire*, capitaine d'Ussel.)
(2) *Historique* du 3e badois.
(3) *Journal* de la 2e brigade.
(4) L'*Historique* du 3e badois et le *Journal* de la 2e brigade (Bremens) concordent dans tous les détails.
(5) *Rapport* du capitaine Dessus, *Journal* de la 2e brigade, *Historique* du 53e. Les pièces étaient espacées, ce qui diminua les pertes.

une centaine de mètres en avant du bois ». En même temps, le Ier bataillon du 53e (Renault) venait se placer en soutien de la batterie et à sa droite, le IIIe bataillon du même régiment restait à la lisière du bois de la Vacherie près de la route de Lure, sur laquelle se trouvaient encore les deux bataillons du 82e mobiles.

La réserve d'artillerie du 18e corps avait reçu un ordre daté de 11 h. 30 du matin, prescrivant au lieutenant-colonel de Miribel de « pousser le plus vite possible avec toutes ses pièces et l'artillerie à cheval et de marcher en tête de la 2e division sur la route d'Héricourt jusqu'en face du village de Luze. La batterie de marine Groussard (1), dirigée par le chef d'escadron Brugère, et qui marchait en tête, arrivait vers 2 h. 30 « sur la croupe de Luze » et venait appuyer de son feu celui de la batterie de 4 (Dessus).

Celle-ci, prise d'écharpe des hauteurs de la rive droite, avait dû renoncer à canonner Chagey (2). Vers 3 heures, la 35e batterie de marine (Laberge) vint prendre position à la corne du bois et ouvrit le feu à 2,000 mètres sur l'artillerie du mont Vaudois. En moins d'un quart d'heure la batterie Laberge fit des pertes sérieuses (3) et dut battre en retraite n'ayant tiré que 51 coups.

La batterie de mitrailleuse (23e du 15e), qui s'était placée en position d'attente à l'intersection de la route de Lure à Héricourt avec le chemin de Chagey à Champey, perdit aussi quelques hommes (4) et dut se replier sous bois.

La batterie de 4 (Dessus) n'en continuait pas moins la lutte (5). Elle ne se retira qu'à 5 h. 30, n'ayant plus

---

(1) *Rapport* sur la part prise par les batteries de marine de 12 (34e et 35e).
(2) *Journal* de la 2e brigade.
(3) Dix-huit blessés, dont le capitaine.
(4) Capitaine de Mallet blessé.
(5) Le cheval du commandant Brugère, présent sur les lieux, fut blessé.

de disponible qu'un coup par pièce (1). Elle avait été soutenue jusqu'au bout par la 34ᵉ batterie de marine, qui avait tiré 199 obus, et par une section de la batterie de montagne (2ᵉ du 6ᵉ régiment) (2), qui avait pu se placer dans un taillis à 400 mètres au Sud-Ouest de Chagey et déloger l'ennemi de deux maisons situées à l'entrée du village. Les autres batteries de la réserve ne paraissent pas avoir été engagées.

Pendant que les batteries françaises avaient le dessous dans cette lutte engagée dans des conditions très défavorables, le IIᵉ bataillon du 53ᵉ s'était entièrement déployé au sud de Chagey sur les hauteurs dominant le village. Appuyé en arrière de sa gauche par le Iᵉʳ bataillon, qui marchait sous bois et que remplaçaient comme soutien de l'artillerie trois compagnies du IIIᵉ bataillon, il poussa vers la lisière sud de Chagey. Pris d'écharpe par les batteries du mont Vaudois, le IIᵉ bataillon du 53ᵉ trouva devant lui la 6ᵉ compagnie badoise, qui avait gagné la lisière du village et dont le feu était renforcé par celui de la 7ᵉ compagnie établie à l'Est sur la hauteur du moulin. Le terrain d'attaque était d'ailleurs entièrement découvert. Le mouvement offensif du 53ᵉ échoua, la ligne se retira de 5 ou 600 mètres en arrière (3) et fut alors renforcée par une partie du IIᵉ bataillon du 82ᵉ mobiles. Une partie de la gauche

---

(1) *Historique* du 53ᵉ, *Journal* de la brigade. Le *Rapport* du capitaine Dessus signale aussi qu'il ne s'est retiré qu'après deux heures de combat ayant eu 1 officier, 2 maréchaux des logis et 12 hommes hors de combat, 15 chevaux tués, 2 pièces et 2 caissons hors de service. La concordance de ces trois témoignages relativement à la retraite de la batterie Dessus contredit formellement l'assertion contenue dans le rapport du chef de la 23ᵉ batterie du 15ᵉ régiment d'après laquelle la retraite de la batterie Dessus aurait précédé celle de la batterie Laberge.

(2) Commandé par le maréchal des logis qui fut blessé.

(3) *Journal* de la 2ᵉ brigade, *Historique* du 53ᵉ, *Historique* du 3ᵉ badois, *Historique* du 82ᵉ mobiles.

avait progressé sous bois jusqu'au chemin de la Goutte-Sainte-Saut et s'y était ralliée au 14e bataillon de chasseurs de marche qui formait la droite de la 1re brigade (1).

Celle-ci avait, ainsi qu'on s'en souvient, dirigé sur Chagey par l'Ouest les IIe et IIIe bataillons du 4e zouaves (lieutenant-colonel de Boisfleury) avec le IIIe bataillon du 81e mobiles (Indre) et deux obusiers de montagne de la 21e batterie du 8e régiment. Arrivé à la lisière du bois, le IIe bataillon du 4e zouaves s'était déployé en travers de la route de Saint-Saut, sur laquelle une seule des deux pièces pouvait se mettre en batterie à 300 mètres environ des tirailleurs ennemis. Le lieutenant Hauducœur, qui la commandait, bien que blessé et ayant perdu trois de ses canonniers, conserva cette dangereuse position pendant près de deux heures, et ne cessa de tirer contre les maisons crénelées que pour couvrir de mitraille les fractions badoises qui tentèrent des retours offensifs (2).

Le IIIe bataillon du 81e mobiles resta sous bois derrière la droite du IIe bataillon du 4e zouaves, le dernier bataillon de ce régiment était en soutien derrière le centre, détachant une compagnie (Pinot) pour garder la gauche.

La 8e compagnie badoise, qui occupait la lisière Ouest de Chagey, avait dû replier jusqu'aux premières maisons les fractions avancées du lieutenant Beck et du sergent Zorn et demander du secours au major Lang qui avait envoyé la 5e compagnie, seule disponible. Un moment le moulin entouré de trois côtés faillit tomber au pouvoir des Français. Une vigoureuse contre-attaque dirigée par le premier lieutenant Seiler le dégage. Néanmoins la position du IIe bataillon badois devenait critique, car le 14e bataillon de chasseurs avait joint ses efforts à ceux

---

(1) *Historique* du 14e bataillon de chasseurs.
(2) *Rapport* du capitaine Salvain, commandant la 21e batterie du 8e, *Historiques* du 4e zouaves et du 81e mobiles.

du 4ᵉ zouaves, et, devant la menace du retour offensif signalé plus haut et dont on s'exagéra d'ailleurs la gravité (1), les 3 compagnies du IIIᵉ bataillon du 53ᵉ de marche et le IIᵉ bataillon du 82ᵉ mobiles, envoyés par le colonel Brémens pour soutenir la gauche de sa première ligne, avaient été, sur un ordre donné personnellement par le général Billot, déployés « en tirailleurs dans le bois de la Vacherie à droite de la route (2) ». Le 1ᵉʳ bataillon du 4ᵉ zouaves de marche (Huas), survenant sur ces entrefaites, par suite de l'erreur qui lui avait fait suivre le chemin de Couthenans au lieu de la traverse de Chagey, vint renforcer le IIᵉ bataillon du 53ᵉ sur le mamelon au Sud de Chagey.

Vers 5 heures, toute la 2ᵉ brigade était déployée au Sud et au Sud-Ouest de Chagey; seul un bataillon du 82ᵉ mobiles restait en réserve au carrefour. Déjà quelques hommes avaient atteint les premières maisons de Chagey, sur le bord de la rivière, et le IIᵉ bataillon du *3ᵉ* badois commençait à manquer de munitions, quand l'arrivée opportune du Iᵉʳ bataillon du *6ᵉ* badois vint changer la face des choses (3).

D'après l'ordre qu'il avait reçu à 2 h. 30, le capitaine Weinzierl devait aller à Chagey pour y *relever* le bataillon Lang, lequel avait à se porter sur Étobon et s'y mettre à la disposition du général von Degenfeld. Marchant rapidement et souvent au pas de course, le Iᵉʳ bataillon du *6ᵉ* badois avait contourné le mont Vaudois par

---

(1) Le *Journal* de la 2ᵉ brigade y voit une tentative pour couper la ligne française par son centre.

(2) *Journal* de la 2ᵉ brigade, *Historique* du 53ᵉ.

(3) La situation critique du bataillon Lang, attestée pas l'*Historique* du 3ᵉ badois, est singulièrement confirmée par celui du 6ᵉ régiment. D'après ce dernier document, les Français étaient maîtres de la moitié du village, des zouaves y avaient pénétré, et un furieux combat de maisons commençait au moment où arrivait le bataillon Weinzierl.

Echenans et s'était dirigé sur Chagey au travers des prairies. Il se forma en colonnes de compagnie et pénétra dans le village de Chagey en poussant des hourras. La 4ᵉ compagnie, entrée par le Nord, vint renforcer les fractions du *3ᵉ* badois qui occupaient l'usine et s'avança à l'intérieur du bois de Nan. La 2ᵉ se dirigea par le milieu du village vers la lisière Sud-Ouest. La 3ᵉ, qui avait pu franchir la Lisaine sur la glace au Sud de Chagey, prit en flanc la droite des tirailleurs du IIᵉ bataillon du 53ᵉ et les força à la retraite. La 1ʳᵉ compagnie restait seule en réserve au centre du village à la mairie. La vigoureuse contre-attaque exécutée par les Allemands paraît ne pas avoir eu d'autre effet que d'obliger à la retraite l'unique pièce de la 21ᵉ batterie du 8ᵉ régiment, dont nous avons signalé la présence à 300 mètres à l'Ouest de Chagey. Malgré l'arrivée d'un nouveau renfort constitué par le bataillon de fusiliers du *6ᵉ* badois et de la 7ᵉ compagnie du même régiment avec une batterie, le combat resta stationnaire, jusqu'au moment où l'obscurité l'interrompit tout à fait. Les Allemands retirèrent les fractions avancées qui avaient gagné le bois de Nan et incendièrent le moulin. La défense fut limitée au village de Chagey; le major Lang en occupa la partie Nord; le Iᵉʳ bataillon du *6ᵉ* badois occupa la lisière Nord-Ouest, le bataillon de fusiliers les extrémités Ouest et Sud-Ouest; les 12ᵉ et 7ᵉ compagnies restaient en réserve au centre du village.

Une fois la nuit tombée, la 2ᵉ brigade de la 3ᵉ division du 18ᵉ corps s'établit au bivouac dans les bois de Nan et de la Vacherie. Il en fut de même de la 1ʳᵉ. Mais, à 11 heures du soir, le général Bonnet eut l'ordre de rassembler sa division à Béverne, tandis que la 2ᵉ division le remplacerait en première ligne (1).

---

(1) De fait les troupes virent bivouaquer vers la tête du ravin de Saint-Saut dans les bois. (*Souvenirs* du colonel Poirine.)

L'amiral Penhoat, qui la commandait, avait reçu vers Béverne un ordre daté de 11 heures du matin, lui prescrivant de laisser un « bataillon de 1,000 hommes à la disposition du général de Brémond d'Ars, commandant la division de cavalerie, pour couvrir vers Lyoffans les derrières du corps d'armée, et de pousser en avant le plus vite possible pour arriver en ligne en face de Luze en temps utile » (1).

Le passage de l'artillerie de réserve, suivie des batteries à cheval, puis de celles de la 2ᵉ division, causa un nouveau retard à l'infanterie (2) qui ne pouvait progresser que sur l'étroite route de Luze. Très tard, dans la journée, la 1ʳᵉ brigade arriva « à hauteur d'une grande batterie formée avec la réserve du 18ᵉ corps » (3). Le 12ᵉ bataillon de chasseurs, le 77ᵉ mobiles et le 52ᵉ de marche prirent position dans les bois, l'autre brigade resta en réserve sur la route. « Jusqu'à la chute du jour cette situation fut maintenue. A la nuit, on reçut l'ordre de garder dans les bois les positions occupées. » — Cependant l'artillerie de réserve, les quartiers généraux du général Billot et de l'amiral Penhoat, et la plus grande partie de la 2ᵉ brigade revinrent à Béverne (4). Le régiment d'infanterie légère d'Afrique qui avait été détaché avec la division de cavalerie (5), avait poussé deux compagnies à Frotey-les-Lure, une à Magny-d'Anigon, une à Clairegoutte et deux à Frédéric-Fontaine.

Quant à la division de cavalerie de Brémond d'Ars, prévenue par un ordre daté de 11 h. 30 que « 800 Prussiens et 6 canons » occupaient Ronchamp, elle paraît

(1) *Ordre* daté de 11 heures matin.
(2) *Journal* de la 2ᵉ division.
(3) *Ibid.*
(4) *Ibid.* et *Historique* du 92ᵉ de ligne.
(5) *Historique* du régiment d'infantere légère : « à Clairegoutte on trouva une patrouille allemande venant de Ronchamp ».

avoir envoyé quelques reconnaissances (1), sur Vy-les-Lure et Vouhenans et cantonna à Lyoffans et Moffans.

Il convient maintenant d'examiner le rôle de la 1re division (Feillet-Pilatrie), dont on n'a pas oublié les terribles épreuves pendant la journée et la nuit qui précédèrent la bataille.

La 1re brigade (Leclaire) devait se porter à travers des bois inextricables (2) vers Couthenans mais s'arrêter à la lisière du bois de la Bouloye. En outre, elle avait la mission de se relier vers Coisevaux avec le 20e corps. Un ordre particulier daté de 11 h. 30 devait prescrire l'attaque immédiate de Couthenans, avec l'appui de la 2e brigade (Robert) et autoriser le général Feillet-Pilatrie à demander du secours à la 2e division (Penhoat).

La 2e brigade (Robert) devait rejoindre la route de Lure à Belfort. C'étaient donc deux itinéraires très différents ; mais, dans l'état d'enchevêtrement où se trouvaient les diverses unités, le mouvement devait subir des lenteurs et amener une confusion extrêmes.

Le 42e de marche partit à 7 heures de Courmont, où il était arrivé à 3 heures du matin ; vers 11 heures, il arriva en face de Couthenans ; le 19e mobiles, qui paraît avoir suivi jusqu'à l'Étang Réchal (3), se rabattit à gauche et s'arrêta au croisement du chemin de Champey à Chagey avec la route de Béverne à Couthenans, où il fut criblé d'obus (4). Le 9e bataillon de

---

(1) Notamment du 3e lanciers de marche (*Historique*.) On ne trouve pas trace de prise de contact vers la route de Lure à Belfort.

(2) *Journal* de la division. « Le chemin, simple sentier, encombré de neige, ne donnait passage qu'à un homme à la fois. »

(3) Alors desséché. *Historique* du 19e mobiles.

(4) Le *Rapport* Libermann (Succession Billot) dit que l'artillerie marchait en tête sans méfiance.

chasseurs, très faible comme effectif (1), paraît être arrivé un peu plus tôt en face de Luze.

A la 2ᵉ brigade, le 44ᵉ de marche avait à 10 heures (2) rejoint son IIᵉ bataillon détaché la veille à la ferme des Valettes. De là, il avait marché par la rive gauche du ruisseau de la Goutte, « ruisseau qui forme l'Étang Réchal » (3), et, vers 2 heures, ses deux premiers bataillons apparaissaient à la lisière des bois à l'Est de Couthenans soutenus par le IIᵉ bataillon restant sous bois. Enfin le 73ᵉ mobiles avait marché de Faymont sur Lomont, et, un peu au delà, avait suivi la route de Béverne encombrée de troupes; il devait arriver fort tard à la lisière des bois.

L'artillerie divisionnaire, marchant avec le 73ᵉ, avait eu du reste assez de peine à franchir le Rognon (4), mais, après le passage de l'artillerie de réserve à Béverne, elle avait suivi son mouvement, doublant l'infanterie au trot et sans caissons. A 2 h. 30, la 20ᵉ batterie du 9ᵉ qui marchait en tête arrivait à la lisière du bois en face de Luze. Mise en batterie sous une grêle d'obus, et avec un front trop restreint, elle fit des pertes et fut bientôt rappelée sur le chemin de Chagey à Champey.

La 13ᵉ batterie du 12ᵉ avait pu prendre position à la cote 370, à 800 mètres Nord de Couthenans.

A une heure qu'il est difficile de déterminer, mais qui ne paraît pas antérieure à 2 h. 30, les deux premiers bataillons du 44ᵉ de marche, puis le IIᵉ bataillon du 42ᵉ entrèrent à Couthenans, sans coup férir. — La 14ᵉ batterie du 13ᵉ régiment, venant du Nord à la suite de la 13ᵉ, traversa le village et vint s'établir à l'Est de ce point sur la colline qui domine la Lisaine » (5). Bientôt elle

---

(1) 450 hommes. *Historique.*
(2) *Historique.*
(3) *Id.*
(4) *Rapport* du commandant Alips. *Historique* des batteries.
(5) *Rapport* du commandant Alips.

fut forcée de ne laisser que deux pièces en position, et celles-ci ne purent entretenir le feu qu'en se mettant à l'abri après chaque coup. La 14e batterie, laissée au Nord de Couthenans, dut aussi entretenir le feu par deux de ses pièces seulement; mais le capitaine Villien tira jusqu'à épuisement des coffres d'avant-train. La 20e batterie, après une nouvelle tentative pour se placer à la droite de la 13e, dut renoncer à la lutte.

Pendant ce temps, deux bataillons du 42e et le 9e bataillon de chasseurs avaient été poussés dans la direction de Chagey, tandis que le IIIe bataillon de ce régiment et le IIIe du 44e restaient à Couthenans. Les Ier et IIIe bataillons du 44e vinrent border la Lisaine « jusqu'à hauteur de la filature Chevrot, au confluent de la Lisaine et de la Goutte » (1). Le 19e mobiles resta sous bois, sans agir; le 73e mobiles avait déployé trois compagnies au Sud de Chagey. En cherchant à les entraîner, le lieutenant-colonel de Mimerand fut grièvement blessé. Les troupes regagnèrent la lisière, trois compagnies du IIe bataillon entrèrent à Couthenans et y cantonnèrent avec les bataillons des 42 et 44e de marche. Le reste du 73e mobiles passa la nuit sous bois, aux environs de la route de Béverne à Couthenans.

A aucun moment, on le voit, la 1re division n'avait tenté une véritable attaque. Elle n'en avait pas moins subi des pertes sérieuses.

Dans la soirée, le général en chef adressa au commandant du 18e corps la lettre suivante :

A M. le général de division Billot, commandant le 18e corps d'armée.

Au grand quartier général à Aibre, ce 15 janvier 1871, 11 h. 50 soir.

Mon cher général,

J'ai été très heureux d'apprendre que vous vous trouviez en bonne position. Vous savez que je base mes espérances

---

(1) *Historique.*

de succès sur la réussite du mouvement tournant qui doit être exécuté par votre corps d'armée et par la division Crémer.

Il faut, par suite, que demain matin, au jour, vous entriez en action en vous étendant vers la gauche, de façon à tourner les positions en avant de vous, à obliger l'ennemi à les abandonner en accomplissant le programme tracé par mon ordre de mouvement.

Je vous prie de transmettre les mêmes instructions au général Crémer et de régler ses mouvements, afin de les coordonner avec les vôtres.

Vous connaissez les positions occupées par la réserve du général Pallu. C'est pour vous un excellent appui. Vous connaissez la composition de cette réserve et la valeur de l'artillerie qu'elle possède.

Je ferai appuyer à gauche le plus de troupes possible, surtout de l'artillerie. Dans ces conditions j'espère que le Mont Vaudois sera évacué et que notre but sera complètement atteint.

Agréez, mon cher général, l'assurance de mes sentiments affectueux.

Le général de division commandant en chef,
C. BOURBAKI.

20e corps. — Les prescriptions de l'ordre de mouvement de l'armée obligeaient le 20e corps à exécuter une véritable marche de flanc en présence de l'ennemi, au travers des bois très difficiles qui séparent la grand'route d'Arcey à Héricourt de la trouée de Champey, Coisevaux, Couthenans, qui était pour ses troupes l'itinéraire naturel.

On a vu que les ordres du général Clinchant, dirigeant la 1re division de Champey vers Coisevaux pour s'y établir défensivement, répondaient aux nécessités créées par les dispositions si fâcheuses du commandant en chef. Mais on déjà remarqué combien peu les mesures prises impliquaient une offensive vigoureuse.

1re *Division.* — A 7 heures du matin, le Ier bataillon

du 55ᵉ mobiles (Jura) (1) quittait Champey et suivait la route de Couthenans, tandis que le reste de la division tournait à droite pour marcher sur Coisevaux. Déployant deux compagnies (2) en tirailleurs, le Iᵉʳ bataillon du 55ᵉ mobiles pénétra facilement dans le village de Couthenans, occupé par la 8ᵉ compagnie du *30ᵉ* prussien avec deux pelotons de hussards (3). Ces troupes se replièrent sur Luze, et les mobiles occupèrent Couthenans vers 8 heures. A ce moment fut dirigé contre eux le premier coup de canon de la journée. Il était tiré par la batterie badoise placée entre Luze et le saillant du mont Vaudois (3ᵉ légère du Iᵉʳ badois de campagne n° 14) (4).

Dans des circonstances difficiles à préciser le Iᵉʳ bataillon du 55ᵉ mobile évacua Couthenans et rallia la brigade à Coisevaux vers 10 heures du matin (5).

Pendant ce temps, le gros de la 1ʳᵉ division était venu se masser à mi-chemin entre Coisevaux et Verlans, aux Bois Communaux, et une batterie de 4, placée sur la hauteur entre Champey et Coisevaux, avait ouvert le feu (6).

L'arrêt semble avoir été de très longue durée.

Vers 11 h. 30 la tête de la 1ʳᵉ division apparaissait sur le versant Sud des Bois Communaux, au-dessus de

---

(1) *Historique*.
(2) 1ʳᵉ et 2ᵉ, capitaines Pianet et Bailly.
(3) Il ne semble pas y avoir eu combat. Les *Historiques* du 55ᵉ mobiles et du *30ᵉ* rhénan n'en font pas mention.
(4) Les *Historiques* de la batterie et du *30ᵉ* rhénan concordent.
(5) L'*Historique* du 55ᵉ mobiles dit que, sur l'ordre du général de Polignac, le Iᵉʳ bataillon quitta Couthenans, laissant une compagnie (6ᵉ) qui fut rappelée peu après, ayant d'elle-même abandonné le village. Le bataillon aurait eu 3 blessés dans cette affaire.
(6) Soutenue par la 7ᵉ compagnie du Iᵉʳ bataillon du 55ᵉ mobiles.

Verlans (1). L'artillerie, forcée de suivre le chemin de Coisevaux à Trémoins avec la compagnie de réserve du génie (2), n'ayant pu encore rejoindre, le mouvement fut bientôt arrêté par le feu des batteries allemandes (3). Le 50ᵉ de marche gagna du terrain au travers des Bois Communaux, tandis que les 55ᵉ et 11ᵉ mobiles restaient à l'abri (4), et que les 67ᵉ et 24ᵉ mobiles s'établissaient aux environs de Coisevaux.

A midi, l'artillerie de la 1ʳᵉ division, renforcée par une batterie de 12 de la réserve, (5) avait pris position à l'Ouest de Verlans; le 50ᵉ de marche vint occuper Ryans, abandonné par la 8ᵉ compagnie du 25ᵉ prussien. Vers 2 heures, les 55ᵉ mobiles et 11ᵉ mobiles se plaçaient en bataille près de Verlans.

A la nuit, toute la division, après une marche vers Byans, se rassemblait à Verlans.

2ᵉ division. — De son côté, la 2ᵉ division, précédée du 25ᵉ bataillon de marche de chasseurs, avait pris la route de Saulnot au Vernoy, puis avait marché sur Trémoins, où n'était pas encore arrivée l'avant-garde de la 3ᵉ division du 24ᵉ corps (6).

Avant d'y arriver, l'avant-garde, canonnée par les batteries du colonel v. Loos, qui, avec deux bataillons du 25ᵉ (7), un escadron et deux batteries, occupait Tavey et Byans, dut se masser à l'abri

Successivement arrivèrent les troupes de la 1ʳᵉ brigade qui se rassemblèrent à la gauche des chasseurs.

---

(1) *Rapport* du général de Polignac.
(2) *Rapport* du 20ᵉ corps.
(3) La division avait eu une centaine de blessés (*Rapport* de la 1ʳᵉ division).
(4) *Historique* du 11ᵉ mobiles.
(5) 14ᵉ mixte du 8ᵉ régiment.
(6) Voir ci-dessous.
(7) IIᵉ et fusiliers; une seule compagnie, la 8ᵉ était à Byans. Les

Vers 9 heures (1) l'artillerie divisionnaire ouvrait le feu des hauteurs de Trémoins, et, peu après, deux batteries de 12 de la réserve (14ᵉ du 10ᵉ et 23 du 6ᵉ) (2) la rejoignaient. Sous cette protection, le 25ᵉ bataillon de chasseurs, soutenu par le régiment des Deux-Sèvres, gagna la lisière des bois de Tavey, et les deux bataillons prussiens évacuèrent sans combat le village, pour venir se placer en réserve à l'Est et au N.-O. d'Héricourt, tandis que deux escadrons allaient à Brévilliers avec la réserve générale. Une des batteries alla au cimetière d'Héricourt (3), l'autre laissa deux pièces au Mougnot (4) et les quatre autres plus au Nord.

Peu après, le Iᵉʳ bataillon du 3ᵉ zouaves de marche, formant la gauche de la 2ᵉ division, venait se placer au bois situé au Sud de Byans, se reliant avec la 1ʳᵉ division (5); le IIᵉ bataillon du même régiment vint sur l'éperon au Nord-Ouest de Tavey, et les batteries divisionnaires avec les deux batteries de 12 de la réserve (6) prirent position près de ce bataillon. Le feu très vif dura jusque vers 2 heures du soir; la batterie de Mou-

---

deux batteries étaient placées au Nord-Ouest de Tavey. Leur feu n'atteignit pas le 25ᵉ chasseurs, mais la tête de la colonne (mobiles des Deux-Sèvres), qui eut un peu de désordre (général Varaigne).

(1) Cette heure est celle donnée par les *Historiques* des batteries : 4ᵉ du 10ᵉ, 23ᵉ du 5ᵉ et 21ᵉ du 7ᵉ; elle concorde avec l'*Historique* du 25ᵉ prussien.

(2) La 14ᵉ du 8ᵉ ne fut engagée qu'à 5 heures du soir avec la 1ʳᵉ division; la 21ᵉ du 7ᵉ (canons à balles) ne fut pas engagée.

(3) Où était le bataillon de Thorn.

(4) Colonel Secrétan.

(5) *Historique* du 3ᵉ zouaves.

(6) M. Paulze d'Ivoy vit cette artillerie se porter très vivement en avant jusqu'au-dessus de Tavey au moment de la retraite du détachement ennemi.

gnot et deux de celles du Vaudois ripostèrent. L'effet de ce feu très violent ne paraît pas avoir été très marqué (1); mais deux compagnies du bataillon Graudenz furent envoyées du pont d'Héricourt renforcer le bataillon d'Ortelsburg, qui occupait le Mougnot (2). Dès midi, une compagnie du 25ᵉ chasseurs de marche était entrée à Tavey. Elle y fut rejointe à la nuit par une compagnie (6ᵉ, Tasselin) du 3ᵉ zouaves (3). Le 1ᵉʳ bataillon de ce régiment s'installa à Byans, tandis que les deux autres, avec les mobiles du Haut-Rhin, venaient relever au bois de Tavey le 25ᵉ chasseurs, qui se retira près de Laire.

3ᵉ division. — La 3ᵉ division, qui était en réserve, se porta d'abord sur Aibre. Vers 1 heure, une brigade était massée au Sud de Trémoins, l'autre vers Laire. Toute la journée se passa ainsi. On bivouaqua sur place.

En réalité tout se borna pour le 20ᵉ corps à une canonnade sans résultat. Aucune attaque ne fut prononcée. « Avec des troupes solides, dit le *Journal* du 20ᵉ corps, l'entreprise eût été risquée, avec les troupes dont on disposait, elle était impraticable, *on ne l'essaya même pas...* »

La direction si fâcheusement assignée au 20ᵉ corps l'avait en effet conduit devant une position formidable et défendue par des troupes très nombreuses.

De la droite à la gauche se trouvaient déployées sur la rive gauche la 10ᵉ compagnie du *34ᵉ*, la 1ʳᵉ batterie de réserve, trois pelotons de la 12ᵉ du *34ᵉ*, la bat-

---

(1) Grâce aux abris.
(2) Trois compagnies au Mougnot, une à la ferme Marion; le bataillon Graudenz avait trois compagnies au pont d'Héricourt, une dans les fossés de la route de Bussurel (colonel Secrétan)...
(3) En poussant vers Mougnot, cette compagnie eut 2 tués et 5 blessés.

terie lourde de réserve, la 1ʳᵉ batterie badoise, la 9ᵉ compagnie du *34ᵉ*, le bataillon de Thorn. Sur la rive droite se trouvaient, à la filature Chevrot, un peloton de la 12ᵉ du *34ᵉ*, à sa gauche, derrière un abatis, la 11ᵉ du *34ᵉ*. Les deux autres bataillons du *34ᵉ* étaient en réserve l'un derrière Luze, l'autre sur les pentes Sud du mont Vaudois. A Saint-Valbert une compagnie du bataillon Osterode.

La position avancée de Mougnot était gardée par deux compagnies (1ʳᵉ et 2ᵉ) du bataillon Ortelsburg, le bataillon Graudenz et la 3ᵉ batterie de réserve, deux compagnies (3ᵉ et 4ᵉ) d'Ortelsburg, une d'Osterode, les deux dernières compagnies de ce dernier bataillon étant en réserve près du pont d'Héricourt.

Le long de la Lisaine étaient échelonnées depuis le pont jusqu'à la pointe du bois du mont Dannin, les quatre compagnies du 1ᵉʳ bataillon du *25ᵉ*.

En arrière, sur le Salamou, les 1ʳᵉ et 2ᵉ batteries de la IVᵉ division de réserve, rejointes plus tard par la 3ᵉ.

Après leur retour de Tavey, les deux bataillons du *25ᵉ* (1) s'étaient placés à l'Est d'Héricourt, de part et d'autre de la grand'route.

A hauteur de Brévilliers, le long de la grand'route, était la réserve générale, six bataillons, trois batteries et six escadrons ; près de Brévilliers, deux autres bataillons et deux batteries.

Enfin, la batterie de position de 12 (Schrader), placée

---

(1) IIᵉ et fusiliers, qui au début de l'affaire étaient à Tavey avec le colonel v. Loos.

1ʳᵉ du *25ᵉ* à la pointe Sud du bois Dannin, avec un peloton de la 3ᵉ, 4ᵉ du *25ᵉ* à la levée du chemin de fer, deux pelotons de 3ᵉ du *25ᵉ* à la gare, deux pelotons de 4ᵉ du *25ᵉ* à la fabrique (dite Tuilerie sur le plan de Kunz) à la sortie Sud d'Héricourt, 2ᵉ du *25ᵉ* au moulin de Bourangle.

au mont Vaudois, devait prêter à cette partie de la ligne de résistance un appui efficace.

Il y avait donc sur un front de 3,500 mètres environ : en première ligne ou tout à portée, dix bataillons, six batteries, dont une de position, soit quarante-neuf canons, et, en réserve, huit bataillons et cinq batteries.

24ᵉ corps. — Tout autre était la situation du 24ᵉ corps qui devait se laisser arrêter par deux bataillons.

A 6 heures du matin, la 3ᵉ division (1) quittait Chavanne et se portait par le Vernoy dans la direction d'Aibre. Ce mouvement de flanc était couvert par le 7ᵉ régiment de cavalerie de marche et le 5ᵉ bataillon de la Loire (2) porté vers Trémoins.

A 7 heures, la division était massée à l'Est d'Aibre, face à Laire, en colonnes de demi-bataillons, détachant des tirailleurs dans la partie Nord du bois des Épasses.

A sa droite se trouvait la 2ᵉ division, dont la 1ʳᵉ brigade était à Semondans (3) en colonnes de demi-bataillons, la 2ᵉ en seconde ligne, le 87ᵉ mobiles à 300 mètres derrière le 61ᵉ, le 14ᵉ à sa droite à un intervalle de 300 mètres. — Un bataillon du 61ᵉ restait en grand'garde dans le bois de Épasses, un du 14ᵉ devait occuper Raynans ; tous deux avaient à couvrir deux batteries qui devaient se porter sur la hauteur à l'Ouest de Raynans. La 3ᵉ batterie devait rester à Semondans (4).

Quant à la 1ʳᵉ division, elle était destinée à rester en réserve. Quittant Arcey à 6 heures du matin, et précédée du 15ᵉ bataillon de chasseurs (5), elle avait d'abord

---

(1) *Journaux* du 24ᵉ corps et de la 3ᵉ division.

(2) Du 89ᵉ mobiles. *Historique.*

(3) Le 61ᵉ ayant sa gauche au village, le 60ᵉ à sa droite, le long du chemin de Sémondans à Echenans. *Journal* de la division.

(4) *Ordre* de mouvement de la 2ᵉ division.

(5) *Historique* du 63ᵉ de marche. Le rassemblement dans l'obscurité et sans sonneries s'était fait avec un grand désordre (*Journal* du Iᵉʳ bataillon du Tarn-et-Garonne).

suivi la route d'Héricourt, puis, à Désandans, l'avait quittée pour venir se masser entre ce village et celui d'Échenans.

Enfin la réserve d'artillerie restait sur la grand'route près et au Nord d'Arcey.

Vers 9 heures (1) le 24ᵉ corps commença son mouvement.

La 3ᵉ division, précédée du 1ᵉʳ bataillon du 89ᵉ mobiles déployé en tirailleurs, franchit la pointe Nord du bois des Épasses et marcha vers Laire, d'où son artillerie ouvrit le feu contre les deux batteries prussiennes qui se retiraient de Tavey (2). De Laire, la marche était reprise vers Vyans à travers le bois de Tavey. Le IIIᵉ bataillon de la Loire (89ᵉ mobiles) paraît être entré le premier dans le village de Vyans, perdant deux hommes. Les deux légions du Rhône, restées fort loin en arrière dans les bois, ne devaient apparaître que vers 5 heures sur les hauteurs dominant la Lisaine.

Pendant ce temps, la 2ᵉ division avait poussé vers l'Est : deux bataillons (3) du 61ᵉ de marche, marchant parallèlement au chemin de Sémondans à Raynans, avaient passé au Nord de ce village, puis, traversant le Grand-Bois par un mauvais sentier, étaient apparus au Sud-Ouest de Vyans. Le feu ouvert par erreur contre les fractions du Vᵉ bataillon de la Loire (4) cessait assez vite, et le 61ᵉ venait se déployer entre Vyans et Bussurel. A sa droite, le 60ᵉ, qui avait passé par Raynans et Issans, avait déployé deux de ses bataillons. La 2ᵉ brigade, 87ᵉ et 14ᵉ mobiles, resta sous bois.

Il était alors environ 3 heures du soir.

---

(1) Le *Journal* du corps d'armée dit 8 heures. L'*Historique* de la 1ʳᵉ légion du Rhône dit 9 h. 30, celui de la 2ᵉ, 9 heures.

(2) Voir ci-dessus.

(3) Le IIIᵉ marcha, sans qu'on sache pourquoi, avec le 20ᵉ corps. (*Historique* du 61ᵉ de marche).

(4) De la 3ᵉ division. *Historique*.

Entrée en ligne de l'artillerie. — A ce moment, semble-t-il, la 23ᵉ batterie du 8ᵉ régiment appartenant à la 3ᵉ division, qui avait ouvert le feu des environs de Laire, arrivait à l'ouest de Vyans et canonnait l'artillerie ennemie établie sur le Salamou. Une autre batterie divisionnaire venait la rejoindre (1), lorsque toutes deux se trouvèrent « prises d'écharpe par deux batteries allemandes qui vinrent prendre position sur le versant opposé de la vallée de la Lisaine (2) ». C'étaient deux batteries badoises (4ᵉ légère et 4ᵉ lourde du 1er régiment badois n° 14) envoyées de la réserve de Brévilliers avec les Iᵉʳ et IIᵉ bataillons du 5ᵉ badois, et qui prenaient position à environ 1,000 mètres de Bussurel (3). De plus, la 1re batterie légère placée près de Béthoncourt prit aussi part à la lutte. Leur feu fut d'abord dirigé contre les quatre bataillons du 60ᵉ et du 61ᵉ de marche, qui se portaient vers Bussurel; mais bientôt elles durent faire face à un nouvel adversaire. Trois batteries de la réserve, la 19ᵉ du 19ᵉ régiment (de 4), la 24ᵉ du 9ᵉ et la 25ᵉ du 14ᵉ, ces deux dernières du calibre 12, les avaient prises à partie, et leur tir tuait ou blessait à la 4ᵉ batterie lourde dix-huit hommes, dont deux officiers et vingt-quatre chevaux. La 4ᵉ batterie légère, peu engagée, ne subissait pas de pertes (4).

Occupation de Bussurel. — Vers 5 h. 30, quatre bataillons des 60ᵉ et 61ᵉ de marche avaient poussé sur Bussurel et avaient occupé le village, ainsi que les berges escarpées à droite et à gauche, sur un front de 7 à 800 mètres (5). Leur gauche avait pris pied au bois du Chanois. Mais le feu du bataillon de Dantzick, occupant le moulin et le talus du chemin de fer, arrêta l'offensive, qui ne semble pas

---

(1) Peut-être la 22ᵉ du 6ᵉ appartenant à la 2ᵉ division.
(2) *Historique* de la 19ᵉ batterie du 19ᵉ régiment.
(3) Kunz et *Historiques* du 1er régiment d'artillerie badois n° 14 de la 4ᵉ batterie lourde, de la 4ᵉ légère.
(4) *Id.*
(5) *Historique* du 61ᵉ de marche.

d'ailleurs avoir été sérieusement tentée (1). Le IIIe bataillon du 60e était pendant ce temps entré à Vyans, le 87e mobiles s'était abrité dans les carrières à l'Ouest de ce village (2), le 14e était resté en soutien de l'artillerie. Quant à la 3e division, elle ne s'était à peu près pas engagée et restait à la lisière des bois. Seules quelques fractions du bataillon du Var du 89e avaient combattu à Bussurel et devaient y passer la nuit.

Quant à la 1re division, son rôle avait été encore plus effacé. Tout à fait tard dans la soirée, elle était parvenue au Sud-Ouest de Vyans et s'installa au bivouac dans le bois dit Montévillars.

Les deux bataillons de renfort (3) envoyés au bataillon de Dantzick avaient pris position à sa droite le long du talus du chemin de fer, le reliant à la compagnie du 25e (4) placée à l'angle du bois Dannin. A la nuit, deux compagnies (5) avaient poussé une reconnaissance vers le bois du Chanois, que les Français évacuèrent (6). Deux autres bataillons, les fusiliers des *112e* et *113e*, envoyés plus tard de la réserve, n'eurent pas à intervenir.

Réserve générale. — Partie vers 8 heures du matin, la réserve générale était arrivée vers 10 heures du matin à Trémoins, où avait pénétré la 2e division du 20e corps. A 11 heures (7), le 29e de marche, le régiment d'infanterie de marine, le 38e de ligne et trois batteries partaient pour Coisevaux, que la 1re division du 20e corps venait de

---

(1) Le général Comagny avait prescrit de mettre les troupes à l'abri et de ne faire occuper Bussurel que par des tirailleurs. Le 61e avait 4 officiers et 90 à 100 hommes tués ou blessés.

(2) Il avait perdu 2 officiers.

(3) Ier, IIe du *113e*.

(4) 1re du *25e*.

(5) 1re, 2e du *113e*.

(6) Les pertes allemandes étaient : pour le bataillon Dantzick, 1 officier, 6 hommes; dans le *113e*, 28 hommes.

(7) Déposition Pallu (*Enq.*, t. VI, p. 203) confirmée par l'*Historique* du 38e de ligne.

quitter pour se porter sur le chemin de Verlans, s'arrêtant, comme on l'a vu, au col situé aux Bois Communaux. Une de ses batteries de 4 était seule restée près de Coisevaux (1). Le mouvement de la réserve générale vers ce point se trouvait ainsi justifié par la nécessité de boucher le vide qui allait se produire à la gauche du 20° corps par suite de son mouvement oblique vers le Sud-Est. On ne peut préciser à quelle heure le 29° de marche, qui formait l'avant-garde de la brigade Pallu, pénétra dans Coisevaux; mais il paraît établi que la première des trois batteries du colonel Venot, qui avaient marché derrière l'infanterie, n'apparut pas en ligne avant 3 heures du soir (2). A ce moment, le régiment de marine était dans les Bois Communaux, le 29° déployé près et en arrière de l'artillerie, le 38° de ligne massé dans le village de Coisevaux. A 2 h. 30 encore, on n'avait pas de nouvelles du 18° corps, de sorte que le but assigné aux batteries fut d'abord, dans la pensée du général Pallu, de battre la route d'Héricourt à Couthenans, qui inquiétait le général Clinchant (3).

Mais, presque immédiatement après le départ du billet qu'à 2 h. 30 il adressait au général Bourbaki, le général Pallu de la Barrière dut s'apercevoir de la présence manifeste du 18° corps à sa gauche. On a vu en effet que, si les premières troupes de la division Feillet-Pilatrie, arrivées dès 11 heures du matin (4) à la lisière des bois en face Couthenans, n'avaient pas manifesté leur présence dès ce moment, cela tient à ce qu'elles étaient,

---

(1) Voir ci-dessus. Ce point est confirmé par le billet du général Pallu de la Barrière daté de 2 h. 30 du soir.

(2) Billets Pallu, 2 h. 30 et 4 h. 15. *Historique* de la 11° batterie du 6° régiment. Les batteries arrivaient dans l'ordre suivant : 19° du 2° un peu après 3 heures, 20° du 2° et 11° du 6° après 4 heures.

(3) Billet Pallu, 2 h. 30.

(4) 42° de marche.

conformément aux ordres donnés, maintenues sous bois. L'ordre d'attaquer Couthenans ayant été rédigé à 11 h. 45 du matin seulement par le général Billot et étant parvenu beaucoup plus tard, son exécution ne peut être placée avant 2 h. 30. A ce moment, probablement même un peu plus tard, Couthenans fut occupé sans coup férir par trois bataillons des 44e et 42e de marche, et la 14e batterie du 13e, traversant le village, ouvrit le feu de la hauteur de l'Est. A ce moment seulement, la jonction était faite avec la réserve.

Le feu de l'artillerie de cette dernière dirigé alors contre le mont Vaudois fut retourné « faiblement », dit l'*Historique* de la 11e batterie du 6e régiment. En tous cas, les résultats des deux côtés furent très faibles ou nuls.

La nuit mit fin au combat.

15e corps. — La ligne de défense des Allemands depuis la pointe Sud-Ouest du mont Dannin jusqu'à Montbéliard était confiée aux sept bataillons de la brigade de landwehr v. Zimmermann, avec deux escadrons, deux batteries et une troisième de quatre pièces seulement, dite batterie bavaroise de sortie.

On a vu que, sur le front d'attaque du 24e corps, le seul bataillon de Dantzig avait, en occupant Bussurel, arrêté les efforts des Français. Au 15e corps pouvaient donc être opposés sept bataillons. Ceux-ci étaient soutenus à courte portée par trois bataillons, un escadron et une batterie, que devaient rejoindre trois autres bataillons venant de Brévilliers et une batterie. A ces forces s'ajoutaient encore une batterie de cinq pièces de 15 centimètres placée à la Grange-Dame et, dans le château de Montbéliard, deux pièces de 12 centimètres, quatre de 9 centimètres avec soixante canonniers et les 5e et 7e compagnies du bataillon Gumbinnen sous les ordres du major Olzewski.

Enfin, il faut ajouter le détachement (huit bataillons,

deux escadrons et cinq batteries) entre Sochaux et Delle dont il sera question plus loin.

Le bataillon de landwehr Lötzen avait occupé les villages de Dung et de Bart; mais, dès 6 h. 30, par ordre supérieur, il s'était replié vers Sainte-Suzanne, qu'il occupa par trois de ses compagnies et une du bataillon Marienburg (1), sous la garde de la 2ᵉ compagnie aux avant-postes et dont la droite se reliait vers le mont Chevis au bataillon Goldap. A Courcelles, étaient trois compagnies du bataillon Marienburg (2). Au mont Chevis soixante hommes et un sous-officier détachés de la 7ᵉ compagnie du bataillon Goldap, laquelle occupait sur la rive droite de la Lisaine le hameau du Petit-Béthoncourt, le reste de ce bataillon étant sur la rive gauche à Béthoncourt (3) et le long du talus du chemin de fer.

Les troupes en première ligne étaient soutenues par le bataillon Insterburg, qui, avec la 4ᵉ batterie légère de la 4ᵉ division de réserve, fut envoyé dans la matinée à l'emplacement de la vieille citadelle. En arrière du faubourg de Montbéliard étaient deux compagnies du bataillon Gumbinnen (4), et, sur la place d'armes, deux compagnies du bataillon Wehlau (5).

Sur la rive gauche de la Lisaine, le bataillon Tilsitt occupait Exincourt et Taillecourt, qu'il évacua plus tard pour se retirer vers Sochaux. Il devait être remplacé à sa première position par une compagnie du bataillon Breslau appartenant au détachement Debschitz et y revenir le 15 au soir pour y demeurer les 16 et 17 (6).

---

(1) Nº 7 d'après Kunz.
(2) 5ᵉ, 6ᵉ, 8ᵉ, d'après Kunz.
(3) 6ᵉ au village, 5ᵉ au Nord et derrière le talus, 8ᵉ en réserve.
(4) Nᵒˢ 6 et 8; les nᵒˢ 5 et 7, étaient, comme il a été dit, au château de Montbéliard.
(5) Nᵒˢ 5 et 7; la 6ᵉ était à la Petite-Hollande, la 8ᵉ au pont de pierre sur l'Allaine.
(6) Tous ces détails sont empruntés à Kunz.

1ʳᵉ *division*. — Bien que l'ordre de mouvement du corps d'armée eût prescrit à la première brigade d'entrer à Allondans dès 7 h. 30 du matin, ce ne fut pas avant 9 heures que le 1ᵉʳ zouaves de marche traversa cette localité pour gagner de là le bois du Berceau, dont il vint occuper la lisière Est par son IIᵉ bataillon, les deux autres restant en seconde ligne en colonne par division (1).

Derrière lui avait marché le 12ᵉ mobiles avec une batterie de 4, tandis qu'à sa gauche, le bataillon de la Savoie devait suivre la lisière du bois Dessus, celle du bois dit Montevillars et enlever le bois Bourgeois (2). Mais deux heures allaient se passer sans que l'attaque se dessinât nettement.

On avait en effet commencé par mettre en batterie au Sud d'Issans une des batteries de la réserve (16ᵉ du 3ᵉ) (3), et l'artillerie divisionnaire qui n'avait pas eu à ouvrir le feu. Vers 11 heures seulement, deux batteries de 4 : nᵒˢ 18 du 13ᵉ et 18 du 6ᵉ (4), soutenues par deux compagnies du IIᵉ bataillon du 12ᵉ mobiles, avaient pris position au Nord d'Allondans près du bois Dessus, d'où elles tirèrent quelques coups (5) sur la batterie ennemie (6) qui se montrait au Sud-Est de la ferme du Mont-Chevis et qui se retira rapidement. Du côté du bois Bourgeois, le bataillon de la Savoie égaré n'entrait pas en ligne. Impa-

---

(1) *Historique* du 1ᵉʳ zouaves de marche.
(2) *Journal* de la 1ʳᵉ brigade.
(3) *Journal* de la brigade, *Rapport* de la 16ᵉ batterie du 3ᵉ. Croquis joint au *Journal* du 12ᵉ mobiles. *Journal* de ce corps.
(4) La 18ᵉ du 13ᵉ arriva la première, la 18ᵉ du 6ᵉ se plaça à sa droite.
(5) 36 pour la 18ᵉ du 13ᵉ. *Souvenirs* du colonel Frocard.
(6) Cette batterie ne pouvait être que la 4ᵉ légère de la 4ᵉ division de réserve dont on signale l'envoi à l'emplacement de la vieille citadelle. Elle dut se porter plus en avant.

tienté le général Dastugne (1), sans l'attendre, lança contre la ferme du Mont-Chevis le II⁰ bataillon du 1ᵉʳ zouaves de marche déployé en tirailleurs et soutenu par le Iᵉʳ bataillon du même régiment (2) en arrière de sa gauche en colonne par division. — La ferme du Mont-Chevis fut vivement enlevée (3), et les deux bataillons poussèrent de là dans la direction du Petit-Béthoucourt, tandis que le III⁰, en colonne à distance entière, s'établissait en avant de la ferme du Mont-Chevis.

Parvenus jusqu'au bord de la Lisaine, les deux premiers bataillons de zouaves durent s'arrêter, puis rétrograder vers le bois Bourgeois et la ferme, où ils se reformèrent et se maintinrent malgré une violente canonnade. Pendant ce temps, deux batteries de 8 de la réserve étaient venues sur la crête au Nord d'Allondans remplacer les deux batteries de 4 qui, rejointes par la 3⁰ et soutenues par les 5⁰ et 6⁰ escadrons du 6⁰ hussards, vinrent se placer sur la crête traversée par le chemin d'Allondans à Montbéliard. Les deux batteries de 8 vinrent alors les rejoindre. A la droite de cette ligne se trouvait la 18⁰ du 13⁰ tout contre l'escarpement qui domine Sainte-Suzanne (4).

Vers 4 heures, quatre batteries auxquelles vint s'adjoindre la batterie de mitrailleuses (9⁰ du 12⁰) reprirent le feu interrompu un moment (5); elles ne purent prendre l'avantage sur l'artillerie de la Grange-Dame, mais elles tirèrent jusqu'à l'entrée de la nuit (6).

---

(1) Remplaçant le général Durrieu malade.
(2) *Journal* du 1ᵉʳ zouaves de marche.
(3) Vers 2 heures d'après Kunz.
(4) Kunz estime que cette attaque se produisit vers 3 heures, von der Wengen vers 4 heures.
(5) *Souvenirs* du colonel Frocard.
(6) Les *Historiques* des batteries disent tous que le feu dura jusqu'à la nuit sur la même position. Les pertes furent nulles ou très faibles : 7 hommes à la 18⁰ du 2⁰, la plus éprouvée.

A ce moment, le bataillon de la Savoie s'installait au bois Bourgeois, avec la compagnie d'éclaireurs volontaires; le 12ᵉ mobiles plaçait son IIᵉ bataillon entre ce bois et la ferme du Mont-Chevis, le IIIᵉ en arrière d'Allondans, le Iᵉʳ entre ce point et le Mont-Chevis (1). L'artillerie bivouaqua un peu en arrière de ses positions de combat.

2ᵉ brigade (2). — A 6 heures du matin la 2ᵉ brigade s'était massée à Présentevillers. Laissant le IIIᵉ bataillon du 18ᵉ mobiles à la ferme de Sainans (3), elle se porta sur Allondans, le 18ᵉ mobiles en tête, précédé de la compagnie d'éclaireurs Sémelé et suivi du 1ᵉʳ régiment de tirailleurs de marche et du 4ᵉ bataillon de chasseurs de marche. Cette colonne n'avait pas d'artillerie, toute celle de la division s'était d'abord rassemblée à Saint-Julien.

2ᵉ division. — On attendit à Allondans jusqu'au moment où les zouaves venant d'Issans eurent prononcé leur mouvement vers le mont Chevis. Cependant les éclaireurs Sémelé avaient annoncé que le bois du Berceau était libre d'ennemis. Ce fut donc vers midi seulement que la 2ᵉ brigade reprit son mouvement.

Le Iᵉʳ bataillon du 18ᵉ mobiles, guidé par un habitant, suivit à travers bois un sentier venant rejoindre la route de Dung à Sainte-Suzanne à peu près à mi-chemin de ces localités. A la lisière Sud-Est du bois du Berceau, il se déploya en bataille sous bois. A sa gauche vint se placer dans le même ordre le IIᵉ bataillon qui l'avait suivi. Plus à gauche encore était un bataillon de tirailleurs déployé, les deux autres restant par le flanc sous bois. Enfin le bataillon de chasseurs resté à la disposition du général commandant le 15ᵉ corps allait à

---

(1) *Historique* du 12ᵉ mobiles (Nièvre).

(2) Commandée ce jour-là par le lieutenant-colonel Lemoing, remplaçant le général Questel, malade.

(3) *Mémoire* du lieutenant-colonel Lemoing. *Historique* du 18ᵉ mobiles.

la ferme de Sainans rejoindre le IIIe bataillon du 18e mobiles qui y avait été laissé.

Ces mouvements n'avaient pas échappé à l'artillerie placée à l'Ouest de Montbéliard, qui fouilla de ses obus le bois du Berceau, causant quelques pertes parmi les troupes qui y restaient massées. Vers 1 heure seulement, le mouvement offensif de la division Peytavin étant bien visible, et les zouaves de la 1re brigade s'étant emparés du mont Chevis, la 2e brigade se porta en avant. Les deux bataillons du 18e mobiles, avec un bataillon de Tirailleurs en bataille, précédés de tirailleurs et suivis en arrière de leur gauche par deux autres bataillons de Tirailleurs en colonne double à intervalle de déploiement (1), apparurent sur la crête au Sud du mont Chevis. Ils y furent accueillis par une violente canonnade. Tandis que le Ier bataillon du 18e mobiles poussait vigoureusement de l'avant vers Montbéliard, le IIe, qui formait le centre de la ligne, s'arrêtait et bientôt reculait à l'Ouest du chemin allant de Montbéliard au mont Chevis.

De ce côté avaient été appelés les deux bataillons de Tirailleurs, qui avaient d'abord formé la deuxième ligne, et le bataillon de Tirailleurs qui avait formé la gauche de la première était arrêté par ordre dans un pli de terrain.

Seul de toute la brigade, le Ier bataillon du 18e mobiles avait donc poussé en avant et était entré dans Montbéliard (2).

Vers 5 heures du soir, une fois la nuit tombée, il y fut rejoint par le IIe bataillon du même régiment, puis par un bataillon de Tirailleurs. Pendant ce temps, le lieutenant-colonel Lemoing établissait à l'Ouest du plateau du mont Chevis les deux bataillons de Tirailleurs qui lui restaient,

---

(1) Lieutenant-colonel Lemoing.
(2) Le 18e mobiles perdit 19 tués et 110 blessés, les Tirailleurs 18 tués ou blessés dont 2 officiers.

puis le IIIe bataillon du 18e mobilés et le 4e chasseurs à pied de marche, ces derniers rappelés de la ferme de Sainans.

3e division. — Les troupes de la 1re brigade, qui avaient passé une nuit terrible dans le bois de Mont-Bart, étaient sous les armes dès 5 heures du matin. Elles se portèrent alors sur Présentevillers, d'où elles partirent à 9 heures, le 32e mobiles formant l'avant-garde, sur la route de Dung. Une fois ce village (1) traversé, le IVe bataillon prit la route de Bart, au fond de la vallée, tandis que des flanqueurs fournis par le IIe (2) se portaient vers l'Est à travers les bois de la Haie. Le IIe bataillon se trouva très vite engagé dans un combat de tirailleurs avec les avant-postes du bataillon de landwehr de Lötzen, fournis par la 2e compagnie, et qui se retirèrent jusqu'à la hauteur à l'Ouest de Sainte-Suzanne, où ils furent recueillis par deux pelotons de la 1re compagnie, les 3e et 4e du bataillon Lötzen et la 7e du bataillon Marienburg. Pendant ce temps, le lieutenant-colonel Horeau, continuant sa marche avec le IVe bataillon du 32e mobiles, parvenait à 800 mètres à l'Ouest de Bart, et, recevant quelques coups de fusil de la lisière du village, déploya deux compagnies en travers de la route. Après une demi-heure de fusillade, il entra dans le village, occupé jusque-là seulement par une grand'garde de la 2e compagnie du bataillon Lötzen, soutenue en arrière par un peloton de la 1re envoyée de Sainte-Suzanne. De là, la 4e compagnie fut lancée contre le cimetière situé au Nord, le long de la route qui mène à Sainte-Suzanne, soutenue par la 2e. Le cimetière fut enlevé à la grand'garde de la 2e compagnie du bataillon Lötzen, mais le mouvement ultérieur vers

---

(1) Abandonné, comme il a été dit, dès 6 h. 30 du matin par le bataillon Lötzen.

(2) *Rapport* du lieutenant-colonel Horeau. *Historique* du IVe bataillon du 32e mobiles.

Courcelles fut arrêté par le feu des trois compagnies du bataillon de Marienburg (nos 5, 6 et 8) déployées le long de la levée du canal du Rhône au Rhin. La 4ᵉ compagnie du 32ᵉ mobiles avait perdu 17 hommes, et la 2ᵉ 42, dont un officier. Un retour offensif des Allemands, dirigé de Courcelles le long du canal, fut arrêté par le feu des mobiles qui occupaient Bart. De ce côté, la situation resta stationnaire jusque vers 3 heures du soir.

Nous avons laissé le IIᵉ bataillon du 32ᵉ mobiles tiraillant à l'Est de Dung contre les fractions ennemies venues de Sainte-Suzanne (1). Après une violente fusillade et devant un vigoureux retour offensif des Allemands, le bataillon français se replia sur Dung. Il fut alors remplacé par celui du 33ᵉ de marche (2) qui l'avait suivi. Ce dernier parvint à prendre pied au bois de la Haie, et bientôt, soutenu par la partie disponible du régiment étranger (Iᵉʳ bataillon et moitié du IIᵉ) (3), il dépassa la lisière (4). Ramené par un feu violent (5), il se maintint sous bois jusqu'au moment où, vers midi, il fut rappelé sur Dung pour se ravitailler en munitions, puis pour escorter l'artillerie qui se portait vers le plateau de Sainte-Suzanne.

Cependant les cinq compagnies allemandes, menacées sur leur flanc droit par l'attaque qui se prononçait alors vers la ferme de Mont-Chevis, s'étaient retirées sur Montbéliard.

Vers 2 heures du soir, le 33ᵉ se déployait au Nord de la route de Dung à Sainte-Suzanne, au Sud de laquelle restait le régiment étranger, tandis que la 18ᵉ batterie

---

(1) Des bataillon Lötzen et Marienburg; voir ci-dessus.
(2) Le 33ᵉ de marche n'avait qu'un bataillon.
(3) *Historique* du régiment étranger. Le reste du régiment débarquait ce jour-là à Clerval.
(4) « Malgré les ordres donnés », dit le *Journal* de la 3ᵉ division.
(5) Le capitaine Cérésole, du régiment étranger, était fait prisonnier; le 32ᵉ perdait deux capitaines et une centaine d'hommes.

du 7ᵉ régiment (Plessis), prenant position sur « l'escarpement qui domine Montbéliard, ouvrait le feu à 2,000 mètres sur l'artillerie ennemie de la rive droite (1) ». Une heure plus tard, deux batteries de 8 de la réserve (commandant Decreuze) venaient rejoindre la 18ᵉ batterie du 7ᵉ, qui se retira. Le feu fut ouvert contre le château de Montbéliard et les fractions ennemies qui se repliaient vers la ville.

Effectivement, la 4ᵉ batterie de la 4ᵉ division de réserve, qui s'était placée tout d'abord à l'Ouest de l'ancienne citadelle, avait dû exécuter sous le feu une retraite pénible (2). Le bataillon Insterburg, qui lui avait servi de soutien, avait dû se replier à son tour vers la Grange-Dame, sous la protection de deux compagnies (6ᵉ et 8ᵉ) du bataillon Gumbinnen établies à la lisière Ouest de Montbéliard. Il avait perdu 41 hommes; le bataillon Lötzen, qui l'avait précédé et avait gagné le Grand-Charmont, avait 3 officiers et 216 hommes hors de combat.

Le bataillon Wehlau, qui était placé en partie à la Petite Hollande et sur la place d'armes de Montbéliard, s'était vers 2 h. 30 replié à la Grange-Dame, puis sur la hauteur dominant la vallée de la Lisaine, à mi-chemin entre Montbéliard et Bethoncourt.

A 4 heures, enfin, les dernières fractions (6ᵉ et 8ᵉ compagnies) du bataillon Gumbinnen laissées à la lisière Ouest de Montbéliard se retiraient à leur tour vers la Grange-Dame (3).

Le bataillon Tilsit avait de son côté abandonné sans

---

(1) *Rapport* du commandant Poizat, commandant l'artillerie de 3ᵉ division. Le 18ᵉ du 7ᵉ tira 167 coups, et perdit 1 officier et hommes. L'*Historique* de la 18ᵉ du 7ᵉ dit que la distance était trop considérable et que le feu n'eut aucun effet.
(2) Elle était venue se placer à l'aile gauche de la ligne d'artillerie placée à la Grange-Dame (Kunz).
(3) Ces deux compagnies avaient perdu 14 hommes.

combat Exincourt et Taillecourt pour gagner Sochaux.

Pendant ce temps, l'attaque avait progressé le long de l'Allaine. Vers 3 heures, le IVe bataillon du 32e mobiles, débouchant de Bart, franchissait le canal et entrait à Courcelles, où il faisait 85 prisonniers (1) aux trois compagnies du bataillon Marienburg. Comme le 33e de marche avec la 1re compagnie du 6e bataillon de chasseurs étaient entrés dans Montbéliard, la retraite du bataillon Marienburg dut se faire sur Exincourt et Sochaux (2).

Le 6e bataillon de chasseurs fit 20 prisonniers; trois de ses compagnies, envoyées dans la ville au moment où la nuit tombait, occupèrent la gare. La fusillade s'engagea à courte portée avec les défenseurs du château.

Pendant que se prononçait cette attaque, le reste de l'artillerie de la 3e division (3) avait gardé la crête de Sainte-Suzanne; ces trois batteries paraissent avoir peu ou pas agi, la distance étant trop considérable pour que les pièces de 4 pussent avoir de l'effet contre les hauteurs de Grange-Dame, et l'ordre ayant été donné de ne pas tirer sur Montbéliard. Vers 10 heures du soir, quatre pièces de la batterie Legras (18e du 15e) furent envoyées dans la ville, où elles prirent position à 2 heures du matin à 900 mètres environ du château. Leurs quelques coups « assez mal pointés » blessèrent quelques chasseurs à pied occupant les barricades, et le feu fut suspendu (4).

---

(1) *Rapport* du lieutenant-colonel Horeau. *Historique* du IVe bataillon. Le bataillon perdait 15 tués et 30 blessés, dont 3 officiers. D'après Kunz, le bataillon Marienburg n'aurait eu que 66 manquants.

(2) Le bataillon Marienburg avait perdu 3 officiers et 145 hommes.

(3) 20e du 7e, 1re du 14e, 18e du 15e.

(4) Les deux batteries de 8 de la réserve restèrent sur le plateau gardées par le Ier bataillon du 16e de ligne. Le reste de ce régiment était près du mont Chevis, derrière le 2e zouaves de marche.

Les II⁰ et III⁰ bataillons du 32⁰ mobiles, puis le I⁰ʳ du 16⁰ de ligne restaient sur le plateau avec l'artillerie.

2⁰ brigade. — Pendant cet engagement, le rôle de la 2 brigade s'était réduit à peu de chose. Partie de Montenois vers 6 heures du matin, elle avait marché sur Présentevillers, d'où elle avait été dirigée sur le Mont-Bart. De là, le 69⁰ mobiles (1) fut envoyé sur le pont de la route de Bart à Berche et Voujaucourt. Puis le 27⁰ de marche (2) se porta sur Bart avec un bataillon à droite du canal et l'autre à gauche, ce dernier soutenu par le II⁰ bataillon du 34⁰ de marche. Cette démonstration put cependant faciliter l'entrée à Courcelles du IV⁰ bataillon du 32⁰ mobiles.

A la nuit, toute la 2⁰ brigade cantonnait à Bart.

2⁰ division. — Le rôle des troupes disponibles de la 2⁰ division avait été peu marqué (3). D'ailleurs le général Rebelliard n'avait disposé que du 39⁰ de ligne, du 25⁰ mobiles et d'une fraction du 30⁰ de marche.

Au moment du recul du IV⁰ bataillon du 32⁰ mobiles (4), le I⁰ʳ bataillon du 39⁰ de ligne avait été déployé dans le bois à l'Est de Dung, et plus tard deux de ses compagnies (2⁰ et 3⁰) entrèrent dans Montbéliard. En même temps, on avait cru devoir déployer en tirailleurs la fraction

---

(1) *Historique* du 69⁰ mobiles (Ariège).

(2) 2 bataillons. *Historique* du 27⁰ de marche.

(3) A la 1ʳᵉ brigade, le 5⁰ bataillon de chasseurs, débarqué dans la nuit à Clerval, arriva à 5 heures du soir à Sainte-Marie. La moitié du régiment étranger, sous les ordres du commandant Marey Monge, avait opéré avec la 3⁰ divison. Le reste du régiment arriva le soir, à Sainte-Marie. A la 2⁰ brigade, le 29⁰ mobiles arriva le soir, partie à Clerval, partie à Fontaines ; la moitié du 30⁰ de marche débarqua à Clerval le 15 à 11 heures du soir. Seul, le premier détachement de ce régiment était à Présentevillers.

(4) *Journal* de la 2⁰ brigade.

disponible du 30ᵉ de marche dans le bois du Mont en arrière de Dung. A la nuit, cette troupe, avec le 25ᵉ mobiles, venait camper sur le plateau de Sainte-Suzanne.

Enfin le 16ᵉ de ligne, qui avait été, comme il a été dit, retiré à la 2ᵉ division et laissé à la disposition du général commandant le corps d'armée, avait fourni un de ses bataillons pour servir de soutien à l'artillerie de réserve, et bivouaqua sur le plateau en arrière du régiment étranger.

Cavalerie. — Le général Dastugue s'était porté de Clerval sur l'Isle-sur-le-Doubs avec deux escadrons du 6ᵉ hussards et le 6ᵉ dragons. La brigade se trouva le soir répartie entre Goux, Étrappe, Mancenans, Geney, Médière et Longevelle. Elle avait été remplacée à Clerval par un escadron du 1ᵉʳ chasseurs de marche, avec le général de division de Longuerue. Le reste de la division restait à Fontenelle, Verne, Branne, Luxiol. La brigade de Boërio, avec la batterie à cheval Artus, de la réserve, et deux escadrons du 6ᵉ hussards, avait marché sur Bavans, derrière la 3ᵉ division d'infanterie. A la nuit, sa tête atteignit Sainte-Suzanne, où elle cantonna. Le reste demeura à La Roche et Bavans, la batterie à cheval (18ᵉ du 19ᵉ) à Bart. Le peloton de tête du 6ᵉ hussards avait poussé jusqu'à Montbéliard, d'où il ramena les 16 prisonniers qui y avaient été faits.

Evénements aux ailes. — Le colonel v. Willisen (1) avait conservé toute la journée sans être inquiété ses positions à l'Est de Ronchamp et de Champagney (2), détachant le 1ᵉʳ escadron du 2ᵉ dragons de réserve à Plancher-Bas

---

(1) Deux compagnies du 1ᵉʳ bataillon de chasseurs de réserve, 2 escadrons (3ᵉ et 4ᵉ) du 2ᵉ dragons de réserve, 2ᵉ batterie légère de réserve du XIIᵉ corps Saxon.

(2) 1ᵉʳ dragons badois (régiment n° 20) et 1ᵉʳ ulans de réserve (Kunz et *Historique* du 1ᵉʳ Leib dragons badois n° 20).

et le 2ᵉ à l'Ouest de Frahier. Quelques coups de feu furent échangés du côté de Recologne, à l'Ouest de Ronchamp, on ne sait trop contre qui; de plus, les patrouilles de cavalerie eurent connaissance de la marche de la division Crémer vers Béverne.

A l'extrême droite française, le lieutenant-colonel Bousson avait quitté, vers 9 heures du matin (1), Voujaucourt avec son régiment mixte, 58ᵉ mobiles, pour rejoindre vers Valentigney le lieutenant-colonel de Vezet, qui occupait ce point avec le 54ᵉ mobiles.

La jonction une fois faite, vers 1 heure du soir, une légère démonstration fut tentée vers Vaudoncourt par le 54ᵉ mobiles, tandis qu'une compagnie du IIᵉ bataillon (Vosges) du 58ᵉ, dirigée sur Audincourt, recevait en chemin quelques coups d'une section de la 1ʳᵉ batterie de réserve du VIIIᵉ corps (2). Vers Vaudoncourt, on se heurta à trois compagnies du bataillon Liegnitz et à deux pièces de la IIᵉ division. Au bout d'une demi-heure d'un combat qui coûta aux Allemands six hommes et un cheval, le 54ᵉ se retira (3).

Le corps Bourras avait, pendant ce temps, agi plus à l'Est. Le capitaine Godard, laissant la 11ᵉ compagnie au Sud de Vaudoncourt, avait marché avec les 17ᵉ et 18ᵉ vers Montbouton occupé par une compagnie du bataillon Liegnitz, deux du bataillon Jauer, deux pièces de la 2ᵉ batterie de réserve et un peloton de ulans. Un poste paraît avoir été enlevé (4), mais l'attaque ne réussit pas.

---

(1) *Historique* du 54ᵉ mobiles mixte. Le bataillon des Hautes-Alpes allait de l'Isle-sur-Doubs à Pont-de-Roide (*Historique* du bataillon).

(2) 2 pièces, d'après Kunz, tirant 36 obus, soutenues par six compagnies des bataillons Oels et Jauer et deux pelotons du 7ᵉ ulans de réserve.

(3) Les deux pièces de la batterie de la IIᵉ division avaient tiré 5 obus (Kunz).

(4) *Le corps franc des Vosges*, page 53.

Du côté de Croix, occupé par six compagnies et deux pièces, il semble y avoir eu moins encore (1).

---

(1) L'*Historique* de la 10ᵉ compagnie du corps Bourras dit qu'elle ne prit pas part à une attaque faite de ce côté...

A Croix se trouvaient : le bataillon Striegau et deux compagnies du bataillon Hirschberg avec la 3ᵉ section de la 2ᵉ batterie de réserve du VIIIᵉ corps; en arrière, à Saint-Dizier, le bataillon Apenrade et une section de la 2ᵉ batterie de réserve du VIIIᵉ corps, et, à Beaucourt, deux compagnies du bataillon Hirschberg et la moitié de la 1ʳᵉ batterie de réserve du VIIIᵉ corps. Dans la trouée, entre Audincourt et Montbéliard, deux compagnies du bataillon de Breslau et la batterie bavaroise de sortie. A Dasle, le bataillon Oels, deux compagnies (2ᵉ et 4ᵉ) du bataillon Jauer, une section de la 1ʳᵉ batterie de réserve du VIIIᵉ corps, deux escadrons (1ᵉʳ et 2ᵉ) du 6ᵉ ulans de réserve. Composition du corps Debschitz : six bataillons : Liegnitz, Jauer, Oels, Striegau, Hirschberg, Apenrade; deux batteries, 1ʳᵉ et 2ᵉ de réserve du VIIIᵉ corps, deux escadrons du 6ᵉ ulans de réserve.

L'Armée du Sud.

« Dans la matinée du 15 janvier, le froid descendit à 14 degrés; les difficultés de la marche devenaient encore plus grandes que la veille. Les troupes atteignaient cependant les points qui leur avaient été indiqués; le IIe corps, les environs de Chanceaux, avec la brigade Dannenberg à Lamargelle; le VIIe, les environs d'Auberive et de Chameroy; le quartier général de l'armée, Germaines. Le général de Kettler, prenant la direction du Sud, s'était porté de Noyers sur l'Isle-sur-Serein et Montréal.

« Un détachement de flanc du VIIe corps (Ier et IIe bataillons du *15e*, 1er escadron du *8e* hussards et un tiers de la 5e batterie lourde), sous les ordres du colonel de Delitz, occupa Grancey-le-Château, afin de se rapprocher des colonnes de l'aile droite. L'avant-garde de la *14e* division tournait vers le Sud à partir de Marac, passait par Mardor et était chargée de couvrir le corps dans la direction de Langres, en occupant Courcelles-en-Montagne (1) ».

Mouvement de la 13e division (2). — Il était important de connaître le plus tôt possible si les débouchés de la montagne, à Prauthoy et à Selongey, étaient ou non entre les mains des Français.

---

(1) *Historique du Grand État-Major prussien*, p. 1120.
(2) Fabricius.

Le général de Zastrow donna, en conséquence, ses ordres à la *13ᵉ* division (1) :

Un détachement, comprenant les Iᵉʳ et IIᵉ bataillons du *13ᵉ*, 1ᵉʳ escadron du *8ᵉ* hussards, 2 pièces (2), fut envoyé sur Grancey pour se relier à droite aux têtes de colonnes du IIᵉ corps (ce qu'il ne put faire), protéger les colonnes du VIIᵉ corps vers Dijon et obtenir des renseignements sur Selongey : ce détachement trouva la route de Selongey en bon état.

L'avant-garde, par Rouelles et Vitry-en-Montagne, devait prendre le contact avec la *14ᵉ* division à Chameroy.

Avant le lever du jour, la 1ʳᵉ compagnie de chasseurs, portée sur des voitures, et un demi-escadron de hussards quittaient Collemiers-le-Haut et se portaient sur Praillant et Prauthoy. Ils y cantonnaient, mais rendaient compte avant le soir que la route par Esnoms jusqu'à Prauthoy était bonne et que ce village n'était pas occupé par l'ennemi.

L'avant-garde venait cantonner à Praslay-Virey.

Le quartier général du corps d'armée et de la division furent établis à Auberive.

Au *13ᵉ* (3), qui avait marché en tête du gros de la colonne, le IIᵉ bataillon et le bataillon de fusiliers partirent de Villiers à 6 heures et se joignirent à Recey au Iᵉʳ bataillon : cela fit pour ces deux bataillons une marche de 35 kilomètres. Ils atteignirent leurs cantonnements à 5 heures du soir (4).

Le gros de la division cantonna entre Rouelles et Colmiers-le-Bas. L'artillerie de corps entre Recey et Voulaines; les convois entre les Vaurey et Villote. Le

---

(1) Fabricius, p. 76.
(2) Un tiers de la 5ᵉ batterie lourde.
(3) *Historique* du *13ᵉ*.
(4) Fabricius.

bataillon du fusiliers du *15ᵉ* gardait le quartier général de l'armée du Sud à Germaines.

Une patrouille d'officier, envoyée de Grancey sur Selongey (1), apprenait que les troupes françaises qui étaient là trois jours auparavant s'étaient retirées sur Dijon.

Mouvement de la 14ᵉ division (2). — Le détachement du major von Köppen, qui servait d'avant-garde à la *14ᵉ* division, quitta la grande route de Langres le *15*, et, marchant vers le Sud par Mardor sur Courcelles-en-Montagne, servit de flanc-garde de gauche à la division, pour observer la place forte de Langres, dont il était seulement à 4 kilomètres et demi.

A Courcelles-en-Montagne, le *77ᵉ* régiment reçut du dépôt, revenant de convalescence, 2 vicefeldwebel, 2 sous-officiers, 2 musiciens et 151 hommes (3).

Le bataillon de fusiliers de ce régiment, embarqué le 13 à Mohon et arrêté à Blesmes le 14 par l'état du matériel, débarqua à Veuxhaules le 15. Il ne devait rejoindre son régiment que le 19.

Le bataillon de fusiliers du *53ᵉ*, un escadron et une

---

(1) *Rapport* du capitaine Lacour (batterie Lobbia) (Arch. de la Guerre. Cart. M, 14). « Nous rejoignîmes Selongey (le 14) à 7 heures du soir. Cette ville était occupée dans la matinée par l'ennemi : nous rencontrâmes sur notre route le capitaine du génie Briguet, conduisant avec quelques hommes seulement quatre fourgons de munitions et d'outils du génie, qui devaient nous servir à aller opérer sur la ligne du chemin de fer de Champlitte à Gray, à Chalon et ensuite sur la ligne de Langres.

« A partir de ce moment, notre itinéraire changea, et au lieu de revenir sur Dijon, nous nous dirigeâmes sur Langres. Partis de Selongey à 4 heures du matin (le 15), (les Prussiens y entrèrent après notre départ) nous arrivâmes dans l'après-midi à Percey-le-Grand (Haute-Marne) où nous passâmes une partie de la nuit ».

(2) Fabricius.
(3) *Historique* du 77ᵉ.

batterie, sous les ordres du lieutenant-colonel von Grabow (1), furent désignés pour remplacer le détachement von Köppen et former l'avant-garde. Le détachement se mit en marche à 9 heures du matin et suivit la vallée de l'Aujon jusqu'à Chameroy, où il arrivait à 2 heures de l'après-midi pour cantonner.

Au même endroit vinrent cantonner le IIe bataillon du *53e*, l'état-major de la division et celui de la brigade.

Le Ier bataillon était venu directement de Bugnières sur Giey-sur-Aujon, et formait l'arrière-garde de la division : il vint cantonner à Saint-Loup.

Le Ier bataillon du *39e*, après une marche aussi pénible que celle des jours précédents (2), par un froid très vif, vint s'installer à Courcelles-sur-Aujon en cantonnement très étroit. Le IIe bataillon était à Rochetaillée.

Le détachement de droite du major von Wangenheim vint, après une marche difficile dans un pays boisé et montagneux, cantonner à Vitry-en-Montagne.

La division était ainsi complètement entourée de détachements.

L'ouvrage du Grand État-Major général prussien, page 1124, note**, indique que les éléments de la 14e division qui manquaient le 12, débarquaient dans l'ordre suivant à Veuxhaules :

3e batterie lourde, 2e batterie légère, 2e compagnie de pionniers, fusiliers du *77e*.

Le bataillon de fusiliers du *77e* ayant débarqué le 15, les éléments précédents avaient donc dû débarquer le 13, le 14 ou le 15 et se trouvaient dès ce moment en route pour rejoindre le corps. Les batteries devaient en effet rejoindre au moins le 16, puisque, le 17, la 2e batterie légère prenait part au combat de Croix d'Arles.

---

(1) *Historique* du *53e*.
(2) *Historique* du *39e*.

Les cantonnements du VIIe corps, le 15 au soir, furent les suivants :

QUARTIER GÉNÉRAL : AUBERIVE.

13e division : Auberive.

25e brigade.......
- 13e Rég^t. Ier B^{on}. — Bay.
- — IIe B^{on}. — Auberive.
- — Fusiliers. — Rouelles.
- 73e Rég^t. Ier B^{on}. — Vanvey-Maisey.
- — IIe B^{on} et Fusiliers. — Praslay-Vivey.

1re Cie de pionniers. — Praslay-Vivey.

26e brigade.......
- 15e Rég^t. Ier et IIe B^{ons}. — Grancey.
- — Fusiliers. — Germaines.
- 55e Rég^t. Ier B^{on}. — Colmiers-le-Haut.
- — IIe B^{on}. — Colmiers-le-Bas.
- — Fusiliers. — Recey.

7e Bon de Chass. — Praslay-Prauthoy.
8e hussards, 1 escadron. — Grancey.
— 1 escadron. — Praslay-Prauthoy.
8e hussards, 2 escadrons. — Auberive et environs.
5e ulans de réserve, 1er Esc. — Vauvey-Villiers, La Villotte.
5e ulans de réserve, 3e Esc. — Auberive et env.
5e ulans de réserve, 2e et 4e Esc. — Auberive et env.
5e batterie légère. — Praslay-Vivey.
6e — . — Auberive et env. (2 pièces à Grancey).
5e batterie lourde. — Grancey (1/3) et Auberive et env. (2/3).
6e batterie lourde. — Auberive et env.

14e division : Chameroy.

27e brigade.......
- 39e Rég^t. Ier B^{on}. — Courcelles-sur-Aujon.
- — IIe B^{on}. — Rochetaillée.
- — Fusiliers. — Vitry-en-Montagne.

28ᵉ brigade
- 53ᶜ Régt. IIᵉ Bᵒⁿ et Fusiliers. — Chameroy.
- — Iᵉʳ Bᵒⁿ. — Saint-Loup.
- 77ᶜ Régt. Iᵉʳ et IIᵉ Bᵒⁿˢ. — Courcelles-en-Montagne.
- 77ᶜ Régt. Fusiliers. — Veuxhaulles.

2ᵉ compagnie de pionniers. — En route.
15ᵉ hussards, 1 escadron. — Courcelles-en-Montagne.
15ᵉ hussards, 1/2 escadron. — Vitry-en-Montagne.
15ᵉ hussards, 2 esc. 1/2. — Chameroy.
1ʳᵉ batterie lourde. — Chameroy.
2ᵉ — . — Courcelles-en-Montagne (2/3), Vitry-en-Montagne (1/3).
1ʳᵉ batterie légère. — Chameroy.
2ᵉ — . — En route.
Artillerie de Corps. — Recey.
Convois. — Vauvey-Maisey.

Le 15, à 3 h. 15 du matin, le colonel Dannenberg donna l'ordre suivant : « Le détachement se rassemblera aujourd'hui, à 9 heures du matin, à l'embranchement de la route et du chemin qui va à l'Est sur Billy, le front vers Chanceaux. Le détachement de Billy fera reconnaître Chanceaux par un bataillon et un demi-peloton de dragons, envoyant également une patrouille vers Le Tertre. Si Chanceaux est occupé par l'ennemi, la reconnaissance prendra position au Nord de cette ville, sur la hauteur, et me rendra compte au point de rassemblement où je me trouverai à 9 heures.

« Le détachement de Poisieul se rassemblera à l'heure désignée à l'Ouest de la grand'route, le reste du détachement à l'Est. Les bagages et le train resteront sur la route (1) ».

Le bataillon de fusiliers du 72ᵉ et un demi-peloton de dragons alla reconnaître Chanceaux et la 10ᵉ compagnie Le Tertre. Les deux localités étaient inoccupées.

---

(1) *Historique* du 72ᵉ, p. 575.

La brigade Dannenberg se mit en route à 11 heures, formant l'avant-garde du IIe corps. Le bataillon de fusiliers du 72e marchait en tête ; le IIe bataillon du 72e couvrait les bagages. Elle traversa Chanceaux, fit fouiller Saint-Seine sans résultat, et suivit, dans la vallée de l'Ignon, la route par Pellerey et Lamargelle.

De Frénois à une demi-lieue à l'Est de ce village (1), des coups de fusil furent tirés sur une patrouille de dragons. La 12e compagnie du 72e, envoyée pour reconnaître, fit prisonnier un sergent-major de la Guérilla française (brigade Lobbia) et prit six fusils. Les dragons prirent un sergent d'une troupe désignée comme chasseurs-voltigeurs. On apprit que, depuis deux jours, environ 1,000 Garibaldiens avaient traversé la vallée, probablement allant sur Dijon.

A 2 h. 30 de l'après midi, le détachement occupa les cantonnements suivants :

72e régiment, deux pelotons de dragons, 4e batterie légère, compagnie de pionniers : Lamargelle.

60e régiment, deux pelotons de dragons, 3e batterie légère : Pellerey.

Le 72e fut chargé de faire reconnaître avec soin par la cavalerie et l'infanterie, aussi bien sur le front vers Molay que dans la direction du Sud, vers Dijon. La nourriture fut assurée, partie par la réquisition, partie par une colonne d'approvisionnements qui était pourvue de victuailles et de cigares.

Mouvement de la 3e division. — Des patrouilles furent envoyées de très bonne heure sur Flavigny et Gissey (2). Le 2e bataillon de chasseurs, à Darcey, attendit leurs comptes rendus, qui signalèrent d'ailleurs ces villes non occupées. A 10 h. 30, l'avant-garde de la division quittait La Villeneuve et venait cantonner, sans avoir

---

(1) Fabricius, p. 75.
(2) *Ibid.*

été inquiétée par l'ennemi, à Bligny-le-Sec, Champagny, Blessey, Saint-Germain et Poncey-le-Pellerey.

Le gros de la division venait cantonner à Chanceaux ainsi que l'état-major.

Des patrouilles de cavalerie, envoyées sur la route Chanceaux — Saint-Seine, trouvèrent l'entrée de cette dernière ville barricadée et furent accueillis à coups de fusil. Les patrouilles envoyées là par la brigade Dannenberg, quelques heures avant, n'avaient rien vu.

Le commencement et la fin de la marche furent très pénibles : les compagnies durent la plupart s'écarter de la grand'route (1), et les postes durent être renforcés dans les localités, car plusieurs fois des francs-tireurs s'étaient montrés, et, à Ravières, par exemple, des habitants avaient attaqué une sentinelle.

Mouvement de la 4ᵉ division. — L'état-major de la division vint cantonner à Grésigny; celui du corps d'armée à Darcey. La division cantonna à Alise-Sainte-Reine, Pouillenay et environs.

Une patrouille de dragons (lieutenant Von Raven), envoyée sur Champ-d'Oiseau, apprit, par les habitants, que les derniers 150 francs-tireurs avaient évacué la ville dans la matinée et s'étaient dirigés sur Semur. D'autres renseignements indiquaient la présence, le 13, de francs-tireurs à Alise; mais ils en étaient repartis et avaient aussi quitté Flavigny. Non loin d'Alise, des voyageurs, venant de Dijon, disaient que cette ville était fortement occupée par les Garibaldiens, qu'ils avaient rencontré à Thénissey environ 200 hommes; aucun n'avait passé la nuit à Saint-Seine.

Le IIᵉ bataillon du 9e, avec un escadron de dragons, fut envoyé à Alise, le bataillon de fusiliers du 54e avec un escadron de dragons à Pouillenay,

---

(1) *Historique* du 42ᵉ, p. 153.

avec mission de surveiller les directions Sud et Sud-Est (1).

Les cantonnements du 11ᵉ corps, le 15 au soir, furent les suivants :

Quartier général : Darcey.

3ᵉ division : Chanceaux.

5ᵉ brigade........ {
- 2ᵉ Régᵗ. Iᵉʳ Bᵒⁿ. — Billy-les-Chanceaux.
- — IIᵉ Bᵒⁿ. — Darcey.
- — Fusiliers. — Chanceaux.
- 42ᵉ Régᵗ. Iᵉʳ Bᵒⁿ. — Frolois, Poiseuil-la-Ville.
- — IIᵉ Bᵒⁿ. — Villeneuve et env.
- — Fusiliers. — Gropois.
}

6ᵉ brigade........ {
- 14ᵉ Régᵗ. 1ᵉʳ Bᵒⁿ et Fusiliers. — Blessey.
- — IIᵉ Bᵒⁿ. — Saint-Germain.
- 54ᵉ Régᵗ. — Bligny-le-Sec, Oncey-les-Pellery.
- 2ᵉ bataillon de chasseurs. — Champagny.
}

2ᵉ compagnie de pionniers. — Frolois.
3ᵉ dragons, 1ᵉ et 4ᵉ Esc. — Chanceaux et environs.
3ᵉ dragons, 2ᵉ Esc. — Lamargelle (1/2), Pellerey (1/2).
3ᵉ dragons, 3ᵉ Esc. — Blessey.
1ʳᵉ batterie lourde, 1ʳᵉ batterie légère. — Saint-Germain, Champagny.
2ᵉ batterie lourde, 2ᵉ batterie légère. — Chanceaux et env.
Convois. — Chanceaux.

4ᵉ division : Grésigny.

7ᵉ brigade........ {
- 9ᵉ Régᵗ. Iᵉʳ Bᵒⁿ. — Les Laumes.
- — IIᵉ Bᵒⁿ. — Alise-Sainte-Reine.
- — Fusiliers. — Pouillenay.
- 49ᵉ — Alise, Pouillenay et env.
}

3ᵉ compagnie de pionniers. — Ménétreux.

Brigade Dannenberg.

60ᵉ — Pellerey.
72ᵉ — Lamargelle.
1ʳᵉ compagnie de pionniers. — Lamargelle.

---

(1) *Historique* du 54ᵉ.

11ᵉ dragons, 3ᵉ Esc. — Pouillenay.
— 4ᵉ Esc. — Alise-Sainte-Reine.
du VIIᵉ corps { 3ᵉ Bⁱᵉ légère. — Pelleray.
4ᵉ — . — Lamargelle.
5ᵉ batterie lourde } Grésigny et environs.
6ᵉ batterie légère
Convois. — Montbard, Seigny.
Artillerie de corps. — Lucenay-le-Duc.
Convois. — Etormey.

Détachement Kettler. — Le 15, le lieutenant-colonel von Lobenthal avec le *21ᵉ* d'infanterie, trois pelotons du 2ᵉ escadron, la 5ᵉ batterie et le lazareth de campagne n° 5, atteignit l'Isle, Sainte-Colombe et Angely, sans avoir rencontré l'ennemi (1).

Le lieutenant-colonel Weyrach avec le Iᵉʳ bataillon du *61ᵉ* et le 1ᵉʳ escadron arrivait à Montréal.

Le IIᵉ bataillon du *61ᵉ*, avec la 6ᵉ batterie lourde et les gros bagages, était resté à Annoux et Sarry.

Le IIᵉ bataillon du *21ᵉ* établi à Sainte-Colombe avait ses avant-postes à Montomble et sur les hauteurs à l'Ouest.

Le 15 au soir, le général Kettler donnait l'ordre suivant :

« La brigade continuera demain sa marche. Le détachement du lieutenant-colonel von Lobenthal et celui du lieutenant-colonel Weyrach continueront leur marche demain matin à 5 heures précises. La marche du détachement Lobenthal s'opérera par Sauvigny, et d'après les ordres de détail donnés par son chef. Le détachement Weyrach passera par Montjalise et Bierry. Le 2ᵉ escadron observera étroitement le terrain à l'Ouest, jusqu'à la route Lucy-le-Bois-Avallon. Le détachement Weyrach laissera ses bagages à Montréal, sous la protection d'un peloton d'infanterie et d'un peloton de cavalerie ; les bagages du détachement Lobenthal seront ras-

---

(1) *Die Kämpfe um Dijon. Historiques* du *21ᵉ* et du *61ᵉ*.

semblés à 6 heures, à l'Isle, et y resteront avec une protection suffisante. Le capitaine Kumme, avec un peloton du 2ᵉ escadron, les 6ᵉ et 7ᵉ (1) compagnies du *61ᵉ* et la 6ᵉ batterie lourde, quittera Annoux à 4 heures du matin, et se portera sur Sauvigny par l'Isle et Provency. La 8ᵉ compagnie quittera Sarry à 3 h. 30, et, par Annoux, se portera sur l'Isle pour y occuper les ponts et les îles à l'Est, afin de tenir le défilé pour un retour possible du détachement ».

Les cantonnements du détachement Kettler, le 15 au soir, furent les suivants :

21ᵉ Régᵗ. Iᵉʳ Bᵒⁿ. — L'Isle.
— IIᵉ Bᵒⁿ. — Sainte-Colombe.
— Fusiliers. — Angely.
61ᵉ Régᵗ. Iᵉʳ Bᵒⁿ. — Montréal.
— IIᵉ Bᵒⁿ. — Annoux, Sarry.
— Fusiliers. — Tonnerre.
11ᵉ dragons, 1ᵉʳ Esc. — Montréal.
— 2ᵉ Esc. — Annoux (1/4), L'Isle (3/4).
5ᵉ batterie légère. — L'Isle.
6ᵉ batterie lourde. — Annoux, Sarry.

---

(1) La 5ᵉ compagnie devait rester à Sarry avec les gros bagages.

Journée du 16 janvier.

Les Divisions Crémer et Penhoat à l'attaque de Chenebier.

« Le lundi 16 janvier au matin, le temps était froid comme la veille, mais un épais brouillard couvrait toute la contrée.... cependant, sur les hauteurs de Chenebier le ciel était clair (1)... » Il en résulta que les patrouilles, lancées dès le matin par les Allemands vers Etobon, trouvé inoccupé, et vers le bois de Montedin (2), purent, dès 8 heures du matin, signaler l'approche des masses françaises en marche aux environs de Béverne.

Bien que l'attaque de la division Penhoat dut se produire bien plus tard, l'annonce de son approche paraît avoir suffi pour faire renoncer le général v. Degenfeld au projet « d'agir contre le flanc gauche de l'ennemi qui attaquait Chagey (3)... » Dès 5 heures du matin, il avait fait prendre les armes à ses troupes. Le Ier bataillon du *3e badois* occupait Chenebier et une barricade à la sortie Nord du village (4); les fusiliers étaient à Courchamp, la batterie Goebel, renforcée de la batterie saxonne Krütsch, sur le mamelon à l'Est de Courchamp, sous la garde de la 2e compagnie. Les deux compagnies de landwehr Eupen au moulin Colin sur la rive gauche de la Lisaine. Il restait à Frahier les quatre autres compagnies du bataillon Eupen, la batterie prussienne d'étapes Diene-

---

(1) Colonel Sécrétan, p. 236.
(2) Lieutenant Eckert, 11° compagnie. *Historique* du 3e badois.
(3) *Historique* du 3e badois.
(4) 4e compagnie du 3e badois.

mann, nouvellement arrivée, et un escadron du *3ᵉ* dragons badois.

« A 7 h. 45, le premier coup de canon partit d'une batterie française amenée en avant du bois de la Thure (1). » C'était une des batteries de 4 du commandant Camps qui ouvrait le feu. Elle le cessa peu après, et les deux batteries allemandes dirigèrent leur tir vers les hauteurs au Sud d'Etobon, sur lesquelles apparaissaient les premières troupes de la division Penhoat.

Vers 9 heures, l'infanterie du général Cremer commença à se montrer à la lisière Nord du bois de la Thure. C'était le 86ᵉ mobiles, dont la droite s'appuyait aux pentes abruptes qui dominent la Lisaine. Elles étaient occupées par trois compagnies du IIᵉ bataillon (2). L'autre régiment de la 2ᵉ brigade, 83ᵉ mobiles, restait partie sous bois et partie à la droite de la batterie; le IIᵉ bataillon de la Gironde, de la 1ʳᵉ brigade, était en soutien. Les 32ᵉ et 57ᵉ de marche, avec la batterie de montagne, la 22ᵉ batterie du 12ᵉ et la batterie Armstrong, semblent s'être trouvés tout d'abord sous bois sur les chemins allant vers Chagey (3). D'épaisses lignes de tirailleurs s'avancèrent jusqu'à 400 mètres au Sud de Courchamp (4), tuant ou blessant quatre hommes à la 10ᵉ compagnie du *3ᵉ* badois, mais sans pousser l'attaque. Bientôt elles rétrogradèrent sur les pentes opposées à la position allemande. Jusque vers midi la situation resta stationnaire de ce côté.

Ainsi qu'on le voit, l'intention primitive du général Cremer paraît avoir été de continuer le mouvement prescrit par l'ordre général de l'armée pour franchir la Lisaine au Nord de Chagey, et pousser vers Châlonvillars,

---

(1) La 22ᵉ du 12ᵉ.
(2) *Historique* du 86ᵉ mobiles, et croquis. Ce régiment n'avait que deux bataillons, le troisième escortait le convoi.
(3) *Historique* du 86ᵉ mobiles.
(4) *Historique* du 3ᵉ badois.

en se protégeant du côté de Chenebier. Mais, si la veille il n'avait pas cru devoir attaquer ce point pour se conformer à la lettre de ses instructions, sa position ayant l'ennemi sur son flanc gauche devait à juste titre lui sembler dangereuse, et plus risquée encore devait lui sembler la continuation de son mouvement vers l'Est. C'est ce qu'exprime fort bien le billet, qu'à 11 heures du matin encore, le général Crémer, se méprenant sans doute sur la nationalité des troupes apparues vers Etobon, écrivait au général Billot : « Nous voyons un mouvement tournant sur Etobon. Que faut-il faire? »

Le général Billot n'avait eu en effet avec le général Crémer que des relations tout à fait imparfaites, et semble avoir ignoré l'emplacement exact et la direction de marche du jeune divisionnaire. L'ordre adressé au général Penhoat et le rapport porté par M. d'Eichtal au général Bourbaki montrent en effet que le commandant du 18e corps croyait la division Crémer en marche vers *Généchier* (1), sur la rive gauche de la Lisaine, à deux kilomètres au Nord-Est de Chagey, et n'ayant laissé à Etobon que quelques fractions, « qui sont coupées de la division Crémer » (2) et dont l'amiral devait prendre le commandement, « en demandant la direction suivie par la colonne du général Crémer », pour attaquer Chenebier « si ce village est occupé par l'ennemi ».

---

(1) Que serait-il arrivé si le projet de marcher sur ce point, c'est-à-dire, en somme, si l'ordre de mouvement de l'armée prescrivant de passer la Lisaine à 2 kilomètres au Nord de Chagey avait été mis à exécution en négligeant la présence de l'ennemi à Frahier? C'est une question difficile à résoudre. Il paraît certain cependant qu'un mouvement de ce côté, poussé sur Châlonvillars, aurait fait tomber la défense de Chagey, aurait coupé le détachement du général v. Degenfeld, n'aurait pas été gêné par l'ennemi, et par suite aurait produit d'immenses résultats.

(2) *Ordre* à l'amiral Penhoat.

Dans la pensée du général Billot, le général Crémer continuait donc le mouvement prescrit par l'ordre général de l'armée, c'est-à-dire s'efforçait de franchir la Lisaine au Nord de Chagey pour marcher sur Châlonvillars, et la disposition de la division Penhoat, en échelon en arrière de sa gauche, répondait à une idée très juste, très militaire et était une preuve d'heureuse et trop rare initiative.

Rien n'obligeait donc le général Crémer à se détourner de sa direction pour attaquer Frahier, que la 2ᵉ division du 18ᵉ corps eût dû suffire à enlever.

On se souvient que, dans la soirée du 15, la division Penhoat avait reporté sur Béverne une partie de sa 2ᵉ brigade, son artillerie et son quartier général (1). Le reste de ses troupes était resté dans les bois le long de la route de Béverne à Luze, d'après l'ordre reçu de « conserver pendant la nuit les positions occupées à la chute du jour (2) ». On sait en outre que l'intention première avait été de faire relever la 3ᵉ division par la 2ᵉ devant Chagey. La plus grande partie de la matinée fut donc nécessaire pour faire refluer sur Béverne les troupes avancées vers l'Est, c'est-à-dire le 12ᵉ bataillon de chasseurs, le 77ᵉ mobiles et le 52ᵉ de marche. Peut-être aussi subit-on un retard du fait de distributions faites à Béverne dans la matinée (3)? Quoi qu'il en soit, l'attaque de la division Penhoat fut très tardive.

Dès 8 heures du matin cependant (4), la tête de

---

(1) Le 92ᵉ de ligne était arrivé à Béverne à 2 heures du matin, le régiment d'infanterie légère était avec la cavalerie à Frotteyles-Lure, Clairegoutte et Frédéric-Fontaine.

(2) Voir journée du 15.

(3) Ce fait énoncé dans l'ouvrage de Pierre Lehautcourt n'a pas été vérifié par des pièces officielles.

(4) L'*Historique* du 3ᵉ badois dit qu'on vit peu après deux batteries française au Sud d'Etobon. D'après les rapports très concordants de l'artillerie française, la 21ᵉ batterie du 13ᵉ (Vac-

colonne du 92° de ligne avait été vue par les Allemands, se dirigeant de Béverne sur Etobon, et avait été canonnée des hauteurs situées à l'Est de Chenebier. Il semble aussi que, dès 9 heures, une colonne sortie d'Etobon avait paru vouloir se diriger vers Courchamp (1). Cependant il ne paraît pas que l'entrée en ligne de l'artillerie de l'amiral Penhoat ait eu lieu avant 11 heures du matin.

Probablement peu après ce moment, la 21° batterie du 13° régiment (sous-lieutenant Vacquier) vint se placer à l'Est d'Etobon, en profitant des plis du terrain pour son approche et ouvrit le feu à 1800 mètres contre le village de Chenebier (2). Un peu plus tard, la 22° batterie du 9° régiment (capitaine Gonetz) vint se placer sur la hauteur au Sud-Est d'Etobon vers la cote 395. Les batteries allemandes répondirent et le duel d'artillerie se prolongea sans autre incident que l'entrée en ligne vers 2 heures de la 22° batterie du 2° (Brienne) entre les deux premières (3).

Cette canonnade ne pouvait manquer d'éclairer le général Crémer sur la situation réelle, et son changement d'attitude coïncide avec l'entrée en ligne des batteries de l'amiral Penhoat (4).

---

quier) ouvrit le feu à 11 heures, la 22° du 9° (Gonetz) vers midi, la 22° du 2° (Brienne) peu avant 2 heures du soir.

(1) *Historique* du 3° badois.

(2) *Rapport* du sous-lieutenant Vacquier. Ce rapport cite l'innovation (sic) conseillée par l'amiral Penhoat d'ouvrir le feu par 4 obus percutants pour régler le tir.

(3) Les Allemands reconnaissent que le tir des Français fut très efficace. Le leur ne le fut pas beaucoup, la plupart des obus n'éclatant pas. (Note de M. d'Ussel.)

(4) Il faut remarquer pourtant que le billet adressé au général Billot, par lequel est annoncé un mouvement tournant sur Etobon est daté de 11 heures. L'entrée en ligne de l'artillerie de la division Penhoat est sûrement postérieure à ce moment, mais sans doute de fort peu.

Immédiatement les batteries du général Crémer, notamment la batterie Armstrong, dont le tir devait être très efficace, apparurent à la lisière Nord du bois de la Thure et commencèrent à prendre d'écharpe les batteries allemandes.

En même temps, la 1re brigade (32e et 57e de marche) venait se déployer à la gauche de la 2e, avec laquelle restait cependant le bataillon de la Gironde.

« Vers midi, voyant que des colonnes d'infanterie prussienne cherchaient à tourner nos positions de droite, le général Carol Tevis fit descendre du mamelon et passer par le col le bataillon de la Gironde et le 83e mobiles; les neuf compagnies du 86e restant en réserve... (1) ». Il s'agissait alors probablement de l'apparition au moulin Colin des deux compagnies du bataillon Eupen, déjà signalées. Vers la même heure aussi, le général v. Degenfeld avait fait sortir de Frahier deux autres compagnies du même bataillon et les avait envoyées avec la batterie Dienemann au Sud-Est de ce point (2).

Ainsi, la connaissance acquise par le général Crémer que des forces importantes allaient attaquer Chenebier par l'Ouest, le détermina, non point à reprendre la marche qui lui était prescrite vers l'Est, mais au contraire à se détourner de son objectif pour attaquer vers le Nord le village de Chenebier, au moment même où il devait acquérir la conviction que les forces ennemies qui s'y trouvaient ne pourraient plus être dangereuses pour lui. L'immense résultat qu'il aurait obtenu, si, même fort avant dans la journée, il avait paru à Généchier tournant les défenseurs de Chagey, coupant ceux de Chenebier, doit faire amèrement regretter la décision prise, malgré le succès qui devait être obtenu dans le

---

(1) *Historique* du 86e mobiles.
(2) *Historique* du 3e badois. « Dans une position où elle pouvait tenir sous son feu la route en avant. »

combat livré par la division du général Crémer (1).

Au moment où, vers 2 h. 30, allait s'engager l'action décisive, les forces allemandes avaient la répartition suivante (2) :

A l'extrême droite étaient deux pelotons de la 2ᵉ compagnie sur la hauteur à l'Ouest du bois des Evaux, ayant derrière eux un demi-peloton de la 4ᵉ.

La 3ᵉ compagnie et un demi-peloton de la 4ᵉ, au cimetière du Bas des Esserts ; les deux autres pelotons de la 4ᵉ compagnie occupaient une barricade près du bois des Evaux.

Les deux batteries, ayant sur leur gauche un peloton de la 2ᵉ compagnie, étaient sur la hauteur au Sud-Ouest du Bas des Esserts. La 1ʳᵉ compagnie occupait la lisière Ouest de Chenebier. A Courchamp se trouvait dans la partie Nord la 10ᵉ compagnie, détachant un demi-peloton dans la vallée de la Lisaine. A sa gauche étaient deux pelotons de la 11ᵉ, puis deux de la 9ᵉ, chacune de ces compagnies ayant un peloton en réserve. La gauche était enfin constituée par la 12ᵉ compagnie, ayant elle aussi deux pelotons en première ligne.

Deux compagnies de landwehr Eupen étaient au moulin Colin. Enfin deux autres du même bataillon et la batterie de réserve au Sud-Est de Frahier vers le bois d'Essoyeux.

L'intention du général Crémer semble avoir été de déborder la gauche allemande en poussant vers le Nord par la vallée de la Lisaine. Ce mouvement très favorisé

---

(1) Celui-ci doit-il en porter seul la responsabilité. On en peut douter car on sait que, vers 11 heures, le général Billot, venu de sa personne à Etobon, envoya un de ses officiers au général Crémer. D'après ce qu'on sait de la conversation tenue avec le colonel Leperche, on peut supposer que l'ordre fut donné d'attaquer Chenebier par le Sud ; en tous cas ce mouvement ne fut pas désapprouvé.

(2) *Historique* du *3*ᵉ badois.

par le terrain devait avoir pour résultat de menacer dangereusement la ligne de retraite de l'ennemi.

Le bataillon de la Gironde se déploya en tirailleurs à l'abri des vues dans la partie basse du terrain; à sa gauche se plaça le IIe bataillon du 83e mobiles, soutenu par trois compagnies du Ier bataillon, et un bataillon du 32e de marche, les deux autres bataillons du dernier régiment restant sous bois face à la ferme de Chagey et sans être engagés. Devant cette menace, les deux compagnies de landwehr paraissent avoir rapidement abandonné le moulin Colin et s'être repliées de la rive gauche de la Lisaine dans la direction de Chatebier (1). Un peu plus tard, elles reparurent, mais furent facilement maintenues de l'autre côté de la Lisaine.

Pendant ce temps, la gauche de la 2e brigade était parvenue à 200 mètres des dernières maisons au Sud de Courchamp. Un vigoureux retour offensif exécuté par la 12e compagnie badoise tombe dans le flanc du IIe bataillon du 83e mobiles, qui, tardivement soutenu par trois compagnies du Ier bataillon, fait demi-tour et se replie en désordre, en partie en franchissant la Lisaine gelée. Le général Carol Tevis était blessé à ce moment (2).

La ferme attitude du bataillon de la Gironde arrêta la poursuite de l'ennemi, qui regagna lentement sa position de Courchamp.

Peu après, le Ier bataillon du 83e mobiles vigoureusement enlevé par le colonel Pech Lestanière, qui était frappé à mort, reprenait l'attaque contre l'extrémité Sud du hameau, appuyé par le IIIe bataillon du 32e de marche et le IIe bataillon du 83e mobiles. A l'extrême droite, le bataillon de la Gironde recommençait à progresser le long de la vallée. Vers 4 heures, les batteries ennemies (3),

---

(1) *Historique* du 86e mobiles, confirmé par celui du *3e* badois.
(2) *Historiques* du IIe bataillon du 83e mobiles (Aude), du IIIe bataillon de mobiles (Gironde), du 86e mobiles.
(3) *Historique* du 86e mobiles.

fusillées à courte distance, amenaient les avant-trains et se retiraient vers Echavanne.

Pendant ce temps, le 57ᵉ de marche conduit par le colonel Poulet avait vigoureusement attaqué par l'Ouest le hameau de Courchamp. Mais le feu des 10ᵉ, 11ᵉ et 9ᵉ compagnies de fusiliers arrêta cette attaque de front et la maintint sur les pentes du ruisseau des Prés. De ce côté le combat resta longtemps stationnaire.

Cependant l'action de la division Penhoat commençait à se faire sentir.

Tandis que son artillerie continuait la lutte avec les pièces allemandes du Bas des Esserts, l'amiral avait reçu du général Billot (1) l'ordre d'attaquer Chenebier, et un billet du général Crémer l'avait prévenu de l'offensive qui allait se produire par le Sud (2).

Le 92ᵉ de ligne, le premier arrivé à l'Est d'Etobon, avait déployé quatre compagnies du IIIᵉ bataillon (Grandjean) sur la crête qui domine Chenebier, les autres compagnies en échelons sur les deux versants du plateau (3). Dès son arrivée, le 12ᵉ bataillon de chasseurs était venu se placer à sa droite et s'était abrité sur les pentes descendant vers le ruisseau des Prés (4). Puis le 52ᵉ de marche, entré à Etobon à 1 heure du soir, avait reçu l'ordre de prolonger encore la droite par deux de ses bataillons pour donner la main au général Crémer en laissant le IIIᵉ en réserve (5) avec le 77ᵉ mobiles. Un

---

(1) Le général Billot était arrivé à Etobon vers midi ; de là, il était retourné à Beverne et avait prescrit au général Bonnet de remettre l'attaque au lendemain. Plus tard, il retrouva le général Bourbaki devant Luze et reçut du commandant en chef l'ordre de faire des épaulements pour l'artillerie afin de canonner le mont Vaudois. (*Souvenirs* du général Brugère.)
(2) *Rapport* de l'amiral Penhoat.
(3) *Historique* du 92ᵉ de ligne.
(4) *Historique* du 12ᵉ bataillon de chasseurs.
(5) *Historique* du 52ᵉ de marche.

détachement occupait sur la gauche la route de Ronchamp.

Vers 3 heures, on décida d'exécuter un mouvement tournant au travers des bois de Montedin pour déborder la droite ennemie.

En conséquence, les Ier et IIe bataillons du 52e furent rappelés sur Etobon, où resta le Ier, tandis que les IIe et IIIe, mis sous les ordres du lieutenant-colonel de l'Espée, chef d'état-major de la division, suivaient le chemin de Ronchamp et, tournant vers l'Est, gagnaient le Nord de Chenebier. Le 12e bataillon de chasseurs, rappelé aussi de la droite à la gauche de la ligne, devait appuyer le mouvement. En même temps, le 92e de ligne prononçait franchement son attaque contre le centre de la position ennemie, en dirigeant sa gauche vers le groupe de maisons, dites hameau de Champvorin, à 300 mètres au Nord-Ouest de Chenebier.

D'après la version allemande, la droite de la ligne formée des 2e et 3e compagnies aurait vigoureusement résisté à cette attaque enveloppante et la retraite n'aurait été opérée que par ordre et comme conséquence de l'échec subi par la gauche (1).

Vers 4 heures du soir, la 12e compagnie, qui occupait la partie Sud de Courchamp, fortement pressée de front et presque prise à revers par suite des progrès des mobiles de la Gironde dans la vallée de la Lisaine, se mettait en retraite et, entraînant la 9e compagnie, placée à sa droite, se repliait sur Chenebier. Les 10e et 11e compagnies suivirent dans leur mouvement rétrograde le « chemin du vallon des prairies » (2), c'est-à-dire la route de Chatebier. Ce mouvement, discerné du réduit

---

(1) Au contraire, les *Historiques* français paraissent concorder à affirmer un succès facile, « sans combat » disent certains à propos du mouvement débordant conduit par le colonel de l'Espée.

(2) *Historique* du 3e badois.

occupé par le 86ᵉ mobiles, détermina le chef de bataillon Hennery à s'élancer avec le 1ᵉʳ bataillon de ce régiment au pas de course pour tenter de couper la retraite à l'ennemi en marche vers Chatebier. Mais, à 300 mètres, le bataillon fut reçu du carrefour des routes Chenebier-Chatebier et Echevanne-Chagey par un feu rapide, qui détermina une panique et la déroute des mobiles. Ceux-ci regagnèrent en désordre le mamelon d'où ils étaient partis (1).

Ce succès partiel ne pouvait changer la face des choses et bientôt la 9ᵉ compagnie badoise, restée la dernière près de l'église, abandonna Courchamp. La 1ʳᵉ compagnie à son tour quitta la lisière Sud de Chenebier. La 3ᵉ compagnie se dirigea sur Echavanne, la 2ᵉ marcha sur le même point en contournant la hauteur à l'Est du bois des Evaux.

Les deux compagnies de landwehr Eupen, qui étaient venues à l'Ouest d'Echevanne, furent entraînées dans le mouvement de recul. Seule la 4ᵉ compagnie paraît avoir efficacement protégé la retraite. Cependant une batterie faillit être enlevée (2).

A Frahier, les compagnies allemandes se rassemblèrent, puis, sur l'annonce que « l'infanterie française progressait dans le bois d'Essoyeux, sur la rive gauche de la Lisaine (3) », le mouvement fut poursuivi sur la route de Châlonvillars jusqu'au moulin Rougeot.

A 6 heures du soir, y arrivait le colonel Bayer, amenant deux bataillons (Iᵉʳ et IIᵉ) du 4ᵉ régiment badois,

---

(1) *Historique* du 86ᵉ mobiles. Le commandant Hennery et 12 hommes furent blessés, 6 ou 7 tués.

(2) M. d'Ussel avec le Colonel de l'Épée se trouvait à petite distance et constata qu'elle se retirait la dernière, sans soutien d'infanterie. (Note de M. d'Ussel.)

(3) Nouvelle inexacte, due sans doute à la présence de ce côté de quelques hommes du 86ᵉ mobiles débandés après l'attaque du moulin.

un escadron du 2ᵉ dragons et la 3ᵉ batterie légère de la IVᵉ division de réserve. Ces troupes, envoyées par le général en chef prévenu télégraphiquement de l'état des choses à Chenebier, avaient marché par Mandrevillars et Buc. Des patrouilles envoyées sur Frahier constatèrent que les Français n'occupaient pas le village (1). La poursuite avait été nulle.

Dans la division Crémer, le bataillon de la Gironde, le 32ᵉ de marche, le 57ᵉ de marche et le Iᵉʳ bataillon du 3ᵉ mobiles paraissent seuls être entrés dans Chenebier.

Le IIᵉ bataillon du 83ᵉ mobiles avait battu en retraite avant la prise du village, le IIIᵉ bataillon du même régiment avait été rappelé par l'amiral Penhoat pour servir de soutien à une batterie, « qu'on attendait, mais qui n'arriva pas ». Quant au seul bataillon du 86ᵉ qui eût été engagé, il avait été mis en déroute (2).

Quatre compagnies du 57ᵉ de marche, conduites par le capitaine Santelli, paraissent être les seules troupes qui aient poussé vers le Bas des Esserts. Elles y avaient été reçues par un feu violent et arrêtées. « Dans la crainte d'un retour offensif, les tirailleurs avaient été arrêtés le long de la crête du plateau, avec des pelotons de soutien de distance en distance à la lisière des bois et une compagnie dans les maisons qui dominent la position près de la route au Nord du Bas des Esserts (3) ». Peu après les troupes du général Crémer revenaient à leur emplacement du matin (4).

A la division Penhoat, le 12ᵉ bataillon de chasseurs

---

(1) L'*Historique* du *3ᵉ* badois dit que les deux bataillons du 4ᵉ badois et le bataillon Eupen occupèrent immédiatement Frahier. L'*Historique* du 4ᵉ badois dit au contraire qu'on bivouaqua au moulin Rougeot, le 4ᵉ badois en première ligne.
(2) *Historique* du 3ᵉ bataillon du Gers.
(3) *Historique* du 57ᵉ de marche.
(4) « Dans un complet désordre », dit l'*Historique* du 86ᵉ mobiles.

porta une compagnie (2ᵉ, lieutenant de Mussy) au Bas des Esserts, à l'angle du bois des Evaux, les trois autres restant à Chenebier (1). Le 52ᵉ de marche avait deux bataillons dans la partie Nord du village, le 3ᵉ vers le bois de Moutedin, avec quatre compagnies de grand'garde au bois des Evaux, tandis que le 77ᵉ mobiles, qui n'avait pas donné, s'installait plus tard à Chenebier. A la 2ᵉ brigade, les deux compagnies de tête du 92ᵉ de ligne étaient entrées dans le bois des Evaux, une compagnie était sur la route d'Echevanne, et une autre à l'Est. Mais le reste du régiment restait, ou dans le village, ou sur la lisière Nord (2).

Le 18ᵉ corps devant Chagey. — L'intention du général Billot était de diriger la 3ᵉ division (Bonnet) « par les crêtes, pour tourner le village de Chagey et arriver au hameau de Généchier, où elle donnerait la main au général Crémer, (qui) marche sur Mandrevillars et Echenans, et à l'amiral Penhoat, qui marche sur Etobon et Chenebier ». Pendant ce temps, la 1ʳᵉ division (Feillet-Pilatrie), « tout en conservant sa droite à Couthenans », devait « s'étendre par les hauteurs boisées jusqu'en arrière de Chagey », et, au besoin, donner la main au général Bonnet par la brigade Leclaire (3). « C'était, devait dire plus tard le colonel Leperche, précisément ce que voulait le général en chef (4) ». Mais l'exécution ne devait pas répondre aux espérances qu'on en avait conçues.

Ce fut à 11 heures du matin (5) seulement que le

---

(1) *Rapport* du commandant de Villeneuve.
(2) Le régiment d'infanterie légère était resté avec la cavalerie Brémond d'Ars. Le 49ᵉ de ligne ne fut rattaché que le 18 à la 2ᵉ division ; il était au bois de Chagey.
(3) *Ordres* aux 1ʳᵉ et 4ᵉ divisions, Billet au général Bourbaki reçu à 1 h. 25 du soir.
(4) 1ʳᵉ *Lettre* du colonel Leperche à M. Prévot.
(5) Registre des ordres de mouvement de la 2ᵉ division.

colonel Bremens, commandant la 2ᵉ brigade de la 3ᵉ division, reçut l'ordre « d'aller occuper les hauteurs des bois de Nan, des Trois-Fontaines et de la Perchette avec deux bataillons du 53ᵉ et un du 82ᵉ mobiles pour y relever les zouaves et le 81ᵉ mobiles et se relier avec le 14ᵉ bataillon de chasseurs devant Chagey, à la lisière du bois (1) ». « Le lieutenant-colonel Hommery, du 82ᵉ mobiles, avec le IIIᵉ bataillon du 33ᵉ de marche et le IIᵉ bataillon du 82ᵉ mobiles devait descendre dans la vallée à gauche de Chagey, traverser la Lisaine aux ruines de l'ancien château et occuper les bois de la Gigoutte et du Prosée, en s'élevant sur les crêtes de manière à dominer Généchier. Il se reliera avec la division Crémer qu'il trouvera probablement sur la crête du bois de la Gigoutte ».

Ainsi, le mouvement tournant était confié à deux bataillons seulement, au lieu de toute la 3ᵉ division qui devait en être chargée et qui allait en outre, dans le courant de la journée, être renforcée du 49ᵉ de ligne.

Effectivement, le gros de la brigade Bremens (Iᵉʳ et IIᵉ bataillons du 53ᵉ, Iᵉʳ bataillon du 82ᵉ mobiles et une section d'artillerie de montagne) parut à 11 heures du matin de la croisée des routes de Champey à Étobon et de Béverne à Couthenans, sur les hauteurs dominant Chagey et y releva le 4ᵉ zouaves de marche (2) et le 81ᵉ mobiles. Cette opération terminée, à 2 heures suivant les uns, 4 heures suivant les autres (3), le lieutenant-colonel Bremens laissa le 14ᵉ bataillon de chasseurs « dans un double fossé bordant le bois de Nan à 300 mètres des premières

---

(1) *Journal* de marche de la 2ᵉ brigade.

(2) Le 4ᵉ zouaves n'arriva qu'à 9 heures du soir au quartier général de la division où il reçut des vivres, dont il manquait depuis deux jours. *Historiques* du 4ᵉ zouaves de marche et du 81ᵉ mobiles.

(3) Elle devait à la nuit se placer derrière un épaulement à 200 mètres de l'usine.

maisons de Chagey, et plaça à sa gauche le Ier bataillon du 53e de marche, dont la gauche fit face au cimetière. Le IIe bataillon de ce régiment et le Ier du 82e mobiles se placèrent en deuxième et troisième lignes en arrière et respectivement à 500 et 1000 mètres de la lisière Est des bois. La section de montagne resta sous bois près de la deuxième ligne. Plus tard, le IIIe bataillon du 82e mobiles (Var) rejoignit le gros de la brigade Bremens. Mais aucune tentative ne fut faite contre Chagey (1).

Pendant ce temps, le IIIe bataillon du 53e de marche et le IIe bataillon du 82e mobiles (Vaucluse), dirigés par le lieutenant-colonel Hommery, avaient marché sous bois. Mais, au lieu de franchir la Lisaine au Nord de Chagey, ils avaient poussé vers Chenebier et finirent par apercevoir de ce côté la division Crémer (2). Après avoir erré dans la forêt, ils bivouaquèrent sur place, sans avoir franchi la rivière ; puis, dans la nuit, le lieutenant-colonel Hommery rejoignit la brigade avec les deux bataillons et rendit compte « qu'il n'avait pu rallier la division Crémer, laquelle aurait été repoussée, d'après les dires des habitants ». Se croyant donc menacé vers le Nord, le lieutenant-colonel Bremens envoya le Ier bataillon du 82e mobiles en grand'garde dans cette direction sur le chemin menant à Chenebier, et le fit soutenir par le IIe bataillon du 53e de marche. Mais, à ce moment, il recevait du général Bonnet l'ordre de faire renforcer de deux autres bataillons le lieutenant-colonel Hommery, supposé déjà au delà de la Lisaine, de prendre le commandement de ces bataillons et de s'étendre par sa gauche au-dessus de Généchier ; quatre compagnies du

---

(1) Cependant le 53e perdit 8 blessés et 4 prisonniers et 1 officier, sous-lieutenant Gérard, qui put s'échapper.

(2) Il y eut sans doute confusion entre Chenebier et Généchier. *Historiques* des 53e et 82e mobiles. *Journal* de marche de la 2e brigade.

49ᵉ de ligne et le IIᵉ bataillon du 81ᵉ mobiles devaient le remplacer devant Chagey.

Peu après arrivait un contre-ordre, d'après lequel toute la 3ᵉ division devait se tenir prête à attaquer Chagey le 17 janvier.

Le mouvement tournant au Nord de Chagey, annoncé au général en chef, n'avait donc pas même été tenté.

En ce qui concerne la 1ʳᵉ division, la brigade Leclaire (1ʳᵉ brigade) devait rester immobile toute la journée dans les bois à l'Ouest de Luze, subissant cependant quelques pertes (1). La brigade Robert (2ᵉ) vint tout entière se placer à Couthenans, les Iᵉʳ et IIᵉ bataillons du 44ᵉ d'infanterie déployés en avant du village et à droite. A leur gauche, deux bataillons du 73ᵉ mobiles (Loiret), en partie dans les fossés de la route de Couthenans à Béverne (2). Le feu des batteries allemandes causa à l'infanterie des pertes assez sérieuses. Il lui fut riposté par les batteries de 8 de la réserve générale de l'armée établies vers Coisevaux et, en ce qui concerne le 18ᵉ corps, d'abord par une pièce de la 14ᵉ batterie du 9ᵉ régiment, placée par le commandant Alips sur l'éminence qui sépare Couthenans de Luze. Après quelques coups contre une batterie ennemie en mouvement, le feu du mont Vaudois obligea à suspendre le tir (3). La 20ᵉ batterie du 9ᵉ régiment reprit la position occupée la veille par la 12ᵉ au Sud-Ouest de Chagey. Enfin la batterie Groussard (de la réserve), placée à l'Ouest de Couthenans, soutint le feu du mont Vaudois

---

(1) 21 tués ou blessés au 9ᵉ bataillon de chasseurs.

(2) *Historiques* des 44ᵉ et 73ᵉ. *Rapport* du commandant Chevrier, des capitaines Lebrun et de Coëtlegon.

(3) *Rapport* du commandant Alips, commandant l'artillerie de la 1ʳᵉ division (20ᵉ, 13ᵉ et 14ᵉ batteries). A la nuit, on construisit un épaulement en se servant du talus de la route au Nord de Couthenans, et un autre à 300 mètres à l'Est du village, dans une gorge entre deux éminences.

de 11 h. 30 à 2 h. du soir, perdant quatre hommes et deux chevaux (1).

Toute la journée se passa ainsi. A la nuit, des travailleurs d'infanterie, dirigés par le commandant Alips (2) de l'artillerie divisionnaire, creusèrent des excavations perpendiculaires à la route de Luze à Couthenans, pour utiliser le déblai existant près de Couthenans et derrière lequel deux pièces avaient trouvé abri pendant la journée. Un épaulement couvert de fumier fut aussi installé dans la gorge séparant deux mamelons situés au Nord-Est de Couthenans.

Réserve générale. — Un ordre du général Bourbaki, daté d'Aibre minuit 15, avait prescrit au général Pallu d'ouvrir le feu dès que le jour le permettrait. A 10 heures, ce dernier rendait compte qu'il avait été gêné par le brouillard et croyait imprudent de démasquer ses dix-huit pièces avant que celles du 18e corps ne soient prêtes à agir. A 11 h. 45 et à 1 heure, nouveaux billets dans le même sens. A 2 h. 15 du soir seulement, sur un ordre formel, le général Pallu prescrivait à l'artillerie de la réserve de s'engager (3). Il semble que cette action ne causa pas de grosses pertes à l'artillerie française. D'ailleurs des soixante-sept pièces qui garnissaient l'espace entre Chagey et le mont Salamon, dix-huit semblent ne pas avoir tiré ; les autres n'auraient brûlé que 302 gargousses (4). Le très épais brouillard qui régna la plus grande partie de la journée serait la cause du peu de vivacité constaté dans la lutte d'artillerie.

Quant à l'infanterie de la réserve, elle ne paraît pas avoir bougé.

---

(1) *Rapport* sur les 34e et 35e batteries de la marine.
(2) *Rapport* du chef d'escadron Alips.
(3) *Id. Historique* de la 11e batterie du 6e régiment qui perdit 2 blessés seulement.
(4) D'après Kunz. « On n'aurait pu faire autrement à moins de tirer dans le bleu. »

20ᵉ corps. — Instruit des difficultés extrêmes que le 20ᵉ corps avait trouvées devant son front, le général Bourbaki, par une note datée de minuit 30 (1), avait informé le général Clinchant qu'il donnait l'ordre au 24ᵉ corps d'occuper les bois du Chênois et de Tavey et prescrit l'attaque générale au point du jour. En réponse le général Clinchant proposa de « passer à Bussurel, plutôt qu'à Héricourt, dont le pont est défendu d'une manière toute particulière (2) ».

C'était agir sur le front même du 24ᵉ corps et tout l'ordre de bataille se fût trouvé disloqué si la proposition avait été acceptée. Elle le fut cependant, car, à 5 h. 45 du matin, le colonel Leperche faisait savoir, qu' « en prescrivant au 20ᵉ corps d'entrer dans Héricourt le général Bourbaki n'a pas eu l'intention de vous obliger à passer par tel point, plutôt que par tel autre... Vous pouvez passer la Lisaine entre Héricourt ou Bussurel, ou bien à Bussurel même ».

Cependant, il y avait lieu dans ce cas de s'entendre avec le 24ᵉ corps, et il était recommandé de ne pas employer à cette opération plus d'une brigade.

Ainsi qu'on le voit, le système de commandement du général Bourbaki, déjà appliqué avec le 18ᵉ corps, consistait à agréer toutes les propositions, pourvu que le but général de l'opération : le franchissement de la Lisaine, fût atteint. Dans les conditions spéciales où l'on se trouvait, avec la difficulté des mouvements sur cet immense espace, un tel système peut peut-être se justifier. Mais pas plus au 20ᵉ corps qu'au 18ᵉ, on ne devait voir l'initiative personnelle des généraux se manifester dans l'exécution de mouvements autorisés par le commandant en chef.

---

(1) Pièces annexes. L'ordre adressé au 24ᵉ corps n'a pas été retrouvé.

(2) *Lettre* portée par le capitaine de Saint-Georges, reçue à 5 h. 35 par le colonel Leperche.

L'action du 20ᵉ corps ne devait pas sortir du champ qui lui avait été fixé tout d'abord.

Vers 9 heures (1), et par un brouillard épais, le commandant de Vaulchier, du 55ᵉ mobiles (Jura) (2), avec deux compagnies du Iᵉʳ bataillon de ce régiment (3), deux du Iᵉʳ bataillon du 50ᵉ de marche, fut lancé de Verlans sur Saint-Valbert, tandis que le 11ᵉ mobiles (Loire) et le reste du 55ᵉ prenaient position près de Byans, le 50ᵉ de marche restant à l'Ouest de Verlans (4). La petite colonne d'attaque, forte de quatre compagnies seulement, dépassa Byans, où elle entraîna avec elle les francs-tireurs de Luppé, et poussa sur Saint-Valbert. Arrivé à une centaine de mètres du sommet du mamelon, le brave commandant de Vaulchier tomba la poitrine traversée d'une balle, cinq officiers de francs-tireurs furent atteints et la faible troupe dut battre en retraite sur Byans (5).

Cette reconnaissance avait été reçue par le feu de deux compagnies installées à Saint-Valbert (6) et prise d'écharpe par la fusillade de deux autres (1ʳᵉ et 3ᵉ du bataillon de Graudenz) occupant le Mougnot, ainsi que par celle d'un peloton de la 1ʳᵉ compagnie d'Ortelsburg, placée au cimetière. Un retour offensif de deux compagnies allemandes avait fait tomber deux fanions aux

---

(1) D'après les sources françaises, l'attaque aurait eu lieu au point du jour.

(2) *Rapports* du 20ᵉ corps, de la 1ʳᵉ division. *Journal* de la 1ʳᵉ division. *Historiques* des 55ᵉ mobiles, 11ᵉ mobiles, 50ᵉ de marche. *Rapport* du commandant de Vaulchier.

(3) 2ᵉ Grenot, 3ᵉ Magny; les deux premières du Iᵉʳ du 50ᵉ de marche.

(4) C'est à tort, semble-t-il, que deux compagnies du 11ᵉ mobiles sont indiquées comme ayant pris part à l'attaque.

(5) Les francs-tireurs très éprouvés furent renvoyés vers le Sud. Le 55ᵉ mobiles avait eu 23 tués ou blessés.

(6) 1ʳᵉ d'Osterode, 9ᵉ du 34ᵉ.

mains des landwehriens (1), et un demi-peloton de la 11ᵉ compagnie du *34ᵉ* s'était installé dans des carrières au Sud des Bois Communaux, où il devait rester jusqu'au soir.

La 2ᵉ brigade de la 1ʳᵉ division du 20ᵉ corps, rassemblée près de Coisevaux, se borna à envoyer un bataillon (Iᵉʳ du 67ᵉ mobiles) se relier vers Byans à la 1ʳᵉ brigade, et à pousser le IIᵉ bataillon du 67ᵉ mobiles à la lisière Nord des Bois Communaux vers la filature Chevrot, qui ne fut pas attaquée.

De bonne heure (2), la 2ᵉ division, « qui, pendant la nuit, avait fait des travaux de terrassement à l'extrémité Est du plateau de Tavey pour y abriter deux batteries de 12 » (3), avait poussé vers l'extrémité Nord du bois de Tavey deux compagnies, puis les quatre autres du IIᵉ bataillon du 3ᵉ zouaves de marche (4). Vers 9 h. 30, les deux compagnies de tête se trouvèrent sous le feu des quatre compagnies prussiennes occupant les fronts Sud et Ouest du Mougnot (5), bientôt soutenues par une cinquième (6). Après une demi-heure de fusillade, le IIIᵉ bataillon du 3ᵉ zouaves de marche se retira sous bois ayant perdu 40 blessés dont 4 mortellement.

A la droite des zouaves, le 25ᵉ bataillon de chasseurs de marche avait suivi dans la direction du Nord le petit ravin qui sépare le bois de Tavey de celui du Chênois. Arrivé vers 10 heures à 300 mètres des retranchements

---

(1) Von den Wengen, Sécrétan.
(2) Vers 7 heures du matin (*Historique* du 25ᵉ bataillon de chasseurs de marche).
(3) *Rapport* sur la part prise par le 20ᵉ corps.
(4) Commandant Dubuche. *Historique* du 3ᵉ zouaves de marche. Le Iᵉʳ bataillon du régiment laissé à Byans n'avait pas rejoint; le IIᵉ était à la lisière Ouest du bois de Tavey. Mémoire du général Bernard.
(5) 3ᵒ et 4ᵒ d'Ortelsburg, 2ᵉ de Graudenz, 2ᶜ d'Osterode.
(6) 4ᶜ d'Osterode.

allemands, il lança contre eux une seule compagnie (1). Celle-ci repoussée, une deuxième (2) fut déployée et le reste du bataillon se porta en avant « en colonne serrée par division » (3). La fusillade ennemie mit en un instant le désordre dans cette jeune troupe qui se replia sous bois ayant perdu une centaine d'hommes.

A ces deux tentatives décousues et entreprises avec des forces minimes devait se borner l'offensive de la 2ᵉ division du 20ᵉ corps.

La 3ᵉ resta tout entière en réserve.

La lutte d'artillerie avait commencé vers 9 heures du matin malgré le brouillard qui ne devait pas disparaître avant midi. Sur le plateau entre Tavey et Byans s'étaient placées, derrière les épaulements élevés pendant la nuit, une partie des trois batteries de 12 (4). Une batterie au moins de la 2ᵉ division (5) paraît aussi avoir pris part à la lutte, en tirant sur la gare d'Héricourt. Le feu, très soutenu jusque vers midi, cessa à ce moment pour reprendre vers 2 heures et durer jusqu'à la nuit. Les sept batteries allemandes, comptant ensemble 67 canons, qui se trouvaient de Chagey au Salamon, tirèrent peu ou pas (6).

24ᵉ corps. — L'ordre adressé au général Bressolles de faire occuper les bois du Chênois et de Tavey par sa division de réserve et son artillerie de réserve (7), avait été complété par une note prescrivant d'exécuter le mouvement, à moins que l'entreprise ne fût considérée comme irréalisable (8). Bien que le général Bressolles

---

(1) Capitaine Mariani, blessé.
(2) Lieutenant Gonard.
(3) *Historique* du 25ᵉ bataillon de chasseurs.
(4) La 18ᵉ du 14ᵉ, la 14ᵉ du 8ᵉ, la 23ᵉ du 6ᵉ et la 14ᵉ du 10ᵉ.
(5) La 19ᵉ du 2ᵉ.
(6) D'après Kunz.
(7) La *Lettre* du général Bourbaki au général Clinchant, 16 janvier, 12 h. 30, vise cet ordre dont le texte n'a pas été retrouvé.
(8) Note de 1 h. 25 du matin et réponse du général Bressolles.

ait annoncé une attaque à la fois sur Bussurel et Béthoncourt, il paraît avoir considéré sa mission comme « consistant à garder la défensive, inquiétant suffisamment l'ennemi pour l'empêcher de se dégarnir (1) ».

A 8 heures du matin, l'artillerie française ouvrait le feu contre « 12 pièces placées au-dessus de Bussurel ». C'étaient en première ligne deux batteries de 4 (2) et une de 12, soutenues par une seconde batterie de 12 de la réserve (3). Le tir paraît avoir été exécuté à 2 500 ou 2 600 mètres. Il cessa dès 10 heures du matin pour les batteries de 4, et vers 1 heure du soir pour les batteries de 12, sans que les pertes aient été très fortes.

La 3ᵉ division avait pendant ce temps déployé dans le bois du Chênois le Vᵉ bataillon de la Loire (89ᵉ mobiles), tandis que le IVᵉ bataillon de la Loire faisait face à Tavey. La 2ᵉ légion du Rhône et le bataillon du Var (89ᵉ mobiles), placés en arrière et ayant reçu quelques obus, abandonnèrent leurs positions dès 9 heures du matin et se replièrent dans le bois de Tavey et même sur Laire. La 1ʳᵉ légion du Rhône, maintenue d'abord en réserve, se porta vers 1 heure dans les bois du Chênois et gagna le bord de la Lisaine au Nord-Ouest de Bussurel, mais ne s'engagea pas (4). Le IVᵉ bataillon de la Loire, qui avait pris part à l'attaque de Tavey, avait

---

(1) *Journal* des opérations du 24ᵉ corps.

(2) Probablement la 23ᵉ du 8ᵉ, de la 3ᵉ division, la 24ᵉ du 13ᵉ, de la réserve, et la batterie de 12, 24ᵉ du 9ᵉ.

(3) Probablement la 24ᵉ du 13ᵉ. Le *Journal* du 24ᵉ corps parle de deux batteries de 4 et de deux de 12, celui de la 3ᵉ division de « l'artillerie de la division et de deux batteries de 12 ». D'après les *Historiques* : la 24ᵉ du 9ᵉ (cal. 12), après avoir soutenu le feu pendant 2 heures, perd 26 hommes et 24 chevaux, la 24ᵉ du 13ᵉ (cal. 12) perd 1 blessé, 1 cheval tué, 3 chevaux blessés. Dans l'artillerie de la 3ᵉ division, la 23ᵉ du 8ᵉ (cal. 4) ne fait pas de pertes et paraît être restée à Vyans, la 22ᵉ du 6ᵉ (2 division) perd 1 homme et 1 cheval, la 19ᵉ du 19ᵉ (cal. 4) de la réserve a 1 homme et 1 cheval blessés.

(4) Elle ne perdit que 12 blessés ; la 2ᵉ légion eut 800 disparus.

onze hommes hors de combat. Rien de sérieux n'avait donc été tenté sur Bussurel, qui avait au contraire été abandonné dès les premières heures de la matinée.

Du côté de Béthoncourt, la 1re division ne devait consacrer à l'attaque que le 15e bataillon de chasseurs et le 63e de marche, chargés d'appuyer la brigade Minot du 15e corps (1). Après une pénible marche à travers le bois dit Montévillars et le bois Bourgeois, le 15e bataillon de chasseurs et le Ier bataillon du 63e de marche furent vers 3 heures lancés contre Béthoncourt, dont ils étaient séparés par un large espace découvert (2). Cette attaque échoua complètement; en peu de temps les chasseurs perdirent sept officiers et cent soixante-dix hommes; le Ier bataillon du 63e eut un tué et quatorze blessés. Ces troupes se replièrent à la lisière du bois, où le reste du 63e vint les rejoindre.

L'artillerie de la 1re division (3) (deux batteries) s'était vers 1 heure postée à la lisière du bois Bourgeois, ayant à sa gauche une batterie de 4 du 15e corps et à sa droite une batterie de mitrailleuses. Elle continua son feu jusqu'après 3 heures, perdant cinq tués, douze blessés et vingt-quatre chevaux et ne se retira que sur l'ordre du général d'Ariès. Elle bivouaqua à l'Ouest du bois Bourgeois avec l'infanterie de la 2e division. Les grand'gardes du 63e eurent, vers 8 heures du soir, à repousser une reconnaissance ennemie sortie de Béthoncourt.

Quant à la 2e division du 24e corps, elle avait pris position le long du chemin de Bussurel à Héricourt à l'abri de la corne Sud-Est du bois du Chênois (4). Le

---

(1) Les trois bataillons de marche étaient en soutien de la 2e division.

(2) Les deux compagnies de tête des chasseurs à pied avaient gagné le bord de la Lisaine, le capitaine Sarda fut blessé au moment où il tentait de la traverser. *Hitorique* du 15e bataillon de marche.

(3) *Rapport* du commandant Maillard, *Journal* de la 1re division.

(4) *Historique* du 61e de marche.

III° bataillon du 61° de marche (Potin) (1) avait pris part à l'attaque entreprise par des fractions du 20° corps contre la lisière Sud d'Héricourt, et par suite d'une déplorable méprise avait subi la fusillade de la 2° légion du Rhône (2) qui l'avait fait rétrograder jusqu'à Laire, où il passa la nuit. Le 60° de marche continuait à border la partie Ouest de Bussurel par deux compagnies et, à la nouvelle de l'échec de Béthoncourt, avait envoyé de ce côté deux bataillons. Ceux-ci avaient dû se replier sous bois (3). Le 87° mobiles resta toute la journée près de Vyans avec le 21° bataillon de chasseurs soutenu par le 14°.

Les forces allemandes que le 24° corps avait trouvées devant son front n'avaient pas dépassé trois bataillons et deux batteries (4), soutenues par deux bataillons et une batterie (5). De ces derniers, un, les fusiliers du *113°*, fut appelé à 4 heures vers Béthoncourt, l'autre, les fusiliers du *112°*, placé sur la rive gauche en face du bois du Chênois n'eut pas à combattre. Pour les trois bataillons engagés en première ligne le long du talus du chemin de fer, les pertes ne dépassèrent pas trente hommes (6).

A la nuit, les deux bataillons de fusiliers retournèrent à la réserve à Mandrevillars avec le bataillon de Danzig qui fut relevé par le II° du *113°*.

15° corps. — *1re division.* — Dès le matin, l'artillerie

---

(1) *Historique* du 61° de marche. *Journal* du 24° corps.

(2) Il perdit 2 officiers et 20 hommes. *Historique* du corps. Le *Journal* du 24° corps parle de 2 officiers et 50 hommes.

(3) Perdant 7 tués et 46 blessés. *Historique* du 60° de marche.

(4) De la droite à la gauche Ier, II° du *113°*, bataillon de Danzig. En arrière 2 batteries légères, 4°, 13° et 4° batterie lourde placées à 50 mètres en arrière de la droite du Ier bataillon (*Historique* du *113°*).

(5) Fusiliers du *112°* et du *113°*, 5° batterie lourde (Seldeneck) qui arriva vers 9 heures.

(6) D'après Kunz. *Entscheidungs Kämpfe des Generals v. Werder*, p. 93, t. II.

de la 1ʳᵉ division avait été canonnée à son bivouac près de la ferme de Mont-Chevis et s'était mise à l'abri près du bois Bourgeois (1). Le général Durrieu malade, ayant dû céder le commandement au général Minot, commandant la 1ʳᵉ brigade, ce dernier attendit jusque vers midi l'ordre de commencer l'attaque.

Jusqu'à ce moment, on s'était borné à sommer, vers 7 h. 30 du matin, le major Olzewski de rendre le château de Montbéliard; puis, sur son refus, à faire reprendre la fusillade des maisons entourant le château, sans autre effet que de gêner le service des pièces et de tuer ou blesser une douzaine d'hommes à la garnison.

Quant à la lutte d'artillerie, elle avait commencé de bonne heure. De l'artillerie de la 1ʳᵉ division (2), deux batteries seulement (18ᵉ du 13ᵉ et 18ᵉ du 6ᵉ) prirent part au combat. Établies à la lisière Est du bois Bourgeois, elles tirèrent contre les batteries de Grange-aux-Dames sans subir de fortes pertes (3). Elles interrompirent un moment leur feu, mais sans cependant se retirer du combat. Vers 1 heure du soir, la 18ᵉ du 13ᵉ reprit son tir et épuisa ses munitions dans un tir à 2,700 mètres.

A la 3ᵉ division une seule batterie, la 18ᵉ du 15ᵉ (capitaine Legras), dont quatre pièces seulement étaient postées près de l'ancienne citadelle (4), dut très vite ramener en arrière deux de ces pièces; les deux autres

---

(1) Souvenirs du colonel Frocard.

(2) Comptant 4 batteries dont 1 de mitrailleuses. La 18ᵉ du 6ᵉ reste au repos (*Historique* de la batterie), la 9ᵉ du 12ᵉ (mitrailleuses) semble avoir été peu ou pas engagée.

(3) La 18ᵉ du 13ᵉ perdit 1 tué, 4 blessés et 3 chevaux (*Historique* de la batterie).

(4) La 18ᵉ du 7ᵉ, la 20ᵉ du 7ᵉ (mitrailleuses) et 1ʳᵉ (montagne) du 14ᵉ restent en réserve et sans tirer de toute la journée, prêtes « à repousser une attaque contre la droite ». (*Rapport* sur les opérations de l'artillerie de la 3ᵉ division.) L'*Historique* de la 18ᵉ du 7ᵉ dit que cette dernière fut engagée à la nuit par repousser une contre-attaque venant de Béthoncourt.

suivirent dès 8 heures (1). Mais le feu fut repris dans l'après-midi, grâce à l'abri d'une petite butte élevée au milieu de la citadelle. Dirigé d'abord avec succès à la distance de 2,000 mètres contre une batterie allemande qui montra son flanc, il dut être interrompu, lorsque les batteries de la Grange-aux-Dames recommencèrent à agir.

La 2ᵉ division n'engagea qu'une seule batterie (18ᵉ du 9ᵉ, capitaine Parriand). Placée au Nord-Est de la ferme du Mont-Chevis, à la tête du ravin descendant vers la Lisaine, elle se trouva masquée par un petit verger. Son rôle étant défensif, elle ne tira pas de la matinée. Vers 3 heures du soir seulement, elle ouvrit le feu à 2,600 mètres contre une batterie ennemie apparue devant elle et qui cessa son tir (2). A 4 heures quelques coups furent tirés à plus grande distance, 3,000 mètres, et sans effet contre une batterie en mouvement.

Des huit batteries qui composaient la réserve d'artillerie du 15ᵉ corps (3), celles du calibre 8 seules prirent part à la lutte dans la matinée; encore n'est-on sûr que de l'engagement de deux d'entre elles : la 6ᵉ du 12ᵉ, où le lieutenant Bonnel fut tué, et la 16ᵉ du 3ᵉ, qui tira cent vingt-huit obus et perdit trois hommes et quatre chevaux. Les batteries à cheval étaient détachées, ou, comme ce fut le cas pour deux d'entre elles (15ᵉ du 19ᵉ et

---

(1) La 18ᵉ du 15ᵉ avait tiré 68 obus, perdu 12 tués ou blessés, 3 chevaux, 1 affût.

(2) Probablement la 1ʳᵉ badoise. Kunz attribue sans doute à tort ce succès à la 18ᵉ du 9ᵉ, de la 2ᵉ division.

(3) Comptant 4 batteries. La 1ʳᵉ du 13ᵉ (montagne), la 18ᵉ du 12ᵉ, la 18ᵉ du 9ᵉ, la 14ᵉ du 23ᵉ. La 1ʳᵉ du 13ᵉ reste en réserve sur le plateau du Mont-Chevis, la 14ᵉ du 23ᵉ était à Langres. L'*Historique* de la 18ᵉ du 12ᵉ n'a pas été retrouvé. La réserve comprenait :

4 batteries de 4 à cheval :

La 18ᵉ du 19ᵉ, détachée le 27 décembre à la Chapelle-d'Angillon

14ᵉ du 18ᵉ), placées sur le plateau de Sainte-Suzanne, d'où on les retira dès les prèmiers coups de canon sans avoir subi de pertes.

Ce furent donc probablement six batteries seulement qui agirent sur le front du 15ᵉ corps.

Elles devaient avoir à lutter d'abord contre les cinq batteries du plateau de Grange-Dame (1), puis contre deux autres (2), envoyées par le général de Glümer de Grand-Charmont vers Béthoncourt.

---

avec deux compagnies de forestiers, restée le 15 à Bart.
La 14ᵉ du 18ᵉ venant de Sainte-Marie.
La 15ᵉ du 19ᵉ venant de Sainte-Marie le soir à Sainte-Suzanne.
La 14ᵉ du 19ᵉ restée à Fontaine près de Clerval, où elle avait été oubliée (*Historique*, journée du 15).
4 batteries de 8 :
La 30ᵉ mixte de marine.
La 11ᵉ du 6ᵉ.
La 12ᵉ du 6ᵉ, 1 officier, lieutenant Bonnel, tué.
La 16ᵉ du 3ᵉ tire 128 obus, perd 3 hommes et 4 chevaux.
D'après l'*Historique* de la 15ᵉ du 19ᵉ, 2 batteries seulement de 8 de la réserve auraient agi.

(1) 4ᵉ de la 4ᵉ division de réserve, 2ᵉ lourde de la 4ᵉ division réserve, 1ʳᵉ badoise, 3ᵉ lourde badoise, batterie Weisswange.
Consommation en munitions d'après Kunz :
La 4ᵉ de la 4ᵉ division de réserve, 1231 obus;
La 2ᵉ lourde de la 4ᵉ division de réserve, 631 :
La 1ʳᵉ badoise, 450;
La 3ᵉ lourde badoise, 420.
La 4ᵉ lourde badoise, 202.
Batterie lourde Weisswange, 260.
En ce qui concerne l'artillerie, des cinq batteries constituant la longue ligne établie face au Nord-Ouest sur la hauteur de Grange-Dame, la 4ᵉ légère de la 4ᵉ division de réserve avait perdu six hommes, sept chevaux, la 3ᵉ lourde badoise, trois hommes et un cheval; les pertes de la 4ᵉ lourde badoise, de la 2ᵉ lourde de la 4ᵉ division de réserve, et de la batterie lourde Weisswange sont inconnues. La batterie Sauer du château de Montbéliard avait engagé trois pièces.

(2) La 1ʳᵉ lourde badoise, la 1ʳᵉ de la 1ʳᵉ division de réserve.

L'une d'elles (1) avait dû se retirer avec une perte de quatre hommes et neuf chevaux, pour revenir d'ailleurs peu après au combat.

Par suite de l'épuisement de ses munitions (2), car la faiblesse de ses pertes ne justifie pas sa retraite, l'artillerie française devait cesser son feu au moment où l'infanterie allait enfin prononcer son attaque.

Vers midi (3), le général Minot quitta la ferme de Mont-Chevis avec le bataillon de la Savoie, le 12ᵉ mobiles et le 1ᵉʳ zouaves de marche, et gagna le bois Bourgeois qu'on mit fort longtemps à traverser. A 3 heures seulement (4), le bataillon de la Savoie débouchait en terrain découvert (5) ayant quatre compagnies en tirailleurs et deux en soutien. Malgré la blessure du commandant Costa de Beauregard, quelques hommes parvinrent au bord de la Lisaine et tentèrent de la franchir. Trois batteries allemandes (6) assaillirent ces troupes par un feu violent de front et de flanc, tandis que la fusillade du bataillon Goldap, solidement établi, arrêtait tous les efforts.

L'attaque avait été entamée avant que toutes les troupes du général Minot, gênées par les difficultés du

---

(1) La 1ʳᵉ badoise (Kunz). Elle aurait perdu, en tout, 7 hommes, 13 chevaux et tiré 450 obus. La 1ʳᵉ de la 1ʳᵉ division de réserve paraît avoir tiré par intervalles de la hauteur occupée par le bataillon de Wehlau environ 130 projectiles.

(2) Le lieutenant Frocard fut chargé du ravitaillement des deux batteries de 4 (18ᵉ du 6ᵉ et 18ᵉ du 13ᵉ) et dut aller à Isle-sur-Doubs.

(3) *Journal* de la 1ʳᵉ brigade de la 1ʳᵉ division (général Minot). *Historiques* du 1ᵉʳ zouaves de marche et du 12ᵉ mobiles. Trois compagnies des francs-tireurs de Paris chargées de former l'avant-garde s'étaient perdues dans le bois Bourgeois et se retrouvèrent plus tard avec la 2ᵉ brigade.

(4) Conforme aux rapports allemands.

(5) D'après le *Journal* du général Minot.

(6) La 4ᵉ de la 4ᵉ division de réserve, 1ʳᵉ lourde badoise, 1ʳᵉ de la 1ʳᵉ division de réserve (à 4 pièces).

terrain et le feu de l'ennemi pendant leur marche de flanc (1), fussent prêtes à y prendre part.

Les 1re, 2e et 4e compagnies du IIe bataillon du 12e mobiles déployées en tirailleurs avaient suivi les mobiles de la Savoie; derrière elles marchaient les trois autres compagnies du IIe bataillon et le Ier. Après 200 mètres environ, la première ligne cessait de progresser, se couchait, puis revenait à l'abri du bois, où les neuf compagnies de réserve étaient criblées d'obus. Une batterie de mitrailleuses (2), apparue un moment à l'Est du bois Bourgeois, face au cimetière, d'où l'ennemi paraissait vouloir tenter un retour offensif, dut se retirer après quelques coups. Quant au 1er zouaves de marche, il avait été arrêté par le général Martineau à un carrefour formé par l'intersection de trois ravins avant d'entrer dans le bois, et avait reçu l'ordre de marcher directement de là sur Béthoncourt. Son attaque, sur laquelle on sait peu de chose, échoua également. Celle des fractions du 24e corps contre la partie Nord de Béthoncourt (3) entreprise environ une demi-heure après la vigoureuse offensive des mobiles de la Savoie, n'avait pas eu plus de succès.

Probablement vers 4 heures, une nouvelle tentative fut faite au Sud de Béthoncourt (4). Le IIe bataillon du

---

(1) Le 12e mobiles avait déjà 3 ou 4 blessés, le 1er zouaves de marche 15 (*Journal* d'un officier du 3e bataillon de la Nièvre).

(2) La 20e du 7e, de la 1re division; le fait est confirmé par les *Historiques* du 12e mobiles et du 1er zouaves de marche, ainsi que par le *Journal* du général Minot. Le bataillon de la Savoie se replia sur Issans ayant perdu plus de 300 hommes. Le 12e mobiles avait perdu 144 tués ou blessés.

(3) 15e bataillon de chasseurs de marche et Ier bataillon du 63e de marche. Voir ci-dessus.

(4) *Journal* de la 2e brigade de la 1re division. Note du lieutenant-colonel commandant le 18e mobiles (Charente). Deux bataillons du 18e mobiles étaient à Montbéliard.

18ᵉ mobiles reçut du général Minot l'ordre de se porter au pas de course, de la partie Ouest de Montbéliard qu'il occupait, vers Béthoncourt, « pour couper la retraite » à l'ennemi qu'on croyait sur le point de déboucher après l'échec des tentatives relatées plus haut. Ce bataillon avait à peine dépassé la route de Montbéliard à Bussurel qu'un feu violent l'arrêta lui tuant ou blessant 4 officiers et 179 hommes. Il put néanmoins se maintenir jusqu'à la nuit. Une partie du régiment de tirailleurs qui soutenait les mobiles de la Charente (1) ne put progresser et perdit 1 officier et 24 hommes. Le 4ᵉ bataillon de chasseurs laissé en réserve au bois Bourgeois avait eu une quarantaine d'hommes hors de combat. Enfin les deux bataillons du 16ᵉ de ligne détachés à la 1ʳᵉ division depuis Arcey ne paraissent pas avoir donné (2).

3ᵉ division. — La 1ʳᵉ brigade de la 3ᵉ division ne comptait plus, le 16, que le 6ᵉ bataillon de chasseurs, celui du 33ᵉ de marche et trois compagnies du 16ᵉ de ligne (3) ; à la 2ᵉ, deux régiments, le 27ᵉ de marche et le 69ᵉ mobiles, avaient laissé chacun un bataillon à Clerval. Ces sept bataillons devaient passer toute la journée au bois de Sainte-Suzanne sans agir.

Dans Montbéliard même, quatre compagnies du 16ᵉ de ligne, le bataillon du 33ᵉ de marche, les deux du 18ᵉ mobiles et le IIᵉ bataillon des tirailleurs algériens (4), avec une section de la 19ᵉ compagnie du 2ᵉ régiment du

---

(1) Le IIᵉ bataillon et les éclaireurs Sémelé étaient dans Montbéliard.

(2) Trois compagnies de ce régiment étaient à Montbéliard. *Lettre* du général commandant la 3ᵉ division au général Martineau. 29 tués ou blessés, dit l'*Historique* du corps.

(3) Le 32ᵉ mobiles, laissé sans ordres à Courcelles, s'était porté vers Montbéliard. Arrivé à Sainte-Suzanne il fut renvoyé à son point de départ. Le IIIᵉ bataillon alla à Arbouans (*Historique* du corps).

(4) Ces trois derniers de la 1ʳᵉ division.

génie, continuèrent à entretenir une fusillade peu efficace contre le château, au prix de lourdes pertes (1), causées par le feu des batteries de Grange-Dame, mais sans obtenir le moindre succès.

2ᵉ division. — La 2ᵉ division ne pouvait mettre en ligne que le 30ᵉ de marche, le régiment étranger, le 25ᵉ mobiles (Gironde), le 5ᵉ bataillon de chasseurs de marche et le 39ᵉ de ligne (2). Après s'être d'abord rassemblée sur le plateau de Sainte-Suzanne pour y manger la soupe (3), elle gagna du terrain vers le Nord lorsque la 3ᵉ division vint se masser, et, à 11 heures, elle était formée sur 3 lignes à l'Ouest de la ferme du Mont-Chevis dans la dépression du terrain (4). Sauf quelques mouvements insignifiants pour appuyer l'attaque de Béthoncourt elle ne fit rien. On a vu qu'une seule de ses batteries avait été engagée (5).

Toutes ces actions partielles et décousues avaient coûté au 15ᵉ corps des pertes assez sérieuses (6). Celles de l'ennemi étaient bien loin d'être en proportion. A Béthoncourt, le bataillon Goldap avait occupé la même position que la veille; à sa gauche, le IIᵉ bataillon du *109ᵉ* (7) avait renforcé par une de ses compagnies, la 5ᵉ, la défense de Petit-Béthoncourt, occupé par la 7ᵉ compagnie du bataillon Goldap, et gardé deux autres (8) en réserve, tandis que la 6ᵉ était détachée à la lisière du bois au Nord de Béthoncourt.

---

(1) Difficiles à préciser.
(2) Le 2ᵉ zouaves de marche arrive à Clerval à 8 heures du matin, le 29ᵉ mobiles est à Sainte-Marie.
(3) *Historique* du régiment étranger.
(4) *Journal* de la 2ᵉ brigade de la 2ᵉ division.
(5) Le régiment étranger perdit 1 officier et 2 sous-officiers, le 25ᵉ mobiles 21 hommes.
(6) Ne sont pas connues avec précision. Kunz les estime à 1300 hommes.
(7) *1ᵉʳ* grenadiers badois.
(8) La 7ᵉ et 8ᵉ du IIᵉ bataillon du *109ᵉ*; le 15 au soir, la 2ᵉ

Le bataillon Wehlau était resté massé au bois situé à l'Ouest de Grand-Charmont dominant la vallée de la Lisaine. Au château de Montbéliard étaient maintenues les 5ᵉ et 7ᵉ compagnies du bataillon Gumbinnen. En arrière, sur la hauteur de Grange-Dame et jusqu'à Sochaux, étaient répartis : trois bataillons du *2ᵉ* badois n° *110*, deux du *1ᵉʳ*, les bataillons Insterburg, Marienburg, Loetzen, Tilsit, les deux compagnies restantes (6ᵉ et 8ᵉ) du bataillon Gumbinnen et deux escadrons (2ᵉ du *3ᵉ* dragons badois et 3ᵉ du *3ᵉ* ulans de réserve). Les pertes de la brigade de landwehr v. Zimmermann (1) furent, d'après Kunz, de 1 officier et 30 hommes. Celles de la *1ʳᵉ* brigade badoise de 1 officier et 21 hommes, tous du *109ᵉ* (*1ᵉʳ* badois), qui seul avait eu à combattre à Béthoncourt.

Événements aux ailes. — Les troupes du lieutenant-colonel de Vezet s'étaient la veille au soir repliées sur Hérimoncourt.

Le 16, le IIIᵉ bataillon du 54ᵉ mobiles se porta de nouveau vers Audincourt, y entra, comme l'avait fait la compagnie envoyée la veille, et marcha vers Taillecourt (2). La compagnie du bataillon de Breslau, soutenue par la batterie de sortie bavaroise, suffit à l'arrêter. Il garda cependant Audincourt. Vers 4 h. 30 (3), le IIᵉ bataillon du 54ᵉ, soutenu par le Iᵉʳ, attaqua les avant-postes allemands placés en avant de Dasle et de Vaudoncourt dans les bois Charbonnière et Grand-Bannot. Après

---

compagnie badoise de pionniers de forteresse avait creusé des tranchées et établi des défenses accessoires sur la rive Ouest de la Lisaine.

(1) Y compris le bataillon Wehlau, qui d'ailleurs ne fit pas de pertes.

(2) *Rapport* du lieutenant-colonel de Vezet.

(3) Kunz et *Rapport* du lieutenant-colonel de Vezet. Le bataillon Œlls avait perdu 9 hommes, le bataillon Jauer personne.

une insignifiante fusillade, les Français se retirèrent à Bondeval.

Le corps Bourras avait pendant ce temps exécuté une démonstration d'Abévillers vers le Sud de Vaudoncourt avec la 5e compagnie soutenue par la 3e. Elle avait échoué avec une perte de six blessés (1). La 10e compagnie partie d'Hérimoncourt avait pris une légère part au combat.

Devant Croix, le capitaine Pistor, avec une vingtaine d'hommes grossis de quelques isolés, parvint à enlever un poste de sous-officier et à incendier la maison qu'il occupait. Le bataillon Striegau perdit dans cette échauffourée trois hommes, et le bataillon Hirschberg (deux compagnies seulement à Croix) un seul (2).

Toutes ces entreprises décousues et mollement conduites ne se seraient justifiées que pour couvrir le flanc d'une attaque sérieuse qui aurait dû être dirigée vers Exincourt. Mais cette tâche, confiée au seul 58e (3) mobiles, ne fut pas remplie.

A 2 heures du soir seulement le IIIe bataillon des Vosges quittait Valentigney et venait rallier au château de Blechamp le bataillon des Hautes-Alpes (4), tandis que le bataillon de mobilisés de la Haute-Saône, qui avait atteint le tunnel à l'Ouest d'Arbouans, y était laissé sans ordres (5). Le bataillon des Hautes-Alpes, dirigé sur

---

(1) *Le Corps franc des Vosges*, p. 55, et *Historique* de la 10e compagnie. Kunz ne parle pas de cet engagement auquel dut prendre part le bataillon Liegnitz.

(2) « Devant la faiblesse de ces tentatives, le général Debschitz put rendre au corps de siège les deux bataillons Laubau et Breslau II, qui occupaient respectivement Grandvilliers et Delle » (Kunz).

(3) Le 58e mobiles mixte comprenant le IIIe bataillon des Vosges, le bataillon des Hautes-Alpes, le 4e de mobilisés de la Haute-Saône.

(4) *Rapport* du commandant Nicolas.

(5) *Historiques* des 20e et 21e dragons (1er et 2e badois) et 2e badois d'infanterie.

Exincourt, était arrêté dès le déploiement sur son flanc droit des deux compagnies du bataillon Breslau, qui, avec la batterie de sortie bavaroise occupaient Taillecourt et Exincourt. A la nuit, le 58ᵉ se retirait, le bataillon des Hautes-Alpes sur Pont-de-Roide, le IIIᵉ des Vosges sur Vougeaucourt, avec les mobilisés de la Haute-Saône.

A l'extrême droite, le colonel v. Willisen avait repris sa position à Ronchamp; mais, lorsqu'à 7 heures du soir il apprit l'occupation de Frahier par les Français, il se retira vers Giromagny avec le régiment de ulans de réserve, tandis que le 20e dragons venait à Auxelles-Bas, et que le 2e dragons de réserve avec les deux compagnies de chasseurs occupait Plancher-Bas.

A Giromagny, on rallia les deux compagnies du 6e badois qui, avec un peloton du 2e dragons badois, venaient de détruire les routes près de Saint-Maurice.

L'armée du Sud.

Le détachement de flanc gauche du VII⁰ corps (1) continuait ce jour-là à observer le front Sud de la place de Langres. Il refoulait devant lui de faibles partis ennemis et tombait à cette occasion sous le feu de l'artillerie de l'un des forts: mais il rendait possible la destruction du chemin de fer et du télégraphe près de l'embranchement de Chalindrey, destruction qui avait lieu le soir même et qui avait été ordonnée par le commandement en chef.

Le temps changea dans la nuit du 16. Une violente tempête remplaça la gelée. Le verglas des routes était couvert d'eau provenant du dégel et de la pluie. Ce fut à grand'peine que le gros de l'armée atteignit la ligne Moloy-Prauthoy-Longeau ; les avant-gardes étaient poussées à Diénay, Selongey, Dardenay, Chassigny-le-Bas et Cohons.

Le II⁰ corps d'armée n'avait encore eu aucune rencontre sérieuse avec l'ennemi, mais il découvrit sur son flanc droit, dans la vallée de l'Oze, des détachements français, et trouva en avant de son front les traces laissées par la brigade de Ricciotti Garibaldi, qui s'était retirée sur Dijon. Le détachement couvrant le flanc droit du VII⁰ corps d'armée apprenait, à Selongey, que 2,000 Garibaldiens étaient encore arrivés dans cette localité le 14 et qu'ils en étaient repartis le 15 pour

---

(1) *Historique du Grand État-Major prussien*, p. 1120.

Dijon. Les patrouilles reconnaissaient qu'Is-sur-Tille était inoccupé et trouvaient par contre à Epagny de faibles partis d'infanterie française.

Dans cette même journée, le général de Kettler se portait sur Avallon, où les habitants avaient tiré sur ses patrouilles.

Des obus furent lancés dans la ville; l'entrée, barricadée, était enlevée après un court engagement d'infanterie. La garnison, composée de deux bataillons de gardes nationales mobilisées, s'enfuyait en désordre vers les forêts situées au Sud de la localité, abandonnant environ 60 morts ou blessés, et laissant entre les mains de l'assaillant 2 officiers et 58 prisonniers non blessés. Après avoir imposé à la ville, à titre d'amende, de fortes réquisitions, le général de Kettler se remettait en route à midi et atteignait Montbard le jour suivant. Son détachement n'avait perdu qu'un officier et deux hommes.

Le général de Manteuffel, dont le quartier général était transféré à Prauthoy, recevait déjà le matin des nouvelles du premier jour de combat sur la Lisaine. Il fallait cependant d'abord faire sortir le IIe corps de la vallée de l'Ignon et lui donner le temps de se placer à hauteur du VIIe, qui, sur ces entrefaites, se concentrait devant et poussait ses avant-gardes plus à l'Est.

VIIe corps. — Le VIIe corps commençait en effet à sortir le 16 janvier (1) du massif de la Côte-d'Or. Le quartier général du corps fut établi à Prangey. Les divisions ne devaient pas dépasser la ligne Ferme Champ-Rouget — Saint-Michel-Piépape. Les avant-postes des deux divisions devaient se retirer à Chassigny-le-Haut.

La marche du VIIe corps fut excessivement pénible : un vent violent balayait tout le plateau, et quand les

---

(1) Fabricius, p. 90.

colonnes commencèrent à descendre, une pluie violente vint remplacer le vent. De nombreux chevaux s'abattirent et on dut en réquisitionner dans les fermes pour traîner les voitures. Dans la région de Longeau, un véritable ouragan gêna fortement la marche.

L'avant-garde de la division traversa Prauthoy et vint cantonner à Dardenay, Chailley, Dommarieu sur la ligne de la Vingeanne; ses avant-postes rencontrèrent à Bout-de-Villegusien un détachement de la *14e* division.

L'avant-garde devait assurer la sécurité dans la direction de Champlitte, vers Frette et Fontaine-Française.

La tête du gros de la division s'établit à Montsaugeon, l'état-major à Prauthoy, la queue de la colonne à Esnoms et Courcelles.

Un détachement du *13e* d'infanterie sous les ordres du lieutenant-colonel von den Busche (1) fut envoyé pour couvrir la marche dans la direction de Dijon, et se relier au détachement de Selongey; ce détachement comprenait le IIe bataillon et le bataillon de fusiliers du *13e*, le 2e escadron du *8e* hussards et la 6e batterie légère : deux compagnies, un peloton et la batterie s'établirent à Vaux, deux compagnies et un peloton à Aubigny, un bataillon et un demi-escadron à Isômes. De Vaux, un petit poste fut envoyé sur la route de Dijon. En avant d'Isômes, des petits postes gardaient la route romaine.

Une patrouille de ce détachement se heurta (2), à Moulin-Darin (Sud d'Aubigny), à des francs-tireurs qui se retirèrent dès qu'on eut déployé, en avant d'eux, trois compagnies du IIe bataillon, Busche se relia avec la flanc-garde Delitz, qui, de Grancey, s'était portée par Cussey-les-Forges sur Selongey, et de là, à 1 heure de l'après-midi, avait dirigé sur la route Dijon-Langres,

---

(1) *Historique* du *13e*.
(2) Fabricius.

pour observer Dijon, les 1re et 4e compagnies du *15e* qui poussèrent jusqu'à Orville.

Ce dernier parti s'empara d'un convoi de biscuits, de blé, et d'effets d'habillement destiné à Langres.

De Grancey, dès le matin, le lieutenant comte Itzenplitz avait été envoyé avec un demi-escadron de hussards pour explorer vers Is-sur-Tille et Thil-Châtel (sur la route de marche du IIe corps) : une patrouille, envoyée par lui à midi sur Dienay, rencontra dans la vallée de l'Ignon les troupes du IIe corps.

Une patrouille envoyée sur Dijon rencontra à Epagny environ 50 soldats d'infanterie française, venus là probablement en reconnaissance. Cette patrouille rapporta quelques renseignements sur les mouvements des Garibaldiens, qu'elle n'avait cependant pas rencontrés. D'après les habitants, le 14 à 5 heures du soir, environ 2,000 Garibaldiens dont 60 cavaliers seraient entrés à Selongey, et auraient continué le 15 leur marche sur Dijon; le même jour, Menotti avec sa brigade se serait trouvé à Is-sur-Tille. Un peloton de hussards, envoyé par Thil-Châtel, trouva Lux et Gemeaux inoccupés; cette dernière localité aurait été occupée le 14 par 1,500 Garibaldiens.

Les patrouilles envoyées par l'avant-garde avaient obtenu des résultats plus importants : à la vérité, un peloton de hussards envoyé de Praslay, par Prauthoy et Fontaine-Française sur Mirebeau, et revenu par Autrey, n'avait rien appris sur l'ennemi. Mais, par contre, le lieutenant Troost, avec son peloton d'avant-garde, avait aperçu les mouvements de troupes ennemies. Envoyé pour reconnaître Champlitte, il avait fait prisonniers trois gendarmes français en passant à Prauthoy; de là, il se dirigea par Dommarieu sur Chassigny (route de Langres à Gray).

Là, on le prit pour un peloton de cavaliers garibaldiens et les habitants, sans défiance, lui racontèrent qu'une heure auparavant, une forte avant-garde de 150 fantassins et hussards précédant un corps plus important de Garibaldiens, venant de Leffond (station du chemin de fer Gray-Langres, une lieue N.-O. de Champlitte), était en marche de Chassigny sur Langres. A Leffond, il devait y avoir encore 2,000 Garibaldiens, qui le même jour suivaient probablement le même chemin. Le lieutenant Troost continua par la route de Gray jusqu'au village de Montraudon. Là, du signal de la hauteur qui dominait au loin, il observa dans la direction de l'Est, le village de Leffond, situé dans le fond de la vallée du Salon. Il vit bientôt s'avancer environ une compagnie d'infanterie, trente cavaliers, et des voitures chargées, qui se dirigeaient sur Chassigny par le chemin de la station. De Montraudon, le lieutenant Troost envoya un compte rendu au général Osten-Sacken, commandant l'avant-garde ; il traversa ensuite le bourg, dont les habitants prirent encore ses hommes pour des Garibaldiens et lui apprirent que le matin, Champlitte était toujours occupé, mais avait ensuite été évacué : pour s'en assurer le lieutenant Troost continua à se diriger vers cette ville.

En chemin, il rencontra au loin une patrouille ennemie qui ne tarda pas à disparaître sous bois : sur une hauteur en avant de Champlitte, à côté d'un bâtiment abandonné, il aperçut une sentinelle double qui, à sa vue, se retira en hâte vers la ville. Il envoya plusieurs petites patrouilles, qui ne tardèrent pas à lui rendre compte qu'elles apercevaient en ville beaucoup de remue-ménage, semblant annoncer qu'on prenait les armes. Pour tâcher de connaître l'effectif ennemi, le lieutenant Troost fit tirer quelques coups de fusil auxquels il fut aussitôt riposté : dix minutes après environ, de toutes les issues du village, sortirent de fortes patrouilles d'infanterie de 6 à 8 hommes, qui s'approchèrent à 150 pas et ouvrirent un feu si violent que le lieutenant Troost dut se retirer, ayant compris qu'il ne pouvait plus se porter en avant. Les habitants lui répétèrent (ainsi qu'il le dit dans le compte rendu qu'il envoya de Dommarieu à 6 heures du soir), qu'à Champlitte il y avait une assez forte fraction de Garibaldiens.

L'artillerie de corps avait suivi la division : les batteries s'établirent à Praslay et Aujeures; les colonnes à Auberive et Collemiers-le-Haut. Les trains de la division et du corps atteignaient la contrée entre Recey et Collemiers-le-Bas.

14e division. — Le gros de la *14e* division atteignit Longeau (1).

Le lieutenant-colonel von Grabow avec l'avant-garde (fusiliers du *53e*, un escadron, une batterie) quittait Chameroi à 8 heures du matin; il envoyait, de Flagey, la 10e et la 11e compagnie, un peloton de hussards et deux pièces sous les ordres du capitaine Senckel, vers le village de Bourg, qui devait probablement être occupé par l'ennemi.

Mais une compagnie de 90 hommes du *53e* régiment d'infanterie qui avait été envoyé là de Langres, s'était retirée le matin.

Le major Senckel s'arrêta à Bourg et fit observer par ses avant-postes la place située à une lieue et les forts à proximité.

Le gros de la division avait détaché sur sa gauche une flanc-garde composée des 1re et 2e compagnies du *53e*, sous les ordres du capitaine von Henning. Après un détour, celle-ci arrivant à Bourg, y trouvait les compagnies du bataillon de fusiliers et continuait sa marche sur Longeau où campèrent le Ier bataillon du *53e* et les autres troupes de l'avant-garde. Le soir, la 12e compagnie du *53e* fut envoyée à Brennes-le-Haut (4 kilomètres

---

(1) Fabricius, II, p. 94.

Nord-Ouest) pour garder l'entrée d'un ravin profond qui conduit de là à Longeau : elle occupa quelques maisons isolées, mais non Brennes-le-Bas.

Dans la nuit, des patrouilles envoyées par les avant-postes se heurtèrent fréquemment (1) à des patrouilles envoyées par l'ennemi qui avait fortement occupé Saint-Geômes : un homme fut tué dans une de ces escarmouches.

Les 5° et 6° compagnies du *39°* (2) avec un peloton de hussards formèrent l'arrière-garde et marchèrent derrière les hussards. Le Ier bataillon du régiment atteignit à 4 h. 30 de l'après-midi Villegusien, où se trouvait déjà la 9° compagnie. Le détachement von Wangenheim, qui avait atteint Saint-Michel de bonne heure, avait envoyé là cette compagnie avec un peloton de hussards pour relier l'avant-garde de la *13°* division avec le détachement von Köppen; les trois autres compagnies de fusiliers restèrent à Saint-Michel.

Les fractions de la division (3) qui ne se trouvaient pas aux avant-postes cantonnèrent dans les localités au Sud et à l'Ouest, depuis Longeau jusqu'à Baissey.

Flanc-garde de gauche (détachement von Köppen) (4). — Le détachement von Köppen (Ier et IIe bataillons du *77°*, un escadron du *15°* hussards, deux tiers de la 2e batterie lourde) se mit en route de Courcelles-en-Montagne sur Noidant-le-Rocheux (3 kilomètres Ouest du fort de la Rouelle, près de Saint-Geômes) : une compagnie française, qui occupait ce village, l'évacua devant le déploiement de tirailleurs prussiens, après échange de quelques coups de fusil. Ce village est situé au fond du ravin de la Mouche, aux flancs abrupts, dirigé vers le

---

(1) *Historique* du 53°, p. 291.
(2) Fabricius et *Historique* du *39°*, p. 398-399.
(3) Fabricius.
(4) Fabricius et *Historique* du 77°, p. 152.

Nord : la route étant très glissante, il était à prévoir que les voitures auraient de très grandes difficultés à passer : le major von Köppen affecta alors deux compagnies du Ier bataillon à la sécurité des bagages, et fit suivre la crête Est par une compagnie : le fort ouvrit le feu contre ces troupes et les bagages avec ses obus, et la compagnie qui avait été repoussée de Noidant ouvrit un feu si violent qu'un homme fut tué; 3 hommes et quelques chevaux furent blessés; un peloton aussitôt déployé en tirailleurs l'obligea bientôt à reculer.

Pour permettre à ses canons et à ses voitures de sortir sans accidents de ce passage difficile, le major von Köppen se vit obligé de venir prendre position avec son détachement derrière le bois de Champigny situé à 1,300 mètres à l'Est, sous la protection de quelques patrouilles de cavalerie.

Il fallut 3 heures aux voitures pour sortir du ravin; un homme avait été tué, un autre blessé par des obus. Pour se couvrir le plus possible, le détachement passant par Bellevue, Brennes, Bourg, se dirigeait sur Cohons. Dans ce dernier village, d'après l'*Historique* du 77e, à Bourg, d'après Fabricius, le peloton d'avant-garde du 15e hussards avec le lieutenant Wilamovitz surprit complètement un petit poste de 24 hommes envoyé de Saint-Geômes, et le repoussa dans les ravins après qu'ils eurent abandonné leurs armes, leurs sacs. Il arriva ensuite à Cohons, où il plaça des avant-postes. Trois compagnies et un peloton de hussards cantonnaient à Noidant-Chatenoy, une compagnie et huit hussards à Heuilley-Cotton. Toutes ces fractions placèrent des avant-postes (1).

A 7 heures du soir, le major von Köppen reçut l'ordre d'aller à Chalindrey détruire la ligne télégraphique et, si possible, la voie ferrée. Le lieutenant Peter I avec un

---

(1) *Historique* du 77e.

détachement de 60 hommes du Ier bataillon, portés sur des voitures, et couvert par un fort peloton de hussards de 28 chevaux sous les ordres du prince de Reuss partit de Cohons à 8 heures du soir. Mais à cause de la route trop glissante, les voitures durent être renvoyées, et la marche se fit à pied, dans une obscurité complète. Sous la direction technique du lieutenant Bode, la ligne télégraphique fut coupée en plusieurs endroits et sur une longue étendue, quatre ou cinq poteaux télégraphiques furent arrachés, et plusieurs rails de chemins de fer enlevés et jetés dans un ruisseau voisin. A 5 h. 30 du matin, le détachement était de retour à Cohons, sans avoir été inquiété par l'ennemi.

Le IIe bataillon du 74e, parti de Mézières le 14 à 4 heures de l'après midi (1), passait par Rethel et arrivait à Reims à 10 heures du soir; il repartait le lendemain matin, après avoir passé la nuit dans les wagons par une température glaciale. Les plus anciens officiers seuls avaient eu la permission d'aller cantonner dans les maisons voisines. Par Épernay, Châlons-sur-Marne, il atteignait, après plusieurs incidents, Chaumont dans la matinée du 16, puis de là, Veuxhaulles, où il débarquait; il se dirigeait sur Aubepierre, où il arrivait à 2 heures de l'après-midi.

Les cantonnements du VIIe corps, le 16 au soir, furent les suivants :

QUARTIER GÉNÉRAL. — PRANGEAY.

13e Division. — Prauthoy.

25e brigade....... { 13e régiment Ier bataillon. — Prauthoy.
— IIe bataillon. — Isômes.
— Fusiliers. 9e et 12e compagnies. — Aubigny.

---

(1) *Historique du 74e*, p. 221.

25e brigade (suite)
- 13e régiment. Fusiliers. — 10e et 11e compagnies. — Vaux.
- 73e régiment. Ier bataillon. — Recey, Colmiers.
- — IIe bataillon. — Dommarien.
- — Fusiliers. — Dardenay.
- 1re compagnie de pionniers. — Choilley et environs.

26e brigade.......
- 15e régiment. Ier et IIe Bons. — Selongey.
- — Fusiliers. — Saint-Broingt.
- 55e régiment. Ier bataillon. — Chatoillenot.
- — IIe bataillon. — Courcelles-Val-d'Esnoms.
- — Fusiliers. — Praslay-Aujeurres.
- 7e bataillon de chasseurs. — Choilley.

8e hussards. 1er et 2e escadrons. — Selongey.
— 2e esc.— Vaux (1/4), Isômes (1/2).
— 3e et 4e escadrons. — Dardenay, Dommarien.
5e ulans de réserve. — Montsaugeon et environs.
5e batterie légère. — Dommarien, Dardenay.
6e batterie légère. — Vaux (2/3), Selongey (1/3).
5e batterie lourde. — Courcelles-Chatoillenot.
6e batterie lourde. — Selongey (1/3), Ernoms (2/3).
Convois. — Recey et environs.

14e Division. — Longeau.

27e brigade.......
- 39e régiment. Ier bataillon. — Villegusien.
- — IIe Bon. — Prangey (7e et 8e), Baissey (5e et 6e).
- — Fusiliers. — Villegusien (9e), Saint-Michel (10e, 11e, 12e).
- 74e régiment. IIe bataillon. — Aubepierre.

28e brigade.......
- 53e régiment. Ier bataillon. — Longeau.
- — IIe Bon. — Percey (6e et 7e), Verseilles-le-Haut (5e et 8e).
- — Fusiliers.— Longeau (9e et 12e), Bourg (10e et 11e).

28ᵉ brigade (suite)
- 77ᵉ régiment. Iᵉʳ bataillon. — Cohons.
- — IIᵉ Bᵒⁿ. — Heuilley-Cotton (1/4), Noidant (3/4).
- — Fusiliers. — En route.
- 2ᵉ compagnie de pionniers. — En route.

15ᵉ hussards. 1 escadron. — Cohons (3/4), Noidant-Chatenoy (1/4).
— 1 escadron. — Longeau.
— 2 esc. — Prangey et env.
1ʳᵉ batterie lourde. — Bourg.
2ᵉ batterie lourde. — Cohons (2/3), Saint-Michel (1/3).
1ʳᵉ batterie légère. — Longeau.
2ᵉ batterie légère. — Verseilles-le-Bas.
Artillerie de corps. — Praslay-Aujeurres.
Convois. — Colmiers-le-Bas.

IIᵉ Corps d'armée. — Brigade Dannenberg et 3ᵉ division. — La brigade Dannenberg continuait de fournir l'avant-garde du IIᵉ corps (1).

La tête d'avant-garde, comprenant deux pelotons de dragons, les deux bataillons de fusiliers du *60ᵉ* et du *72ᵉ*, une batterie, une demi-compagnie de pionniers, quittait ses cantonnements à 10 heures du matin, et, par Moloy, atteignait Dunay (15 kilomètres Est de Chanceaux) à 2 h. 30 de l'après-midi sans avoir rencontré l'ennemi.

Le gros de l'avant-garde, sous les ordres du lieutenant-colonel von Schönholtz, suivant à mille pas de distance, marchait dans l'ordre suivant : IIᵉ bataillon du *60ᵉ*, une batterie, deux compagnies du Iᵉʳ bataillon du *60ᵉ*, Iᵉʳ et IIᵉ bataillons du *72ᵉ*, une demi-compagnie de pionniers, un demi-escadron de dragons. Deux compagnies du *60ᵉ* escortaient les bagages qui marchaient en arrière à distance. Toutes les voitures appartenant au VIIᵉ corps, les malades, les maraudeurs et six prisonniers faits jusque-là furent réunis à Lamargelle et renvoyés.

Le temps était devenu doux ; le dégel, auquel vint

---

(1) *Historique* du 72ᵉ, p. 579.

s'ajouter une violente tourmente de vent, rendit la marche très pénible. La tête de colonne de la *3º* division, partie à 9 h. 30, s'arrêta à Tarsul (1) à 2 h. 30; l'état-major de la division vint s'établir à Moloy. La division cantonna en profondeur de Moloy à Fresnois.

Le gros de l'avant-garde s'était arrêté à Villecomte (2). Les cantonnements se gardèrent vers l'Ouest, l'Est et le Sud-Est, en particulier vers Chaigny (Ouest de la route Is-sur-Tille-Dijon). Il fut interdit aux habitants de franchir les lignes d'avant-postes. Les cantonnements étaient très resserrés.

4º division. — La *4º* division, passant par Darcey, venait cantonner sur la ligne Frolois-Poiseuil-la-Ville (3). Apprenant que la tête de la *3º* division s'était heurtée la veille à quelques bandes de partisans (4), le général Hann chargea le major Kleist, avec un peloton de dragons et le bataillon de fusiliers du *9º*, de fouiller Flavigny dans la matinée du 16. Ce détachement y arriva à 6 heures du matin et ne trouva aucun ennemi. Il apprit que Ricciotti en était parti le 14 avec 1,200 hommes pour Dijon en emportant des approvisionnements.

Afin d'assurer la sécurité du flanc droit de la division dans la direction de Dijon, une flanc-garde sous les ordres du colonel von Ferentheil fut constituée avec les deux escadrons du *11º* dragons, le IIº bataillon du *9º* et la 3º compagnie de pionniers; elle devait quitter la colonne à Munois et, par Gissey, marcher sur Thénissey et Blessey. Les troupes du major Kleist devaient se joindre à ce détachement à son passage à Thénissey. En arrivant dans ce village, le colonel von Ferentheil y laissa le bataillon de fusiliers du *9º* et le 3º escadron du *11º* dra-

---

(1) Fabricius et *Historique*.
(2) *Historique* du 72º.
(3) Fabricius, p. 85.
(4) *Historique* du *9º* et Fabricius.

gons, et continua à s'avancer dans la vallée, en fouillant tous les villages, jusqu'à Boux.

Là, le porte-épée-fähnrich von Kleist, qui avait été envoyé à Verrey avec six cavaliers, vint lui rendre compte que, après son entrée dans le village, des francs-tireurs cachés dans les maisons et les vignes avaient ouvert le feu sur sa patrouille, lui blessant un homme, tuant un cheval et en blessant un autre. La faiblesse de sa patrouille l'avait empêché de déterminer exactement l'effectif ennemi (1).

Aussitôt après avoir reçu ce compte rendu, le colonel von Ferentheil se mit en route avec le IIe bataillon du 9e et la compagnie de pionniers sur Verrey (2). Il laissa la compagnie de pionniers à la garde du pont de Boux, avec mission d'envoyer constamment des patrouilles dans le village. Après avoir fait fouiller le village de Salmaise, sur le flanc Est de la vallée, il déploya deux compagnies sur Verrey. Des francs-tireurs furent aperçus sur la ligne de hauteurs de l'Ouest et derrière les rochers. Verrey était évacué par ses défenseurs : mais « on vérifia que les habitants avaient pris part à la résistance (3) ». (*Sic.*) L'ennemi se contenta d'observer sans attaquer et se retira ensuite dans la direction de Villy (vallée de l'Ozerain). La poursuite était difficile à cause de la nature du terrain ; l'obscurité arrivait, et Blessey, où le détachement devait cantonner, était encore loin. Ferentheil

---

(1) *Rapport* du commandant Grison (1re compagnie francs-tireurs béarnais) (C. 11, Série bleue. Archives de la Guerre). « Le 16 nous rencontrons 7 à 800 Garibaldiens, commandant Cruchy, qui se rendent à Verrey. Nous nous mettons à leur disposition pour le lendemain. S'ils venaient à être attaqués... »

(2) *Historique* du 9e, du 2e bataillon de pionniers et Fabricius.

(3) *Historique* du 2e bataillon de pionniers. « Cette découverte amena chez le soldat allemand un vif sentiment de colère, et dans chaque blouse bleue il croyait voir un franc-tireur : aussi presque chaque jour des habitants étaient fusillés ». (*Sic.*)

rassembla donc ses forces à hauteur de Boux, avertit le détachement Kleist qu'il quittait la vallée de l'Oze pour gravir la hauteur de Précilly. Le soir, à la nuit, il entrait à Blessey.

La route avait été excessivement pénible : pour faire gravir la hauteur aux voitures de pionniers il fallut requérir six chevaux dans une ferme voisine. Le détachement s'entoura de très sévères mesures de sécurité, s'attendant à une surprise pour la nuit.

Dans la nuit, le colonel von Ferentheil reçut les ordres suivants (1) : Le bataillon de Thénissey devait punir Verrey dans la matinée du 17 de la surprise du 16. Le bataillon de Blessey devait renvoyer le 4ᵉ escadron de dragons à la division, et venir attendre à Bligny-le-Sec le IIᵉ bataillon. Le détachement groupé marcherait ensuite sur Saint-Seine, et par Francheville, Vernot et Villecomte atteindre Dienay sur la route d'Is-sur-Tille.

Le détachement devait s'attendre à trouver de la résistance à Saint-Seine, et aurait, au besoin, de l'artillerie.

« La punition des localités dans lesquelles des coups de fusil seraient tirés sur la troupe devait s'exécuter de la manière suivante (2). Les vivres, les provisions et le bétail seraient pris ou détruits, si on ne pouvait tout emmener : le feu serait ensuite allumé aux quatre coins du village : ce sort était réservé à Verrey. »

Dans la nuit du 16, le corps éprouva une petite perte (3), qui, sans avoir de suites sérieuses, diminua cependant l'approvisionnement. Un troupeau appartenant à la colonne d'approvisionnements de la *3ᵉ* division, comprenant 700 moutons, conduits par douze hommes du *54ᵉ* régiment, était arrivé dans l'après-midi pour y passer la nuit à Poricey-les-Pellerey. Le village se trouve dans le

---

(1) *Historique* du 9º et Fabricius.
(2) *Historique* du 2ᶜ bataillon de pionniers, p. 124.
(3) Fabricius.

fond de la vallée de l'Ignon, à l'endroit où la route de marche du II⁰ corps se séparait de la route de Dijon. Les hommes n'apercevant pas le village eurent le malheur de continuer leur route, et ne reconnurent leur erreur que, lorsqu'arrivés au premier village, ils apprirent qu'il s'appelait Champagny : il faisait nuit, et le troupeau était trop fatigué pour se remettre en route sur Poricey; les hommes enfermèrent les moutons dans un jardin entourée de pierres au milieu du village; les hommes se cantonnèrent par deux chez les habitants ainsi que la voiture requise pour porter leurs sacs, et se préparèrent à prendre leur repas.

Voici les témoignages français relatifs à ces événements.

« Le 16 janvier (1), ordre fut donné au bataillon de partir pour Saint-Seine, où une colonne ennemie était dans ces parages. Ils quittèrent Sombernon vers les 10 heures du matin et arrivèrent à Saint-Seine vers les 6 heures du soir. A peine furent-ils logés, que le cri : Aux armes! se fit entendre; aussitôt chacun de sortir et de marcher à l'ennemi. Ils se dirigèrent sur Bligny-le-Sec, où l'ennemi était venu; étant là, un brave paysan vint prévenir le lieutenant Levère qu'au hameau de Champagny, l'ennemi était au nombre de quinze ou seize et gardait un troupeau de moutons de près de 800 bêtes. Après avoir appris cette nouvelle, le lieutenant Levère va de suite prévenir le lieutenant-colonel Lhoste et il fut décidé que quelques hommes de bonne volonté partiraient pour aller s'en emparer. Le lieutenant-colonel Lhoste accompagné du lieutenant Levère et de quelques hommes de ma compagnie, ensemble dix-sept ou dix-huit, partirent pour Champagny. Arrivé à quelque cent mètres, la petite troupe fit halte. Le lieutenant Levère,

(1) *Rapport* du capitaine Eyraud, commandant la 2⁰ compagnie des francs-tireurs de Vaucluse (Archives historiques, Carton M, 14).

accompagné de un ou deux hommes, marchèrent à pas de loup, se baissant, et auprès d'une fenêtre, voyant deux ennemis tranquillement assis à table, sort son revolver, donne aux autres le signal, enfonce la porte, saisit au collet les deux Prussiens et les fit lui-même prisonniers; tous ceux qui se trouvaient dans le village furent faits prisonniers; et ils s'emparèrent des 775 moutons appartenant à l'ennemi. Ordre fut donné à l'adjudant Delbas de ma compagnie, accompagné de quelques hommes de ma compagnie, de conduire à Dijon le troupeau et les sept prisonniers, les autres avaient été tués dans le village. La conduite du lieutenant Levère dans cette soirée a été digne d'éloges, et il en a reçu des félicitations. Nos troupes passèrent la nuit sur ces positions... »

Deux jeunes gens allèrent à Saint-Seine, où se trouvait le colonel Lhoste avec dix-huit compagnies (1), avertir les Français du butin qui était à leur portée. Ils servirent de guide à une troupe d'une trentaine de volontaires sous les ordres du colonel Lhoste, du capitaine Sylvestre, des lieutenants Levère et Bablon. Favorisés par l'obscurité, ils arrivèrent à 7 heures du soir, ayant laissé le long du chemin des hommes en sentinelle pour assurer la retraite; quelques-uns furent désignés pour aller s'emparer du troupeau et le conduire aussitôt sur Dijon. Quatre habitants se chargèrent de conduire la voiture des sacs à Saint-Seine. Quatre Prussiens surpris au lit furent faits prisonniers; ailleurs, favorisés par les habitants qui les logeaient, quelques-uns purent s'enfuir; dans une autre maison, le sous-officier, chef de détachement, et un homme, éteignent la lumière, et, faisant feu par la porte ouverte, empêchent les francs-tireurs d'entrer : mais le sous-officier voulant sortir tombe blessé.

---

(1) Fabricius.

Cependant les francs-tireurs jugent le moment venu de repartir, et ils évacuent le village : le sous-officier se relève alors, et avec quelques autres hommes réussit à s'enfuir vers les localités occupées par les Allemands. A 9 heures, une fraction envoyée de Chanceaux vient à Champagny, et emmène à Chanceaux toute la population mâle du village (vingt-neuf hommes), pour y être jugée. « Faisons remarquer en chemin, dit Fabricius, que le matin, reconnaissant que l'on ne s'était pas emparé des traîtres et que quelques habitants avaient aidé les soldats à fuir, on se montra généreux et on relâcha les prisonniers. Mais le village où avait eu lieu *la trahison* fut le lendemain incendié après qu'on en eut fait partir les femmes et les enfants et tout le bétail. Dix-huit maisons, les étables et hangars furent mis en cendres. C'est la guerre. » (*Sic*.)

Lieutenant-colonel Lhoste à général Menotti Garibaldi, Dijon, Talant et quartier général armée des Vosges, Dijon, préfet Lyon et Dijon (1).

Blaisy-Bas, le 17, 8 h.

Hier après notre arrivée à Saint-Seine, on vient me signaler des éclaireurs prussiens sur la route de Chanceaux. Accompagné du capitaine Sylvestre, des lieutenants Levère et de Bablon de la 1re brigade, nous montâmes à cheval ainsi que les trois chasseurs et mon guide. Arrivés à la ferme de Bellerencontre, nous fûmes prévenus qu'un parc de 700 à 800 moutons était allé coucher à Champagny : nous étions dix-sept en tout, dont quatre officiers. Mettre pied à terre, faire garder nos chevaux, sabre et revolver en mains, nous partîmes pour Champagny sur les 7 heures du soir. Nous avons fait 5 prisonniers, tué 2 hommes, et enlevé triomphalement les 700 à 800 moutons, 8 fusils, 12 casques, 2 chevaux et une voiture chargée, puis nous avons regagné Saint-Seine, tout disposés à recommencer. Le troupeau

---

(1) Archives de la Guerre.

pris à l'ennemi vaut près de 20,000 francs. Pas un homme de blessé parmi nous.

Lhoste.

Les cantonnements du IIe corps, le 16 au soir, furent les suivants :

Quartier général. — Lamargelle.

3e Division. — Moloy.

5e brigade.......
- 2e régiment. Ier bataillon. — Lory.
- — IIe bataillon. — Lamargelle.
- — Fusiliers. — Fresnois.
- 42e régiment. Ier bataillon. — Lory, Ferme Maison-Blanche.
- — IIe bataillon. — Chanceaux et environs.
- — Fusiliers. — Pellerey.
- 2e compagnie de pionniers. — Fresnois.

6e brigade.......
- 14e régiment. Ier et IIe bataillons. — Moloy et environs.
- — Fusiliers. — Courtivron.
- 54e régiment. — Tarsul et environs.
- 2e bataillon de chasseurs. — Courtivron.

3e dragons. 1er et 2e escad. — Moloy et env.
— 2e escadron. — Tarsul.
— 3e escad. — Villecomte, Dienay.
1re batterie lourde, 1re batterie légère. — Moloy, Courtivron.
2e batterie lourde, 2e batterie légère. — Chanceaux et environs.
Convois. — Selongey.

4e Division. — Frolois.

7e brigade.......
- 9e régiment. Ier bataillon. — Poiseuil.
- — IIe — . — Blessey.
- — Fusiliers. — Thenissey.
- 49e régiment. — Frolois et environs.
- 3e compagnie de pionniers. — Blessey.

Brigade Dannenberg.
- 60e régiment. Fusiliers et IIe bataillon. — Dienay.
- — Ier bataillon. — Villecomte.

Brigade Dannenberg.	72ᵉ régiment. Fusiliers. — Dienay. — Iᵉʳ et IIᵉ bataillons. — Villecomte. 1ʳᵉ compagnie de pionniers. — Villecomte-Dienay.
	11ᵉ dragons. 3ᵉ escadron. — Thenissey. — 4ᵉ escadron. — Blessey.
Du VIIᵉ corps.	3ᵉ batterie légère. — Dienay. 4ᵉ batterie légère. — Villecomte.
	5ᵉ batterie lourde } Frolois et environs. 6ᵉ batterie légère Convois. — Montbard. Artillerie de corps. — Lucenay (?). Convois. — Estormey.

Détachement Kettler. — Dans la matinée du 16 (1), les avant-postes du IIᵉ bataillon du 21ᵉ envoyèrent de nombreuses patrouilles qui trouvèrent le terrain vide d'ennemis. Le bataillon se rassembla sur la route au Sud de Sainte-Colombe, et poussa la 7ᵉ compagnie en avant-garde, avec la pointe au col qui est situé au Nord-Est de Provency.

Le lieutenant-colonel von Lobenthal se mit en route à 5 heures avec le Iᵉʳ bataillon du 21ᵉ, la 5ᵉ batterie et le Feld-Lazareth n° 5. Il entrait à Sainte-Colombe à 6 h. 15. Le bataillon de fusiliers quittait Angely à 5 h. 30 et marchait indépendant par Athie sur Sauvigny.

Le lieutenant-colonel von Lobenthal continuait alors sa marche, ayant en avant-garde le IIᵉ bataillon du 21ᵉ et un peloton du 2ᵉ escadron. Il ordonnait au premier lieutenant von Wenden avec le reste de l'escadron d'explorer le terrain sur le flanc droit jusqu'à la route Auxerre-Avallon comprise.

Le capitaine Kumme, avec les 6ᵉ et 7ᵉ compagnies du 61ᵉ, la 6ᵉ batterie lourde et un peloton du 11ᵉ dragons, suivait le détachement Lobenthal.

---

(1) *Die Kämpfe um Dijon,* par Fabricius, p. 8.

Le lieutenant von Wenden envoya à la sortie de Sainte-Colombe une patrouille de quatre cavaliers sur la route Avallon-Auxerre, et avec le demi-escadron se porta sur Vassy (embranchement des routes Avallon-Auxerre-Avallon-Tonnerre). L'obscurité, le terrain difficile et le sol glissant rendaient le service d'exploration et de liaison très difficile. A Vassy, le lieutenant von Wenden suivit la grand'route d'Auxerre, et voyant qu'aucune attaque ennemie n'était à prévoir de ce côté, il résolut de contourner Avallon pour en gagner les issues du côté du Sud.

Au lever du jour, à 7 h. 30, le peloton de tirailleurs de la 7ᵉ compagnie du *21ᵉ*, pointe d'avant-garde de Lobenthal, trouva la route barrée à environ trois cents pas au Nord-Est de la ferme le Pavillon, près d'une tuilerie sur la route Avallon-Tonnerre. Des coups de feu furent tirés de derrière la barricade, et de derrière le mur d'un jardin, devant la ferme.

La garnison d'Avallon comprenait un bataillon de mobilisés de l'Aube, quatre compagnies d'un bataillon des mobilisés de l'Yonne, des francs-tireurs de la Vienne et d'Auxerre, en tout 1,200 hommes, aidés par quelques gardes nationaux d'Avallon et d'Auxerre, sans artillerie ni cavalerie. Le lieutenant-colonel Duchâteau, qui commandait la garnison, voulait se retirer sans combattre, il dut céder aux instances de la municipalité et accepter un combat inégal :

Rapport adressé au général de Pointe par le colonel Carrière sur l'affaire d'Avallon (1).

Vezelay, le 16 janvier 1871.

Mon Général,

J'ai l'honneur de vous adresser le compte rendu des faits qui se sont passés aujourd'hui à Avallon d'après les rensei-

---

(1) Arch. de la Guerre.

gnements qui viennent de m'être fournis par le lieutenant-colonel Duchâteau, et par des francs-tireurs de la Vienne envoyés en éclaireurs ce soir à Avallon, où ils ont eu un entretien avec M. le procureur de la République.

Ainsi que mes dépêches d'hier et des jours précédents vous l'ont appris, j'avais détaché de ma colonne, pour les diriger sur Avallon, les francs-tireurs de la Vienne et d'Auxerre d'abord, puis le 1er bataillon de mobilisés de l'Aube et quatre compagnies du 11e bataillon des mobilisés de l'Yonne, en tout 1,200 hommes.

A cette petite troupe étaient venus se joindre un détachement de la garde nationale de Lormes, composée d'une vingtaine d'hommes, conduits par un capitaine, un lieutenant et un sous-lieutenant, et une partie de la garde nationale d'Avallon.

Dès la veille, une colonne prussienne était signalée comme paraissant se diriger sur Avallon. Tandis que les éclaireurs du lieutenant-colonel Duchâteau, qui avaient des indications positives, l'évaluaient à 4 ou 5,000 hommes parfaitement équipés, la plupart robustes et pourvus d'une nombreuse artillerie, les renseignements fournis par l'administration municipale d'Avallon, par le sous-préfet et par les habitants, la représentaient, au contraire, comme forte à peine de 5 à 600 cavaliers, maraudeurs, mal équipés, épuisés de fatigue, et ne cherchant que l'occasion de se rendre et de se constituer prisonniers.

Le lieutenant-colonel Duchâteau, sachant à quoi s'en tenir sur la source et sur la valeur de ses informations, ne voulait prendre conseil que de la prudence, et était décidé, malgré un vif serrement de cœur, à se replier sans avoir combattu sur la ligne de retraite qui lui était tracée à l'avance. Mais devant les démonstrations pressantes des autorités d'Avallon, en présence surtout des sentiments de la population, il prit le parti d'attendre l'ennemi, sauf à revenir à sa détermination première. Il prit donc ses dispositions pour le recevoir et fit déployer ses soldats en tirailleurs.

En effet, un peu avant 8 heures du matin, les avant-gardes ennemies signalées échangeaient quelques coups de fusil avec les nôtres. Elles laissaient sur le terrain un de leurs officiers. Bientôt la fusillade devint plus vive et nos troupes répondirent vigoureusement au feu de l'ennemi.

Lettre du colonel Barret (1).

Clamecy, 23 janvier.

... J'étais à Clamecy (le 16), et je ne puis guère vous dire que ce que j'ai recueilli près de quelques-uns des acteurs de cette affaire, ou ce qui résulte des rapports faits à cette occasion...

Les instructions du colonel Carrière étaient précises, et prescrivaient d'une façon absolue aux francs-tireurs et aux autres troupes de s'éclairer en lançant deux par deux des hommes sur toutes les routes et, dans les bois, de garder tous les chemins, de faire au besoin déguiser des soldats en paysans, afin de pouvoir les envoyer au loin, de placer les grand'gardes et les petits postes nécessaires, de prendre en un mot toutes les précautions militaires usitées en pareil cas... Dans le rapport du lieutenant-colonel Duchâteau se trouve ce paragraphe : « Les éclaireurs, qui la veille et dans la nuit m'avaient apporté des dépêches, devaient surveiller la marche et la direction des Prussiens; ils n'en ont rien fait. »

Sous-préfet et maire d'Avallon à colonel Carrière, Clamecy (2).

Arrivée à Clamecy 7 h. 45 du matin.

Vous dites au commandant Duchâteau (3) que troupes envoyées ici sont pour défendre l'entrée de la Nièvre, et non pour défendre Avallon. C'est un erreur. Général de Pointe ne commande pas seulement la Nièvre, il commande aussi l'Yonne; ce n'est pas quand on a tué trois ennemis à l'entrée de notre ville qu'on l'abandonne sans savoir combien de troupes nous menacent, sans savoir même si nous sommes véritablement menacés.

Commandant Duchâteau vient de faire battre le rappel et

---

(1) Archives de la Guerre, Carton J, 1.
(2) *Ibid.*
(3) Compagnie de marche d'Auxerre (Archives de la Guerre,

se dispose à quitter Avallon, avec sa colonne, et tout cela, peut-être, en présence d'un danger imaginaire. Nous, nous voulons le retenir. Donnez-nous des ordres pour qu'il reste : faites plus, envoyez-nous mille hommes au moins de renfort. Troupes sont plus utiles ici qu'à Clamecy, qui n'est menacé d'aucune part. Si on nous abandonne après nous avoir mis dans le danger, nous en référerons au gouvernement.

Signé : BRUNET ET MATTÉ.

Le premier demi-peloton allemand occupa la Tuilerie et ouvrit le feu (1); le deuxième demi-peloton, conduit par un lieutenant, continua à s'avancer dans les fossés de la route. En même temps, le capitaine de la 7ᵉ compagnie déployait un peloton à droite et un peloton à gauche. Le peloton de droite se dirigea sur le terrain compris entre le faubourg Saint-Nicolas et la ferme du Pavillon; les Français occupaient fortement la voie ferrée en construction profondément encaissée et en déblai, et une maison de jardinier : le peloton s'installa derrière une petite levée de terre à 250 pas et ouvrit le feu. Le peloton de gauche se dirigea vers le faubourg Saint-Martin, sur la route de Lyon, également barricadé et dont les jardins étaient occupés : il ouvrit aussi le feu.

Apprenant l'occupation d'Avallon, le général Kettler fit placer la batterie sur une colline à l'Ouest de la grand'route, à hauteur de la ferme Saint-Jean, pour bombarder la ville. La 6ᵉ batterie lourde, prenant le trot, vint rejoindre la 5ᵉ batterie légère. La batterie légère tira 72 coups, dont 28 obus incendiaires; la batterie lourde, 23 coups; le tir produisit des effets sérieux (le *Journal d'Avallon* du 19 janvier, dans les papiers du colonel Car-

---

M. 14). Le 16, vers les 6 heures du matin, le commandant Duchâteau, voulant battre en retraite sur Vézelay, faisait rentrer ses grand'gardes dans Avallon.

(1) *Die Kämpfe um Dijon.* Fabricius.

rière, cite plus de vingt maisons atteintes). Le bataillon de fusiliers du 21e assurait la protection des batteries, qui tiraient sur les premières maisons et sur la gare.

« Les premiers obus tombèrent au moment où la cloche sonnait pour la première messe. Les nombreux signaux d'alarme, retentissant partout à ce moment, montrent que l'alerte (1) ne fut réellement donnée en ville que par les premiers coups de canon. La ville croyait être suffisamment en sécurité, grâce aux postes placés aux issues : elle fut punie de son insouciance. »
Après les premiers coups de la 5e batterie, les 2 pelotons des ailes de la 7e compagnie se portèrent en avant et refoulèrent, sans rencontrer grande résistance, les gardes nationaux sur la ville et le ravin situé au Sud (2).

Dès le commencement du combat, le major von Komatzki avait déployé les trois autres compagnies de son bataillon à l'Ouest de la première, ainsi que sur la route qui conduit à Auxerre au Nord de la ville en passant par le faubourg Saint-Nicolas. Ces mouvements furent beaucoup gênés par des haies souvent mêlées de fils de fer qui se trouvent en abondance au Nord et à l'Ouest de la ville.

La 7e compagnie, pendant ce temps, avait reçu l'ordre de se porter en avant; le lieutenant Prondzinki tombait frappé d'une balle à la tête, mais la compagnie se reporta en avant en poussant de nombreux hurras. Peu auparavant, le major von Eckert avec le Ier bataillon du 21e avait reçu l'ordre de se porter sur la route de Tonnerre, et d'entrer en ville de ce côté : la barricade et le mur de la ferme du Pavillon l'arrêtèrent d'abord; il envoya pour reconnaître l'obstacle un lieutenant et quatre hommes, et plaça le Ier bataillon derrière la Tui-

---

(1) *Historique du 21e*, p. 351.
(2) *Die Kämpfe um Dijon.*

lerie, sous la protection du peloton de tirailleurs de la 7ᵉ compagnie.

Apprenant que la barricade était faiblement occupée, il fit renforcer les tirailleurs de la 7ᵉ compagnie par la 2ᵉ compagnie et déploya la 3ᵉ compagnie à gauche avec mission de faire évacuer par l'ennemi la hauteur boisée de Les Chaumes, à l'Est de la ville, et de tourner Avallon à l'Est. Devant le mouvement de la 2ᵉ compagnie, les Français évacuèrent la position du Pavillon. La section de pionniers détruisit aussitôt la barricade, et les Français furent vivement poursuivis jusqu'aux premières maisons du faubourg Saint-Martin : le mouvement ne pouvait pas se continuer à l'intérieur de la ville à cause du feu qu'y dirigeaient les deux batteries.

Après la prise du Pavillon, la 6ᵉ batterie lourde vint se porter à hauteur de la Tuilerie déjà citée, sous la protection du bataillon des fusiliers du *21*ᵉ, et ouvrit le feu sur la ville à la distance de 900 pas. Après qu'on eut tiré 22 obus, le drapeau blanc se montra sur la ville, et le maire vint demander au général de Kettler de faire cesser le feu : il était 8 h. 30.

Pendant ce temps, trois compagnies du IIᵉ bataillon du *21*ᵉ, en marche dans la direction de l'Ouest, étaient arrivées au point de rencontre du chemin de fer et de la route d'Auxerre. De là, le major Kornatzki fit avancer un peloton vers la sortie Nord du faubourg Saint-Nicolas, obstruée par deux barricades à 300 pas l'une de l'autre ; celle du Nord n'était pas occupée ; le peloton l'occupa et de là dirigea son feu sur l'autre barricade et sur les premières maisons pendant que les deux pelotons de la 6ᵉ compagnie se portaient à l'assaut : après une vive attaque, la barricade du Sud fut évacuée à son tour, mais on dut continuer l'attaque des premières maisons ; un officier et 30 gardes mobilisés y furent faits prisonniers. Là aussi le tir des batteries prussiennes arrêta le mouvement de leurs compagnies.

Lorsque celui-ci eut cessé, les deux bataillons du 21ᵉ reçurent l'ordre de s'emparer de la ville. Le capitaine Kumme avec les 7ᵉ et 8ᵉ compagnies du 61ᵉ se joignit à eux : il était arrivé à Sauvigny à 7 h. 45 et avait suivi la route en colonne de pelotons.

La résistance des défenseurs avait été très faible (1). Les armes et les sacs abandonnés en grand nombre prouvèrent que la ville avait été surprise. Cependant plusieurs coups de fusil furent encore tirés des maisons sur les Prussiens qui entraient, de telle sorte que les 1ʳᵉ et 4ᵉ compagnies, qui avaient suivi comme soutien les 2ᵉ et 7ᵉ compagnies, furent obligées de forcer certaines maisons et de les détruire; 4 hommes furent faits prisonniers.

Quand la ville haute fut évacuée, il fallut descendre par des rues en escalier dans les parties de la ville situées dans la vallée, où quelques fractions s'étaient retranchées et avaient ouvert le feu. On s'en empara rapidement et le major Eckert se dirigea alors vers les sorties du Sud.

La 2ᵉ compagnie avait été envoyée pour tourner Avallon par l'Est et pour assurer la liaison avec le détachement von Weyrach en route de Montréal. Le peloton d'avant-garde se heurta à quelques fractions ennemies dans les ravins et bouquets d'arbres, mais les rejeta si vivement que la compagnie qui suivait, trouva partout

---

(1) *Rapport* du colonel Carrière (*suite*). « En même temps, l'artillerie prussienne, qui déjà avait pris ses positions, commençait à lancer sur nos soldats une grêle de projectiles, ne tardant pas à semer dans la ville le désordre. Le bombardement dura une heure. C'est alors que le lieutenant-colonel Duchâteau, comprenant qu'il avait affaire à des forces trop supérieures en nombre, et ne voulant pas d'ailleurs exposer plus longtemps ses soldats au feu meurtrier de l'ennemi, fit sonner le signal de la retraite. Elle s'effectua dans le plus grand ordre, et, tandis qu'il sortait à 9 heures par la route de Vézelay, les Prussiens y entraient par les routes de Lyon et de Montréal. »

la route libre. Ce mouvement tournant vigoureux influa certainement sur l'évacuation rapide de la ville par les Français. La compagnie put encore tirer avec succès sans éprouver de pertes sur des fractions en retraite; elle eut à subir le feu de quelques tireurs embusqués dans les maisons, lorsqu'elle entra dans la ville basse.

Après la cessation du feu d'artillerie, le major Kornatzki avait fait avancer les 5e et 8e compagnies par les fermes la Croix-Sirot et la Maladière sur les hauteurs, pour barrer les issues Ouest de la ville, hauteurs qui commandent la route située dans le ravin profond menant vers l'Ouest à la route de Clamecy; le peloton de tête s'empara rapidement des deux fermes en y faisant quelques prisonniers.

Pendant ce temps, le bataillon des mobilisés de l'Aube essayait de se retirer, par Fontaubert, sur la route de Clamecy : un peloton fut déployé contre lui et le força par son feu à évacuer Orbigny. Les 5e et 8e compagnies, suivant les tirailleurs de la 6e compagnie, avaient atteint le hauteurs S.-O. de la ville : elles aperçurent de petits groupes ennemis qui se retiraient, partie sur les hauteurs abruptes qui sont de ce côté, partie sur la route de Châtillon. Descendant les pentes rapides du Cousin, franchissant le ruisseau qui était gelé, les compagnies gravirent la pente opposée, barrant la route des Lormes et tirèrent sur les fractions en retraite; c'est ainsi que fut fait prisonnier le lieutenant-colonel Duchâtel, âgé de soixante ans, qui commandait le bataillon de l'Yonne et continuait la résistance avec une poignée de mobilisés.

Les ruines du château situé sur un rocher à pic au Sud de la ville furent occupées sans résistance. L'ennemi fut poursuivi vers les Petites-Châtelaines et les hauteurs boisées du Sud où quelques coups de fusil furent encore échangés. Pendant ce temps, un autre peloton poursuivait les détachements français qui se retiraient en désordre sur Pontaubert (1). Deux pelotons de la 6e et de la 7e compagnie, traversant la ville, occupaient les sorties Sud où elles se déployaient. La 3e compagnie venait les prolonger à gauche.

Le major Eckert, arrivant à la sortie Sud de la ville avec le Ier bataillon, et apercevant un bataillon ennemi qui semblait se retirer en ordre sur Châtillon-en-Bazois, le suivit pendant mille pas environs, faisant reconnaître à droite et à gauche le terrain boisé, et soutenu en arrière par le IIe bataillon qui avait pris position. Il s'arrêta ensuite et envoya quelques détachements de poursuite qui ne purent rejoindre les Français. Vers 11 heures, il se replia sur Avallon. A chacune des issues Sud-Est et Ouest de la ville fut placée une compagnie du bataillon de fusiliers du *21e*, la 4e compagnie formant réserve sur la place du marché.

La patrouille de dragons d'extrême droite (lieutenant von Wenden) arriva, venant de Vassy, sur les hauteurs Sud-Ouest de la ville, au moment où le bataillon de l'Yonne commençait à se retirer. Comme le ravin du Cousin n'était pas franchissable par la cavalerie, il dut, pour pouvoir poursuivre, gagner à travers la ville la route de retraite de l'ennemi. Mais il perdit ainsi tellement de temps que, quand il sortit des Bois-Royaux (5 kilomètres Sud d'Avallon), l'ennemi n'était plus en vue : les quelques fractions qui se trouvaient encore sous bois ne pouvaient être inquiétées par les dragons, le bois étant trop fourré. Von Wenden retourna alors à Avallon.

Le détachement Weyrach arriva devant la ville comme l'ennemi était déjà en pleine retraite ; il avait

---

(1) *Rapport* du commandant Robin (francs-tireurs de la Vienne) (Archives de la Guerre, M, 14). « Je me plaçai à cheval sur la route de Vézelay, la seule qui fut libre, pour en défendre le passage, et donner le temps à la colonne de se retirer. La retraite se fit en bon ordre. »

quitté Montréal à 5 heures du matin avec douze dragons et un peloton de la 2ᵉ compagnie du *61ᵉ* en avant-garde, et s'était heurté à Montjatin à des obstacles divers : abatis, fossés, etc. On chercha dans l'obscurité à les éviter, mais on reconnut au jour que c'était impossible, car ils couvraient la route sur une profondeur de 1000 pas. L'endroit était bien choisi, car au Nord, le flanc du coteau couvert de vignes montait à pic; au Sud, pareillement, le coteau descendait brusquement. Devant l'impossibilité de passer outre, Weyrach dut faire demi-tour et, par un long détour, éviter l'obstacle. Passant par le Sud, il arriva à 7 h. 30 à Bierry, d'où il entendit le bruit du combat. Couvert à gauche par l'escadron, il se dirigea vers le Sud-Ouest, contourna la pointe Sud du bois de Sauvigny, et il suivait la grand'route Paris-Lyon, lorsqu'une patrouille de dragons lui rendit compte qu'on voyait deux compagnies ennemies environ qui se retiraient vers le Sud. Envoyant dans cette direction les 3ᵉ et 4ᵉ compagnies, il vint avec les 1ʳᵉ et 2ᵉ compagnies occuper le faubourg de Saint-Martin et les barricades sans rencontrer de résistance. Les 3ᵉ et 4ᵉ compagnies traversant le bois des Chaumes s'arrêtèrent au ravin de Cousin où elles reçurent quelques coups de feu partant des ruines du château; elles perdirent ensuite la trace de l'ennemi à travers bois.

Le Iᵉʳ bataillon du *61ᵉ*, rassemblé à 9 h. 30 à l'entrée Est de la ville, fit son entrée tambours battants; le général de Kettler faisant installer dans les rues des bancs et des tables fit donner à manger aux soldats par la population. Un habitant qui, près de la mairie, fut surpris tirant sur les troupes, fut aussitôt saisi et fusillé (1).

---

(1) Carrière (*suite*). « Les Prussiens, qui n'avaient point hésité à bombarder une ville ouverte, ne devaient pas s'en tenir à ce premier acte de vandalisme : aussi la petite cité fut-elle livrée au pillage pendant deux heures, et pendant ces deux heures, l'ennemi

On apprit qu'à Avallon, jusqu'au 15 à midi, il n'y avait eu que 60 francs-tireurs ; dans l'après-midi étaient arrivés deux bataillons de gardes nationaux mobilisés, le bataillon de l'Yonne (500 hommes) et le IIe bataillon de l'Aube (800 hommes) ; les Prussiens avaient donc eu affaire à 1,300 ou 1,400 hommes. Rien de plus détaillé n'est connu dans leur part au combat. Le rapport de Kettler du 16 janvier leur attribuait 60 morts et 57 blessés (1) ; 1 officier supérieur, 1 officier et 58 hommes, presque tous du bataillon de l'Yonne restaient prisonniers, 11 habitants des maisons desquels on avait tiré ou chez lesquels des armes et des équipements, probablement laissés par les gardes mobiles, avaient été trouvés, furent emmenés. Le général Kettler, qui n'avait qu'un officier tué et un homme blessé, imposa à la ville, dans laquelle une vingtaine de maisons avaient été plus ou moins endommagées, une forte contribution en vivres, cuirs et étoffes, et, renonçant à poursuivre l'adversaire, il se dirigea sur Montbard, sur la ligne d'opérations qui lui avait été indiquée (2). Il cantonna ses troupes à Vassy-sous-Pizy et environs. « Les troupes avaient fait 5 à 6 lieues, mené un combat et elles arrivèrent dans leurs cantonnements entre 9 et 10 heures du soir ; il n'était pas resté un homme en arrière. Tenue parfaite. »

---

dévasta les magasins des épiciers, des merciers, des charcutiers, des corroyeurs, et en général de tous les commerçants. Cela ne leur suffit pas, car ils réquisitionnèrent encore 500 rations pour leurs chevaux et les emportèrent avec le butin qu'ils venaient de recueillir ».

(1) D'après Carrière, les troupes françaises avaient eu 1 mort, 2 blessés, 1 sous-lieutenant et 30 mobilisés faits prisonniers.

(2) La 7e compagnie ne partit qu'à 7 heures du soir : elle resta pour rendre les honneurs à l'officier qui avait été tué (*Historique du 21e*, p. 355).

Les cantonnements du détachement Kettler, le 16 janvier au soir, furent les suivants :

> 21ᵉ régiment. Iᵉʳ bataillon. — Vassy.
> — IIᵉ Bᵒⁿ. — Moutiers-St-Jean.
> — Fusiliers { 2 Cⁱᵉˢ. — Pisy.
> { 2 Cⁱᵉˢ. — Santigny.
> 61ᵉ régiment. Iᵉʳ Bᵒⁿ. — Fain-les-Moutiers.
> — IIᵉ Bᵒⁿ { 2 Cⁱᵉˢ. — Annoux.
> { 2 Cⁱᵉˢ. — Sarry.
> — Fusiliers. — Ravières.
> 11ᵉ dragons. 1ᵉʳ escadron. — Moutiers-Saint-Jean.
> — 2ᵉ escadron. — Vassy.
> 5ᵉ batterie légère. — Vassy.
> 6ᵉ batterie lourde. — Fain-les-Moutiers.

Le résultat des mouvements du 16 janvier fut d'amener le VIIᵉ corps au delà du massif de la Côte-d'Or (1), mais de laisser encore le IIᵉ corps à l'intérieur de ce massif, dont il ne pouvait sortir que le 17.

Le général de Manteuffel, qui s'était établi à Prauthoy, avait reçu dans la matinée un rapport du général de Werder. Celui-ci était attaqué par quatre corps français sur toute la ligne et sa position n'était rompue sur aucun point.

Bien qu'il eut été désirable dans ces conditions d'accélérer la marche de l'armée du Sud, la situation du IIᵉ corps vis-à-vis de l'armée des Vosges aurait pu se trouver dangereuse, et le VIIᵉ corps reçut l'ordre d'attendre, le 17, que le IIᵉ corps arrive à sa hauteur.

Cependant la situation de Werder pouvait nécessiter à un moment donné le rappel du corps Kettler, aussi le IIᵉ corps reçut-il l'ordre de se relier avec ce détachement par une ligne de relais, et d'indiquer à celui-ci de faire

---

(1) Fabricius, II, p. 99.

des démonstrations et aussi des reconnaissances, principalement sur Autun et Sombernon.

D'après les comptes rendus des patrouilles d'officiers du 16 — (d'après lesquels, Menotti, présent le 15 avec la 3e brigade à Thil-Châtel, se serait ensuite retiré sur Dijon, Champlitte était occupé et des mouvements de troupes garibaldiennes sur Langres avaient été vus, le IIe corps avait eu sur sa droite des rencontres insignifiantes avec les Garibaldiens) — Manteuffel avait l'impression, qu'il communiqua le 17 au général de Moltke, que les troupes ennemies, vraisemblablement les troupes garibaldiennes, s'étaient massées entre Dijon et Langres dans les derniers jours. « Je ne veux pas m'affaiblir, ajoutait-il, par des détachements, soit que je me porte sur Vesoul, soit que je prenne une autre direction. Le général Kettler avec les troupes gouvernementales et d'étapes me couvrira en arrière. »

Les dépêches échangées entre les généraux de Manteuffel et de Werder furent les suivantes (1) :

Le 15 janvier, le général baron de Manteuffel reçut communication du télégramme adressé par le général de Werder au général comte de Moltke, télégramme reproduit au supplément CXL.

En réponse à ce télégramme, le commandant en chef de l'armée du Sud fit savoir, à Versailles, qu'il n'interviendrait pas dans les dispositions prises par le général de Werder en lui donnant des ordres ; que, de plus, son entrée en action se ferait déjà sentir dans la journée du 16, lorsque ses avant-gardes auraient débouché des pays montagneux. Le général de Werder reçut connaissance de cette réponse par une dépêche chiffrée.

Il écrivit de son côté ce qui suit :

---

(1) *Historique du Grand État-Major prussien.* Supp. CLIX.

Au Général de Manteuffel, Châtillon-sur-Seine.

Déposée Brévilliers, le 15 janvier 1871, 10 h. 58 minutes du soir.
Arrivée au quartier général de l'Armée du Sud le 16 janvier 1871.

L'ennemi m'a aujourd'hui vivement attaqué de Chagey à Montbéliard, en apparence avec quatre corps et principalement avec de l'artillerie. L'attaque a été repoussée partout, et ma position n'a été forcée sur aucun point. Nos pertes sont de 3 à 400 hommes. Le combat a duré depuis 8 h. 30 du matin jusqu'à 5 h. 30. J'ai reçu dépêche chiffrée.

Signé : DE WERDER.

Journée du 17 janvier.

Combat de Chenebier.

Pour l'attaque projetée contre Chenebier, le général von Keller, commandant la division badoise, allait disposer des troupes suivantes :

Ier bataillon et fusiliers du *3e* badois ;
4e régiment badois ;
Bataillon de fusiliers du *67e* d'infanterie ;
Bataillon de landwehr d'Eupen ;
2 escadrons ;
4 batteries.

En arrivant de sa personne vers minuit au Moulin Rougeot, le général v. Keller apprit que Frahier avait été réoccupé par les troupes du général v. Degenfeld et du colonel Bayer. Vers 11 heures du soir, en effet, le IIe bataillon du *4e* badois était entré sans coup férir à Frahier (1) et, dépassant le village, s'était posté un peu au Sud-Ouest, le Ier bataillon du même régiment était au Sud, le bataillon de landwehr Eupen à Frahier même.

Le Ier bataillon du *4e* régiment badois, alerté à minuit, était parti de Mandrevillars peu après et devait arriver à Frahier vers 3 heures du matin.

D'autre part, deux compagnies des fusiliers du *67e* (1) étaient parties pour Frahier, tandis que les deux autres, fournissant la garde à Châlonvillars et des reconnais-

---

(1) *Historique* du *4e* badois.
(2) Les 10e et 11e compagnies.

sances sur Chenebier et Mandrevillars, se rassemblaient avant de se mettre en marche pour Frahier. Vers 4 h. 30 seulement, le bataillon de fusiliers du 67° était réuni à la sortie du village et se mettait en marche vers Echevanne.

A ce moment arrivait aussi à Frahier le bataillon de fusiliers du 5° badois, qui prenait la queue des fusiliers du 67° et était suivi lui-même du bataillon Eupen.

Ces troupes allaient former la colonne de droite, dont la 9° compagnie du 67° devait être l'avant-garde (1).

Une colonne de gauche se formait pendant ce temps, sous la direction personnelle du général Keller; elle était composée du 4° badois (2). Le II° bataillon, marchant en tête, devait suivre le chemin qui, de Frahier, longe la rive gauche de la Lisaine, la franchir à hauteur de Chenebier et attaquer la partie Sud de ce village.

L'arrivée tardive à Frahier des fractions de la colonne de droite appelées de la réserve avait obligé à retarder le départ d'une bonne heure.

Quant aux troupes destinées à former la réserve, Ier bataillon et fusiliers du 3° badois, elles ne devaient arriver à Frahier que vers 6 heures du matin.

D'autre part, le II° bataillon du 3° badois, renforcé des 9° et 11° compagnies du 6°, sous les ordres du major Lang (3), était parti de Chagey pour attaquer Chenebier par le Sud en suivant la vallée de la Lisaine. A 4 heures du matin, en pleine obscurité, ce détachement fut assailli par une violente fusillade. C'étaient 3 compagnies du III° bataillon du 32° de marche, division Crémer, de grand'garde entre Chenebier et le camp de la division (4)

---

(1) *Historique* du 67°.
(2) Avec un peloton du 2° dragons badois, lieutenant Maier Ekehalt.
(3) *Historiques* des 3° et 6° badois.
(4) *Historique* du 32° de marche. *Le général Crémer*, par le colonel Poullet, p. 72.

placé, comme il a été dit sur la hauteur du bois de la Thure, bientôt renforcées par 2 bataillons du 57ᵉ de marche (1). Arrêté en outre par des abatis barrant la vallée très encaissée entre les bois de la Thure et de la Brisée, le détachement du major Lang fit demi-tour et rentra à Chagey. Dans cette lutte à courte distance, le commandant Pardieu, du 32ᵉ de marche, avait été blessé mortellement.

On a vu plus haut quelle était la disposition des troupes de la 2ᵉ division du 18ᵉ corps (2). En vertu d'un ordre arrivé à 2 h. 10 du matin (3), la soupe devait être mangée à 5 heures; le convoi, arrivé à l'entrée de Chenebier du côté d'Etobon, devait fournir un jour de pain, d'avoine et d'eau-de-vie et des cartouches; enfin la colonne devait être prête à se mettre en marche à 6 heures du matin. Vers 2 heures du matin, on avait entendu des coups de feu aux avant-postes (4) et le commandant de la 1ʳᵉ brigade avait prévenu ses troupes d'être sur leurs

---

(1) Peut-être est-ce à cet incident qu'il faut attribuer la présence dans la partie Sud de Courchamp de quelques fractions du 57ᵉ dont l'importance n'a pu être déterminée. Les *Souvenirs du volontaire Ernest Daupin* (Grenest, t. II, p. 389), du 57ᵉ, ne permettent pas de douter de la présence de fractions de ce régiment dans la partie Sud de Chenebier au moment de l'attaque. Le fait est aussi confirmé par les *Souvenirs du général Quénot* (Grenest, t. II, p. 379). Le général Poullet (p. 72), parlant des grand'gardes laissées en position « en face de Chenebier », permet de supposer qu'une compagnie placée « en deuxième ligne » dans les dernières maisons au Sud du village fut à même de prendre part au combat dans le cimetière. On sait en outre que quelques traînards de la division Cremer appartenant au 83ᵉ mobiles « avaient quitté le bivouac pour aller se coucher dans les premières maisons de Chenebier. » (*Historique* du 83ᵉ mobiles.)

(2) Voir ci-dessus journée du 16. Cette division était affaiblie de 5 bataillons (3 à Etobon, 2 avec la cavalerie).

(3) Cahier d'ordres de mouvement de la 2ᵉ division du 18ᵉ corps.

(4) *Rapport* de l'amiral Penhoat.

gardes (1); dès 4 h. 30 on s'occupait des distributions (2). Enfin le bataillon du Tarn (3), arrivé à 10 heures du soir seulement à Chenebier, avait porté une compagnie en grand-garde à 800 mètres à l'Est du village, et, à 1 heure du matin, l'avait renforcée d'une seconde.

On voit que la nuit du 16 au 17 s'était passée à peu près sans sommeil; en tout cas, les troupes de la 2ᵉ division du 18ᵉ corps étaient éveillées quand l'attaque se produisit.

Elles n'en furent pas moins surprises.

La 9ᵉ compagnie du *67ᵉ* (4), entrée vers 5 h. 30 à Echavanne, marchait vers le bois des Evaux, lorsqu'une décharge partie de la lisière la força de s'arrêter et de se déployer en travers de la route. Peu après elle se portait en avant et rejetait sous bois la grand'garde de la 2ᵉ compagnie du 12ᵉ chasseurs à pied, lieutenant de Mussy. Celle-ci paraît s'être retirée aussitôt sur le Bas des Esserts (5).

« Pendant l'interruption de combat qui se produisit (6) », la 12ᵉ compagnie du *67ᵉ* avait gagné la lisière du bois des Evaux; à sa droite venait la 10ᵉ, la 11ᵉ restant en réserve. A la droite des fusiliers du *67ᵉ*, ceux du 5ᵉ badois avaient déployé trois compagnies, tandis que le bataillon Eupen restait à Echavanne. A la suite d'une fusillade désordonnée et dans laquelle les Allemands paraissent s'être tiré les uns sur les autres, la 9ᵉ compagnie du *67ᵉ*, qui avait été la plus avancée, se retira à la lisière Est du bois des Evaux, ayant à sa

---

(1) *Rapport* du colonel commandant la 1ʳᵉ brigade.
(2) *Rapport* du commandant du 12ᵉ chasseurs à pied. *Historique* du 52ᵉ de marche.
(3) *Rapport* du commandant Cormier, du 77ᵉ mobiles.
(4) *Historique* du 67ᵉ.
(5) *Rapport* du commandant du 12ᵉ chasseurs à pied.
(6) *Historique* du 67ᵉ prussien. Celui du 5ᵉ badois est très vague.

gauche la 12ᵉ; deux compagnies badoises vinrent à sa droite, s'intercalant entre la 11ᵉ compagnie du 67ᵉ qui forma l'extrême droite. En deuxième ligne étaient deux autres compagnies badoises et la 10ᵉ compagnie du 67ᵉ prussien.

Du côté français, le 12ᵉ bataillon de chasseurs avait dès les premiers coups de feu occupé l'église de Chenebier et les maisons voisines, ramenant en arrière la 1ʳᵉ compagnie postée sur la route d'Echavanne (1); deux bataillons du 52ᵉ de marche se rassemblaient derrière le cimetière. De là, 4 compagnies étaient dirigées vers le bois des Evaux soutenues par deux autres, les deux dernières restant en réserve au cimetière. Le 92ᵉ s'était rassemblé au Nord-Ouest de Chenebier et bientôt allait envoyer son Iᵉʳ bataillon et 2 compagnies du IIᵉ, puis le IIIᵉ bataillon, au secours du 52ᵉ vers la gauche et le centre de la position. Tout danger était conjuré de ce côté.

A la droite, au contraire, il y avait eu un moment de chaude alarme.

Le IIᵉ bataillon du 4ᵉ badois, qui précédait la colonne de gauche, était arrivé au Moulin Colin, lorsque le bruit du combat qui se livrait au bois des Evaux se fit entendre. Accélérant sa marche, il arriva à 5 h. 30 au pont à l'Est de Chenebier, le franchit, *sans avoir rencontré personne*, et, se formant en colonne de compagnies, se lança dans le village. La 5ᵉ compagnie, qui marchait en tête, parvint jusqu'au cimetière situé à l'Ouest de Chenebier, mais là elle dut s'arrêter devant une fusillade meurtrière (2).

Toute cette partie du village était occupée par le 77ᵉ mobiles, dont la grand'garde, placée, ainsi qu'il a été dit, au Nord de la route allant de Chenebier au pont de la Lisaine, s'était laissé dépasser sans coup férir. La plupart des hommes du bataillon du Tarn restés dans les

---

(1) Notamment à une barricade coupant la route.
(2) *Historique* du 3ᵉ badois.

maisons (1) n'avaient fait aucune résistance. Quelques-uns s'étaient réfugiés dans le cimetière, où l'amiral Penhoat vint en personne diriger la résistance. Elle fut fournie par le Ier bataillon et 2 compagnies du IIe bataillon du 92e de ligne. De plus, la compagnie du génie et un escadron du 5e dragons se déployèrent en tirailleurs en travers du ravin qui partage en deux le village de Chenebier. Enfin, une section (Claudet) de la 21e batterie du 13e d'artillerie avait pu se mettre en batterie de part et d'autre de l'église et tirait à mitraille sur les assaillants (2).

Pendant ce temps, le Ier bataillon du 4e badois était entré en ligne. Tandis que la 4e compagnie faisait 200 prisonniers parmi les mobiles du Tarn saisis dans les maisons dépassées par la vigoureuse pointe de la 5e compagnie, le reste du Ier bataillon venait occuper face à l'Ouest la hauteur de Courchamp. Plus tard, trois compagnies (3) des fusiliers du 4e badois renforcèrent le IIe bataillon dans la rue principale, tandis que la 12e compagnie, gagnant la hauteur entre les deux coupures du village, cherchait à entrer en liaison avec la colonne de gauche. Parvenue « sans être inquiétée à 100 pas du cimetière », elle y était reçue par un feu tellement violent (4) qu'elle perdait, sur un parcours de 25 pas, 3 officiers et 72 hommes. Elle se replia vivement sur son bataillon qui avait déjà commencé la retraite (5). Il était alors près de 8 h. 30 du matin.

---

(1) *Rapport* du colonel commandant la 1re brigade.
(2) *Historique* de la 21e batterie du 13e régiment. *Rapport* du sous-lieutenant Vacquier commandant la batterie.
(3) Après 7 h. 30.
(4) Dû en partie au tir à mitraille d'une section de la 21e batterie du 13e placée au Sud de l'église (*Rapport* sur la part prise par l'artillerie de la 2e division).
(5) A ce moment pourrait se placer l'incident relaté par l'*Historique* du 4e badois et confirmé par les *Souvenirs du volon-*

Du côté français, quelques fractions du 57ᵉ de marche de la division Crémer semblent avoir pris part au combat dans la partie Sud de Courchamp, puis au cimetière. En outre, au moment où commençait la lutte, le convoi de la division Crémer, escorté par le IIIᵉ bataillon du 86ᵉ mobiles (commandant Treilles), arrivait à Chenebier par la route d'Etobon (1). Ce bataillon participa au combat et perdit le capitaine Marque Tony, de la 5ᵉ compagnie. A 8 heures, le convoi paraissant en danger, le Iᵉʳ bataillon du 86ᵉ mobiles fut envoyé à la garde de la route d'Etobon (2) et vint se « masser entre deux maisons, attendant l'occasion d'entrer en ligne ».

A l'aile droite allemande, les affaires n'allaient pas mieux.

Une fois le Iᵉʳ bataillon du *3ᵉ* badois (3) arrivé à Echavanne, vers 8 heures du matin, les fusiliers du *67ᵉ* et du *5ᵉ* badois, qui se contentaient d'une fusillade sur place, reçurent vers leur droite l'appui de deux compagnies (4), tandis que les deux autres (5) restaient en réserve près du bataillon Eupen, qui ne semble pas avoir donné. Vigoureusement enlevées, neuf compagnies furent lancées de nouveau dans le bois des Evaux. Mais de ce côté les Allemands se heurtèrent à la 4ᵉ compagnie du IIᵉ bataillon du 52ᵉ (lieutenant Bauzillot), soutenue par la 4ᵉ compagnie du IIIᵉ bataillon du 52ᵉ (Barthe), puis à la 3ᵉ du IIIᵉ bataillon (Monprofit). Tandis que la 3ᵉ du IIᵉ se portait à l'extrême gauche sur la route venant du bois de Montedin (6), deux autres compagnies

---

taires *Daupin* (Grenest, page 3) d'une charge exécutée par quelques cavaliers français (une trentaine) au Sud de Chenebier.

(1) Se trompant de route. *Historique* du 83ᵉ mobiles.
(2) *Historique* du 86ᵉ.
(3) Major Unger, dirigé par le lieutenant-colonel Krauss.
(4) Nᵒˢ 2 et 3.
(5) Nᵒˢ 1 et 4, moins un peloton de la 4ᵉ laissé en soutien de l'artillerie.
(6) Le 52ᵉ perdit 5 officiers et 202 hommes.

du 52ᵉ occupaient le fossé bordant la lisière Ouest du bois. Un combat à bout portant et parfois corps à corps rendit les Allemands maîtres du bois, mais sans qu'ils puissent franchir le fossé de la lisière Ouest. Vers 11 heures, une attaque en colonne tentée sur la route par la 4ᵉ compagnie du *3ᵉ* badois avec deux compagnies du bataillon d'Eupen, dirigées en personne par le général Degenfeld, le lieutenant-colonel Krauss et le major Unger, vint se briser devant une barricade établie à l'entrée du Bas des Esserts et occupée par le 92ᵉ de ligne. De plus, dès que le jour avait paru, la 22ᵉ batterie du 2ᵉ régiment avait pris position au Nord de Chenebier, une de ses pièces enfilant la route d'Echavanne. L'attaque allemande fut donc arrêtée.

Cependant la 22ᵉ batterie, prise à partie par l'artillerie ennemie placée à Frahier, devait bientôt renoncer à la lutte (1); les autres batteries divisionnaires (22ᵉ du 9ᵉ et 21ᵉ du 13ᵉ), placées au Sud de l'église, devaient aussi cesser leur feu (2). D'après le colonel Perrin, l'ordre aurait été donné à la 1ʳᵉ brigade de battre en retraite (3), mais le colonel Perrin avait refusé de l'exécuter. Une nouvelle attaque tentée du côté du Nord (4) par les 9ᵉ et 11ᵉ compagnies du *67ᵉ* et deux compagnies badoises, dirigées par le major Lane, du *67ᵉ*, avait échoué également. La position était donc victorieusement tenue sur tous les points.

A 1 h. 45, trois compagnies (5) des fusiliers du *3ᵉ* badois

---

(1) Pertes : 2 tués, 6 blessés, 1 cheval tué ; tir : 29 obus et 3 boîtes à mitraille (*Rapport* sur la part prise par l'artillerie de la 2ᵉ division).

(2) La 22ᵉ du 9ᵉ, 2 obus, 3 tués, 2 blessés, 1 cheval. La 21ᵉ du 13ᵉ, 22 obus, 7 boîtes à mitraille, 2 blessés, 3 chevaux. Cette batterie avait fourni la section placée d'abord près de l'église.

(3) *Rapport* du colonel commandant la 1ʳᵉ brigade. Le rapport de l'amiral n'en fait pas mention. *Historique* du 52ᵉ de marche.

(4) *Historique* du 92ᵉ de ligne. *Historique* du 67ᵉ prussien.

(5) La 10ᵉ, la 11ᵉ et la 12ᵉ ; la 9ᵉ était restée en soutien de l'artillerie au Sud-Ouest de Frahier.

venaient occuper la hauteur au Sud d'Echavanne, où les rejoignaient les 2ᵉ et 3ᵉ compagnies du *3ᵉ* badois. Un peu avant 3 heures, les fusiliers du *5ᵉ* badois se retiraient vers ce village (1). Mais la retraite se poursuivait vers Frahier pour toutes les troupes de la colonne de droite, sauf pour les 2ᵉ et 3ᵉ compagnies du *3ᵉ* badois qui restèrent à Echavanne (2).

La retraite de la colonne de gauche, commencée dès 8 h. 30 du matin, s'était arrêtée après le passage de la Lisaine au bois Ferryé, qu'occupa tout le *4ᵉ* régiment badois. D'autre part, le IIᵉ bataillon du *3ᵉ* badois, rentré de Chagey après son échec de la nuit, avait reçu l'ordre formel de marcher au secours du général Keller. Évitant cette fois la vallée, il était arrivé vers 11 heures près de Chatebier (3), puis s'était dirigé sur Frahier par le bois d'Essoyeux. Vers 1 heure du soir, le *4ᵉ* badois avait même évacué le bois Ferryé et s'était retiré dans la même direction découvrant le chemin de Châlonvillars. Un peu plus tard, avec l'appui d'une partie du IIᵉ bataillon du *3ᵉ* badois, le *4ᵉ* régiment occupa par deux bataillons la lisière Nord-Ouest du bois d'Essoyeux et Chatebier, les fusiliers restant à Frahier avec l'artillerie. Il était aussi arrivé à Frahier le IIᵉ bataillon du *25ᵉ* prussien et le IIᵉ bataillon du *2ᵉ* badois, sous les ordres du lieutenant-colonel Stöffel. En arrière se trouvaient trois compagnies du bataillon de réserve Halberstadt; deux compagnies du bataillon Pr. Stargardt, trois compagnies du bataillon Neuhaldensleben du *4ᵉ* régiment combiné de landwehr de Poméranie nᵒˢ *61, 66*, avec deux pièces de canon au Bas-d'Evette et Evette, et le bataillon combiné du *26ᵉ* régiment de landwehr avec deux pièces sur la route de Giromagny à Frahier.

---

(1) Ils y arrivaient à 4 heures.
(2) Elles y furent relevées à 10 h. 30 du soir par les 1ᵉʳ et 4ᵉ.
(3) *Historique* du *3ᵉ* badois.

Enfin la brigade de cavalerie v. Willisen avait fait réoccuper Ronchamp par deux compagnies de chasseurs et le 3ᵉ escadron du 2ᵉ dragons, tandis que deux compagnies du 6ᵉ badois et le gros étaient à Giromagny.

Le général Billot, qui avait passé la nuit à Etobon, avait été réveillé par la fusillade et s'était porté de sa personne vers Chenebier.

Ayant vu le général Crémer et constaté l'état de fatigue de ses troupes, il laissa cette division immobile au bois de la Thure (1), puis, alors que les Allemands étaient en pleine retraite, il lui prescrivit d'occuper en arrière à Etobon une position de repli. Cet ordre fut exécuté par le 57ᵉ de marche, le bataillon des mobiles de la Gironde et deux batteries (2).

Le colonel Poullet restait au bois de la Thure avec le 32ᵉ de marche, les 83ᵉ et 86ᵉ mobiles et trois batteries. Vers 1 heure du soir, le IIᵉ bataillon du 32ᵉ de marche et peut-être aussi les Iᵉʳ et IIIᵉ bataillons du 86ᵉ mobiles avaient esquissé un mouvement offensif, auquel il faut probablement attribuer le recul des Allemands au bois Féryé et les mesures défensives prises au bois d'Essoyeux.

Mais le commandement français était bien éloigné de toute idée d'offensive. « Il est indispensable, écrivait le général Billot, que l'aile gauche que j'occupe se retranche fortement sur les positions d'Etobon, sur les hauteurs derrière Chenebier et sur la position occupée par le général Crémer qui se trouve au point coté 399 sur la route de Chagey à Chenebier. Sans ces dispositions, l'aile gauche peut être coupée... Par suite de

---

(1) Prête à appuyer et à dégager la division Penhoat si elle avait été attaquée par des forces très supérieures. La division Crémer n'eut pas besoin de donner, mais elle ne devint libre qu'à 10 heures du matin [Projet de Rapport rédigé par le capitaine d'Ussel (succession Billot)].

(2) *Le général Crémer*, par le colonel Poullet, p. 73.

cette situation la division de l'amiral Penhoat se trouvera immobilisée pour garder Etobon, Chenebier et le plateau 399. Je n'aurai donc pour l'attaque de Chagey, Mandrevillars, Echenans, Luze et le mont Vaudois que les divisions Crémer, Pilatrie et Bonnet. A moins d'ordres contraires, je compte commencer l'action vers 2 heures par Chagey... il serait indispensable que la réserve générale appuyât ».

Action devant Chagey.

Il convient d'examiner maintenant quelle répercussion avaient eue du côté de Chagey les événements de Chenebier.

La défense de Chagey avait été renforcée par deux compagnies (5ᵉ et 8ᵉ) du *30ᵉ* prussien arrivées à 7 heures du matin et qui avaient été placées, l'une (5ᵉ) à la mairie, l'autre (8ᵉ) à la sortie du village sur la route de Luze. Le IIᵉ bataillon du *3ᵉ* badois et les deux compagnies (9ᵉ et 11ᵉ du *6ᵉ* étaient revenues prendre position au Nord de Chagey après leur échec de la nuit.

Un ordre très détaillé, parvenu aux troupes de la 3ᵉ division vers 1 heure du matin (1), avait prescrit l'attaque dès le point du jour de Chagey et l'enlèvement du mont Vaudois. Le 14ᵉ bataillon de chasseurs (Bonnet), placé en première ligne « à proximité du village », devait « jouer le principal rôle dans cette affaire ». Il avait à sa gauche le IIIᵉ bataillon (Frisson) du 53ᵉ de marche et devait être soutenu dès le lever du jour par le feu d'une section (Chollet) de la 2ᵉ batterie de montagne du 6ᵉ régiment d'artillerie, placée à l'Ouest de Chagey, à moins de 500 mètres des premières maisons.

En deuxième ligne et en soutien de cette section, le Iᵉʳ bataillon (Renault) du 53ᵉ de marche restant sous

---

(1) La 3ᵉ division, 2ᵉ brigade. Registre des ordres de mouvement et *Journal* de marche.

bois ; en troisième ligne et à 500 mètres en arrière le IIe bataillon du 53e et le Ier bataillon du 82e mobiles ; en quatrième ligne, le IIe bataillon du 82e mobiles ; en cinquième le 49e de marche. Des prescriptions minutieuses fixaient les formations à prendre après l'enlèvement du village. On comptait en outre sur l'appui de la division Crémer.

Vers 7 heures du matin, la section de montagne ouvrait le feu « contre les barricades du pont et les maisons crénelées qui en défendaient l'accès (1) ». A sa droite, une section de la 20e batterie du 15e régiment (2), placée « à la sortie des bois à 800 mètres de Chagey » près de la route de Béverne, commençait son tir à 8 heures. A la même heure, les deux batteries mobiles de l'Isère, appartenant à la réserve, placées derrière un épaulement de 50 mètres de front, à l'Ouest de Luze (3), entraient aussi en action.

A 7 h. 45 du matin, le général Crémer avait fait renforcer par le Ier bataillon du 32e de marche la grand'-garde du IIIe bataillon du même régiment placée sur la route de Chenebier à Chagey et dont on a vu le rôle lors de l'attaque de nuit tentée par le détachement Lang (4). Une batterie Armstrong, placée sur le flanc de la vallée à l'Est du bois de la Thure, canonna le village de Chagey et la hauteur occupée par le IIe bataillon du 3e badois. Plus tard, le lieutenant-colonel Reboulet, avec le IIe bataillon du 32e de marche (5) et un bataillon du 86e mobiles, venait renforcer les troupes qui couvraient la

---

(1) D'une prairie en pente dans le bois de la Thure au Nord-Ouest de Chagey. *Historique* du 6e badois.

(2) *Rapport* du commandant de la batterie et *Historique*.

(3) *Rapport* du chef d'escadrons Lemagne.

(4) *Historique* du 32e de marche. *Historiques* des 3e badois et 30e prussien.

(5) Poullet, *Historique* du 32e de marche.

droite de la division Crémer (1). L'apparition de ces fractions détermina le commandement allemand à détacher la 8ᵉ compagnie du *30ᵉ* prussien au Nord-Est de Chagey, tandis que la 5ᵉ compagnie du *3ᵉ* badois s'avançait vers le Nord le long de la vallée. Enfin la batterie à cheval badoise s'était portée au Nord-Est de Chagey et joignait son feu à celui des batteries v. Stetten et v. Leiningen placées sur la hauteur au Nord de Luze. L'attaque contre les fronts Ouest et Sud-Ouest de Chagey commença entre 7 h. 30 et 8 heures (2). Le 14ᵉ bataillon de chasseurs, entraîné par le commandant Bonnet, ayant à sa gauche le IIIᵉ bataillon du 53ᵉ (cap. Frisson) et appuyé par le IIᵉ bataillon, atteignit les maisons situées sur la rive gauche de la Lisaine; à sa gauche, le IIIᵉ bataillon du 53ᵉ prit possession du cimetière; mais, pris d'écharpe par des feux venant du saillant Nord-Ouest de la partie du village située sur la rive gauche, il ne put franchir la rivière. Arrêtés aussi devant cet obstacle, les chasseurs du 14ᵉ bataillon durent se replier « jusqu'aux fossés bordant le bois de Nan, en attendant l'arrivée des troupes chargées d'appuyer l'attaque de la 2ᵉ brigade (3) ».

A 10 h. 30, les troupes engagées recevaient l'ordre de suspendre leurs attaques, et le IIIᵉ bataillon du 53ᵉ se repliait sous bois (4) où les obus allemands causaient des pertes sérieuses (5).

---

(1) Tous les documents français concordent à affirmer que toutes ces troupes restèrent sur la défensive et repoussèrent les attaques dirigées contre elles. Au contraire, les Allemands disent avoir repoussé une vigoureuse offensive venant du Nord de Chagey. On peut affirmer que celle-ci ne se produisit pas.

(2) L'*Historique* du *6ᵉ* badois dit 7 h. 30, celui du 53ᵉ de marche, 8 heures, de même que celui du 14ᵉ bataillon de chasseurs et le *Journal* de la 2ᵉ brigade de la 3ᵉ division.

(3) *Historique* du 14ᵉ chasseurs.

(4) *Historique* du 53ᵉ, *Journal* de la 2ᵉ brigade.

(5) Le 82ᵉ mobiles, qui ne fut pas engagé, perdit cependant 1 tué,

Cet arrêt dans l'offensive résultait des prescriptions du commandant du 18ᵉ corps, prévenant le général Bonnet « que l'attaque faite sur la gauche des positions avoisinant Chagey par le général Crémer n'aurait lieu que dans l'après-midi, environ vers 1 heure (1) ».

On devait donc suspendre les attaques, ne les recommencer que « lorsque la diversion serait suffisamment avancée », et profiter du répit pour faire fabriquer des fascines qui seraient jetées dans la Lisaine.

On peut s'étonner que le commandant du 18ᵉ corps ait pu annoncer qu'une diversion serait faite au Nord de Chagey par la division Crémer, au moment où il appelait à Etobon ce général avec le 57ᵉ de marche, le bataillon de la Gironde et deux batteries, dans la crainte « que l'ennemi n'essayât de nous tourner par le bois qui est situé entre Frahier et Etobon (2) », et tandis que les troupes du colonel Poullet, laissées au bois de la Thure, gardaient un « silence » qui « enhardissait » les Allemands (3).

Jusque vers 2 heures, la fusillade fut interrompue devant Chagey, et le silence ne fut troublé que par quelques obus envoyés par les Allemands, lorsque les feux allumés dans les bois par les soldats pour faire le café et sécher leurs vêtements devenaient visibles (4).

Vers 2 heures, arrivait en renfort à la 2ᵉ brigade (Brémens) un bataillon du 81ᵉ mobiles (Charente), de la 1ʳᵉ brigade, envoyé par le général Bonnet, et, peu après (5), celui-ci prévenait le colonel Brémens qu'il eût

---

18 blessés et 12 disparus. On ne put allumer de feux pour sécher les hommes grelottant sous une pluie torrentielle.

(1) *Ordre* daté à la 2ᵉ brigade de 10 h. 30 matin.
(2) Poullet, pages 72 et 73.
(3) *Ibid.*
(4) « La pluie empêche de voir à 100 mètres » (*Journal* de la 2ᵉ brigade).
(5) *Ordre* daté de 2 h. 30.

à « tenir bon », bien que Crémer, placé à sa gauche, ne puisse plus avancer. Le général Billot était parti pour conférer avec le général Bourbaki.

Sauf le déploiement à la gauche de la 2ᵉ brigade d'un bataillon du 82ᵉ, la situation resta stationnaire jusque vers 4 heures. Les Allemands avaient fait une énorme consommation de munitions et ne bougeaient pas (1).

A 4 heures du soir, le commandant de la 3ᵉ division fut informé que « l'attaque général de Chagey et du mont Vaudois était ajournée » (2). Avant la nuit, les troupes étaient ramenées à l'abri des bois. Le 14ᵉ bataillon de chasseurs à la droite laissait une compagnie en grand'garde à la lisière; au centre, le 81ᵉ mobiles passait en première ligne, ayant derrière lui à un kilomètre le 53ᵉ de marche très éprouvé (3). A la gauche, le IIᵉ bataillon du 82ᵉ mobiles fournissait des postes dominant la vallée. Le reste de ce régiment était sous bois.

Le dernier régiment de la division, le 4ᵉ zouaves de marche, était resté toute la journée sans agir sur la route de Couthenans à Béverne face à Chagey et à deux kilomètres de ce point (4).

18ᵉ corps. — *1ʳᵉ division.* — L'infanterie de la division

---

(1) D'après Kunz, le *114ᵉ* avait brûlé presque toutes ses cartouches; les batteries 1ᵉʳ G. et 2ᵉ G. avaient tiré en quatre jours 994 coups; la 2ᵉ batterie badoise tira, le 17, 93 obus, la batterie à cheval 124. Les pertes étaient, au *114ᵉ*, 2 officiers, 21 hommes; à la 5ᵉ du *30ᵉ*, 2 hommes; à la 8ᵉ du *30ᵉ*, 17 hommes; au IIᵉ du *111ᵉ*, quelques blessés.

(2) *Journal* de la 2ᵉ brigade. *Historique* du 14ᵉ chasseurs. Ce bataillon a eu 12 tués, 1 officier et 51 hommes blessés.

(3) 8 officiers, 45 hommes tués, 255 blessés, 107 disparus. Le 82ᵉ perdit 30 hommes. Le total pour la 2ᵉ brigade serait de 4 officiers blessés, 34 hommes tués, 194 blessés, 178 disparus, soit 410 hommes hors de combat, d'après le *Journal* de la 2ᵉ brigade.

(4) *Historique* du 4ᵉ zouaves de marche.

Feillet-Pilatrie devait, le 16 janvier, jouer un rôle aussi effacé que la veille.

L'ordre avait été donné cependant dès le matin de se tenir prêt à attaquer Luze et le mont Vaudois. Des prescriptions minutieuses dirigeaient le 44ᵉ de marche vers le Sud de Luze avec l'appui du 73ᵉ mobiles (Loiret). Effectivement, dès la pointe du jour, les Iᵉʳ et IIIᵉ bataillons du 44ᵉ de marche avaient pris position en avant de Couthenans, soutenus par le IIᵉ déployé, tandis que, comme la veille, le 73ᵉ mobiles était en arrière de la gauche du 44ᵉ, en partie dans les fossés de la route de Couthenans à Béverne (1). Quant à la 1ʳᵉ brigade (Leclaire), elle resta dans le bois de la Bouloye, où le Iᵉʳ bataillon du 42ᵉ de marche remplaça en première ligne les mobiles du Cher (19ᵉ), poussant des postes jusqu'à 20 pas des sentinelles ennemies qui couvraient le Sud de Chagey. De ce côté on se contenta de tirailler sans résultat (2).

A 9 heures du matin, la 20ᵉ batterie du 9ᵉ régiment, placée au Sud-Ouest de Chagey, avait ouvert le feu. Bien abritée derrière un épaulement, elle le continua toute la journée par intervalles (3).

A sa gauche, les deux batteries de l'Isère (Montrichard et Laboureux), du calibre 12, sous les ordres du commandant Lemoyne, resserrées derrière un épaulement de 50 mètres de front élevé à l'Ouest de Couthenans, avaient dès 8 heures du matin ouvert un feu assez vif, mais inefficace (4), qui dura jusque vers 11 heures. Vers

---

(1) *Journal* de la 1ʳᵉ division. *Historiques* des 44ᵉ de marche et 73ᵉ mobiles formant la 2ᵉ brigade (Robert). Ce régiment n'a que deux bataillons présents, le troisième étant avec la cavalerie du 18ᵉ corps à Palente.

(2) *Historique* du 42ᵉ de marche.

(3) D'une façon peu nourrie, puisque du 15 au 17 elle ne tira que 128 obus (*Rapport* du commandant Alips).

(4) *Rapport* du chef d'escadron Lemoyne.

2 heures on recommença à tirer, mais à raison d'un coup par demi-heure.

Les pertes furent cependant des plus faibles : 1 tué, 2 blessés et quelques contusionnés.

La batterie Groussard (34ᵉ de marine, calibre 8), établie comme la veille à l'Est de Coisevaux sur la croupe des bois communaux (1), avait ouvert son feu à 9 heures. Prise d'écharpe vers 11 heures, elle avait cessé son tir, n'ayant cependant qu'un blessé.

Il semble qu'alors une section de la 20ᵉ batterie du 15ᵉ régiment, de la 3ᵉ division (lieutenant de Ganay), vint se placer à la droite de la batterie Groussard. Elle dut se retirer avec des pertes sensibles.

Enfin une batterie de montagne, la 2ᵉ du 6ᵉ (sous-lieutenant Chollet), avait pu se rapprocher sous bois jusqu'à 500 mètres de Chagey, et, grâce à l'abri donné par des saucissons confectionnés pendant la nuit, ne faire aucune perte malgré une canonnade prolongée (2).

Vers 2 heures du soir, le commandant Alips avait obtenu du lieutenant-colonel de Miribel l'appoint de deux mitrailleuses pour occuper l'épaulement utilisé par la 20ᵉ batterie du 9ᵉ régiment. Une section de la 23ᵉ batterie du 15ᵉ régiment, désignée pour cette mission (3), avait pu obliger au silence une des batteries du mont Vaudois en lui causant de lourdes pertes (4).

Réserve générale. — Vers 10 heures du matin, le régiment d'infanterie de marine avait relevé dans les bois communaux le 38ᵉ de ligne et s'était établi en arrière

---

(1) *Rapport* de la part prise par les 34ᵉ et 35ᵉ batteries de la réserve. *Rapport* sur la part prise par l'artillerie.

(2) *Historique* de la 2ᵉ batterie de montagne du 6ᵉ régiment (réserve du 18ᵉ corps).

(3) *Rapport* du commandant Alips et *Historique* de la 23ᵉ batterie du 15ᵉ régiment.

(4) D'après Kunz, c'était la 2ᵉ G.

de Coisevaux avec le 29ᵉ de marche (1). De très bonne heure, les trois batteries de 8 du colonel Venot (2) avaient repris leurs emplacements de la veille. Mais le feu ouvert à 9 h. 30 (3) devait être fort peu vif, soit à cause du brouillard, soit par suite de la pénurie de munitions « réduites, disait le général Pallu, à 100 coups par pièce, dont 45 obus percutants seulement (4) ». Il semble cependant qu'on eut un certain succès un moment contre une des batteries qui canonnait celle du capitaine Groussard (5). Mais, dès 10 h. 45, le général Pallu interrompit son tir (6).

20ᵉ corps. — L'ordre général pour la journée du 17 avait donné au 20ᵉ corps les mêmes instructions qu'aux 15ᵉ et 24ᵉ. Celles-ci consistaient à se maintenir sur les positions occupées et à menacer l'ennemi pour l'empêcher de se dégarnir devant eux », mais en ajoutant que « le rôle du 20ᵉ corps serait probablement plus offensif, afin d'appuyer le mouvement tournant qu'ont déjà commencé le 18ᵉ corps et la division Crémer ». Toutefois, ainsi qu'on va le voir, la matinée se passa pour le 20ᵉ corps dans une attitude strictement défensive. « L'ennemi, dit le rapport sur la part prise par le 20ᵉ corps à la bataille d'Héricourt, fit plusieurs tentatives pour déloger nos troupes des positions qu'elles occupaient depuis trente-six heures. A gauche, du côté de la 1ʳᵉ division, les avant-postes du Jura et les francs-tireurs placés à gauche de Byans concentrèrent leur feu sur l'ennemi

---

(1) *Historique* du 38ᵉ de ligne.
(2) La 19ᵉ du 2ᵉ, la 20ᵉ du 2ᵉ, la 11ᵉ du 6ᵉ. *Historique* de la 11ᵉ batterie du 6ᵉ régiment.
(3) 2ᵉ note du général Pallu.
(4) 1ʳᵉ note du général Pallu.
(5) 3ᵉ note, 10 h. 5, du général Pallu.
(6) 4ᵉ note, 10 h. 45, du général Pallu, signalant aussi le silence à ce moment de l'artillerie du 18ᵉ corps, sauf la batterie de Couthenans (la 20ᵉ du 9ᵉ probablement).

qui dut se retirer en laissant une centaine de morts... A l'extrême gauche, du côté du saillant des bois communaux, l'ennemi, sorti de l'usine Chevrot, s'était glissé sous bois à la faveur de l'obscurité et avait pu pénétrer près du sommet du coteau en refoulant un petit poste. Mais le commandant Dugenne, de la Haute-Loire, qui avait le commandement des avant-postes, porta plusieurs compagnies au-devant de l'ennemi et l'arrêta... L'ennemi lâcha pied et reprit sous bois la direction de l'usine Chevrot... Deux compagnies le poursuivirent et s'organisèrent solidement à la lisière du bois, et, plus tard, attaquèrent une colonne prussienne qui sortait de l'usine pour se diriger vers Couthenans et les derniers contreforts du mont Vaudois ».

Aucun des *Historiques* français ne parle d'une attaque sortie de l'usine Chevrot, pas plus d'ailleurs que l'*Historique* du *34e* prussien, dont moins de deux compagnies (1) occupaient ce point. Au contraire, ce dernier parle de l'approche de détachements français isolés contre Saint-Valbert, repoussés après une insignifiante fusillade. Des deux côtés, l'artillerie restait muette ou à peu près. Cependant les quatre batteries de 12 et la batterie de 4 (2), engagées la veille de Tavey à Verlans, avaient en totalité ou en partie repris leurs emplacements; mais elles ne tiraient plus que de loin en loin.

Vers la droite, la 3e division avait, jusque vers 1 heure du soir, occupé Tavey et Byans. Il semble que, dès ce moment, la 2e brigade de la 3e division, qui occupait le bois de Tavey, se retira vers le bois de Laire (3).

Cependant le général Clinchant avait reçu l'ordre de faire « un effort par sa gauche à 2 heures, moment auquel

---

(1) La 12e, tandis que la 11e était à Saint-Valbert.
(2) La 18e du 14e, la 14e du 18e, la 23e du 6e, la 11e du 10e, de 12, la 19e du 12e, de 4, appartenant à la 2e division. En trois jours, la 14e du 10e n'a qu'un blessé.
(3) *Journal* de la 3e division.

commencera l'offensive contre Chagey (1) ». Il donna donc à la 3ᵉ division, « qui avait relevé la 2ᵉ dans ses positions à droite et à gauche de Byans, l'ordre d'effectuer une nouvelle attaque, qui avait pour but d'attirer l'attention de l'ennemi ». On ne sait quelles troupes furent employées à cette démonstration, qui, de l'aveu du commandant du 20ᵉ corps, « se borna d'ailleurs à une fusillade des plus nourries ». Les deux batteries de droite de la réserve et une section de la 21ᵉ batterie du 7ᵉ régiment (mitrailleuses), placées par le général Clinchant lui-même derrière l'épaulement établi près de Tavey, exécutèrent à ce moment quelques feux sans grande efficacité (2).

24ᵉ corps. — Le général Bressolles avait prescrit de profiter de la nuit pour faire des distributions et construire des épaulements pour l'artillerie (3). En ce qui concerne les vivres, les ordres furent très incomplètement exécutés (4), le convoi ayant été dirigé sur Allondans, et les troupes de première ligne se trouvant très éloignées de ce point (5). Quant aux épaulements, la 3ᵉ compagnie du 2ᵉ régiment du génie paraît avoir commencé le 16 au soir à établir une batterie en face de Bethoncourt. Ce travail fut suspendu, sans avoir été achevé, dès 1 heure

---

(1) Ordre daté d'Aibre, 1 heure du soir. *Rapport* sur la part prise par le 20ᵉ corps.

(2) *Historique* de la 21ᵉ du 7ᵉ (mitrailleuses). Kunz et l'*Historique* du 34ᵉ prussien fixent cette attaque l'un à 4 heures, l'autre à 3 heures.

(3) *Ordre* daté de Laire, nuit du 16 au 17 janvier.

(4) D'après les *Historiques* des corps, le 1ᵉʳ mobiles, le 87ᵉ mobiles ne touchent rien. La 2ᵉ légion du Rhône ne reçoit que 4 kilogrammes de pain par compagnie. Les chevaux ne peuvent, en général, ni boire ni manger.

(5) *Lettre* du général d'Ariès, datée d'Allondans. Réponse du général de Bressolles dans l'ordre général cité ci-dessus prescrivant de faire porter des vivres au 63ᵉ de marche et au 15ᵉ bataillon de chasseurs.

du matin (1). Il ne semble pas d'ailleurs que les troupes d'infanterie y aient collaboré.

En prévision d'une reprise de l'offensive, les 2ᵉ et 3ᵉ divisions devaient reprendre leurs positions de la veille en avant de Vyans et au bois du Chênois, tandis que la 1ʳᵉ se placerait en seconde ligne derrière la 3ᵉ occupant ce bois (2). Mais, à 1 heure du matin, le commandant du 24ᵉ corps annulait l'ordre d'attaque et prescrivait de garder la défensive en entretenant faiblement le feu de l'artillerie. Cependant le général de Busserolle était chargé personnellement de reconnaître un gué situé à la pointe du bois du Chênois. Cette reconnaissance exécutée par l'état-major de la 3ᵉ division coûtait deux officiers blessés (3).

Dès le matin, sous une pluie glaciale, la 3ᵉ division déploya à la lisière du bois du Chênois quelques tirailleurs du 84ᵉ mobiles, le reste de ce régiment moins un bataillon et le IVᵉ bataillon de la Loire restant sous bois. En arrière sur la lisière Ouest étaient les deux batteries divisionnaires de 4 (4), gardées par le IIIᵉ bataillon de la Loire (89ᵉ mobiles). La 4ᵉ batterie de montagne du 3ᵉ régiment, placée dans une clairière, se tenait prête « à fouiller avec ses obus les ravins du bois de Dannin (5) ». Quant à la 2ᵉ légion du Rhône, elle était, comme d'ordinaire, en réserve dans le bois de Tavey (6).

---

(1) *Historique* de la 3ᵉ compagnie *bis* du 2ᵉ régiment du génie.
(2) Ordre général, 1ʳᵉ et 2ᵉ notes.
(3) *Journal* de la 3ᵉ division, capitaine Juven et lieutenant Bastien.
(4) La 23ᵉ du 8ᵉ, la 7ᵉ du 3ᵉ. *Historiques* des 89ᵉ mobiles et IVᵉ bataillon de la Loire.
(5) *Journal* de la 3ᵉ division.
(6) *Historique* du lieutenant-colonel Ferrer. « La légion ayant été presque toujours en réserve... A l'affaire de Saulnot, nous n'eûmes qu'un tué et 3 blessés par des éclats d'obus et, dans le bois d'Héricourt, c'est à peine si une cinquantaine d'hommes furent mis hors de combat. » L'effectif était cependant tombé à 600 hommes.

La 2ᵉ division, à la droite du 24ᵉ corps, occupait le bois Bourgeois par le 61ᵉ. Le 60ᵉ de marche avait deux compagnies à Bussurel, un bataillon à Vyans et le reste au Nord du village avec le 21ᵉ bataillon de chasseurs. Mais, vers 9 heures, trois compagnies du 14ᵉ mobiles relevèrent à Bussurel celles du 60ᵉ de marche. Les deux régiments de mobiles (87ᵉ et 14ᵉ) étaient déployés face à Bussurel (1), leur gauche à Vyans.

Quant à la 1ʳᵉ division, après avoir touché des vivres, elle ne se mit en marche qu'à midi (2). A 2 heures seulement, les trois corps qui la composaient étaient massés à l'Ouest de Vyans complètement à l'abri des crêtes. Une partie de l'artillerie, probablement la batterie de montagne (3), resta parquée à côté de l'infanterie. Les deux autres (4), placées au Sud du bois Bourgeois avec une partie du 63ᵉ de marche, tirèrent quelques obus; mais, dès 11 heures, elles avaient rejoint le gros de la division à l'Ouest de Vyans. Dans ce court engagement, la 3ᵉ batterie du Doubs avait perdu 1 officier blessé, 1 sous-officier tué, 4 chevaux et avait eu 3 roues démolies par les obus.

Des 3 batteries de 12 de la réserve (5), seule la 25ᵉ du 14ᵉ régiment paraît avoir tiré quelques obus. La batterie de 4 (19ᵉ du 19ᵉ), bien que portée plus en avant et à 1,800 mètres seulement de l'artillerie ennemie (6), ne s'engagea pas. A 7 heures du soir, toute l'artillerie de réserve rentrait à Laire.

---

(1) *Historique* du 87ᵉ mobiles et du 14ᵉ mobiles.

(2) *Journal* de la 1ʳᵉ division. *Historique* du 16ᵉ chasseurs de marche et du 63ᵉ de marche.

(3) La 5ᵉ du 13ᵉ.

(4) La 3ᵉ mobile du Doubs, et la 1ʳᵉ bis du 9ᵉ. *Rapport* du commandant Maillard.

(5) La 25ᵉ du 14ᵉ, la 21ᵉ du 13ᵉ, la 21ᵉ du 9ᵉ.

(6) *Historique* de la 19ᵉ du 19ᵉ. La batterie de montagne (2ᵉ du 13ᵉ) était restée à Raynans et arrivait à minuit à Issans.

Seule de ce côté la 4ᵉ batterie légère badoise paraît avoir agi contre les troupes massées près de Vyans, puis contre Bussurel. Elle ne lança pourtant que 30 obus (1). C'est dire que le 24ᵉ corps resta dans une inaction complète.

15ᵉ corps. — Comme pour le 24ᵉ corps, la mission du 15ᵉ consistait « à se maintenir sur ses positions, en se tenant prêt à se porter en avant (2) ». Il semble en outre que des prescriptions spéciales aient indiqué au 15ᵉ corps deux positions successives à occuper en cas d'offensive de l'ennemi, car, dans une lettre particulière, le général Borel appelait l'attention du général Martineau sur la nécessité « d'occuper jusqu'au dernier moment le mont Chevis, qui serait très menaçant si l'ennemi parvenait à s'en emparer ». « Il faut donc, ajoutait-il, s'y maintenir avec obstination et ce ne serait que dans le cas où le 15ᵉ corps serait entièrement bousculé, ce qui, je l'espère, n'aura pas lieu, que tu devrais te replier sur la deuxième position (3) ».

Quant à l'offensive, elle paraissait impossible au général Martineau « avant d'avoir complètement canonné le château de Montbéliard, et d'avoir éteint le feu d'une batterie de position composée de pièces de très gros calibre et placée à la Grange-Dame ». « Les quatre batteries de 8 que j'ai avec moi, disait le général Martineau, ne suffisent pas à maintenir l'attaque incessante de nombreuses batteries placées sur les hauteurs qui dominent la rive gauche de la Lisaine. Au soir même, mon artillerie n'avait plus de munitions, elle en a reçu cette nuit, mais juste ce qu'il faut pour soutenir l'attaque ennemie ».

Et après avoir dépeint la situation de ses troupes

---

(1) Kunz.
(2) Ordre général.
(3) *Lettre* du général Borel sans indication d'heure.

depuis « trois jours et trois nuits sous les armes, dans la neige, ayant à peine des vivres par demi-journée, » le commandant du 15ᵉ corps terminait en disant : « Nous allons à une grande catastrophe (1). »

Non seulement le 15ᵉ corps n'allait pas attaquer, mais il devait même abandonner le terrain conquis.

Dans la nuit du 16 au 17, l'ordre avait été donné au général de la Cottière, commandant de la 1ʳᵉ brigade de la 3ᵉ division, d'évacuer Montbéliard (2) et de se replier avant le jour sur le plateau de Sainte-Suzanne. Dès 11 heures du soir, la section de la 19ᵉ compagnie du 2ᵉ régiment du génie avait quitté Montbéliard pour aller travailler à améliorer les routes que devait parcourir la 3ᵉ division (3). A 4 heures du matin, « à la grande stupéfaction de tous » (4), le 6ᵉ bataillon de chasseurs avait été rappelé en arrière jusque près de Dung, où se rassemblait le 16ᵉ de ligne, dont les deux bataillons détachés à la 1ʳᵉ division avaient rejoint (5). En avant, se plaçait le bataillon du 33ᵉ de marche. Enfin la brigade Martinez, dont deux régiments, le 27ᵉ de marche et le 69ᵉ mobiles, avaient laissé chacun un bataillon à Clerval (6), resta au bivouac sur le plateau de Sainte-Suzanne, fournissant,

---

(1) *Lettre* du général Martineau, reçue au grand quartier général à 9 h. 50 du matin.

(2) *Journal* de la 3ᵉ division, journée du 16 janvier. Voir aussi la demande de renforts du général de la Cottière, transmise le 16 par le général Peytavin, journée du 16. Le général de la Cottière n'avait plus avec lui que le 6ᵉ bataillon de chasseurs de marche, le 1ᵉʳ bataillon du 33ᵉ de marche et 3 compagnies du 16ᵉ de ligne, soit 1,800 hommes environ. Le 32ᵉ mobiles avait été, on s'en souvient, renvoyé à Courcelles.

(3) *Historique* de la 19ᵉ compagnie du 2ᵉ génie, journées du 16 et du 17.

(4) *Historique* du 6ᵉ bataillon de chasseurs.

(5) *Historique* du 16ᵉ de ligne.

(6) *Lettre* du général Peytavin, journée du 16 janvier. La 2ᵉ brigade de la 3ᵉ division comprend donc 4 bataillons seulement.

une grand'garde du 69ᵉ mobiles devant Montbéliard.

Dès 5 heures du matin, la 1ʳᵉ division, qui avait bivouaqué autour de la ferme du Mont-Chevis, fut remplacée sur la première ligne par la 2ᵉ et se reporta en arrière à la lisière du bois du Berceau (1). Vers 9 heures, la 1ʳᵉ division eut l'ordre de se reporter vers la gauche, pour occuper le bois Bourgeois et le bois dit Montévillars, en se reliant par sa gauche au 24ᵉ corps. En conséquence, le 1ᵉʳ zouaves de marche vint se placer à Allondans, tandis que devant lui le 12ᵉ mobiles était au fond du ravin qui va vers le Nord-Est jusqu'au col séparant les bois dits Montévillars et Bourgeois. Le bataillon de la Savoie, très éprouvé la veille, était resté à Issans.

En avant de la 1ʳᵉ brigade, une batterie (2), la 18ᵉ du 13ᵉ, gardée par un bataillon du 12ᵉ mobiles, avait placé deux pièces au Nord du ravin et deux autres à son débouché, mais le manque absolu de munitions empêcha d'agir (3). Les troupes bien à l'abri purent faire des feux et recevoir des distributions de vivres (4).

Quand à la 2ᵉ brigade, réduite à un effectif de 2,000 hommes (5), elle avait, vers 10 heures, fait occuper la lisière du bois Bourgeois par le 4ᵉ bataillon de chasseurs de marche (6), derrière lequel furent placés un bataillon du 18ᵉ mobiles (Charente), puis le reste du

---

(1) *Journaux* de la 1ʳᵉ division (1ʳᵉ brigade).

(2) *Ibid.* « Une partie de la 18ᵉ du 13ᵉ fut mise en batterie à hauteur de cette batterie sans tirer. Elle n'avait plus de munitions » (Note du colonel Frocard).

(3) *Souvenirs* du colonel Frocard. Cet officier, alors sous-lieutenant à la 18ᵉ du 13ᵉ, avait été envoyé chercher des munitions. Il dut, pour en trouver, aller jusqu'à l'Isle-sur-Doubs et les ramena le 18 au prix de fatigues inouïes.

(4) *Historique* du 12ᵉ mobiles.

(5) *Mémoire* du lieutenant-colonel Lemoing.

(6) *Historique* du 4ᵉ bataillon de chasseurs. *Mémoire* du lieutenant-colonel Lemoing.

régiment. Plus tard, le IIIe bataillon (Pierre) du 30e de marche, appartenant à la 2e division, se porta déployé vers le bois Bourgeois (1). Il y reçut quelques coups de fusil tirés par erreur par le 18e mobiles.

Le régiment de Tirailleurs algériens, dont un bataillon avait été rappelé de Montbéliard lors de l'évacuation de cette ville, était en réserve à l'abri du bois Bourgeois.

On a vu que la 2e division avait de bonne heure relevé la 1re autour de la ferme du Mont-Chevis. Au Nord de ce point avaient été placés le régiment étranger (2) (2 bataillons), ayant à sa gauche, à la corne du bois Bourgeois, le 5e bataillon de chasseurs de marche. Le 25e mobiles et deux bataillons du 30e de marche étaient près et au Sud de la ferme du Mont-Chevis.

Ici se place un incident sur lequel les diverses versions françaises et allemandes sont en complet désaccord.

« Vers 1 heure, dit le *Mémoire* du lieutenant-colonel Lemoing, commandant la 2e brigade de la 2e division, une petite colonne d'infanterie prussienne (sortie de Béthoncourt) voulut exécuter sur la batterie (placée au Nord de la ferme du Mont-Chevis) (3) une reconnaissance précédée de tirailleurs. Elle s'avança avec aplomb ». A l'appel des artilleurs menacés, le 5e bataillon

---

(1) *Historique* du 30e de marche.

(2) *Journaux* de la 2e brigade de la 1re division et de la 2e brigade de la 2e division. *Historiques* du 5e bataillon de chasseurs de marche, du régiment étranger, du 25e mobiles et du 30e de marche. Le 2e zouaves de marche arrivait dans la journée à Arcey venant de Clerval.

Le 39e de ligne resta l'arme au pied toute la journée.

Le 29e mobiles (Maine-et-Loire) était loin du champ de bataille, à Sainte-Marie, Issans et Allondans.

(3) Probablement la 18e du 9e de la 2e division, qui, d'après son *Historique*, eut dans l'après-midi à tirer contre des groupes d'infanterie.

de chasseurs de marche, enlevé par le capitaine Gérard, s'était élancé au pas de course, mais se trouvait bien vite sous un feu violent d'artillerie (1). Les IIe et IIIe bataillons du régiment étranger se portèrent également en avant, mais se retirèrent bientôt sous de nombreux obus.

Les Allemands ne mentionnent aucune offensive partie de Bethoncourt, par contre, leurs auteurs signalent une attaque que les Français auraient vers 2 heures tentée vers ce point, mais en évaluant les forces engagées bien au-dessus de leur valeur (2). Il s'agit très probablement du vigoureux retour offensif dont il vient d'être parlé. Mais il est peu probable que des forces françaises aient progressé jusqu'à Montbéliard assez pour s'engager avec le bataillon Insterburg, qui, après l'évacuation de la ville, était venu occuper la gare et le talus du chemin de fer (3).

En ce qui concerne les artilleries divisionnaires, celle de la 1re division paraît avoir engagé une batterie (4), encore ne sait-on pas à quel endroit.

A la 3e, une seule batterie, 18e du 15e, fut en action. Avec de très grandes difficultés dues au verglas, elle

---

(1) *Historique* du 5e bataillon de chasseurs de marche.

(2) *Historiques* des Ier, IIe et V^e bataillons du régiment étranger. On fit peu de pertes dans la marche en avant. Au retour, on eut à souffrir du feu de l'artillerie : lieutenant Cammel tué, plusieurs tués ou blessés. *Journal* de la 2e brigade de la 2e division. Voir aussi *Historique* du 12e mobiles, qui fixe l'engagement à 11 heures.

(3) « L'ouvrage du Grand État-Major évalue les forces engagées par les Français à dix bataillons, von den Wengen à 6 ou 8, Löhlein à dix » (Kunz, *loc. cit.*, p. 142). Cet auteur admet dix bataillons, en comptant le 5e bataillon de chasseurs, le régiment étranger, le 39e de ligne et le 30e de marche. On a vu que le 39e ne donna pas et que le 30e n'engagea qu'un bataillon (IIIe) dans le bois Bourgeois, où eut lieu la méprise du 18e mobiles.

(4) « La 18e du 6e soutint le feu pendant trois heures... » (*Historique* de la batterie).

parvint à installer quatre pièces à l'ancienne citadelle et à canonner le château de Montbéliard à une distance de 800 mètres. Mais, dès 8 h. 30 du matin, le feu des batteries de la Grange-Dame et du château obligea à ne laisser en position que deux pièces, qui agirent jusqu'au soir (1).

A la 2ᵉ division, une seule batterie également paraît être entrée en action. Ce fut la 18ᵉ du 9ᵉ, qui avait repris dès le matin son emplacement au Nord-Est de la ferme du Mont-Chevis; bien protégée par le terrain et par un épaulement, elle put se maintenir et agir avec succès vers 8 heures contre une troupe en marche des grands bois vers Béthoncourt et qui semble avoir été le bataillon Breslau II. Les efforts faits à diverses reprises par ce détachement pour arriver en terrain découvert jusqu'au talus du chemin de fer entre Bethoncourt et Bussurel sont peut-être l'origine de l'idée, qu'on se fit du côté français, d'une offensive ennemie (2). On a vu que la contre-attaque de quelques troupes de la 1ʳᵉ division fut causée par le danger où l'on crut que se trouvait l'artillerie placée au Nord-Est du mont Chevis.

Quant aux quatre batteries du calibre 8 qui faisaient partie de la réserve du 15ᵉ corps (3), on sait seulement que la 30ᵉ mixte de marine, placée sur le mont Chevis, agit d'abord contre les batteries de la Grange-Dame, puis contre le village de Bethoncourt, et eut, au cours de la journée, 2 tués et 3 blessés; la 12ᵉ du 6ᵉ régiment perdit son capitaine commandant des Essarts, blessé au pied, la 16ᵉ mixte du 3ᵉ, placée près du mont Chevis, tira

---

(1) *Historique* de la 18ᵉ du 15ᵉ. La batterie a 4 tués, 8 blessés, 2 chevaux blessés, 1 affût et 2 roues brisés.
(2) Kunz, p. 152, et *Historique* de la 18ᵉ du 9ᵉ.
(3) La 30ᵉ mixte de marine, la 12ᵉ du 6ᵉ, la 11ᵉ du 6ᵉ, la 16ᵉ mixte du 3ᵉ. *Historiques* des batteries.
On ne sait rien sur le rôle de la 11ᵉ du 6ᵉ.

162 obus ordinaires et perdit 12 hommes et 9 chevaux.

Les quatre batteries à cheval n'eurent pas à entrer en action.

Dans la nuit du 17 au 18, à 1 heure du matin, les neuf batteries de la réserve se rassemblèrent à Dung (1).

La division de cavalerie occupait, le 17, les emplacements suivants :

1re brigade (Dastugue). — 6e hussards : 2 escadrons à L'Isle ; 2 avec le général en chef du 15e corps.

6e dragons : 1 escadron à Médière et Longevelle, 2 à Mancenans, 1 à Etrappe.

Le 11e chasseurs n'était pas encore arrivé.

3e brigade (Tillion) à Baume-les-Dames. — 1er chasseurs de marche : 1 escadron à Clerval, 1 à Branne. — 9e cuirassiers à Voillans et Autechaux. — 1er cuirassiers de marche à Verne, Luxiol, Hyèvre-Paroisse.

La 2e brigade (Boërio) occupait Courcelles, Bart, La Roche, Bavans, son gros à Bart (3) avec une batterie à cheval ; une grand'garde à Sainte-Suzanne échangea quelques coups de fusil avec l'ennemi, lorsque celui-ci eut réoccupé Montbéliard. A la nuit, cette grand'garde fut renforcée par 100 hommes du 32e mobiles, tandis que les villages de Courcelles, Arbouans, Bart, La Roche recevaient des fractions du 32e mobiles et des mobilisés du corps du Haut-Doubs. A Bavans s'installait le 3e dragons.

---

(1) *Historiques* de la 14e du 18e et de la 15e du 19e.
(2) *Journal* de la division de cavalerie.
(3) *Lettre* du général de Boërio et *Journal* de la 2e brigade.

Le général Bourbaki décide la retraite.

Tous ces efforts décousus, sans liaison, sans idée de vaincre, étaient restés sans résultat. Le général Bourbaki, profondément découragé, était prêt à donner l'ordre de la retraite. Celle-ci allait être décidée dans des conditions souvent racontées, mais que le témoignage d'un témoin oculaire (1) précisera complètement.

Vers 3 heures, le général Billot se trouvait avec les généraux Bonnet et Feillet-Pilatrie au carrefour de la route de Chagey avec le chemin de bois dit chemin défendu, lorsqu'arriva le général en chef accompagné du lieutenant-colonel Leperche. Celui-ci fit connaître l'approche de Manteuffel, et le général Bourbaki déclara qu'il allait consulter les généraux présents sur le parti à prendre.

Apercevant le commandant Brugère qu'il connaissait particulièrement et qui se tenait à l'écart, il le fit approcher, voulant, dit-il, « connaître l'avis de la jeunesse ».

Il donna ensuite les renseignements qu'il avait sur la marche de Manteuffel, annonça que le 15ᵉ corps ne pouvait plus tenir dans Montbéliard et que son chef demandait à battre en retraite, puis demanda au commandant Brugère de donner son avis le premier.

Celui-ci proposa d'attendre le lever du jour, pour attaquer en forces et par sa pointe Sud le mont Vaudois, dont on se serait approché pendant la nuit. « Vous êtes

---

(1) Général Brugère.

un fou », répondit le général en chef. Les généraux Bonnet et Feillet-Pilatrie déclarèrent l'un et l'autre qu'il fallait battre en retraite. Le général Billot proposa de porter tout le 18ᵉ corps vers Frahier et d'attaquer de ce côté.

Le général Bourbaki déclara alors que son parti était pris et que l'armée allait se mettre en retraite. Au moment de partir, il se tourna vers le commandant Brugère et lui dit : « J'ai vingt ans de trop. Les généraux devraient avoir votre âge ».

Tout était consommé, et la partie était perdue, sans avoir été jouée réellement. Ce qui restait de forces à l'armée de l'Est allait rapidement disparaître dans une pénible retraite, en attendant le plus affreux désastre. Ce que n'avaient pu amener les plus cruelles épreuves, tant qu'il était resté quelque espoir de succès, allait résulter de la seule annonce de l'insuccès de l'entreprise. Les vainqueurs de Villersexel et d'Arcey n'allaient plus être qu'une cohue incapable d'aucun effort.

L'Armée du Sud.

Le 17, le général de Fransecky portait la brigade mixte, qui marchait en tête du IIᵉ corps, vers la droite, et lui faisait prendre, au Sud d'Is-sur-Tille, une position d'observation contre Dijon (1). Sous la protection de cette brigade, la *3ᵉ* division se déployait en terrain découvert et occupait des cantonnements serrés à Is-sur-Tille et aux environs. Derrière ces troupes, l'artillerie de corps et la *14ᵉ* division s'avancèrent jusqu'aux débouchés de la région montagneuse.

Un détachement, sous les ordres du colonel de Ferentheil (IIᵉ bataillon et fusiliers du *9ᵉ*, 3ᵉ escadron du *11ᵉ* dragons, 3ᵉ compagnie de pionniers), s'était porté sur le flanc droit, partie dans la vallée de l'Oze, partie en côtoyant celle-ci à l'Est, et avait réussi, non sans quelques pertes (3 officiers, 22 hommes) à déloger les partisans ennemis de Verrey-sous-Salmaize et des hauteurs situées à l'Est de Bligny-le-Sec. Ces troupes, traversant des chemins difficiles, passaient par Saint-Seine et rejoignaient, dans la nuit, leur division à Vernot.

Au VIIᵉ corps d'armée, l'avant-garde de la *13ᵉ* division (IIᵉ bataillon et fusilliers du *73ᵉ*, *7ᵉ* bataillon de chasseurs, 3ᵉ et 4° escadrons du *8ᵉ* hussards, 5ᵉ batterie légère et 1ʳᵉ compagnie de pionniers) se portait sur Champlitte où elle apprenait que des mouvements de troupes avaient eu

---

(1) *Historique du Grand État-Major prussien*, p. 122.

lieu, peu de temps auparavant, entre Dijon et Langres. Elle y détruisait le chemin de fer de Gray à Langres ainsi que le télégraphe. Quelques coups de feu tirés près de Piémont sur une compagnie française, qui marchait dans la direction de Langres, l'amenaient à rebrousser chemin rapidement et à se disperser.

Partout ailleurs le pays fut trouvé libre jusqu'à la Saône.

L'avant-garde de la *14*ᵉ division (Iᵉʳ bataillon du *39*ᵉ, Iᵉʳ et IIᵉ bataillons du *77*ᵉ, 1ᵉʳ escadron de *15*ᵉ hussards, 2ᵉ batterie lourde) s'avançait jusqu'à Chandenay et éclairait dans la direction de Langres. Un détachement du gros (Iᵉʳ bataillon du *53*ᵉ, moitié du 4ᵉ escadron du *15*ᵉ hussards, 2ᵉ batterie légère) partant de Longeau, poussait par Bourg une reconnaissance vers cette place. Il délogeait à coups de canon un poste français établi à la Croix-d'Arles, tombait sous le feu du fort de la Bonelle et battait en retraite à midi, sans être inquiété.

VIIᵉ corps. — A la suite des indications données par le commandement au VIIᵉ corps (1) pour la journée du 17, le gros du corps d'armée devait rester sur place, mais porter ses avant-gardes plus en avant pour le service d'exploration, et appeler à lui les convois qui se trouvaient encore dans la montagne. Le général von Zastrow donna l'ordre à la *13*ᵉ division de pousser son avant-garde jusqu'à Champlitte, et de faire explorer par elle les routes de Prauthoy à Bussières-les-Belmont par Maatz et de Champlitte à Frettes, et celles de Vettes à Pierrecourt.

Elle devait se relier avec l'avant-garde de la *14*ᵉ division par Chaudenay, avec celle du IIᵉ corps dans la direction de Gray et Fontaine-Française.

La *14*ᵉ division devait faire renforcer son avant-garde par un bataillon et la porter à Chaudenay (entre Langres

---

(1) Fabricius, p. 116.

et Fayl-Billot, sur le chemin de fer d'Épinal); elle devait explorer Fayl-Billot et dans la direction de Langres, et, afin d'assurer la liaison avec la 13ᵉ division, reconnaître l'état de la route Maatz-Bussières et des chemins de traverse entre Longeau et la route Maatz-Bussières. Le gros de la division cantonné autour de Longeau devait envoyer des fortes reconnaissances sur Langres.

L'artillerie de corps devait venir s'établir, les batteries dans les villages de Chatoillenot et de Courcelles, Val d'Esnoms, évacués par les troupes de la division, les colonnes à Esnoms, Vaillant et Leuchey, les convois de Praslay à Germaines.

13ᵉ division. — Le général von Osten-Sacken fractionna son avant-garde de la façon suivante (1) :

Tête d'avant-garde : lieutenant-colonel Arent. — un escadron de hussards, 2ᵉ et 4ᵉ compagnies du 7ᵉ bataillon de chasseurs, un demi-bataillon de fusiliers du 13ᵉ, un quart de compagnie de pionniers.

Gros de l'avant-garde : lieutenant-colonel von Lœbell. — 1ʳᵉ et 3ᵉ compagnies du 7ᵉ bataillon de chasseurs, 5ᵉ batterie légère, un demi-bataillon de fusiliers du 13ᵉ, un quart de compagnie de pionniers, trois quarts du IIᵉ bataillon du 73ᵉ, bagages, un quart du IIᵉ bataillon du 73ᵉ, un peloton de hussards.

Il quittait Dommarien et, par Chassigny et Montvaudon, suivait la grand'route Langres-Gray.

Le lieutenant Troost, qui avec son peloton de hussards se trouvait en avant, reçut, en approchant du village de Piémont, des coups de feu et reconnut que les petits bois en avant de ce village étaient occupés.

A cette nouvelle, les deux compagnies de chasseurs de la tête d'avant-garde (2) se formèrent en colonnes de compagnie, de chaque côté de la route, sur la hauteur

---

(1) Fabricius, p. 117.
(2) Fabricius et *Historique* du 7ᵉ bataillon de chasseurs.

de Piémont (1); l'ennemi n'occupait pas le village même, mais le passage reserré entre la grande forêt de Louches située au Sud de la route et la petite forêt triangulaire où se trouve la petite ferme de Piémont, sur la route même. On crut d'abord avoir affaire à l'avant-garde d'une troupe marchant sur Langres.

Le III⁰ bataillon du 73ᵉ se déploya au Nord de la route, la 2ᵉ compagnie de chasseurs tournant le village par le Sud, sous un feu très vif venant de très loin. Le lieutenant Werner, de la 4ᵉ compagnie, avec son peloton, entra dans le village et occupa la lisière qui fait face à la ferme : pendant ces mouvements, les chasseurs furent pris de flanc par un feu très vif qui provenait de la forêt de Louches : un homme fut tué. Le général Osten fit alors établir sa batterie au Nord de la route, malgré un feu violent parti de la forêt : le feu fut ouvert rapidement contre la forêt et la petite ferme, à une distance de 2,000 à 2,400 pas. 26 obus furent tirés : le troisième était tombé sur la ferme et l'ennemi se retira rapidement dans la forêt voisine.

Comme pendant ce temps les tirailleurs avaient constamment progressé, le feu ne tarda pas à cesser dans le bois et les Français se retirèrent. Suivant les uns on eut affaire à des gardes mobiles, suivant les autres, d'après la manière de combattre, à des troupes de ligne.

Les Prussiens avaient perdu un chasseur et un tirailleur grièvement blessés. Le lieutenant Marenski, avec un peloton de la 10ᵉ compagnie du 73ᵉ, envoyé pour fouiller la forêt, tirailla encore quelques temps avec l'ennemi en retraite, mais celui-ci ne tarda pas à disparaître entièrement et à se disperser dans toutes les directions, notamment vers Orain (Sud) et le Prélot (Sud-Ouest).

Le général Sacken occupa Champlitte sans avoir de nouveau rencontré l'ennemi. Il apprit que Crenant le

---

(1) Les *Historiques* français ne parlent pas de cet engagement.

17, Coublanc et Maatz le 16, avaient été abandonnés par des troupes ennemies d'effectif inconnu ; d'après le maire, ces jours-là, 1,500 Garibaldiens (1) environ avaient traversé Champlitte, se dirigeant vers Langres par Leffond et Bussières, et une compagnie de troupes régulières était venue de Gray à Champlitte, mais s'était retirée le 17, en apprenant le combat de Piémont. La patrouille venant de Mirebeau et d'Autrey rendait compte que, le 15, il y avait là environ 2,000 Garibaldiens.

Pendant l'escarmouche de Piémont, le lieutenant-colonel von den Busche avait envoyé de Vaur, par Orain, sur Champlitte (2), le lieutenant de hussards von Scheele avec deux hussards ; celui-ci atteignait Champlitte sans avoir été inquiété par l'ennemi. A son retour par le même chemin, des coups de feu, partis du village d'Orain, lui blessèrent grièvement un hussard et le cheval de l'autre.

Entendant ces coups de feu, le lieutenant von Scheele, qui à ce moment là était en arrière (3), mit son cheval au galop, et passant à 10 mètres des jardins et des murs derrière lesquels se trouvait l'ennemi, vint rejoindre ses hussards sans avoir de blessures. Le hussard et le cheval blessés succombèrent à leurs blessures.

En entendant les coups de feu (4), le général von den Sacken envoya aussitôt le lieutenant Rocholl avec un peloton de hussards vers Orain : il trouve le village occupé par 400 à 500 hommes environ : laissant une patrouille de sous-officier continuer l'observation, il vient lui-même rendre compte au général Osten, qui envoya la 5ᵉ compagnie du *73ᵉ* (lieutenant Breyding)

---

(1) Brigade Lobbia, voir page suivante, note.
(2) Fabricius, p. 118.
(3) *Historique* du *8ᵉ* hussards, p. 126.
(4) Fabricius.

avec mission de chasser l'ennemi du village et de rentrer ensuite à Champlitte. En arrivant à 500 pas du village, la compagnie aperçut l'ennemi qui se retirait dans le bois vers le Sud-Est; quelques hussards allèrent constater la retraite vers le Sud : seul un garde mobile ivre fut fait prisonnier. La 5ᵉ compagnie, en rentrant à Champlitte, rencontra la 9ᵉ compagnie qui lui était envoyée en soutien (1).

Le détachement Delitz, qui était resté à Selongey, rendait compte que, jusqu'au 16 au soir, il n'avait encore rien reçu du IIᵉ corps (2).

Le lieutenant von Haxtausen du *8ᵉ* hussards, envoyé à Fontaine-Française, rendait compte que, le 15, 2,000 Garibaldiens venant de Selongey, étaient arrivés à Sacquenoy, et en étaient repartis à 11 heures du matin; on ne savait dans quelle direction, mais certainement pas sur la route Dijon-Langres.

Le 2ᵉ escadron, à Vaux, rendait compte que, d'après le maire de Fontaine-Française et la tranquillité des habitants, Gray devait être fortement occupé; le 13 et le 14, environ 3,000 Français, flanc-garde d'un corps en marche de Dijon par Gray vers le Nord, étaient passés à Fontaine.

Dans le courant de l'après-midi, le lieutenant-colonel von den Busche, avec les Iᵉʳ et IIᵉ bataillons du *55ᵉ*, un demi du 2ᵉ escadron du 5ᵉ ulans de réserve, quittait ses

---

(1) *Rapport* du capitaine Lacour (brigade Lobbia) (M. 14, Arch. de la Guerre). Le 16, à 6 heures du matin, départ de Percey-le-Grand, et arrivée à Champlitte à 10 heures du matin; après une halte de deux heures, nous quittâmes cette station, obligés que nous étions de fuir devant des forces supérieures munies d'artillerie, et c'est ainsi que, côtoyant toujours un ennemi devant lequel nous disparaissions, nous arrivâmes, après une marche forcée de 90 kilomètres, à Langres le 17, à 6 heures du matin, après avoir traversé Leffond, Leuchey, Bussières et Chalindrey.

(2) Fabricius, p. 119.

cantonnements sur la Vingeanne, et s'avançait vers Dommarien, Chailley et Dardenay, et se reliait d'un côté avec l'avant-garde à Champlitte, de l'autre avec la 14e division à Villegusien.

Une patrouille envoyée l'après-midi d'Isômes à Percey-le-Grand apprenait que, le 15, il y avait dans ce village 1,000 à 1,200 fantassins français en uniforme qui s'étaient ensuite dirigés sur Orain.

14e division. — La *14e* division devait faire explorer vers Langres, le 17, à la fois par son avant-garde et par le gros de ses forces; les fractions de Bourg et de Brennes ne devaient pas bouger.

L'avant-garde, sous les ordres du colonel Pannwitz, comprenait maintenant le Ier bataillon du *39e*, les Ier et IIe bataillons du *77e*, 1 escadron du *15e* hussards et la 2e batterie lourde.

Au départ de Cohons, l'arrière-garde fut attaquée par environ 200 gardes mobiles, qui pourtant se replièrent rapidement. Le colonel atteignit sans autre incident Chaudenay, sur la route Langres-Vesoul. Le lieutenant von Wilamovitz, continuant à s'avancer avec ses hussards sur la route, vers la forteresse, ne rencontra pas d'ennemis; se dirigeant ensuite vers le Sud-Est, sur Fayl-Billot, il fut accueilli devant les villages de Torcenoy et de Corgirnon par des coups de feu : il prit 5 Garibaldiens : cherchant ensuite à passer par Les Loges, pour gagner par le Sud Fayl-Billot à travers les bois, il trouva les chemins du bois de Corgirnon barrés et reçut des coups de feu. Corgirnon fut occupé à 2 h. 30 de l'après-midi par des fractions de l'avant-garde, et des patrouilles furent envoyées sur Fayl-Billot.

La plupart des chemins reconnus furent trouvés en bon état; celui de Longeau à Violot par Heuilley-le-Grand, celui de Chaudenay à Bussières par Corgirnon étaient rendus inutilisables par des abatis et des coupures.

La liaison avec la *13e* division fut établie. Les

patrouilles de l'avant-garde, qui se heurtèrent souvent à de petites fractions ennemies en retraite, apprenaient que, le 16,800 gardes mobiles avaient traversé Chaudenay, se dirigeant sur Langres.

Le détachement Senckel envoyait de Bourg, dans la matinée, des patrouilles qui, à mi-chemin de Saint-Geômes sur la grand'route, entre le bois de Grande-Gorge et Bois-sur-Marne, à la ferme Croix-d'Arles, furent accueillies par des coups de feu (1).

Le lieutenant-colonel von Grabow avait été envoyé en exploration au Nord de Longeau, avec le Ier bataillon du 53e, un demi-escadron de hussards et une batterie. Le lieutenant von Sacken, avec les 1re et 4e compagnies du 53e et un peloton de hussards, devait passer par Cohons. Le reste se mit en marche par Bourg, où il apprit que la Croix-d'Arles était fortement occupée. Après avoir donné l'ordre à la 2e compagnie d'occuper le bois de Grande-Gorge large de un kilomètre, profond de 800 mètres environ et situé à 800 mètres à l'Ouest de la ferme, le lieutenant-colonel von Grabow rassembla au Nord de Bourg la 3e compagnie et la batterie pour attendre l'arrivée du détachement Sacken sur la gauche de l'ennemi. Celui-ci s'était avancé de Cohons dans Bois-sur-Marne au Nord : arrivés à la lisière Ouest, ses tirailleurs furent accueillis par un feu violent venant de Croix-d'Arles (2) : ce fut pour le lieutenant-colonel von Grabow le signal de faire entrer ses batteries en ligne, et, après quelques obus tirés sur la ferme, l'ennemi se retira rapidement avant que le lieutenant Sacken pût exécuter son attaque ; il occupa la ferme sans résistance.

Mais aussitôt que l'infanterie française eut évacué le

---

(1) Fabricius, p. 121.
(2) *Rapport* du colonel Poussielgue (Archives de la Guerre, M. 1). C'étaient les 4e et 7e compagnies du bataillon de garde nationale mobile de Haute-Savoie.

terrain en avant du fort de la Bovelle (à l'Ouest de Saint-Geômes), la grosse artillerie du fort et deux pièces de campagne établies en avant du village de Saint-Geômes ouvrirent un feu si violent sur la ferme de Croix-d'Arles, les deux bois et le terrain jusqu'à Bourg, que les Prussiens durent non seulement arrêter le mouvement, mais encore évacuer les positions, sous peine de subir des pertes importantes. A midi, le lieutenant-colonel von Grabow fit évacuer par la 2ᵉ compagnie le bois Grande-Gorge et rappela à Cohons le demi-bataillon Sacken. La ferme était à peine évacuée qu'elle fut occupée de nouveau par les troupes de capitaine Masse, qui poursuivirent l'ennemi par un feu violent mais sans efficacité. Lorsque les compagnies furent hors de danger, le lieutenant-colonel von Grabow rentra à Longeau avec la 3ᵉ compagnie et la batterie. Un homme avait été tué par un boulet.

Le détachement Senckel, pendant ce temps, était resté immobile à Bourg, en spectateur; mais à peine le détachement von Grabow avait-il évacué le village que, entre Croix-d'Arles et le bois de Grande-Gorge, environ 200 hommes dispersés en tirailleurs s'avancèrent au Nord-Ouest de Bourg, ouvrant le feu à la distance de 1,700 mètres sans produire d'effets. Ils s'approchèrent en partie jusqu'à 400 mètres du village, sans pouvoir ajuster les Prussiens bien abrités derrière des murs. Le capitaine Masse, qui voulait se renseigner sur la retraite de l'ennemi, voyant Bourg fortement occupé, se retirait à 2 heures de l'après-midi et rassemblait ses tirailleurs en deux groupes; voyant ces rassemblements, le capitaine Senckel fit tirer, par ses pièces placées au Nord-Ouest du village, quatre obus contre les deux compagnies, ce qui les fit retirer rapidement (1).

---

(1) *Langres, pendant la guerre de 1870-71*, p. 74. Le « commandant Masse, avec une compagnie du 50ᵉ de ligne et une section

En avant de Brennes aussi, les Français avaient montré dans la journée des détachements en reconnaissance : à 10 heures du matin, environ 40 gardes mobiles qui se retirèrent devant le feu de la 12ᵉ compagnie du 53ᵉ ; à 1 heure de l'après-midi, 24 hommes venant de Flogey s'avancèrent sur Bourg : ils furent repoussés par une forte patrouille.

Les Prussiens, au combat de Bourg, eurent deux morts ; les Français deux blessés.

Les corps francs de la place de Langres se risquèrent le 17 assez loin dans les cantonnements de la 14ᵉ division ; les hommes qui s'avancèrent de Flagey sur Bourg semblent avoir appartenu à une grosse fraction qui gêna à Arcevaux (1) une grande réquisition de vivres exé-

---

de voltigeurs de la garde nationale mobilisée, a soutenu pendant la plus grande partie du jour le feu de l'ennemi, établi à Bourg avec 2 pièces d'artillerie. Il avait dû un instant quitter sa position de la Croix-d'Arles, mais l'ennemi fut bientôt délogé à son tour de cette position, par les batteries du fort de la Bonnelle, et nos troupes purent la reprendre et la garder, jusqu'à la nuit. »

(1) Opérations des Francs-Tireurs de la Haute-Marne (capitaine Barotte) (Archives de la Guerre, M. 15) : « Le 17, à 1 h. 30, le général nous fait partir (de Langres) pour exécuter une reconnaissance dans le bois de Saint-Geômes, en passant par le fort de la Marnotte.

« En traversant la citadelle, nous entendons le canon qui tonne dans la direction de Brennes et une fusillade soutenue. En dehors de la citadelle, nous trouvons sur la route un bataillon du 50ᵉ, qui est en bataille et prêt à se mettre en mouvement. Passant sous le fort de la Marnotte, nous sommes rejoints par deux ou trois officiers d'artillerie qui en sortent et qui nous informent que l'action engagée près Brennes paraît avoir pris fin, et qu'un détachement parti du fort fait en ce moment une reconnaissance dans les bois de Saint-Geômes. En effet, nous entendons le feu qui cesse, et bientôt nous faisons la rencontre de cette reconnaissance qui nous informe que l'ennemi a tourné sur Bourg et Longeau.

« Nous traversons le petit bois de Saint-Geômes. Après avoir fait tirer une vingtaine de balles dans la maison de la Croix-d'Arles,

cutée par l'intendance de la division, et qui dut appeler à son aide une compagnie de Verseilles pour repousser les francs-tireurs.

Dans la nuit du 16 au 17, une troupe de partisans vint inquiéter les communications en arrière de la *14*ᵉ division (1). Le capitaine Guignot avait (1), le 16 au soir, quitté son cantonnemeut de Perrancy, avec une compagnie de voltigeurs de la Haute-Savoie (2); il atteignit, le 17, avant le lever du jour, Perrogney, où se trouvaient précisément 2 officiers d'administration, 20 voitures de parc et 3 voitures de réquisition. Après

---

et les buissons qui l'environnent, nous nous avançons jusqu'à ce point sur la route de Dijon. De là, nous dominons Bourg, et nous constatons que ce village est occupé ; il est entouré de factionnaires. Nous descendons la route de Dijon jusqu'à une bonne portée de Bourg. Je disperse mes hommes en tirailleurs dans les buissons à droite et à gauche de la route, occupant les deux lignes d'arbres qui la bordent. Nous ouvrons le feu sur les nombreux factionnaires qui entourent le village, et nous en voyons plusieurs tomber. Non seulement les factionnaires répondent, mais encore des feux de peloton assez nourris sont tirés sur nous, sans que nous puissions bien voir le point d'où ils partent. La distance qui nous sépare rend leurs balles peu dangereuses ; le tir, d'ailleurs, paraît mauvais. Nous ne quittons cette position que vers la nuit. »

(1) *Die Festung Langres während des Krieges 1870-1871*, p. 231, (Sect. historique de l'État-Major allemand).

(2) *Historique* de la garde nationale mobile de la Haute-Savoie (commandant Poussielgue) (Archives de la Guerre, M. 1). « Le 16, à 11 heures du soir, je reçois l'ordre d'aller occuper Brennes et Flagey, et de faire partir de bonne heure la compagnie d'élite, pour enlever à Perrogney un convoi destiné à l'armée de Manteuffel. Cette compagnie part le 17, à 5 heures du matin, entre dans Perrogney, après une marche rendue pénible par le verglas; surprend le poste ennemi, lui tue et blesse quelques hommes, fait prisonnier un commandant, un lieutenant, 12 cavaliers, s'empare de 5 chevaux de selle, de 30 chevaux de trait, de 23 voitures chargées d'effets de toute nature. L'une de ces voitures contenait 7,500 paires de bas de laine ».

avoir tué un conducteur, et en avoir blessé plusieurs, le convoi fut emmené à Langres.

Les cantonnements du VII° corps, le 17 au soir, furent les suivants :

QUARTIER GÉNÉRAL. — PRANGEAY.

13° division. — Prauthoy.

25° brigade.......
- 13° régiment. I°' bataillon. — Prauthoy.
  - — II° bataillon. — Isômes.
  - — Fusiliers { 9° et 12° Cies. — Aubigny.
                 10° et 11° compagnies. — Vaux.
- 73° régiment. I°' bataillon. — Auterive, Praslay.
  - — II° bataillon. — Champlitte.
  - — Fusiliers. — Champlitte.
- 1re compagnie de pionniers. — Champlitte (1/2), Choilley (1/2).

26° brigade.......
- 15° régiment. I°' et II° B^ons. — Selongey.
  - — Fusiliers. — Saint-Broingt.
- 55° régiment. I°' bataillon. — Dommarien.
  - — II° bataillon. — Dardenay.
  - — Fusiliers. — Châtoillenot, Courcelles, Val d'Esnoms.
- 7° bataillon de chasseurs. — Champlitte.

5° ulans de réserve. 1°' escad. — Prauthoy.
 — 2° esc. — Dommarien, Choilley, Dardenay.
 — 3° esc. — Prauthoy et environs.
8° hussards. 1 escadron. — Vaux, Aubigny, Isômes.
 — 1 escadron. — Champlitte.
 — 2 esc. — Prauthoy et env.
5° batterie légère. — Champlitte.
6° batterie légère. — Vaux (2/3), Selongey (1/3).
5° et 6° batteries lourdes. — Courcelles, Châtoillenot.
Convois. — Praslay et environs.

14e division. — Longeau.

27e brigade......
- 39e régiment. Ier bataillon. — Chaudenay.
  - IIe bataillon. — Villegusien (5e), Baissey (6e), Prangeay (7e et 8e).
  - Fusiliers. — Villegusien (9e), Saint-Michel (10e, 11e, 12e).
- 74e régiment. Ier bataillon. — Montigny-s.-Aube, Bondreville.
  - IIe Bon. — Musseau, Praslay.
  - Fusiliers. — Dancevoix.

28e brigade......
- 53e régiment. — Comme la veille.
- 77e régiment. Ier et IIe Bons. — Chaudenay.
  - Fusiliers. — En colonne sur la route.

15e hussards. 1 escadron. — Chaudenay.
— 3 escadrons. — Longeau et env.
1re batterie lourde. — Bourg.
2e batterie lourde. — Chaudenay.
1re batterie légère. — Longeau.
Artillerie de corps. — Châtoillenot, Courcelles, Val d'Esnoms.
Convois. — Prasley, Germaines.

En résumé, la situation, à la suite des renseignements recueillis dans la journée, se présentait ainsi au quartier général du VIIe corps (1).

Des renseignements concordant des habitants indiquaient que diverses localités avaient été occupées, du 14 au 16, par des troupes garibaldiennes en marche vers le Nord, sans utiliser la grand'route Dijon-Langres. Le 14 et le 15, 3,000 Garibaldiens avaient traversé Fontaine-Française, formant flanc-garde d'un corps s'avançant de Dijon par Gray; dans la nuit du 16, 1,500 Garibaldiens avaient couché à Champlitte, et, le 16, avaient continué par Leffond, Belmont et Bussières. On disait,

---

(1) Fabricius, p. 123.

en outre, qu'il devait y avoir à Gray de l'infanterie de ligne venue du Sud, et que la ville était toujours fortement occupée par l'ennemi. D'après les prisonniers, il y avait à Langres environ 12 à 15 000 hommes, composés en grande partie de gardes mobiles, mais comprenant le 50ᵉ régiment de ligne, et deux compagnies du 10ᵉ régiment de ligne; trois bataillons des mobiles de la Haute-Savoie; outre l'artillerie de forteresse, il y avait aussi cinq à six pièces de campagne.

Le commandant de l'armée du Sud avait une impression un peu différente : là, on évaluait l'effectif des troupes garibaldiennes à une forte division de 15,000 hommes avec peu d'artillerie et de cavalerie. Aux environs du 15 et du 16, Garibaldi avait été « en quête » (1), tantôt sur Langres, tantôt sur Dijon, et il en était arrivé à vouloir observer, avec une partie de ses troupes, la sortie de la Côte-d'Or de la route de Vesoul. La plus grande partie était supposée au Sud du massif de la Côte-d'Or, encore à Autun, d'où elle était en état d'être envoyée soit à Châtillon, soit par chemin de fer par Chagny vers Dijon. La garnison de Langres devait vraisemblablement avoir été renforcée par les troupes de Crémer (environ 20,000 hommes). Au combat de Verrey, on disait qu'il y avait eu des troupes des 2ᵉ, 3ᵉ et 4ᵉ brigades de l'armée des Vosges. Il y avait donc encore au quartier général une grande obscurité et beaucoup d'appréciations erronées sur l'effectif, la position et les projets des troupes garibaldiennes.

Le général de Manteuffel avait reçu, dans la journée du 17 janvier, la dépêche envoyée de Brévilliers, le 16 à 9 heures du soir, par le quartier général du général de Werder (2), annonçant les attaques renouvelées sur tous

---

(1) En français dans le texte de Fabricius.
(2) Voir ci-après la dépêche datée de Brévilliers, 16 janvier, 9 h. soir.

les points avec des effectifs divers et le maintien sur leurs positions, avec des pertes relativement peu importantes, des troupes allemandes. Seul, le général de Degenfeld avait dû évacuer la position de Chenebier et se retirer sur Châlonvillars. Werder devait mettre tout en œuvre pour reprendre Chenebier.

Avant l'arrivée de cette dépêche, Manteuffel avait déjà envoyé au général de Werder des renseignements (1) sur sa propre situation, l'arrivée de son gros au débouchés du massif de la Côte-d'Or, et de son avant-garde à hauteur de Champlitte. La direction ultérieure de sa marche dépendait des rapports de Werder; aussi la liaison devait être établie avec de la cavalerie par Luxeuil, ou plus au Sud si possible. Ce télégramme n'arriva à Werder que le 18 à deux heures du matin.

Général de Werder, Brévilliers, près Belfort (2).

Déposée Châtillon, le 17 janvier 1871, 9 h. 30 minutes du soir.
Arrivée au quartier général du XIVe corps d'armée, le 17 janvier 1871.

Tout le gros de l'armée a atteint aujourd'hui la partie Est de la Côte-d'Or, entre Dijon et Langres. Les avant-gardes étaient hier déjà à hauteur de Champlitte. La direction ultérieure de la marche dépendra des renseignements que Votre Excellence me fera parvenir sur sa situation. Les dernières nouvelles, que j'ai reçues, sont du 15 au soir. Il serait à désirer que la cavalerie établisse, le plus tôt possible, les communications entre mon aile gauche et votre aile droite. Cela pourrait se faire soit par Luxeuil, soit plus au Sud, selon les circonstances. Je prends mes dispositions dans ce sens.

Quartier général de Prauthoy, 8 heures du matin.

Signé : DE MANTEUFFEL.

---

(1) Voir ci-après la dépêche datée de Châtillon, 17 janvier, 9 h. 30 soir.
(2) *Historique du Grand État-Major prussien,* Supp. CLIX.

Général de Manteuffel, Châtillon-sur-Seine (1).

Déposée Brévilliers, le 16 janvier 1871, 9 heures du soir. Arrivée au quartier général de l'armée du Sud le 17 janvier 1871.

L'ennemi m'a attaqué aujourd'hui sur toute la ligne, avec un redoublement de forces et d'énergie ; il a été repoussé partout. Seul, le général de Degenfeld a été obligé d'évacuer la position de Chenebier devant des forces supérieures, et s'est replié jusqu'en avant de Châlonvillars. Je mets tout en œuvre pour reprendre la position de Chenebier. D'après ce qui est connu jusqu'à présent, nos pertes sont peu importantes.

Signé : DE WERDER.

IIe corps. — Le 17, la tête du IIe corps débouchait, sans être inquiétée (2), à Is-sur-Tille et Thil-Châtel. Comme l'ennemi ne se montrait pas sur le front, et qu'au contraire le flanc droit était au contact avec l'ennemi à Dijon, le général Fransecky arrêta le mouvement vers l'Est de la brigade Dannenberg et lui envoya l'ordre de prendre position au Sud d'Is-sur-Tille, pour couvrir contre Dijon la marche de la 3e division.

La 6e brigade d'infanterie (3), qui marchait immédiatement derrière la brigade d'avant-garde, devait, par Is-sur-Tille, gagner le nœud de route de Thil-Châtel et se porter en avant sur la grand'route de Dijon, occupant une position sur les deux côtés de la route, face à la capitale de la Bourgogne. La 5e brigade devait former réserve vers Crecey (route Is-sur-Tille-Grancey). En cas de rencontre avec l'ennemi, le général Hartmann devait agir à sa guise, tout en observant que le but à atteindre « n'était pas de s'engager contre les forces venant de Dijon, mais de tâcher de continuer sans interruption la marche sur Vesoul, pour rejoindre le corps

---

(1) *Historique du Grand État-Major prussien*, Supp. CLIX.
(2) *Die Operationen der Süd-Armee* (Wartensleben), p. 15.
(3) Fabricius, p. 101.

du général de Werder ». Les avant-postes vers Dijon devaient recevoir des instructions dans ce sens. Au coucher du soleil, les troupes non employées aux avant-postes devaient cantonner étroitement dans les localités, mais Diénay devait être évacué.

Le général de Manteuffel en apprenant ces dispositions fut très mécontent. La brigade Dannenberg n'ayant pas été poussée assez loin vers l'Est, dans la direction de Gray, le corps perdait le gain d'un jour de marche que lui avait donné le remplacement de la brigade Kettler par la brigade Dannenberg. De sorte que, la 6ᵉ brigade ayant effectué son mouvement, la brigade Dannenberg, avant-garde du IIᵉ corps, se trouvait à l'Ouest d'une partie du IIᵉ corps, et ce corps d'armée formait échelon en arrière du VIIᵉ corps.

Les nouvelles reçues jusque-là par Manteuffel sur l'activité de l'adversaire étaient loin de l'encourager à perdre une journée de marche. Aussi écrit-il au général Fransecky à ce sujet, et celui-ci lui répondit que :

« Il s'est tenu pour obligé militairement de détourner à Diénay la brigade Dannenberg de sa marche sur Gray, de lui faire assurer dans la direction de Dijon la sécurité du corps d'armée, qui débouchait sur une route à 3 lieues en arrière, et de lui faire prendre position vers Dijon et le Sud d'Is-sur-Tille; que, vers l'Est, il n'y avait pas d'ennemis; que, sur son flanc droit, plusieurs petits engagements avaient eu lieu, et que, à Dijon, il semblait y avoir des forces plus importantes. »

Ainsi venaient se contrarier les considérations tactiques du général Fransecky (1), qui avait à cœur, en première ligne, de déboucher heureusement du massif de la Côte-d'Or, et le point de vue stratégique du général de Manteuffel, qui voulait se porter le plus rapidement possible à l'aide du général de Werder.

---

(1) Fabricius.

Brigade Dannenberg. — Prévoyant pour le 17 un mouvement offensif de Dijon, le général von Hartmann donna les ordres suivants (1) :

« La brigade Dannenberg se mettra en marche demain matin 17, à 8 h. 30, dans la direction du Sud-Est, par la route qui aboutit sur la grand'route Dijon — Is-sur-Tille, non loin de la ferme du Seuil, et prendra là une position de rassemblement, à l'abri, en envoyant le 2ᵉ escadron vers Dijon par Epagny.

« La brigade Wedell (6ᵉ) se mettra en marche le 17, à 8 h. 30, de Tarsul-le-Compasseux, par Diénay et Is-sur-Tille, sur Thil-Châtel; là, prenant la route de Dijon, elle viendra prendre une position de rassemblement à hauteur de la ferme de Fontenotte. L'un des escadrons sera envoyé dans la direction de Dijon, par Gemeaux, jusqu'au delà de Pichanges; l'autre escadron ira dans la direction de Lux.

« La 5ᵉ brigade d'infanterie quittera Fresnois à 8 heures et marchera sur Is-sur-Tille par Courtivron, Diénay. De là, elle se dirigera sur Crecey-sur-Thil, où elle prendra une position de rassemblement à l'embranchement des routes de Crecey et de Villey. Les batteries qui marchent avec la 5ᵉ brigade se dirigeront, sous la protection de l'escadron qui marche avec cette brigade, de façon à se trouver à Diénay à 10 heures; elles y attendront de nouveaux ordres ».

La brigade Dannenberg (2) marcha dans le même ordre que le jour précédent, sauf les batteries qui changèrent entre elles; 2 compagnies du 72ᵉ assurèrent la garde des bagages. La marche se fit sans difficultés et la brigade vint se rassembler entre la ferme du Seuil et Croix. Le 2ᵉ escadron arriva à Epagny après avoir chassé de Chaignay de faibles patrouilles adverses; en soutien de la

---

(1) *Historique* du 72ᵉ, p. 580.
(2) Fabricius.

cavalerie, une compagnie du 72⁰ se porta à un millier de pas sur la route de Dijon. A Messigny, les dragons enlevèrent une sentinelle double ennemie et aperçurent en divers endroits des tirailleurs français sur le front. Le major von Petersdorff, envoyé par l'état-major du II⁰ corps, avait trouvé à 10 h. 30 la brigade en position. Outre ces divers événements, celui-ci put rendre compte au général Fransecky de l'arrivée d'une patrouille de hussards du VII⁰ corps, qui était venue établir la liaison, et d'après laquelle un détachement de reconnaissance sous les ordres du colonel von Delitz serait en marche sur Thil-Châtel. D'après les habitants, il y aurait eu, le 14 ou le 15, environ 1,500 à 1,800 Garibaldiens à Thil-Châtel : ceux-ci se seraient ensuite dirigés sur Dijon. Le chef du 2⁰ escadron, lieutenant von Versen, rendait compte que, d'après un habitant arrivé de Dijon la veille, et qui y avait vu Garibaldi lui-même en voiture, il y avait dans cette ville bien 150,000 hommes, partie des troupes de l'armée des Vosges, partie des troupes de Garibaldi.

A midi, le général von Hartmann ne voyant se dessiner aucune entreprise ennemie (1), donna comme cantonnements à la brigade Dannenberg : Is-sur-Tille (60⁰, deux pelotons de dragons, 3⁰ et 4⁰ batteries, 1 compagnie de pionniers); Chaignay (72⁰ et deux pelotons de dragons); ferme du Seuil (1ʳᵉ et 4⁰ compagnies du 72⁰).

Les cantonnements furent pris à 2 h. 30, sauf pour l'escadron de dragons qui resta en position d'avant-postes jusqu'à la tombée de la nuit. A 5 h. 30, l'escadron rentra, et le II⁰ bataillon du 72⁰ assura la sécurité du cantonnement vers le Sud; la 7⁰ compagnie, établie en cantonnements d'alerte, avait placé un petit poste sur la route de Dijon. La nourriture fut assurée par la réquisition.

6⁰ brigade. — En même temps que la brigade Dan-

---

(1) *Historique* du 72⁰.

nenberg (1), la 6ᵉ brigade était partie de Tarsul-le-Compasseux et, par Diénay, Is-sur-Tille et Thil-Châtel, était venue prendre une position d'attente vers midi, à 2 kilomètres Sud de Thil-Châtel, entre la ferme de Fontenotte et la route, envoyant le 3ᵉ escadron vers le Sud par Gemeaux et Pichanges, le 4ᵉ par Lux, dans la direction de l'Est; la brigade était cachée aux vues de l'ennemi par une ligne de hauteurs.

Le 4ᵉ escadron, trouvant Lux inoccupé, envoya de là des patrouilles dans les directions du Sud et du Sud-Est vers Spoy et Bèze. Ces deux localités furent trouvées aussi inoccupées, bien que dans la forêt de Velours, entre Bèze et Lux, des coups de feu aient été tirés sur les dragons. Le 3ᵉ escadron trouva Gemeaux, Pichanges et Marsannay inoccupés. Laissant un peloton à Marsannay, il revint à la ferme de Logis-Neuf, située sur la grande route entre Pichanges et Gemeaux. A 2 heures, il rendait compte que la liaison était rétablie avec la brigade Dannenberg à Epagny, et que ses patrouilles avaient trouvé Norges-la-Ville occupé par un bataillon ennemi (environ 500 hommes). Sur toute la ligne, l'ennemi était inactif. D'une manière générale, les patrouilles de dragons purent constater que tous les villages à 10 kilomètres autour de Dijon étaient occupés par des petits postes qui ne faisaient aucun mouvement en avant.

L'ennemi ne paraissant pas devoir bouger, à 2 h. 30, le général von Hartmann renvoyait les troupes dans leurs cantonnements; le *14ᵉ* arrivait à Thil-Châtel avec l'état-major de la brigade à 4 heures. Le *54ᵉ* à Gemeaux et dans les fermes avoisinantes; le *2ᵉ* bataillon de chasseurs à Lux.

Les 2ᵉ et 4ᵉ escadrons continuèrent leurs observations dans le cours de l'après-midi (2) : le 4ᵉ escadron rendait

---

(1) Fabricius et *Historiques* des *14ᵉ* et *54ᵉ*.
(2) Fabricius, II, p. 104.

compte que les troupes ennemies aperçues à Norges-la-Ville se retiraient; par contre, le 2ᵉ escadron trouvait Asnières et Messigny fortement occupés. Une de ses patrouilles allait tomber dans une embuscade que le lieutenant Caubry, avec une douzaine d'hommes du génie auxiliaire, venant de Messigny, avait placée sur la route d'Is, quand un coup de fusil parti prématurément avertit les dragons qui revinrent à temps en arrière pour observer sur les hauteurs (1).

Vers 4 heures (2), le lieutenant von Platen, avec un peloton du 2ᵉ escadron, s'avançait pour explorer par Savigny. Le lieutenant Caubry, après avoir cherché en vain à lui tendre une embuscade, et avoir eu un homme fait prisonnier, se joignit aux compagnies du Jura qui battaient en retraite à courte distance. Voyant, par sa jumelle, d'après leur uniforme, qu'il n'avait affaire qu'à des mobilisés, le lieutenant von Platen se décida, malgré son infériorité numérique, à les attaquer (3).

---

(1) *Rapport* du capitaine Garnier, commandant le corps du génie auxiliaire de Saint-Étienne (Archives de la Guerre, Carton M. 14). « Je me mis en route le 17 au matin ; mais à peine étions-nous arrivés à Messigny (10 kilomètres de Dijon), village situé un peu à l'Ouest de la route principale de Dijon à Is-sur-Tille, qu'un de nos retardataires vint me prévenir qu'il quittait des cavaliers français, lesquels s'enfuyaient vers Dijon, poursuivis par des ulans. Je détachai aussitôt un lieutenant avec quelques hommes, pour reconnaître l'ennemi, pendant qu'avec le reste de ma troupe je gagnais les hauteurs environnant la route, d'où je pourrais attaquer avec avantage, ou faire retraite, suivant le cas.

« J'aperçus bientôt, distinctement, un groupe de cavaliers ennemis ; ils avaient malheureusement été mis sur leurs gardes par ma petite troupe d'éclaireurs qui avait fait feu ; sans cela je la tournais aisément, et la prenais entre deux feux. »

(2) Fabricius, II, p. 104-105.

(3) *Rapport* du lieutenant-colonel Fischer, commandant supérieur des légions mobilisées du Jura.

« Le 17 janvier, les 1ʳᵉ et 3ᵉ compagnies du IIIᵉ bataillon de la

Les mobilisés s'étaient déployés en ligne de tirailleurs longue et mince (1), et occupaient une levée de terre le long de la route Savigny — Bois de Norges. Les cavaliers se précipitèrent comme une trombe : mais le sol boueux et détrempé obligeait les chevaux à ralentir leur allure : les mobilisés reprenant confiance tiraient environ 300 coups de carabine (2). Le lieutenant von Platen et trois hommes étaient tués, quatre dragons blessés, dont deux restaient entre les mains des Français : les autres, traversant la ligne, blessaient légèrement quelques tirailleurs à coups de sabre; privés de leur chef, ils

---

3º légion, commandée alors par le capitaine-adjudant-major Tavant, quittèrent Messigny vers 11 heures du matin et firent une reconnaissance sur la route de Savigny-le-Sec, dont les hauteurs environnantes étaient occupées par des éclaireurs prussiens. Arrivé à 2 kilomètres de Messigny, le capitaine Tavant embusqua une de ses compagnies, déploya l'autre en tirailleurs, la porta en avant, puis la fit battre en retraite après avoir parcouru une distance de 200 mètres. A peine avait-il prononcé un mouvement de retraite, qu'il fut chargé par une trentaine de cavaliers. »

D'après *Les volontaires du Génie dans l'Est*, commandant Garnier (p. 210 et suivantes), le lieutenant Caubry, n'ayant pu attaquer les cavaliers allemands qui se tenaient hors de la portée du bois, par surprise, se joignit avec son détachement aux mobilisés du Jura. Le prisonnier, que les cavaliers allemands lui avaient fait, raconta ensuite, lorsqu'il fut délivré, que ceux-ci s'étaient concerté quelques instants après avoir étudié l'uniforme des nouveaux arrivants; « le capitaine fit un discours à ses hommes, dans lequel notre prisonnier entendit revenir plusieurs fois le mot « mobiles », prononcé avec ironie; les soldats répondirent aux paroles de leur chef par des hourras retentissants, puis mettant le sabre au poing, lancèrent leurs chevaux sur nos mobilisés, qui n'étaient plus qu'à 300 mètres. »

(1) Fabricius.
(2) *Rapport* du lieutenant-colonel Fischer (Arch. C. 13). « La compagnie embusquée les laissa arriver à quinze pas et fit un feu de peloton qui les mit dans une déroute complète. Ils s'enfuirent du côté de Savigny, laissant sur le terrain quatre morts dont un officier. Les mobilisés, qui avaient eu deux hommes blessés, ramenèrent deux prisonniers et deux chevaux. »

se retirèrent, suivis par les mobilisés qui sortaient du bois; un sous-officier emportait sur son cheval le corps de l'officier.

Cet événement eut pour résultat de faire interdire à la cavalerie, vu la faiblesse de l'armée du Sud en cette arme, toute charge sans but, comme celle-là.

5ᵉ brigade. — Dès 8 heures du matin (1), la 5ᵉ brigade d'infanterie avait quitté Frénois, et par Courtivron, Diénay, Is-sur-Tille et de là par la route de Crécey, était venue occuper à l'embranchement des deux routes de Crécey et de Villey une position d'attente et de soutien; ses batteries étaient restées à la sortie Nord d'Is-sur-Tille, prêtes au combat, sous la protection du 1ᵉʳ escadron du *3ᵉ* dragons.

Les bagages ne suivirent pas la division et furent envoyés à Diénay pour y former le parc (2).

La brigade se dirigea vers 3 heures dans ses cantonnements : le *42ᵉ* à Echevannes et environs, le *2ᵉ* à Is-sur-Tille et environs, la 2ᵉ compagnie de pionniers à Marcilly.

4ᵉ division. — Le 17, la *4ᵉ* division (3) continuait sa marche; l'état-major venait s'établir à Courtivron; les troupes cantonnaient dans les localités situées sur le bord de la route, de Diénay à Moloy. Afin de couvrir le flanc droit de la colonne de marche, le détachement Farentheil reçut la mission de chercher à connaître l'effectif et les projets de l'ennemi.

Combat de Verrey (4). — En exécution des ordres qu'il avait reçus (voir journée du 16), le major Kleist quittait Thénissey à 7 heures du matin et prenait la route de Dijon. La 10ᵉ compagnie (premier-lieutenant Sietze) formait l'avant-garde, les deux pelotons de dragons et

---

(1) Fabricius.
(2) *Historique* du *42ᵉ*, p. 154.
(3) Fabricius, p. 106.
(4) *Historique* du *9ᵉ*, p. 114.

les trois autres compagnies suivaient. Lorsque la pointe se fut approchée à 2 kilomètres environ du village de Verrey, le tocsin se fit entendre à Salmaise, situé à 800 mètres au Nord de la route, à hauteur duquel la colonne passait. La pointe qui, au signal d'alarme, avait hâté sa marche, ne tarda pas à recevoir des coups de feu de Verrey; celle-ci se jeta aussitôt dans des vignes, au Nord de la route, et riposta à 250 mètres au feu que l'ennemi avait ouvert avec efficacité sur le gros de la colonne. Le major von Kleist ordonna à l'avant-garde (il était 8 h. 30 du matin) de tenir ferme, et envoya pour garder son flanc droit la 11e compagnie (lieutenant von Versen) sur la voie ferrée qui longe la route au Sud et se confond presque avec elle; cette compagnie déploie aussitôt vers Verrey un peloton (lieutenant Mattner).

Au Nord-Est de ce village se trouve une ligne de hauteurs se dirigeant perpendiculairement à la route. Vers 9 heures du matin des tirailleurs français apparaissent sur celle-ci, qui se renforcent peu à peu et ne tardent pas à constituer une menace d'enveloppement pour l'aile gauche de l'avant-garde; l'ennemi ayant la supériorité numérique, si cet événement arrivait, le IIe bataillon était coupé des fusiliers. Reconnaissant bien le danger, le major Kleist envoie de ce côté les 9e et 12e compagnies gardées jusque-là en réserve. La vigne dans laquelle s'était déployée la 10e compagnie se prolonge vers le Nord par une ligne de hauteurs; la 9e compagnie (premier-lieutenant Regenspurg) y déploie deux pelotons. La 12e compagnie (colonel von Petersdorff) reste groupée, en soutien, derrière les lignes de tirailleurs.

Un combat par le feu s'engage alors sans amener ni d'un côté ni de l'autre de changement dans la situation.

Les combattants se trouvaient séparés par une vallée très encaissée; pour se porter à l'attaque, il fallait la traverser, mouvement qui devait occasionner des pertes;

aussi l'ordre fut donné de chercher à amener une décision par le feu.

Le combat durait depuis plus d'une heure, lorsque vers 10 h. 30 du matin, l'ennemi abandonna tout à coup les hauteurs et les forêts en arrière : ce mouvement avait été amené par la 5e compagnie qui avait été aperçue par lui, en arrière et à droite, ce qui fait que celle-ci, sans prendre part au combat, décida du résultat.

Le lieutenant von Pawelz, adjudant du bataillon de fusiliers, avait obtenu l'autorisation de son chef d'aller assurer avec quelques dragons la liaison avec le IIe bataillon, et l'avait rencontré.

A peine les 11e et 10e compagnies avaient-elles aperçu ce mouvement, qu'elles s'élançaient sur le village en poussant des hourras et y entraient par la route et par la voie ferrée : l'ennemi l'évacua et disparut dans la forêt avec une telle rapidité que l'on dut renoncer à toute poursuite.

Quinze prisonniers non blessés, pris en majeure partie par les dragons, restaient entre les mains des vainqueurs : on apprit par eux que l'ennemi, fort de 800 hommes environ, était sous les ordres de Garibaldi et avait éprouvé pendant le combat des pertes sérieuses : les Prussiens comptaient 12 blessés, dont 2 lieutenants.

Un trop long arrêt dans le village aurait nécessité, à cause de la nature du terrain environnant et de la proximité de l'ennemi, des mesures de sécurité très sévères, et retardé la réunion avec le IIe bataillon ; aussi après avoir rassemblé les voitures nécessaires au transport des blessés, le détachement se mettait en route à 2 heures de l'après-midi (1).

Combat de Bligny-le-Sec (2). — Le colonel von Feren-

---

(1) Fabricius. Six maisons d'où des coups de feu avaient été tirés furent incendiées; trois de leurs habitants avaient été tués.

(2) *Historique* du 9e, p. 116.

theil avait l'intention de partir de Blessey à 8 heures du matin; mais, comme les deux pelotons de dragons attendus de Thénissey avaient été retardés par l'état des chemins et n'avaient pas pu arriver à l'heure, le départ fut retardé. Vers 8 h. 30 du matin, entendant la fusillade dans la direction de Verrey, le départ fut aussitôt décidé. (D'après l'*Historique* du *3e* bataillon de pionniers, p. 124, on n'entendit la fusillade qu'à hauteur de la forêt de Daraize.)

L'intensité du feu semblant croître de plus en plus, le colonel fit accélérer la marche, et entra à Bligny-le-Sec, qu'il trouva inoccupé, à 9 h. 30. Il crut utile d'envoyer alors un soutien au bataillon de fusiliers, et dirigea la 5e compagnie (lieutenant Höne) sur Salmaise, la 6e (lieutenant von Blomberg) sur le chemin de Verrey; la 7e compagnie (commandant von Trotha) occupait les issues Ouest de Bligny; la 8e les issues Est; les deux pelotons de dragons restaient en dehors du village (1).

La 3e compagnie de pionniers (2) reçut l'ordre d'occuper l'embranchement de routes au Nord de Bligny; la compagnie se forma en colonne de compagnie et envoya plusieurs patrouilles en avant.

A ce moment, une patrouille de dragons (3) envoyée

---

(1) *Historique* du 3e bataillon de pionniers, p. 125.

(2) *Historique* du 9e.

(3) *Historique* de la compagnie des francs-tireurs de Guelma (capitaine Carcassonne) (Archives de la Guerre, M. 14). « Le 17, vers 6 h. 30 du matin, une forte fusillade se faisait entendre du côté de Bligny-le-Sec, et nous recevions en même temps l'ordre de descendre à Saint-Seine, où le bataillon attendait notre arrivée pour se diriger sur Bligny-le-Sec. Pendant sa marche, le bataillon rencontra et repoussa quelques ulans qui éclairaient une forte colonne venant de Chanceaux.

« A 600 mètres de Bligny, le bataillon recommença le feu en marchant, et se déploya de manière à enceindre complètement ce village.

« Les forces de l'ennemi étaient d'environ 7 à 8,000 hommes,

sur Saint-Seine vint rendre compte qu'elle avait reçu des coups de feu dans la vallée de la Seine, et, aussitôt après, de forts essaims de tirailleurs ennemis, très visibles sur les pentes couvertes de neige, firent apparition sur les crêtes d'une ligne de hauteurs située au Sud-Ouest du village.

La compagnie de pionniers (1) fit aussitôt occuper par un demi-peloton (lieutenant Schrader) un chemin creux et quelques murs situés à proximité.

Le colonel von Ferentheil donna l'ordre aux 7ᵉ et 8ᵉ compagnies de venir occuper les lisières Sud et Sud-Est du village (2); la compagnie de pionniers devait prendre position derrière une hauteur située au Sud-Ouest du village. Les Français, s'avançant jusqu'à 1,000 mètres environ, ouvrirent un feu rapide (3) qui vint cribler de balles les murs et les maisons du village; les Prussiens ne purent riposter à cause de la trop grande distance.

Vers 10 h. 15, les Français continuant le mouvement en avant s'approchèrent jusqu'à 500 mètres, distance à

---

ses positions excellentes et prises en partie derrière les maisons, les murs et sur les toits. La fusillade dura de 10 heures à 12 h. 30.

« A 12 h. 45, le bataillon fut rallié et dirigé sur Dijon où il arriva à 10 heures du soir.

« La compagnie de Guelma, placée à l'arrière-garde, vit le village de Bligny et la ferme de Bellencontre en flammes. Les Prussiens venaient d'y mettre le feu. »

(1) *Historique* du 3ᵉ bataillon de pionniers.
(2) *Historique* du *9ᵉ*.
(3) Avec des fusils Remington.

Dormoy, *Les trois batailles de Dijon*, p. 299. « Après une nuit d'alertes continuelles, Lhoste, désirant sauver sa prise, jeta les 700 hommes qu'il avait alors sous la main sur le bataillon du 9ᵉ de grenadiers qui avait couché à Bligny. D'abord notre attaque, poussée comme à Chanceaux, abasourdit les Prussiens. Mais ceux-ci mieux disciplinés, et surtout meilleurs manœuvriers, nous refoulèrent sur toute la ligne, nous débandèrent presque, pendant que sur notre droite, des Prussiens d'un autre bataillon allumaient à la main 34 des maisons de Champagny. »

laquelle les Prussiens purent riposter, non sans succès d'ailleurs puisqu'ils trouvèrent ensuite trois morts sur l'emplacement occupé par l'ennemi; le feu continua de part et d'autre sans rien amener de décisif, tuant aux Allemands quatre hommes, et leur faisant huit blessés dont le commandant de la 8º compagnie.

L'ennemi était visiblement supérieur en nombre et devait avoir connaissance de l'infériorité prussienne, car il commença un mouvement enveloppant par le Nord; le colonel von Ferentheil donnait l'ordre aussitôt à la compagnie de pionniers (1) de se porter sur le Nord du village et de là sur la route de Champagny; comme la compagnie avait à traverser un passage étroit de la route, et devait présenter pendant ce temps le flanc à l'ennemi, l'ordre fut changé. La compagnie devait venir occuper la hauteur au Nord de Bligny et, de là, s'avancer sur le flanc droit de l'ennemi; conformément à cet ordre, le lieutenant Mündel s'avança jusqu'au chemin creux qui se dirige vers le Nord, puis envoya le lieutenant Schrader avec un demi-peloton pour occuper les maisons sur le chemin de Champagny, pendant que lui-même avec les trois autres demi-pelotons suivrait le chemin creux jusque sur la hauteur; deux autres demi-pelotons étaient déployés en tirailleurs. Le feu de l'ennemi fut aussitôt dirigé sur le nouvel adversaire, mais la compagnie se porta au pas de course en avant (le flanc gauche couvert par le demi-peloton du lieutenant Genêt) jusqu'au chemin de Champagny, où elle se rassembla derrière les maisons occupées par le lieutenant Schrader, afin de laisser les hommes souffler. Après un court repos, le mouvement en avant fut repris, le lieutenant Schrader marchant devant avec ses tirailleurs; le mouvement, interrompu un instant par une courte fusillade, reprend aussitôt, et les hommes

---

(1) *Historique* du 3º bataillon de pionniers.

s'élancent à l'assaut, aux cris répétés de « hourra! », chassant l'ennemi de la position. Les Français se retirèrent sur Saint-Seine et furent poursuivis par la compagnie de pionniers jusqu'à la route de Dijon, où elle fut arrêtée.

La fusillade durait depuis une demi-heure déjà (1), quand tout d'un coup des hourras retentissent sur la droite et l'ennemi évacue la position; en même temps que la compagnie de pionniers à gauche, à droite la 6ᵉ compagnie était venue tomber sur le flanc gauche des Français. A mi-chemin entre Bligny et Verrey, la compagnie avait entendu des coups de feu et avait été avertie par une patrouille de dragons que l'ennemi se montrait sur les derrières. Faisant aussitôt demi-tour, et utilisant avec habileté le terrain mouvementé, elle était venue surprendre l'adversaire : celui-ci se retira en désordre, partie sur Saint-Seine, partie sur les hauteurs du Sud-Est.

A midi, toutes les positions étaient conquises (2). La 3ᵉ compagnie de pionniers avait trois blessés : les deux compagnies du 9ᵉ placèrent des avant-postes qui restèrent jusqu'à l'arrivée du bataillon de Verrey (3).

La 5ᵉ compagnie, qui s'était dirigée sur Salmaise et avait fait une si heureuse diversion, avait compris de bonne heure que le combat de Verrey était fini. Elle rejoignit son bataillon par le plus court chemin et arriva à Bligny-le-Sec à la fin du combat.

A 4 heures de l'après-midi (6 heures, d'après l'*Historique* du bataillon de pionniers), le colonel von Ferentheil, rejoint par le détachement Kleist, continuait sa marche et, par Saint-Seine, Francheville, se dirigeait sur Vernot, où il arrivait à 1 heure du matin (**3 heures**, d'après l'*Historique* du bataillon de pionniers).

---

(1) *Historique* du *9ᵉ*.
(2) *Historique* du *3ᵉ* bataillon de pionniers.
(3) *Historique* du *9ᵉ*.

Saint-Seine fut trouvé inoccupé; d'après les renseignements donnés par le maire, les Prussiens avaient eu affaire à 1,200 Garibaldiens sous les ordres du colonel Chançois.

Par le lieutenant de dragons Voitus (1), le colonel von Ferentheil avait envoyé à midi, au commandant de la division, un compte-rendu sur les combats de Verrey et de Bligny, qui duraient encore au moment du départ du courrier; à 3 h. 30, le général Hann, ayant reçu ces nouvelles à Courtivron, envoyait l'ordre de cesser le combat, n'ayant pas l'intention de s'engager avec les troupes de Dijon, ne pouvant pas secourir le colonel avant la nuit; la marche devait être reprise sur Moloy et Courtivron. Recevant à 4 heures de l'après-midi un nouveau compte-rendu annonçant le recul en désordre de l'ennemi sur Saint-Seine, et les ordres donnés pour le rappel du détachement Kleist, l'ordre pour la rupture du combat fut renouvelé.

C'est plutôt à cause de ce qu'ils empêchèrent qu'à cause de leurs résultats que les combats de Verrey et de Bligny eurent une grosse importance (2).

D'après une dépêche de Bordone à M. de Freycinet, du 18 au matin, on voit que celui-ci avait eu l'intention d'enlever la colonne de pontonniers du VIIe corps.

« ... Hier j'ai espéré surprendre nombreux équipages ponts, mais panique des gens de Dijon, obsession des fonctionnaires sur lesquels ne me crois pas autorité suffisante, et dont quelques-uns préparaient déjà leur retraite, m'ont obligé à surveiller plus attentivement environs et Dijon même... (3) »

La colonne de pontonniers du VIIe corps, en effet, à cause du mauvais état des routes et de la ferrure des

---

(1) Fabricius, p. 115.
(2) *Ibid.*
(3) Archives de la Guerre. Carton 3, G.

chevaux, était à un jour de marche en arrière et se trouvait le 17 à Lucenay-le-Duc, sous la protection de 30 pionniers environ; il est très vraisemblable (dit Fabricius) que, malgré ce que dit Bordone, les bataillons Oran et Lhoste, qui se trouvaient à Lucenay le jour suivant, avaient l'intention de s'en emparer. Vu les fleuves importants que l'armée du Sud devait rencontrer dans sa marche, la perte de la colonne de pontonniers aurait été d'autant plus sensible que la plupart des passages avaient été détruits par l'ennemi; en tous cas, ce jour-là et le jour suivant, le bruit courut dans la colonne de pontonniers qu'une attaque viendrait de Dijon, et le service de garde se fit avec le plus grand soin; le départ eut lieu ces deux jours-là dans les premières heures de la matinée; l'artillerie de corps rendant compte du fait au commandant de corps, ajoutait qu'un arrêt momentané de cette colonne n'avait pas été encore appris. Comme la température était mauvaise, que d'autres colonnes attendues à Lamargelle n'y étaient pas encore arrivées, le IIe corps envoya l'ordre le 17, à 9 heures du soir, au général de Kettler d'envoyer au moins un bataillon à Chanceaux pour protéger les convois en arrière jusqu'à ce qu'ils aient rejoint leur corps. En particulier, la colonne de pontonniers devait, si elle n'avait pas encore dépassé Montbard, se diriger sur Prauthoy par Châtillon-sur-Seine, mais être escortée par un bataillon pendant la traversée des montagnes.

Mais déjà le 17 à midi elle était arrivée à Montbard, et atteignait Is-sur-Tille le 18, avant que le général de Kettler ait pu prendre les dispositions, après avoir traversé les endroits dangereux sans escorte.

Le 17 janvier, l'on ne connaissait pas encore le résultat du combat près de Belfort (1); il fallait donc encore continuer la marche sur Vesoul. A la vérité, le VIIe corps

---

(1) *Die Operationen der Süd-Armee*, p. 19.

avait déjà fait un bond en avant du II° dans cette direction et le II° corps pouvait déboucher entièrement des montagnes dès le lendemain. Mais, comme il s'agissait de gagner chaque jour du terrain, et comme, dans le cas d'une conversion à droite, le VII° corps devait être à l'aile marchante, et avoir par conséquent le chemin le plus long, il n'y avait pas d'inconvénient à ce qu'il soit poussé en avant, d'autant plus que la concentration des deux corps d'armée pouvait encore se faire rapidement.

Le général de Manteuffel donna en conséquence les ordres suivants pour le 8 : « Le VII° corps marchera demain, avec l'aile droite du gros, jusqu'à Champlitte; il poussera son avant-garde plus loin, dans la direction de Vesoul : il devra encore assurer la sécurité dans la direction de Langres sur la route Dijon-Longeau.

« Le II° corps d'armée dirigera son avant-garde par Fontaine-Française jusqu'à hauteur du gros du VII° corps, interceptant la voie ferrée et télégraphique de Gray (près duquel les ponts sur la Saône qui sont encore intacts devront être conservés); le gros viendra se former à Selongey et Is-sur-Tille.

« Les communications entre les deux corps d'armée doivent être, dès maintenant, étroitement maintenues, et toutes les communications importantes réciproques doivent, en outre, être envoyées au commandement en chef. »

Les cantonnements du II° corps, le 17 au soir, furent les suivants :

QUARTIER GÉNÉRAL.

3° division. — Is-sur-Tille.

5° brigade........
- 2° régiment. Ier bataillon. — Marcilly.
- — II° bataillon. — Crécey.
- — Fusiliers. — Is-sur-Tille.
- 42° régiment. Ier bataillon et fusiliers. — Echevannes.

5ᵉ brigade (*suite*)..
- 42ᵉ régiment. IIᵉ bataillon. — Pellerey et environs.
- 2ᵉ compagnie de pionniers. — Marcilly.

6ᵉ brigade........
- 54ᵉ régiment. — Gemeaux et fermes voisines.
- 14ᵉ régiment. — Thil-Châtel.
- 2ᵉ bataillon de chasseurs. — Lux.

3ᵉ dragons. 1ᵉʳ escadron. — Is-sur-Tille.
— 2ᵉ escadron. — Chaigny (1/2), Is-sur-Tille (1/2).
— 3ᵉ et 4ᵉ. — Thil-Châtel.
Artillerie. — Is-sur-Tille.
Convois. — Is-sur-Tille.

4ᵉ *division*. — Courtivron.

7ᵉ brigade........
- 9ᵉ régiment. 1ᵉʳ bataillon. — Tarsul, Saux-le-Duc.
- — IIᵉ bataillon et fusiliers. — Vernot.
- 49ᵉ régiment. — Diénay.
- — . — Villecomte.
- 3ᵉ compagnie de pionniers. — Vernot.

Brigade Dannenberg.
- 60ᵉ régiment. — Is-sur-Tille.
- 72ᵉ régiment. 1ᵉʳ Bᵒⁿ
  - 1ʳᵉ et 4ᵉ Cⁱᵉˢ. — Ferme du Seuil.
  - 2ᵉ et 3ᵉ compagnies. — Chaignay.
- — IIᵉ bataillon et fusiliers. — Chaignay.
- 1ʳᵉ compagnie de pionniers. — Is-sur-Tille.

11ᵉ dragons. 3ᵉ escadron. — Vernot.
— 4ᵉ escadron. — Diénay.

3ᵉ batterie légère ⎫
4ᵉ batterie légère ⎭ Is-sur-Tille.

5ᵉ batterie lourde ⎫
6ᵉ batterie légère ⎭ Tarsul, Courtivron.

Convois. — Moloy.
Artillerie de corps. — Villecomte.
Convois. — Moloy.

Le général de Kettler continue, le 17, sa marche sur Montbard et environs. Le bataillon de fusiliers du *61ᵉ*, qui

---

(1) Fabricius, II, p. 100.

se trouvait en arrière depuis le départ de Paris, rentre à son corps.

Le lieutenant von Massor, avec un peloton du 2ᵉ escadron de dragons, est envoyé par Semur et Pouillenay sur les routes de Dijon et d'Is-sur-Tille. Sa patrouille traverse Semur qu'elle trouve inoccupé et détruit la ligne télégraphique sur les deux routes; les habitants lui disent que, le 13, 600 hommes d'infanterie garibaldienne avaient quitté la ville se portant sur Dijon.

Arrivé à Montbard, le général de Kettler envoie un détachement de cavaliers à Baigneux-les-Juifs pour, conformément aux ordres du général Fransecky, rétablir la liaison avec le IIᵉ corps, liaison difficile à maintenir à cause de l'état des routes et des bandes de francs-tireurs qui parcouraient la région. Il se mit en relations de Montbard par Châtillon télégraphiquement avec le commandant en chef.

Il se mit aussi en relation télégraphique avec les troupes gouvernementales et d'étapes à Nuits, Châtillon et Chaumont.

Le général de Kettler, pour éviter les assassinats et les traîtrises, prit des mesures sévères (1). En arrivant au cantonnement, le maire et quelques notables bourgeois ou paysans étaient pris comme otages, et on faisait publier que si, pendant la nuit, un seul coup de fusil était tiré, le matin les otages et chaque habitant qui, revêtu d'habits civils, aurait participé au combat, seraient fusillés sans pitié.

Les cantonnements du détachement Kettler, le 17 janvier au soir, furent les suivants :

       21ᵉ régiment. Iᵉʳ Bᵒⁿ. — Quincy, Quincerot.
          —   IIᵉ Bᵒⁿ { 5ᵉ et 7ᵉ compagnies.
                { — Marmagne.

---

(1) *Historique* du 61ᵉ, p. 157.

21ᵉ régiment, IIᵉ Bᵒⁿ { 6ᵉ et 8ᵉ compagnies. — Montbard.
— Fusiliers. — Senailly, Saint-Germain-les-Senailly.
61ᵉ régiment. Iᵉʳ bataillon. — Champ-d'Oiseau, Montigny.
— IIᵉ bataillon. — Saint-Remy, Etivey.
— Fusiliers. — Montbard.
11ᵉ dragons. 1 escadron. — Montbard, Baigneux-les-Juifs.
— 2 esc. — Montbard et env.
5ᵉ batterie légère } Montbard et environs.
6ᵉ batterie lourde }

TABLE DES MATIÈRES

	PAGES
JOURNÉE DU 10 JANVIER	1
Mouvements des Allemands	5
Les résolutions du général Bourbaki et les mouvements des Français	19
L'Armée du Sud. Fin de la journée du 9 janvier 1871	34
L'Armée du Sud. Journée du 10 janvier	41
JOURNÉE DU 11 JANVIER	55
Opérations des Français	57
Les résolutions du général Bourbaki	62
Mouvements des Allemands	72
Mouvements de l'Armée du Sud	81
JOURNÉE DU 12 JANVIER	95
Les Ordres pour le 13	105
Mouvements des Allemands	111
Opérations de l'Armée du Sud	115
JOURNÉE DU 13 JANVIER	129
Positions des troupes et intentions du commandement pour le 14	163
L'Armée du Sud	175
JOURNÉE DU 14 JANVIER	191
Mouvements des corps français	193
Ordres pour le 15 janvier	203
JOURNÉE DU 14 JANVIER (suite)	213
Armée du Sud	215
JOURNÉE DU 15 JANVIER	235
LA BATAILLE D'HÉRICOURT	235
Mouvements du 18ᵉ corps et de la division Cremer	237
L'Armée du Sud	281

Journée du 16 janvier...	293
Les divisions Cremer et Penhoat à l'attaque de Chenebier..	295
L'Armée du Sud...	329
Journée du 17 janvier...	363
Combat de Chenebier..	365
Action devant Chagey...	376
Le général Bourbaki décide la retraite......................	395
L'Armée du Sud...	397

CARTES

I. Combat d'Arcey. — Positions le 13 Janvier 1871 à 9 heures du matin. Carte au 50.000ᵉ.

II. Combat d'Arcey. — Positions des Français le 13 Janvier 1871 vers 11 heures du matin . . . . Carte au 50.000ᵉ.

III. Bataille d'Héricourt. — 15 Janvier, positions vers 9 h. 15 du matin. . . . . Carte au 50.000ᵉ.

IV. Bataille d'Héricourt. — 15 Janvier, situation vers midi. . . . . Carte au 50.000ᵉ.

Paris. — Imprimerie R. CHAPELOT et Cⁱᵉ, rue Christine, 2.

COMBAT D'ARCEY
Positions le 13 Janvier à 9 heures du matin.

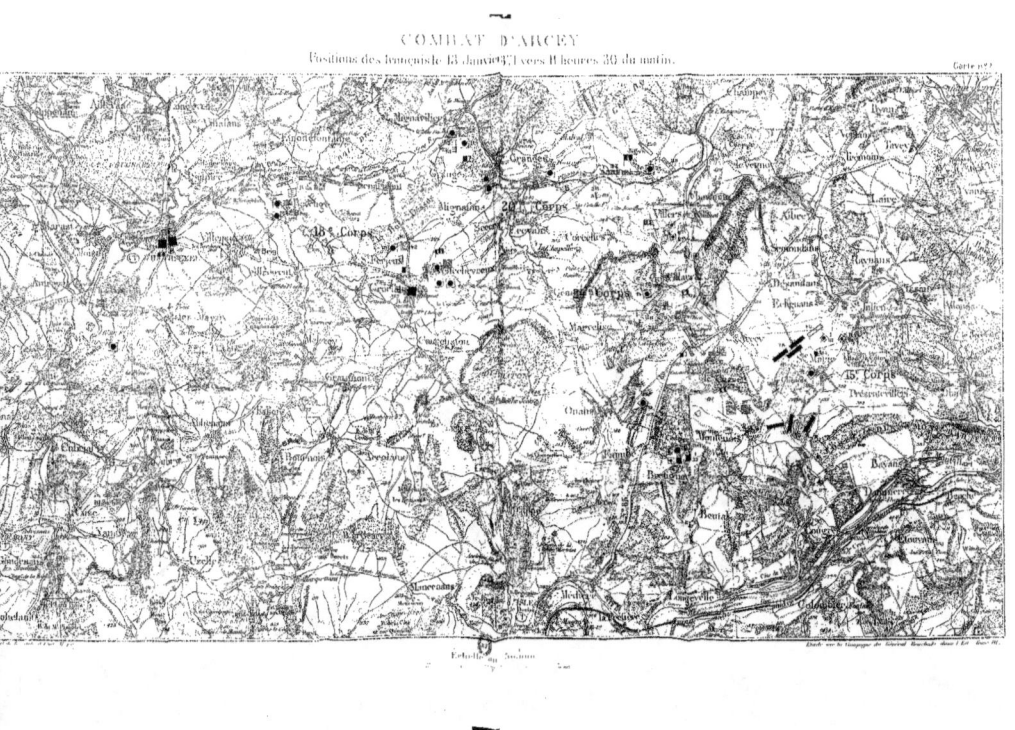

COMBAT D'ARCEY
Positions des Français le 13 Janvier 1871 vers 8 heures 30 du matin.

5 JANVIER — POSITIONS VERS 9h15 DU MATIN.

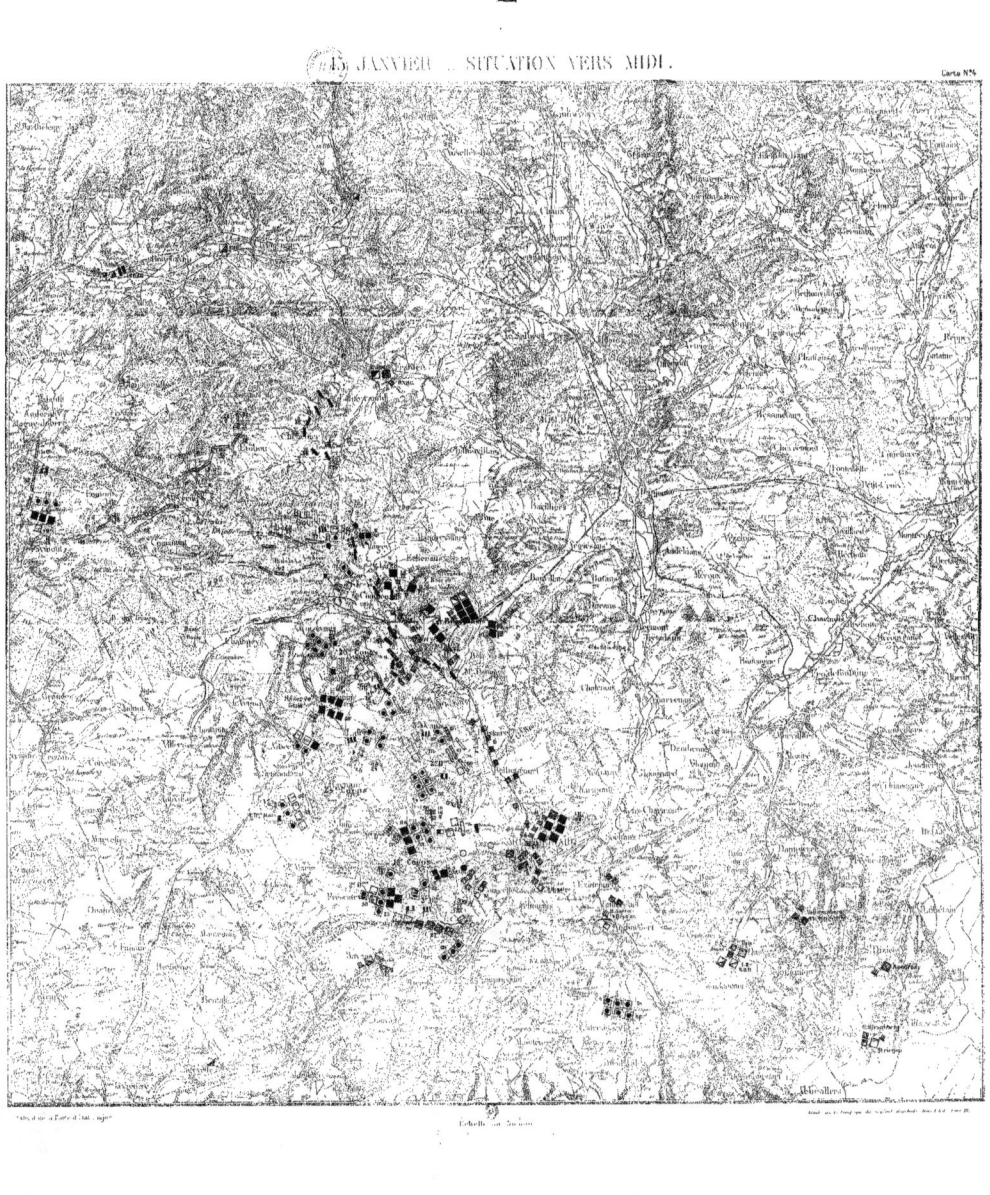

15 JANVIER — SITUATION VERS MIDI.

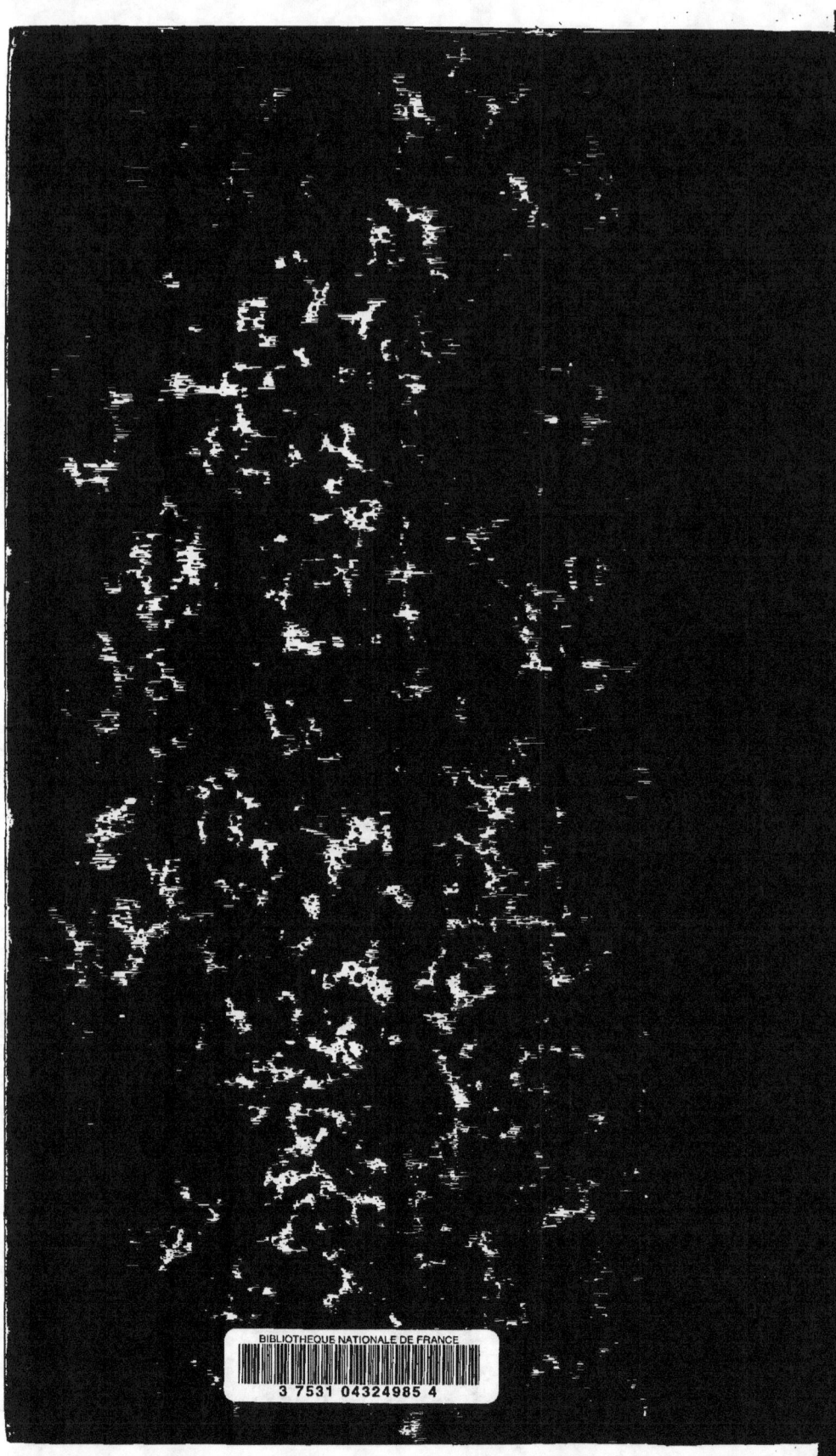

www.ingramcontent.com/pod-product-compliance
Lightning Source LLC
Chambersburg PA
CBHW070535230426
43665CB00014B/1698